김홍렬 지음

개정판 직업
상담사
2급

〈실무 기출문제 해설 및
필기 핵심정리〉

바른북스

직업상담사 2급

실무 기출문제 해설 및 필기시험 핵심정리

❶ 직업상담사 교재 전 과목에 대한 순서별 중요내용 요약 (노동관계법규 제외)

❷ 2차 실무 기출문제 중심의 요약 · 설명 및 관련 문제 제시

❸ 20년간 출제된 기출문제에 대한 답안 작성예시 제공

❹ 2차는 물론, 1차 시험의 출제 빈도수 표기 및 두문자를 활용한 암기방법 제시

❺ 문제와 답안의 일괄제시 부분("기출문제 정답안")을 추가하여 연계성 및 암기편의 도모

"지금 바로 시작하십시오~!"

"오늘이 당신의 남은 인생에서 가장 빠른 날입니다. "

이 책의 구성 및 특징

❑ 이 책의 구성

- 본 교재 한권에는 2차(실무) 및 1차(필기) 시험에서 주로 출제되고 있는 주요부분을 모두 요약, 제시하여 1차 및 2차 시험 모두에 대비할 수 있도록 구성하였다.
- 내용을 각 부문별로 구분하여 기존에 출제되었던 필기, 실무 출제회수를 모두 표기하여 어느 부분을 중점으로 공부해야 할 것인지에 대한 정보를 제공하였다.

❑ 이 책의 특징

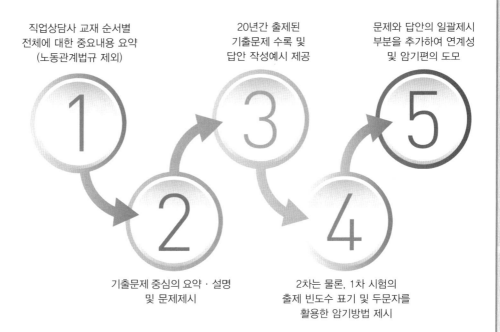

직업상담사 교재 순서별
전체에 대한 중요내용 요약
(노동관계법규 제외)

20년간 출제된
기출문제 수록 및
답안 작성예시 제공

문제와 답안의 일괄제시
부분을 추가하여 연계성
및 암기편의 도모

기출문제 중심의 요약 · 설명
및 문제제시

2차는 물론, 1차 시험의
출제 빈도수 표기 및 두문자를
활용한 암기방법 제시

- 시중의 2차 수험서가 대체적으로 최근 약 5~6년간의 기출문제 위주로 답안을 제시하고 있는 것에 반해, 본 교재는 전체 기간(20년간)에 출제되었던 기출문제를 수록하였다.
- 출제 빈도수가 높았던 부분과 비록 출제가 덜된 부분이라도 중요하다고 판단되는 부분의 핵심내용을 요약해서 수록함으로서, 꼭 공부해야할 부분을 놓치지 않도록 하였다.

직업상담사 시험의 출제 경향

❑ **기출문제가 반복 출제되는 직업상담사 자격시험**

- 직업상담사 시험은 기존에 출제되었던 부분에서 동일 또는 유사한 문제가 반복 출제(필기, 실무 동일) 되는 경향이 뚜렷하다.
- 2차 실무시험의 각 회차별 기출문제를 살펴보면, 총 18문제 중 완전히 새로운 문제가 출제되는 비율이 높지 않고, 새로운 문제가 많이 출제된 경우라도 약 2~3문제 이내에 불과하다.
- 1차 시험은 5개 과목(직업상담, 직업심리, 직업정보, 노동시장, 노동관계법규) 각 20문제씩 균등하게 출제되며, 2차는 전체 18문제 중, 상담학과 심리학에서 약 70%, 직업정보와 노동시장에서 약 30%가 출제된다. (노동관계 법규는 2차 시험에서는 출제하지 않음)
- 그만큼 직상사 시험(필기, 실무)은 기출문제를 중심으로 공부해야 하는 점이 중요하다.

❑ **직업상담사 기출문제의 유형별 분석**

- 직업상담사 2차 실무시험은 2000년부터 시작해서 20년 동안 실시되어 왔다. 매년 평균 3회가 실시된 것을 감안하면, 그간 약 1,080(18문제×3회×20년) 문제 정도가 출제되었다고 할 것이다.
- 이를 출제 유형별로 분류하면 상담학 106문제, 심리학 106문제, 정보론 43문제, 노동시장론 54문제로서 총 약 310여 개 유형의 문제가 출제되었다.
- 이 중에서 5번 이상 출제된 문제유형은 약 50문제이고, 4번 출제된 문제는 약 30~40문제이며, 3번 출제된 문제는 약 50~60여 문제이다. 즉, 유형별로 분류하면 약 150여 문제유형이 주로 출제되고 있다고 할 것이다.
- 다만, 최근의 경향은 거의 10여 년 동안 출제되지 않아서 수험생들이 공부범위에서 제외시킨 문제들이 종종 출제되고 있다는 점을 간과해서는 안 될 것이다. 따라서 본 교재는 310여 개 전체의 문제를 수록하였다.
- 시중에 유통되고 있는 대부분의 직업상담사 2급 실무수험서가 현시점을 기준으로 5~6년 정도의 문제만을 수록하고 있는 점에 비해 차별화되었다고 할 것이다.

공부 방법

❑ 기출문제 중심 공부

직업상담사 시험은 1, 2차 모두 기출문제에서 출제되는 비율이 최저 70% 이상이 되므로 기출문제 중심으로 공부를 해야 하는 것이 매우 중요하다.

❑ 1차(필기)와 2차(실무) 시험의 연계

1차 시험에서 중요한 부분이 2차 시험에서도 중요한 내용들이 대부분이다. 따라서 필기(1차)와 실무(2차)를 별개로 생각해서 준비하기 보다는 연계해서 공부하는 것이 바람직하다.

❑ 두(頭)문자 또는 키워드를 활용한 암기

일반적으로 수험생들은 객관식 시험은 암기, 주관식 시험은 이해가 중요할 것이라고 생각한다. 그러나 직상사 2차 시험은 단답형 주관식이기에 암기를 해야 답을 쓸 수가 있음을 잊어서는 안 된다. 따라서 두(頭)문자 또는 키워드를 활용한 암기 방법이 반드시 필요하다.

❑ 예상답안 직접 써보기(작성해 보기)

특히, 2차 시험 공부에서 중요한 것 중의 하나가 직접 필기구를 활용하여 답안을 작성해 보는 것이다. 즉, 머릿속의 내용을 실제 글씨로 작성해 보는 연습이 필수적이다. 손가락이 아플 정도로 직접 답안을 작성해보는 부단한 노력을 기울여야 할 것이다.

❑ 주제와 연계한 공부 필수

- 직업상담사 2차(실무)시험 합격을 위해서는 주제(문제)와 연계하여 공부를 하는 것이 중요하다. 상당수 수험생들의 불합격 이유가 실제 내용은 알고 있으면서도 출제된 문제와 답을 연계하는 것이 부족하여 답을 못 쓰거나 오답을 작성하는 경우가 많다.
- 시험장에서 당황하지 않으려면, 주제와 답안 내용을 같이 연계하여 공부하는 자세가 꼭 필요하다고 본다.

시험 안내 및 자격 취득의 비전, 취업처

❏ **직업상담사 2급 시험안내**
- 응시자격 : 제한 없음
- 응시방법 : 큐넷(Q-net.or.kr) 홈페이지 온라인 접수/오프라인 접수는 받지 않음
- 1, 2차 시험과목 및 방법

구분	1차(필기)	2차(실무)
출제 형식	객관식/4지 선택형	단답형 주관식(서술형＋사례형)
시험 과목 및 범위	① 직업상담학 ② 직업심리학 ③ 직업정보론 ④ 노동시장론 ⑤ 노동관계 법규	① 직업상담학 ② 직업심리학 ③ 직업정보론 ④ 노동시장론(노동관계 법규 제외)
출제 문항 수 및 배점	• 과목당 20문제 • 각 문제당 5점 • 총 100점	• 18문제 출제 • 문제당 배점은 출제시 배정 • 총점 : 100점 • 통합출제하며 출제비중은 상담·심리 70%, 직업정보·노동시장에서 30% 출제
시험시간 및 회수	• 150분(2시간 30분) • 년 : 3회 실시(평균)	• 150분(2시간 30분) • 년 : 3회 실시(평균)
합격기준	각과목 과락(40점 미만) 없이 평균 60점 이상 ※ 합격률 : 약 50% 전후	전체 합산 60점 이상 ※ 합격률 : 약 45% 전후

❏ **직업상담사 자격증 취득 시 혜택**
- 공무원(고용노동분야) 공개채용 시험 가산점 5% 부여(변호사, 공인회계사와 가점 비율 동일)
- 각급 학교 취업지원관, 정부 및 공공기관 등 취업담당자 채용 시 필수요구 자격증
- 각 대학의 관련분야 전공 학점 인정
- 직업소개소 개설, 민간 직업훈련기관 등 취업 및 운영 시 구비 조건

❏ **직상사 자격증 취득자 취업처**
- 공공기관 : 정부, 지자체, 구청, 동사무소, 일자리 지원센터, 인력개발센터, 새일 센터, 노인인력재단 등
- 각급 학교(중·고·대) 취업지원관, 취업성공패키지, 인력파견 및 용역업, 직업전 문학교, 일반 학원
- 직업관련 컨설팅, 직업소개소 개설, 헤드헌터, 인력 아웃소싱 기업 등

직업 심리학

직업 정보론

노동 시장론

기출문제 정답(안)

직업 상담학

직업상담의 개념

직업상담의 기초

1. 직업상담의 이해

1) 직업상담의 개념

직업생활과 관련된 직업준비, 선택, 적응, 전환, 은퇴 등의 과정에서 발생하는 다양하고 복잡한 직업상의 문제를 상담을 통해 해결하는 일련의 행위

2) 직업상담의 영역 (필 : 3회 기출)

직업일반상담, 취업, 직업적응, 직업전환, 직업건강(정신)상담, 직업문제 치료, 은퇴상담

3) 직업상담의 유형 (필 : 4회 기출)

구인·구직 상담, 직업적응 상담, 직업전환 상담, 경력개발 상담, 은퇴상담

4) 진로상담, 직업상담, 산업상담의 범위 (필 : 1회 기출)

진로상담(어린아이에서 노인까지) 〉 직업상담(직업관련 전반) 〉 산업상담(직업적응 및 생활)

2. 직업상담의 목적

1) 직업상담의 일반적 목적 (필 : 4회/실 : 3회 기출) ◑암기 목자의 선잠

① 직업**목**표를 명백히 해 주는 과정
② **자**신과 직업세계에 대한 이해를 촉진하는 과정
③ 진로 및 직업선택 **의**사결정능력을 길러주는 과정
④ 직업**선**택과 직업생활에서의 능동적인 태도를 함양시켜 주는 과정
⑤ **잠**정적으로 선택한 진로결정을 확고하게 해 주는 과정
⑥ 올바른 진로계획을 수립하게 하는 과정

2) 크라이티스의 직업상담의 목적
   ① 직업의 선택 : 개인의 직업목표를 명확하게 해준다.
   ② 의사결정 기술향상 : 개인의 의사결정 능력을 증진시킨다.
   ③ 개인의 능력 고양 : 자기 자신을 성장시키는 능력을 제고시킨다.

3. 직업상담의 목표 및 목표설정의 원리

1) 일반적인 상담의 목표 (필 : 1회 기출)
   ① 행동변화의 촉구
   ② 정신건강의 증진
   ③ 의사결정능력 향상
   ④ 문제해결
   ⑤ 개인적 효율성 증진

2) 기즈버스(Gysbers)의 직업상담의 목표 (필 : 3회 기출/실 : 예상 문제) 암기 예처결
   ① **예**언과 발달(능력과 적성발달에 대한 관심)
      적성과 흥미를 탐색하여 개인의 특성을 예언해주고 진로발달을 도와준다.
   ② **처**치와 자극(진로발달이나 직업문제에 대한 처치)
      진로발달이나 직업문제에 대한 처치를 포함하되, 이를 인식하고 해결해 나가도록 자극해
      야 한다.
   ③ **결**함과 유능(결함보다 유능성에 초점을 맞추는 것)
      자신의 결함보다는 유능에 초점을 두고 이를 개발할 수 있도록 일깨워야 한다.

3) 상담목표 설정 시 유의사항
   ① 상담목표의 현실성 : 내담자가 처해 있는 현실상황에서 달성이 가능한 것이어야 한다.
   ② 상담목표의 명확성 : 일반적이거나 모호하지 않고 명확하게 설정하여야 한다.
   ③ 문제의 압축 : 내담자 문제에 대해 공통요인을 중심으로 압축하여야 한다.
   ④ 선별적 처리 : 시기적으로 먼저 발생한 문제나 원인이 되는 문제를 우선적으로 처리한다.

4) 목표설정의 원리 및 고려사항 (필 : 3회/실 : 2회 기출) 암기 구내 실상단
   ① 목표는 **구**체적이어야 한다.
   ② 목표는 **내**담자가 원하고 바라는 것이어야 한다.
   ③ 목표는 **실**현 가능해야 한다.
   ④ 목표는 **상**담자의 기술과 양립해야 한다.
   ⑤ 필요시 **단**계적 실천계획을 수립한다.

5) 흡연하던 사람이 취업면접에 대비한 금연을 위한 목표설정원리 및 실천 사례 (실 : 1회 기출)

[목표설정원리 3가지]
① 목표는 구체적이어야 한다.
② 목표는 내담자가 원하고 바라는 것이어야 한다.
③ 필요시 단계적 실천계획을 수립한다.

[실천 사례] : 가정 → 목표설정 → 실천사례 순으로 제시
① 가정 : 하루 한 갑(20개비)씩 피우며, 면접이 5일 후로 정해졌다고 가정
② 목표설정 : 매일 5개비씩 줄여서 금연 달성
③ 실천사례 : 20개비 – 15개비 – 10개비 – 5개비 – 0개비로 설정

실기 기출문제

1. 직업상담의 목적 5가지를 기술하시오. (02 – 3회, 08 – 1회, 22–1회)

2. 기즈버스의 직업상담의 목표를 제시하고 간략히 설명하시오. (예상문제)

3. 평소 흡연을 하고 있은 갑 씨. 면접시험에서 부정적 요인이 될까봐 금연을 하고자 하는데, 목표 설정을 위한 3가지 원리를 제시하고 이에 따라 목표를 설정하시오. (15 – 2회)

4. 직업상담의 목표를 설정할 때 고려해야 할 사항 4가지를 쓰시오. (07 – 1회, 20 – 3회)

4. 진로 및 직업상담의 원리와 진로발달의 영향요인

1) 직업상담의 기본원리 (필 : 10회 기출)
① 라포가 형성된 관계 속에서 전개되어야 한다.
② 진학과 직업선택, 직업적응에 초점을 맞추어 전개되어야 한다.
③ 인간의 성격 특성과 재능에 대한 이해를 토대로 진행되어야 한다.

④ 내담자의 전 생애적 발달과정을 반영할 수 있어야 한다.

⑤ 의사결정에 대한 상담과정이 포함되어야 한다.

⑥ 진로발달이 진로선택에 영향을 미친다는 사실을 인식해야 한다.

⑦ 변화하는 직업세계에 대한 이해를 토대로 이루어져야 한다.

⑧ 상담윤리강령에 따라 전개되어야 한다.

⑨ 심리검사 결과를 기초로 합리적인 판단을 이끌어낼 수 있도록 해야 한다.

⑩ 차별적 진단(분류) 및 차별적 지원(처치)의 자세를 견지해야 한다.

2) **진로 및 직업발달의 영향요인(Tolbert)** (필 : 4회 기출)

① 직업흥미　　　　　　　　　② 가정 · 성별 · 인종
③ 교육정도　　　　　　　　　④ 적성
⑤ 인성　　　　　　　　　　　⑥ 직업성숙도 및 직업발달 정도
⑦ 경제적 조건　　　　　　　　⑧ 장애물
⑨ 성취도

3) **청소년의 직업발달에 영향을 미치는 요인** (필 : 3회 기출)

① 성역할의 사회화　　　　　　② 일(아르바이트 등)의 경험
③ 학교와 또래집단　　　　　　④ 가정적 배경

5. 직업상담자의 자질 및 역할

1) **직업상담사의 자질** (실 : 4회 기출) 🔵암기 **자존심 정객**

① **자**신에 대한 이해 : 자신에 대한 객관적 이해 및 능력의 한계 등을 정확히 이해.

② 내담자에 대한 **존**중심 : 내담자를 있는 그대로 수용하고 존중하는 태도를 견지.

③ **심**리학적 지식 : 인간행동과 신체적, 사회적, 심리학적 요인에 대한 지식을 갖추어야 함.

④ 직업**정**보 분석능력 : 직업정보 수집, 분석 및 변화하는 직업세계에 대한 이해력 필요.

⑤ **객**관적 통찰력 : 건설적인 냉철함, 통일된 동일시, 지나치지 않는 동정심, 순수한 이해심을
가진 신중한 태도, 공감적 이해력 필요

2) **직업상담사의 역할** (필 : 11회 기출)

① 상담자　　　　　　　　　　② 처치자
③ 조언자　　　　　　　　　　④ 개발자
⑤ 연구 · 평가자　　　　　　　⑥ 협의자
⑦ 정보분석자　　　　　　　　⑧ 관리자
⑨ 해석자　　　　　　　　　　⑩ 지원자

3) **직업상담사의 주요 역할 및 업무** (필 : 3회 기출)
　① 직업 상담과 직업지도, 업무의 기획 및 평가
　② 직업지도 프로그램 운영
　③ 구인 · 구직, 직업적응, 경력개발 등 직업관련 상담
　④ 적성검사, 흥미검사 등 직업관련 심리검사의 실시 및 해석
　⑤ 직업정보의 수집, 분석, 가공, 제공 등

4) **직업상담사의 직무내용(Herr)** (필 : 3회 기출)
　① 상담의 목적 및 상담자와 내담자의 역할을 확인한다.
　② 특수한 상담기법을 통해서 내담자가 문제를 확인하도록 한다.
　③ 직업선택이 근본적인 관심이라면 직업상담 실시를 **확정**한다.
　④ 좋은 결정을 가져오기 위한 예비행동을 설명한다.
　⑤ 내담자가 원하고 윤리적으로 적절한 부가적 대안을 확인한다.
　⑥ 내담자에 관한 모든 정보를 종합한다.
　⑦ 내담자에 관한 부가적 정보를 종합한다.

실기 기출문제

직업상담사가 갖추어야 할 자질 5가지를 열거하시오. (02 – 3회, 06 – 1회, 20 – 4회, 22–2회)

6. 직업상담 과정

1) **직업상담의 5단계(1유형)** (필 : 3회/실 : 3회 기출) **암기 관진목 개평**
　① 제1단계/**관계**형성 : 상호 존중에 기초한 개방적이고 신뢰가 있는 관계를 형성한다.
　② 제2단계/**진**단 및 측정 : 심리검사 등을 통해 내담자의 가치, 적성, 흥미 등을 진단하고 내
　　담자가 자신에 대한 자각을 증진할 수 있도록 돕는다.
　③ 제3단계/**목표**설정 : 직업상담의 목적이 문제해결이 아닌 자기발전 및 자기개발에 있음을
　　인식하게 하고 잠재적 목표를 밝혀 우선순위를 정한다.
　④ 제4단계/**개**입 또는 중재 : 내담자의 목표달성에 도움이 될 수 있는 중재를 제안하여 개입
　　한다.
　⑤ 제5단계/**평**가 : 상담자와 내담자는 그간의 중재가 얼마나 효과적으로 작용하였는지 평가
　　한다.

2) **직업상담의 5단계(2유형)** (필 : 4회 기출) **암기 관상문 훈종**
　① 제1단계/**관계**수립 및 문제의 평가 : 내담자에 대한 수용, 공감 등을 통해 촉진적인 상담관
　　계를 형성한다.

② 제2단계/**상**담목표의 설정 : 내담자의 진로 및 직업선택과 관련, 상담의 목표를 설정한다.

③ 제3단계/**문**제해결을 위한 개입 : 직업정보 수집, 의사결정 촉진 등을 통해 목표달성을 돕는다.

④ 제4단계/**훈**습 : 개입의 연장과정으로서 진로탐색 및 준비과정을 재확인 및 재점검하는 것이다.

⑤ 제5단계/**종**결 및 추수지도 : 목표에 도달했는지 확인하며, 추후 나타날 문제들을 예측하고 준비한다.

3) 직업상담의 2단계(크라이티스) (필 : 1회 기출)

① 제1단계 : 내담자의 목적 또는 문제 확인, 문제 명료화 및 상세화
- 들어가기
- 정보수집하기
- 내담자 행동이해 및 가정하기

② 제2단계 : 내담자의 목적 또는 문제해결
- 행동취하기
- 직업목표 및 행동계획 발전시키기
- 사용된 개입의 영향 평가하기

4) 브래머의 직업상담 8단계 (필 : 1회 기출)

① 준비와 시작　　　　　　　　　② 명료화

③ 구조화　　　　　　　　　　　④ 상담관계심화

⑤ 탐색　　　　　　　　　　　　⑥ 견고화

⑦ 계획수립, 검토　　　　　　　⑧ 종료

5) 상담의 진행과정에 따른 일반적인 고려사항 (필 : 6회 기출)

① 초기단계 : • 상담관계형성　　　　　• 심리적 문제파악
　　　　　　• 상담목표 및 전략수립　• 상담의 구조화

② 중기단계 : • 문제해결을 위한 구체적시도　• 저항해결
　　　　　　• 변화를 통한 상담과정 평가

③ 종결단계 : • 합의한 목표달성　　　　• 종결문제 다루기
　　　　　　• 이별 감정 다루기 등

실기 기출문제

직업상담의 5단계를 쓰시오. (00-3회, 09-1회, 20-1회)

7. 상담의 구조화 및 라포형성

1) 상담의 구조화

① 상담의 구조화 (필 : 9회 기출)
- 상담의 기본성격, 내담자와 상담자의 역할한계, 바람직한 자세 등을 명확히 하는 과정
- 상담에 대한 기본적인 기대를 맞추어가는 과정으로 모호함과 불안감을 제거
- 상담 횟수, 시간, 기간, 비밀보장, 협조사항 등에 대해 명료화
- 검사의 사용목적에 대한 설명과 검사의 제한성을 인식시켜 줌
- 내담자가 검사나 과제를 잘 이행할 것이라는 기대를 표명
- 상담에 대한 기본 틀을 갖추며 계약관계를 명확화 한다.

② 상담의 구조화를 위해 다루어야 할 요소 (필 : 4회 기출)
- 상담 목표
- 상담 성격
- 상담자 · 내담자의 역할과 책임
- 절차 및 수단
- 시간과 장소
- 비용 등

2) 라포형성(관계형성) (필 : 6회 기출)

① 라포의 의미 : 상담자와 내담자 간의 믿고 신뢰하는 마음(상담초기 면접 시 형성해야 함)
② 서로 믿고 존중하는 조화로운 인간관계
③ 라포의 형성은 상담자와 내담자 간의 상호적인 책임을 전제
④ 특히, 실직자 상담에서는 불안감 및 위축감을 해소하기 위해 가장 우선적으로 고려할 요소

제 2 절   집단 직업상담

1. 집단상담의 개요

1) 의의 : 상담자 1인이 다수의 내담자를 대상으로 하는 상담

2) 특징
① 구성원 상호간에 현실성을 검증하고 감정을 공유하며 피드백과 지원을 얻을 수 있음
② 상호협력과 의존성 분위기의 극대화 가능
③ 공동체의식과 희망을 갖도록 하며 자기 확신을 향상

2. 집단상담의 장단점

1) 집단상담의 장점 (필 : 6회/실 : 10회 기출) **암기** 시개타자 성개
① **시**간과 비용이 절약되어 경제적이다.
② **개**인상담 보다 쉽게 받아들이는 경향이 있다.
③ **타**인과의 상호교류 능력이 개발되며, 소속감 및 동료의식이 발전된다.
④ **자**신의 문제에 대한 통찰력을 가질 수 있다.
⑤ 직업**성**숙도가 낮은 사람들에게 적합하다.
⑥ **개**인의 성장과 발달을 촉진시킨다.

2) 집단상담의 단점 **암기** 모충비 압집
① 구성원 **모**두에게 만족을 줄 수가 없다.
② 개인의 문제를 **충**분히 다루기가 곤란하다.
③ **비**밀유지가 어렵다.
④ 집단의 **압**력이 작용하는 경우 개인의 개성이 상실될 수 있다.
⑤ 시간적 또는 문제의 복잡성으로 인해 **집**단을 구성하기가 쉽지 않다.

실기 기출문제

집단상담의 장단점 5가지(3가지, 4가지)를 기술하시오. (01－3회, 05－1회, 09－1회, 10－1회, 10－4회, 11－3회, 13－3회, 17－3회, 19－1회, 20－4회)

3. 집단상담 시 유의할 점

1) 집단구성 시, 참고사항 (필 : 6회 기출)
① 집단 구성 시 고려사항 (실 : 2회 기출)
• 집단의 크기(인원) : 6~10명 정도가 적정하다.
• 구성원의 직업성숙도 : 상호 유사한 수준으로 구성한다.
• 이질성과 동질성 : 이질 집단이 자극적일 수 있으나 가급적 동질집단으로 구성하도록 한다.
• 구성원의 성별 : 상담의 효율성, 분위기, 목표 등이 다를 수 있으므로 성별을 고려한다.
② 집단의 리더 : 직업 정보나 집단 상담에 대한 기초지식을 가진 사람이 바람직하다.
③ 모임 횟수 : 가급적 최소화하는 것이 바람직하다.
④ 장소 : 심리적 안정감을 줄 수 있는 아늑한 분위기와 신체활동이 자유로운 크기가 좋다.
⑤ 개방적 또는 폐쇄적 집단여부 : 상담 시작 전에 결정하도록 한다.
⑥ 비밀유지 : 상담과정에서 지득한 비밀과 구성원 사생활에 대해서는 비밀을 유지해야 한다.
⑦ 시간 준수와 과제이행 : 반드시 시간을 지키도록 하고 부여된 과제는 이행하도록 한다.

⑧ 게임의 활용 : 효율적 분위기 조성을 위해 게임을 활용할 수 있다.

⑨ 경험보고서 작성 : 매 회기가 끝난 후 경험보고서를 작성하게 하여 피드백을 하도록 한다.

2) 집단의 크기가 너무 크거나 작은 경우 (실 : 1회 기출)

① 너무 큰 경우
- 시간적, 문제별 집단구성이 어렵다.
- 모두에게 만족을 주기 곤란하다.
- 집단의 압력이 가해지면 구성원의 개성상실이 우려된다.
- 일부가 상담에서 제외될 수 있다.

② 너무 작은 경우
- 집단 조직성이 결여
- 라포 형성이 곤란
- 자유로움이 박탈될 가능성 존재 등

실기 기출문제

1. 집단상담 결정 시 크기(인원)와 고려할 점에 대해 기술하시오. (00 - 3회, 02 - 3회)

2. 집단상담의 적정인원을 쓰고 집단의 크기가 너무 큰 경우와 적은 경우를 비교 설명하라. (06 - 3회)

4. 집단직업상담 단계 및 상담의 활동유형

1) 부처(Bucther)의 집단직업상담 모델 3단계 (필 : 8회/실 : 12회 기출) **암기** 탐 전 행

① 1단계 : **탐**색단계 **암기** 자-흥-측피-불
자기개방, **흥**미와 적성의 측정, **측**정결과에 대한 **피**드백, **불**일치의 해결 등이 이루어진다.

② 2단계 : **전**환단계 **암기** 자-일-피-불
자기지식을 직업세계와 연결하고 **일**과 삶의 가치를 조사, 일과 삶의 가치 **피**드백, **불**일치를 해결한다.

③ 3단계 : **행**동단계 **암기** 목-행-정-의
목표설정, **행**동계획의 개발, 목표달성을 위한 **정**보의 탐색, 즉각적, 장기적 **의**사결정 등이 이루어진다.

1. 부처는 집단직업 상담을 위한 3단계 모델을 제시하였다. 첫 단계인 탐색단계에서 이루어져야 하는 것 4가지를 쓰시오. (12-2회)

2. 부처의 집단상담 3단계 모델을 쓰고 설명하시오. (04-1회, 10-3회, 13-3회, 14-1회, 17-1회, 17-2회, 20-2회, 21-1회, 21-3회, 22-3회)

3. 부처의 집단직업상담 3단계 중 탐색, 행동단계의 내용 3가지씩 쓰시오. (15-3회)

2) 집단직업상담 과정에서 나타나는 5가지 활동유형(Tolbert) (필 : 1회/실 : 5회 기출)

암기 자상 개직합

① **자**기탐색 : 상호 수용적인 분위기 속에서 자신의 가치, 감정, 태도 등을 탐색
② **상**호작용 : 구성원들은 자신의 직업계획 및 목표를 얘기하고 상호간에 피드백을 받음
③ **개**인적 정보검토 : 수집한 정보를 체계적으로 검토하며 이를 자신의 직업적 목표와 연계
④ **직**업·교육적 정보 검토 : 직업관련 최신 정보의 획득 및 다양한 자료의 면밀한 검토와 성공가능성을 검토
⑤ **합**리적 의사결정 : 수집된 정보들을 토대로 합리적인 직업의사결정을 촉진

실기 기출문제

Tolbert(톨버트)의 집단상담의 활동유형 5가지를 쓰시오. (05-3회, 10-1회, 14-3회, 15-2회, 19-1회)

3) 집단상담의 형태 (실 : 2회 기출) **암기** 지상 자치

① **지**도집단(가이던스 집단) : 집단 지도자에 의한 강의, 교수 등의 방법이 활용된다.
② **상**담집단 : 주제나 문제보다는 사람에 초점을 두는 집단 상담으로 개인의 행동변화를 도모한다.

③ **자**조집단 : 공통의 관심사를 가진 사람들이 자발적으로 문제해결을 시도하는 집단상담이다.

④ **치**료집단 : 전문적인 기술을 가진 집단 지도자에 의해 치료활동이 이루어진다.

실기 기출문제

집단상담의 형태 3가지를 설명하시오. (13 - 1회, 19 - 2회)

제3절 사이버 및 전화상담, 자살상담 등

1. 인터넷 상담

1) 인터넷 상담의 필요성 (실 : 2회 기출) 암기 자문직 익간

① **자**발적인 신청이 대부분으로 참여 동기나 문제해결 정도가 높다.

② **문**제를 스스로 정리해볼 수 있는 기회를 갖도록 해준다.

③ **직**접 면담이나 전화보다 친밀성을 느낀다.

④ **익**명성이 보장되어 불안, 죄의식, 망설임을 감소시킨다.

⑤ **간**편하고 저렴하며 활용이 용이하다.

2) 인터넷 상담의 특징

① 단회성   ② 신속성
③ 문자중심의 상호작용   ④ 익명성
⑤ 자발성 · 주도성   ⑥ 시 · 공간의 초월성
⑦ 개방성   ⑧ 경제성
⑨ 자기성찰의 기회제공

3) 인터넷 상담의 기법 (필 : 3회 기출)

① 주요 진로논점 파악하기   ② 핵심 진로논점 분석하기
③ 진로논점 유형 정하기   ④ 답변내용 구상하기
⑤ 직업정보 가공하기   ⑥ 답변 작성하기

4) 인터넷 상담의 장단점 (필 : 3회 기출)

① 장점

• 개인의 신분 등 사회적 단서가 제공되지 않아 상담내용 자체에 주의집중과 의미가 부여됨

- 내담자의 자발적 참여로 문제해결에 대한 동기가 높음
- 직접적 대면이 없어 언행에 대한 즉각적인 판단이나 비판을 의식할 필요가 없음
- 시간과 비용의 절약으로 경제적
- 상담내용에 대한 깊이 있는 검토가 가능

② 단점
- 문자 등에만 의존하여 내담자의 정서적인 면을 파악하기 곤란
- 신뢰성이 떨어지며 라포 형성이 쉽지 않음
- 정보의 선택적 공개 및 상담의 중단 가능성이 큼
- 컴퓨터 등의 장비와 네트워크의 불안정성 문제 대두
- 부적절한 대화예절 및 성적 표현 등 우려

실기 기출문제

인터넷을 이용한 사이버 상담의 필요성을 쓰시오. (10 – 4회, 22–3회)

2. 전화상담의 특징과 장단점 (필 : 3회/실 : 1회 기출)

1) 특징
응급상황에 도움, 성문제 같은 사적인 내용 용이, 익명성이 보장, 상담관계의 불안정성, 시각적 · 비언어적인 정보 곤란, 침묵의 지루함

2) 장단점
- 장점 : 익명성, 경제성, 친밀성, 접근성, 용이성 등
- 단점 : 단회성, 정보수집의 제한성, 침묵의 지루함, 익명의 무책임성

실기 기출문제

전화상담의 장단점을 쓰시오. (03 – 1회)

3. 자살의향을 가진 사람에 대한 상담 기법 (실 : 1회 기출)

① 자살에 대한 위험평가는 차분하게 직접적으로 한다.
② 자살, 죽음이라는 단어를 직접적으로 사용하고 자살준비에 대해서 구체적 직접적으로 질문한다.

③ 대화의 초점은 자살의 동기에 맞추어져야 한다.

④ 내담자의 자살성공을 의심하거나 신념을 부정하거나 비난하지 않도록 할 것

실기 기출문제

자살 의향을 가진 내담자를 상담하는 방법을 설명하시오. (02 – 1회)

제**4**절 직업상담의 문제유형

1. 윌리암슨의 직업선택 문제유형 분류(윌리암슨의 변별진단)(필 : 13회/실 : 8회 기출)

암기 무불흥현 또는 무확흥어

1) 직업 무선택(선택하지 않음)

자신의 선택의사를 표현할 수 없으며, 무엇을 원하는지 조차 알지 못하는 유형

2) 불확실한 직업 선택(확신의 부족)

자기이해, 직업세계의 이해가 부족하여 선택한 직업에 대해 확신을 가지지 못하는 유형

3) 흥미와 적성의 불일치

흥미를 느끼는 직업에 적성이 없거나, 적성을 가지고 있는 직업에 흥미가 없는 유형

4) 현명하지 못한 선택(어리석은 선택)

목표에 부합하지 않는 적성이나 자신의 흥미와 관계없는 목표를 가지고 있는 유형

실기 기출문제

윌리암슨의 특성 – 요인 직업상담에서 변별진단(직업선택 문제유형 분류)의 4가지 범주를 쓰고 설명하시오. (09 – 2회, 10 – 1회, 14 – 3회, 15 – 1회, 16 – 2회, 20 – 4회, 21 – 3회, 22 – 2회)

2. 보딘의 직업선택 문제유형 분류(직업문제의 심리적 원인) (필 : 9회/실 : 10 회 기출)

암기 보딘의 자선 확정

1) **의**존성
자신의 문제를 스스로 해결하지 못하고 책임지는 것이 두려워 남에게 의존

2) **자**아갈등
직업선택, 결혼 등 삶의 중요한 결정을 내려야 하는 상황에서 갈등을 경험

3) **선**택의 불안
자신의 선택이 사회, 중요한 타인의 기대에 벗어날 경우 선택에 따른 불안을 경험

4) **확**신의 결여
선택을 하였으나 자신의 진로 및 직업 결정에 대한 확신이 부족한 경우

5) **정**보의 부족
진로선택 및 직업결정과 관련된 정보가 부족한 경우

실기 기출문제

정신역동적 직업 상담을 체계화한 보딘이 제시한 직업문제의 심리적 원인을 5가지(4가지, 3가지) 쓰고 설명하시오. (06-1회, 09-2회, 10-2회, 11-1회, 13-3회, 14-1회, 14-3회, 15-3회, 19-2회, 21-1회)

---

3. 크릿츠(크라이티스)의 직업선택 문제유형 분류 (필 : 11회/실 : 2회 기출)

암기 적결현 또는 적우비

1) **적**응성(**적**응 문제) **암기** 적-부
① 적응형 : 흥미와 적성이 일치하는 분야를 발견한 유형
② 부적응형 : 흥미와 적성이 일치하는 분야를 찾지 못한 유형

2) **결**정성(**우유부단** 문제) **암기** 우-다
① 다재다능형 : 재능이 많아 흥미와 적성에 맞는 직업 사이에서 결정을 내리지 못하는 유형
② 우유부단형 : 흥미와 적성에 관계없이 어떤 직업을 선택할지 결정을 내리지 못하는 유형

3) **현**실성(**비**현실성 문제) **암기** 비-강-불
① 비현실형 : 지나치게 높은 적성을 요구하는 직업선택 또는 흥미를 느끼는 분야에 적성이 없는 유형
② 강압형 : 적성 때문에 직업을 선택했지만 그 직업에 흥미가 없는 유형

③ 불 충족형 : 흥미와는 일치하지만 적성수준보다 낮은 적성의 직업을 선택하는 유형

실기 기출문제
크릿츠는 직업상담의 문제유형 분류에서 흥미와 적성을 3가지 변인들과 관련지어 분류하였다. 3가지 변인을 쓰고 설명하시오. (12-2회, 16-3회)

4. 필립스의 상담목표에 따른 진로 문제의 분류 (필 : 3회 기출)

1) 자기탐색과 발견
  자신의 능력수준 여부, 어떤 분야의 직업을 원하는지 등에 고민이 있는 경우

2) 선택을 위한 준비
  적성 및 성격과 직업 간의 관계, 직업정보 등이 필요한 경우

3) 의사결정 과정
  진로 및 직업결정 방법 습득, 선택과 결정에서 장애요소의 발견이 필요한 경우

4) 선택과 결정
  진로를 선택해야만 하는 상황에 직면한 경우

5) 실천
  선택과 결정에 대한 만족여부 및 확신정도를 확인하는 일이 중요

CHAPTER 02 상담 이론

1. 정신분석 상담이론/프로이트

1) 기본개념 및 특징 (필 : 8회 기출)
   ① 인간은 비합리적, 결정론적, 생물학적 충동과 본능을 만족시키려는 욕망에 의해 동기화된 존재
   ② 인간의 성격은 5세 이전에 결정되며, 어린 시절의 경험과 무의식을 강조
   ③ 무의식 속에 억압되어 있는 감정이나 충동을 의식세계로 끌어내어 자각하고 직면할 수 있도록 함

2) 특징 및 인간관 (필 : 8회 기출)
   ① 특징
     • 심리성적 결정론에 기초 : 인간의 성적에너지(Libido)가 신체의 특정부위에 집중되어 나타나는 현상
     • 심리성적 발달 단계 : 구강기 – 항문기 – 남근기 – 잠복기 – 생식기
       ㉠ 구강기/출생~18개월   ㉡ 항문기/18개월~3세   ㉢ 남근기/3~6세
       ㉣ 잠복기/6~12세   ㉤ 성기기(생식기)/13세 이상
   ② 인간관
     • 결정론적 인간관 : 아동기 경험을 중시하며, 특히 0세부터 5세까지의 경험이 성격을 형성
     • 본능적 인간관 : 생물학적 본능과 무의식적인 힘이 인간의 행동을 좌우
     • 환원론적 인간관 : 인간의 성격구조는 원초아, 자아, 초자아로 구성
     • 인과론적 인간관 : 문제의 원인에 관심을 두고 그 원인을 찾아서 제거하는 데 관심

3) 성격의 구조 및 발달과정, 불안의 유형
  ① 의식(정신)의 3요소 (필 : 1회 기출)
    • 의식 : 현재 인식하고 있는 모든 행위와 감정
    • 전의식 : 현재는 의식하지 못하지만 조금만 주의를 기울이면 의식으로 전환할 수 있는 정신세계
    • 무의식 : 정신 내용의 대부분에 해당하는 것으로 의식적 사고와 행동을 지배하는 힘

  ② 성격의 3요소 (필 : 1회 기출)
    • 원초아(Id) : 쾌락의 원리로 현실적 요건을 고려하지 않고 즉각적으로 욕구를 충족하려 함
    • 자아(Ego) : 현실의 원리로서 현실적 여건을 고려하여 합리적으로 판단, 사고, 행동을 통제
    • 초자아(Superego) : 도덕의 원리로서 옳고 그름을 판단하는 도덕적 규범이나 가치관 등

  ③ 불안의 3가지 유형 (필 : 1회/실 : 3회 기출) 암기 현신도
    • **현**실적 불안 : 외부세계에서의 실제적인 위협을 지각함으로서 발생하는 불안
    • **신**경증적 불안 : 자아가 원초아를 통제치 못할 경우 발생할 수 있는 불상사에 대한 불안
    • **도**덕적 불안 : 원초아와 초자아 간의 갈등에 의해 야기되는 불안으로 양심에 대한 두려움

4) 상담기법 (필 : 2회 기출)
  ① 꿈의 분석 (필 : 1회 기출)
    꿈의 분석을 통해 내담자의 억압된 욕망과 무의식적 동기가 무엇인지 진단
  ② 저항의 분석
    상담을 방해하는 내담자의 무의식적 생각, 태도, 감정 등을 파악하여 통찰하게 하는 것
  ③ 자유연상 (필 : 2회 기출)
    근육을 이완시킨 상태에서 마음속에 떠오르는 것들을 표현하도록 하는 것
  ④ 해석 (필 : 2회 기출)
    내담자가 직접 진술하지 않은 내용이나 개념을 과거의 경험이나 진술을 토대로 추론해서 말하는 것(꿈, 자유연상, 저항, 전이 등을 분석하여 의미를 설명)
  ⑤ 훈습 (필 : 5회 기출)
    내담자 갈등과 방어를 탐색하고 이를 해석해가는 과정으로 연습, 반복, 정교화하는 활동
  ⑥ 간직하기
    충동과 체험에 즉각적 반응 대신 마음속에 간직하여 적절히 통제하게 하는 것
  ⑦ 통찰
    현실과 환상, 과거와 현재를 구분하도록 하여 스스로 생활태도를 변화하도록 함

⑧ 버텨주기 (필 : 1회 기출)

내담자에게 의지가 되어주고 따뜻한 배려로서 마음을 다독여 주는 것

⑨ 전이 (필 : 2회/실 : 2회 기출)

내담자가 과거에 중요한 인물에게 느꼈던 감정을 상담자에게 옮기는 것

　㉠ 전이의 문제점

　　• 상담 과정상 전이는 일정부분 필요하지만,

　　• 상담자가 객관성을 잃고 지나치게 동조하거나 좋은 말만 하면

　　• 내담자의 의존성을 심화시켜 적절한 상담을 방해하게 된다.

　㉡ 전이 해결방안

　　• 전이를 이해하되, 객관성을 유지하고 분위기에 휘말리지 않도록 주의해야 한다.

　　• 내담자 스스로 전이 감정과 상황을 깨닫게 하여 자신을 통제할 수 있도록 한다.

　　• 훈습을 통해 과거 영향으로부터 벗어나 전이감정을 해소할 수 있도록 한다.

⑩ 역전이 (실 : 3회 기출)

상담자가 과거에 다른 사람에게 가졌던 동일한 감정을 내담자에게 옮기는 것

[역전이의 해결방안]

• 자기분석 : 자기탐색을 통해 상담자 자신의 내적문제를 이해하고 인지

• 교육분석 : 교육 분석가로부터 분석을 받으면서 스스로 역전이에 대한 분석경험을 축적

• 지도감독 : 감독자의 지도를 통해 역전이를 깨닫고 이를 극복

5) 방어기제 (필 : 6회/실 : 5회 기출)

① 의미

내담자가 상담과정에서 오는 불안 위협으로부터 자신을 보호하기 위해 무의식적으로 대처하는 양식

② 방어기제의 종류

• 억압 : 괴로운 일 등을 의식에서 무의식으로 밀어내는 것으로 선택적 망각을 의미(학대받은 분노를 피하고자 부모의 이야기를 무의식적으로 꺼리는 것) (필 : 1회 기출)

• 부인(부정) : 감당하기 어려운 고통·욕구를 무의식적으로 부정하는 것(가족이나 중요한 사람의 죽음을 인정하지 않고 여행을 떠났다고 주장)

• 합리화 : 정당하지 못한 행동이나 말에 핑계를 대어 정당화 하는 것(여우와 신포도) (필 : 3회 기출)

• 반동형성 : 무의식적 소망이나 충동을 본래의 의도와 반대로 행하는 것(미운놈 떡하나 더준다)

• 투사 : 자신의 부적절한 행동과 생각을 다른 사람의 것인 양 남 탓하는 것(방귀 뀐 놈이 화낸다)

- 퇴행 : 과거에 성공했던 단계로 되돌아감으로서 불안에서 벗어나려 하는 것(아이의 대소변 퇴행)
- 전위(전치) : 자신의 감정과 화를 덜 위협적인 대상에게 표출하는 것(종로에서 뺨/한강에서 눈 흘김) (필 : 2회 기출)
- 대치 : 부적절한 욕구나 충동 등을 다른 목표로 전환하는 것(꿩 대신 닭)
- 격리 : 고통스럽고 부정적인 감정을 숨기고 다른 형태로 표출하는 것(상사 보복감정/업무 철저)
- 보상 : 자신의 약점을 극복하기 위하여 특정분야에서 탁월한 능력발휘(작은 고추가 맵다)
- 승화 : 반사회적인 행동이나 생각을 사회적으로 인정될 수 있는 방향으로 전환(폭력배/운동선수)
- 동일시 : 자신이 동경하는 대상과 자신을 같은 것으로 인식(좋아하는 연예인처럼 행동)
- 주지화 : 위협적이거나 고통스러운 것을 둔화시키기 위해 지적능력 등을 사용(죽음/체험)

실기 기출문제

1. 정신분석 상담에서 필수적 개념인 불안의 3가지 유형을 쓰고 각각에 대해 설명하시오. (12-2회, 17-1회, 21-2회)

2. 상담과정에서 전이가 발생했을 때 그 의미와 해결방안을 설명하시오. (03-1회, 07-1회)

3. 상담과정에서 역전이가 발생했을 때 그 의미와 해결방안을 설명하시오. (06-3회, 09-2회, 22-1회)

4. 정신분석 상담의 방어기제 5가지(3가지)를 쓰고 설명하시오. (04-1회, 09-1회, 19-2회, 21-3회, 22-1회)

2. 개인주의 상담/아들러

1) 기본 개념 (필 : 1회 기출)
   ① 개인심리학 창시(프로이트의 결정론적, 환원론적, 생물학적 동기 이론을 비판)
   ② 사회적 관심과 인간의 성장 가능성과 잠재력을 중시하였음
   ③ 인간은 무의식에 의해 행동하는 것이 아니라 의식적, 목표지향적인 존재
   ④ 인간은 열등감을 극복하고 우월성을 추구하는 존재
   ⑤ 출생순위에 따라 행동양식이 다르며, 가족 구성원 관계가 인간발달에 영향을 미침

2) 인간관 (필 : 1회 기출)
   ① 통합적(총체적) 존재 : 인간의 성격은 원초아, 자아, 초자아로 나누어진 것이 아닌 통합적
      존재
   ② 사회적 존재 : 인간은 사회적으로 동기화되고 사회구성원으로서의 존재
   ③ 목적적 존재 : 인간은 미래지향적인 목표와 목적을 지닌 존재
   ④ 창조적 존재 : 성격은 유전과 환경의 상호작용으로 형성되지만 스스로 창조성을 가진 존재

3) 개인주의 상담의 특징 (필 : 7회 기출)
   ① 사회적 관계를 중시한다.
   ② 행동수정보다는 동기수정에 관심을 둔다.
   ③ 열등감의 극복과 우월성의 추구가 개인의 목표이다.
   ④ 잘못된 가치와 목표를 수정하는 데 초점을 둔다.
   ⑤ 사회적 가치를 중시하고 사회적 관심을 갖도록 돕는다.
   ⑥ 객관성 보다는 주관적 지각과 해석을 중시
   ⑦ 개인의 선택과 책임, 삶의 의미, 성공추구 등을 강조
   ⑧ 내담자에 대한 광범위한 격려의 사용을 권장한다.

4) 생활양식(4가지) (실 : 1회 기출) 🔵암기 지기회사
   ① **지**배형 : 활동수준은 높으나 사회적 관심은 낮은 유형으로 독선적이고 공격적
   ② **기**생형(획득형) : 활동수준은 중간이고 사회적 관심은 낮은 유형으로 의존적인 태도
   ③ **회**피형 : 활동수준이 낮고 사회적 관심도 낮은 유형으로 책임을 회피하는 태도
   ④ **사**회형 : 활동수준이 높고 사회적 관심도 높은 유형으로 사회적으로 바람직한 형

5) 인생과제(생애과제) (필 : 1회 기출)
   ① 일(직업)   ② 사회   ③ 성(결혼과 가정생활 등)

6) 개인주의 상담의 목표 (필 : 1회/실 : 4회 기출) 🔵암기 잘사타 잘사
   ① **잘**못된 동기를 바꾸도록 돕는다.
   ② **사**회적 관심을 갖도록 돕는다.
   ③ **타**인과 동질감을 갖도록 돕는다.

④ **잘**못된 가치와 목표를 수정하도록 돕는다.

⑤ **사**회의 구성원으로서 기여하도록 돕는다.

7) 상담기법 (필 : 2회 기출)

① 단추(초인종) 누르기

② 수프에 침 뱉기

③ 마치~인 것처럼 행동하기

④ 격려하기

⑤ 타인 즐겁게 하기

8) 상담과정(치료과정) 4단계 (실 : 1회 기출) 암기 상개해재

① **상**담관계 형성 및 치료목표 설정 : 상호 협력적 분위기에서 신뢰관계를 형성하며 치료목표와 과정을 설정

② **개**인역동성의 탐색 : 내담자의 개인역동성과 생활양식을 이해하고 그것이 현재의 삶에서 어떻게 기능하는지 분석.

③ **해**석을 통한 통찰 : 해석과 직면을 통해 잘못된 인생목표와 행동에 대한 자기이해와 통찰을 촉진

④ **재**교육 또는 재정향 : 해석을 통해 획득된 통찰이 실제 행동으로 전환될 수 있도록 대안을 모색

9) 개인주의 상담의 열등감 콤플렉스의 원인 (필 : 1회 기출)

① 기관열등감 : 외모나 신체적 불완전에서 비롯되는 열등감

② 과잉보호 : 부모의 과잉보호에 따른 자신감 부족, 능력 결핍에서 비롯되는 열등감

③ 양육태만 : 부모의 양육태만에 따른 존재 가치관 부족에서 비롯되는 열등감

10) 정신분석 상담과 개인주의 상담의 인간관 비교 (실 : 1회 기출)

정신분석 상담이론	개인주의 상담이론
생물학적 존재로서 결정론적 인간관 환원론적인 존재로 성격이 원초아, 자아, 초자아로 구성 성적동기를 지닌 존재	사회적 존재(가능성의 관점) 통합적, 총체적 존재 사회적 동기를 가진 존재

실기 기출문제

1. 개인주의 상담이론의 상담목표 5가지를 쓰시오. (13-3회, 16-1회, 20-1회, 22-3회)

2. 개인주의 상담이론의 생활양식 4가지를 쓰고 설명하시오. (14-1회)

3. 개인주의 상담이론의 4단계 치료과정을 순서대로 쓰시오. (12-1회)

4. 아들러의 개인주의 상담과 프로이드 정신분석상담을 비교 설명하시오. (09-1회)

3. 실존주의 상담/프랭클

1) 기본개념 (필 : 3회 기출)
   ① 상담 모델이라기보다는 실존주의 철학을 상담에 적용한 것
   ② 상담 기술보다는 인간에 대한 이해에 더 많은 관심을 갖는다.
   ③ 인간은 단순히 피해자가 아니며 자기 자각능력이 있다고 믿는다.
   ④ 인간은 삶의 방식을 선택할 자유와 책임이 있고, 그것이 운명에 영향을 준다는 것을 자각하고 있다.
   ⑤ 특히, 대면적 관계를 중시하며 대면을 통해 성장이 가능하다고 본다.

2) 인간의 궁극적 관심사 (필 : 1회/실 : 5회 기출) 💡암기 죽자고무/죽음 – 자유 – 고립 – 무의미
   ① **죽**음 : 죽음의 불가피성과 시간의 유한성은 삶을 더욱 가치 있게 만든다.
   ② **자**유 : 인간은 스스로 선택하고 자신의 삶에 대해 책임을 가진다.
   ③ **고**립, 소외 : 실존적 고립에 대해 인정하고 직면함으로써 타인과 성숙한 관계를 맺고자 노력한다.
   ④ **무**의미성 : 인간은 자신의 삶과 인생에서 끊임없이 어떤 의미를 추구한다.

3) 철학적 기본가정 (실 : 1회 기출) 💡암기 자정 즉 자장/자정에 즉석 자장을 시키다
   ① 인간은 **자**각하는 능력을 가지고 있다.
   ② 인간은 **정**적인 존재가 아닌 항상 변화하는 존재이다.
   ③ 인간은 **즉**각적인 상황과 과거 및 자기 자신을 초월할 수 있은 능력을 가진 존재이다.
   ④ 인간은 **자**유로운 존재인 동시에 자신을 스스로 만들어 가는 존재이다.
   ⑤ 인간은 **장**래 무존재가 될 운명을 지니고 있으며 그 사실을 자각하고 있는 존재이다.

4) 상담의 목표

① 자신의 현재 상태에 대해 인식하고 피해자적 역할로부터 벗어날 수 있도록 돕는다.

② 책임질 수 있는 방법으로 행동하여 자신의 욕구를 충족시킬 수 있도록 돕는다.

③ 행동의 가치를 검토 및 판단할 수 있도록 하며, 행동변화를 위한 계획을 세우도록 돕는다.

5) 실존주의 상담에서 상담자의 치료원리 (실 : 1회 기출) ◐암기 죽삶자삶/죽실 – 삶자 – 자인 – 삶의

① **죽**음의 **실**존적 상황에 직면하도록 격려한다.

② **삶**에 대한 **자**유와 책임을 자각하도록 촉진한다.

③ **자**신의 **인**간관계 양식을 점검하도록 돕는다.

④ **삶**의 **의**미를 발견하고 창조하도록 돕는다.

6) 실존주의 상담의 4가지 양식세계 (실 : 1회 기출) ◐암기 영 – 주 – 공 – 고

① **영**적세계 : 각자가 갖는 믿음이나 신념세계로 영적 혹은 종교적 가치와의 관계를 의미

② **주**변세계 : 인간이 접하며 살아가는 환경 또는 생물학적 세계를 의미

③ **공**존세계 : 인간이 사회적 존재로서 인간만이 갖는 대인 관계를 의미

④ **고**유세계 : 자신의 세계이며 개인이 자신에게 가지는 관계를 의미

실기 기출문제

1. 실존주의 상담에서 궁극적 관심사(중요하게 생각하는 주제) 4가지(3가지)를 쓰고 설명하시오. (09 – 3회, 10 – 2회, 12 – 3회, 17 – 2회, 20 – 2회)

2. 실존주의 상담에서 제시하는 인간본성에 대한 철학적 기본가정을 3가지 이상 쓰시오. (13 – 2회)

3. 실존주의 상담에서 내담자의 자기인식능력 증진을 위한 상담자의 치료원리 4가지를 쓰시오. (14 – 2회)

4. 실존주의 상담에서 3가지 양식세계를 쓰고 설명하시오. (19 – 1회)

4. 내담자 중심 상담(인간중심 상담)/로저스

1) 기본개념 (필 : 5회 기출)
① 인본주의적 접근방법으로 비지시적 상담이라고 한다.
② 인간은 자신의 나아갈 방향을 찾고 건설적인 변화를 이끌 수 있다고 본다.
③ 인간은 현실적 자아, 이상적 자아, 타인이 본 자아 간의 불일치 때문에 불안을 경험한다.
④ 인간행동에 대한 기본 관점은 선천적인 잠재력 및 자기실현 경향으로 표현할 수 있다.

2) 상담의 목표 (필 : 2회 기출)
① 내담자들이 경험에 보다 개방적이 되도록 돕는다.
② 내담자의 내적 기준에 대한 신뢰를 증가시키도록 돕는다.
③ 지속적인 성장 경향성을 촉진시켜준다.
④ 3가지 자아(현 - 이 - 타) 간의 불일치를 해소하여 불안을 감소시키고자 한다.
⑤ 인간은 자기실현의 경향성이 있어 잠재력과 성장능력을 개발, 완전히 기능하는 사람이 되도록 한다.

3) 상담기법 (필 : 2회 기출)
① 특정기법보다는 내담자와 상담자 간의 안전하고 허용적인 나와 너의 관계를 중시
② 적극적 경청, 감정의 반영, 명료화, 공감적 이해가 주로 사용
③ 내담자 정보탐색, 조언, 설득, 가르치기 등은 사용하지 않는다.

4) 상담의 특징 (필 : 10회 기출)
① 관계형성(라포)을 특히 강조한다.
② 비지시적인 상담이며 내담자 주도의 상담이다.
③ 상담기법 보다는 태도를 중시한다.
④ 지적인 면보다는 정의적인 면을 강조한다.(객관적인 면보다는 주관적인 면을 강조)
⑤ 동일한 상담원리를 정상적인 상태에 있거나 부적응 상태에 있는 사람 모두에게 적용한다.
⑥ 상담자와 내담자는 동등한 관계라는 입장을 취한다.
⑦ 심리검사를 필요로 하지 않는다.
⑧ 상담은 모든 건설적인 대인관계의 실례들 중 단지 하나에 불과하다.
⑨ 상담의 과정과 그 결과에 대한 연구조사를 통해 개발되어 왔다.

5) 인간중심 상담의 철학적 가정 (실 : 2회 기출) 🌐암기 적가주 선결/적가 주식을 선결처리 했다
① 개인은 **적**극적인 성장력을 가진 존재이다.
② 개인은 **가**치를 지닌 독특한 존재이다.
③ 개인의 **주**관적 생활에 초점을 두어야 한다.
④ 개인은 **선**하고 이성적이며 믿을 수 있는 존재이다.
⑤ 개인에게는 **결**정과 선택의 권리가 있다.

6) 완전히 기능하는 사람 (필 : 1회/실 : 2회 기출) <mark>암기</mark> 창경실 경자
  ① **창**조적인 삶을 살아간다.
  ② **경**험에 대해 개방적이다.
  ③ **실**존적인 삶을 살아간다.
  ④ **경**험적인 자유를 지니고 있다.
  ⑤ **자**신이라는 유기체에 대해 신뢰한다.

7) 상담의 기본태도 (필 : 5회/실 : 9회 기출) <mark>암기</mark> 일공무
  ① **일**치성과 진실성(진솔성) : 상담자가 자신의 감정이나 태도를 솔직하게 개방하고 내담자의 진솔한 감정표현을 유도
  ② **공**감적 이해 : 내담자의 내면세계(내담자의 감정과 경험)를 마치 자신의 것처럼 이해하는 것
  ③ **무**조건적 수용 : 내담자를 평가·판단하지 않고 아무런 조건 없이 있는 그대로 수용하는 자세

8) 상담결과 (필 : 2회 기출)
  ① 문제해결에 있어 보다 능동적이 된다.
  ② 자아 지각의 정도가 높아진다.
  ③ 불일치의 경험이 감소된다.
  ④ 이상적 자아개념이 보다 현실적이 된다.
  ⑤ 문제해결에 있어 보다 능률적이 된다.

9) 비지시적 상담 규칙 (필 : 3회 기출)
  ① 조언이나 도덕적 훈계를 하지 말 것
  ② 어떤 종류의 권위도 과시하지 말 것
  ③ 내담자와 논쟁하지 말 것
  ④ 우호적이나 지적으로는 비판적인 태도로 내담자의 말을 경청할 것
  ⑤ 특수한 경우에 한해 내담자에게 질문 또는 이야기할 것

실기 기출문제

1. 로저스의 인간중심(내담자중심) 상담의 철학적 가정을 5가지 쓰시오. (10-4회, 13-3회)

2. 로저스의 인간중심(내담자중심) 상담에서 완전히 기능하는 사람의 특성 5가지 쓰시오. (08-3회, 15-3회)

3. 로저스의 인간중심(내담자중심) 상담에서 상담자가 갖추어야 할 기본태도에 대해 설명하시오. (06 - 1회, 07 - 3회, 08 - 2회, 08 - 3회, 09 - 2회, 09 - 3회, 15 - 3회, 16 - 1회, 20 - 1회)

5. 형태주의 상담(게슈탈트 상담)/펄스

1) **기본개념** (필 : 5회 기출)
   ① 여기 - 지금에 대한 자각과 책임을 강조한다.
   ② 인간은 현재의 사고, 감정, 느낌, 행동의 전체성과 통합을 추구하는 존재로 인식
   ③ 분노, 죄의식 등 부정적 감정들이 자각되지 못한 채, 미해결 과제로 남게 될 때 부적응이 발생
   ④ 전체는 부분의 합보다 크다는 이론을 근거로 전체로서의 유기체를 강조한다.

2) **특징** (필 : 5회 기출)
   ① 발달 초기의 문제들을 중시한다는 점에서 정신분석적 상담과 유사한 면이 있다.
   ② 현재 상황에 대한 자각에 초점을 두고 있다.
   ③ 지금 여기서 무엇을 어떻게 경험하느냐와 각성을 중시한다.
   ④ 인간의 성격이 자아, 자아상, 존재의 세 가지로 구성된다고 본다.
   ⑤ 대상이나 사건을 인식할 때, 전경과 배경의 개념을 설정하여 구분하였다.

3) **5가지 신경증의 층**(인간의 인격 성장을 양파껍질에 비유) (필 : 1회/실 : 1회 기출)
   ◑암기 허연 교내외/허연 연기가 교내외에 퍼졌다
   ① **허**위층(피상층) : 형식적이고 의례적인 규범에 따라 피상적으로 만나는 단계
   ② **연**기층(공포층) : 자신의 고유 모습으로 살아가지 못하고 부모나 주위환경의 기대에 따라 역할 수행
   ③ **교**착층(곤경층) : 자신의 역할연기를 자각하면서, 곤경과 허탈감, 무력감을 경험.
   ④ **내**파층 : 억압해 온 자신의 욕구와 감정을 알게 되지만, 표출하지 못하고 안으로 억제
   ⑤ **외**적 파열층(폭발층) : 욕구와 감정을 더 이상 억압하지 않고 외부로 표출하는 상태

4) **게슈탈트 상담목표 6가지** (실 : 3회 기출) **◑암기 각,실체-변통책/ 각실체의 변통책을 찾아라**
   ① **각**성 : 지금여기의 자기 자신을 잘 알 알 수 있도록 돕는다.
   ② **실**존적인 삶 : 자신의 욕구에 따라 살아가는 실존적 삶을 촉진
   ③ **체**험의 확장(자각의 증진) : 현재의 경험을 명료화하고 자각을 증진시켜 지금 여기의 삶을 살 수 있도록 돕는 것
   ④ **변**화와 성장 : 자신에 대한 각성을 통해 변화와 성장 도모
   ⑤ **통**합 : 감정, 지각, 사고, 신체가 모두가 하나의 전체로서 통합된 기능을 발휘
   ⑥ **책**임 : 내담자를 성숙시켜 책임감을 가지도록 돕는 것

5) **게슈탈트 상담기법** (필 : 4회/실 : 7회 기출) 🔵암기 **욕신환언 빈과/욕심은 한없고 빈과일 이다**

　① **욕**구와 감정의 자각 : 지금−여기에서 현상적으로 느껴지는 욕구와 감정을 자각시킨다.

　② **신**체자각 : 자신의 현재의 신체적 상태와 느낌을 자각시킨다.

　③ **환**경자각 : 자신과 환경과의 분리를 통해 환경을 자각시킨다.

　④ **언**어자각 : 우리가 아닌 나는 ~을 하겠다는 자신의 욕구에 대한 책임을 자각시킨다.

　⑤ **빈** 의자 기법 : 맞은편 빈 의자에 상대방이 앉아 있다고 상상하고 대화하는 방법이다.

　⑥ **과**장하기 : 내담자가 감정을 명확히 체감하지 못할 때, 언어를 과장하게 표현하여 자각하게 한다.

　⑦ 꿈 작업

　⑧ 반대로 하기　　　　　　⑨ 역할연기

　⑩ 직면　　　　　　　　　⑪ 머물러 있기

　⑫ 부분들 간의 대화　　　　⑬ 대화실험

실기 기출문제

1. 게슈탈트 상담에서 인간이 심리적 성숙을 얻기 위해 벗어나야 한다고 가정한 신경증의 층 3가지 이상을 쓰고 설명하시오. (13−3회)

2. 게슈탈트 상담의 주요 목표 6가지를 쓰시오. (12−2회, 17−2회, 22−2회)

3. 게슈탈트 상담의 상담기법 6가지(4가지, 3가지) 이상을 쓰고 설명하시오. (10−4회, 11−1회, 12−1회, 13−2회, 15−3회, 18−2회, 19−3회)

6. 교류분석 상담/에릭 번

1) 기본개념

　① 개인의 현재 결정이 과거에 설정된 전제나 신념들을 토대로 이루어진다고 가정

　② 부모의 부정적 혹은 금지명령 속에서 자란 아이는 타인과 진실하지 못한 대인관계를 형성

　③ 현재의 행동과 앞으로의 삶의 방향에 대한 새로운 결정을 내릴 수 있도록 돕는다.

　④ 초기 발달과정에서 결정된 부적절한 삶의 방식의 대안들을 학습하도록 격려

2) **특징** (필 : 4회 기출)

  ① 인간관 : 자유로운 존재, 자율적인 존재, 선택할 수 있는 존재, 책임질 수 있는 존재로 봄
  ② 새로운 결정을 내릴 수 있는 개인의 능력을 강조
  ③ 다른 이론들과 달리 계약적이고 의사결정적인 양상을 보임
  ④ 개인 간 그리고 개인 내부의 상호작용을 분석하기 위한 구조를 제공한다.
  ⑤ 내담자의 성격자아 상태 분석을 실시한다.

3) **상담의 목표**

  ① 자각, ② 자발성, ③ 친밀성을 회복하도록 노력한다.

4) **성격구조(자아상태의 3가지/부모,성인,어린이자아)** (필 : 6회/실 : 3회 기출) 🔵암기 **부－성－어**

  ① **부모자아(어버이자아)** : 부모로부터 받은 영향을 그대로 재현하는 상태(가치, 도덕 등)
    • 비판적 부모자아 : 아버지의 기능으로 가르치고 통제하는 역할
    • 양육적 부모자아 : 어머니의 기능으로 배려하고 격려하는 역할
  ② **성인자아(어른자아)** : 합리적 · 객관적으로 판단하며 문제에 대한 해결책을 모색하고 다른
    자아 상태를 중재
  ③ **어린이자아** : 어린아이처럼 행동하거나 어린아이 감정을 그대로 표현하는 자아상태
    • 자유로운 어린이자아 : 천진난만하고 다른 사람을 의식하지 않는다.
    • 순응하는 어린이자아 : 인내, 신중한 어린이로 규칙이나 사회적 요구에 순응한다.
    • 어린이 교수자아 : 가르치려하고 탐구적이며, 창조적인 기질을 갖는다.

5) **구조분석** (필 : 1회 기출)

  ① 부모자아, 성인자아, 어린이자아의 내용이나 기능을 이해하는 방법
  ② 오염(특정자아 상태가 경계를 침범)과 배제(자아 상태간의 경계가 경직적 폐쇄적)로 구분

6) **의사교류분석/이면교류, 상보교류, 교차교류로 구성** (필 : 1회 기출)

  ① 이면교류 : 내면을 숨긴 이중적인 메시지가 동시에 전달되는 교류
  ② 상보교류 : 자극과 반응이 평행을 이루는 바람직한 교류
  ③ 교차교류 : 자극과 반응이 서로 교차를 이루는 상태(동문서답)

7) **라켓분석** (필 : 1회 기출)

  자신의 진정한 감정 대신 부모가 허용한 감정을 표현하는 것

8) **게임분석**

  이면교류를 정형화한 것으로 내담자의 암시적이고 저의적인 교류

9) **각본분석** (필 : 2회 기출)

  내담자가 어린 시절에 영향을 받은 각본에 따라 역할연기를 강박적으로 사용하는 인생각본을
  분석하는 것

10) 교류분석의 생활자세 (실 : 3회 기출)
　　① 자기긍정 – 타인긍정(I'm OK, you're OK) : 신뢰와 개방, 타인을 있는 그대로 수용
　　② 자기긍정 – 타인부정(I'm OK, you're not OK) : 자신의 우월성 강조 및 타인의 열등성 비난
　　③ 자기부정 – 타인긍정(I'm not OK, you're OK) : 자신을 무력한 사람, 희생당한 사람으로 봄
　　④ 자기부정 – 타인부정(I'm not OK, you're not OK) : 인생의 희망 포기 및 인생의 가능성 부인

11) 교류분석 상담의 제한점 (실 : 3회 기출) 🔵암기 지 – 추 – 개
　　① **지**적능력이 낮은 내담자의 경우 부적절할 수 있다.
　　② **추**상적이어서 실제 적용에 어려움이 많다.
　　③ **개**념들이 과학적 증거로 제시되었다고 보기 어렵다.

🔲 실기 기출문제

1. 교류분석적 상담에서 주장하는 자아의 3가지 형태를 쓰고 각각에 대해 간략히 설명하시오. (03 – 3회, 09 – 3회, 20 – 2회)

2. 교류분석적 상담에서 상담자가 내담자를 이해하기 위해 사용하는 분석유형을 3가지 이상 쓰시오. (13 – 3회)

3. 교류분석적 상담에서 생활 각본을 구성하는 주요 요소인 기본적인 생활자세 4가지를 쓰고 설명하시오. (11 – 2회, 19 – 1회)

4. 의사 교류분석 상담의 제한점 3가지를 쓰시오. (11 – 3회, 14 – 1회, 22 – 1회)

7. 행동주의 상담/파블로프, 스키너, 반두라

1) 기본개념
① 인간의 행동은 학습에 의한 것으로서 학습을 통해 변화가 가능하다고 가정
② 의식은 관찰과 측정이 곤란하나, 행동은 관찰과 측정이 가능하다.
③ 체계적인 관찰, 철저한 통제, 자료의 계량화, 결과의 반복이라는 과학적 방법을 강조
④ 조건형성과 강화 등의 학습 원리를 적용하여 행동을 수정할 수 있다.

2) 특징 (필 : 2회 기출)
① 실험에 기초한 귀납적인 접근방법이며, 실험적 방법을 상담과정에 적용한다.
② 인간행동과 관련하여 주관적인 가치를 배제하고 외현적인 자극－반응으로 설명
③ 인간의 행동은 학습에 의해 획득·유지된 것으로 보아 학습의 원리를 적용 수정가능
④ 상담자의 능동적이고 지시적인 역할을 강조한다.

3) 행동주의 상담의 기본가정 (필 : 1회/실 : 2회 기출) 🔴암기 환상방 인강/환상속에서 인강을 듣다
① **환**경변화는 행동변화에 도움이 될 수 있다.
② **상**담의 효율성은 내담자의 행동변화에 의해 평가된다.
③ 상담**방**법은 **내**담자에 따라 다른 방식으로 고안될 수 있다.
④ **인**간행동은 학습된 것이므로 수정이 가능하다.
⑤ **강**화나 모방 등의 학습원리는 상담기술의 발전을 위해 이용될 수 있다.

4) 행동주의 상담 목표 (필 : 2회 기출)
① 상담과정을 통해 내담자의 부적절한 행동을 밝혀서 제거
② 학습을 통해 적절한 새로운 행동을 습득하도록 시도
③ 효과적인 행동에 도움이 되는 조건을 찾아서 이를 조성하기 위해 노력

5) 주요 이론
[고전적 조건형성 : 파블로프] (필 : 1회 기출)
개의 먹이 실험을 통한 자극－반응 작용의 학습원리 설명
[조작적 조건형성/스키너]
쥐 상자 실험을 통해 인간이 환경자극에 능동적으로 반응하는 조작적 행동 설명(강화이론)
① 강화 : 조작적 조건형성의 대표적 기법으로 바람직한 행동의 빈도수를 높이는 기법
 (필 : 1회 기출)
 • 정적강화 : 유쾌자극을 부여하여 바람직한 행동의 확률을 높임(공부 잘함－상장수여)
 • 부적강화 : 불쾌자극을 제거하여 바람직한 행동의 확률을 높임(청소 잘함－보충수업 면제)
② 처벌 : 바람직하지 못한 행동을 감소 또는 제거하기 위한 제제로서의 학습
 • 정적처벌 : 불쾌자극을 부여하여 바람직하지 못한 행동의 확률을 감소(공부 소홀－벌을 줌)
 • 부적처벌 : 유쾌자극을 제거하여 바람직하지 못한 행동의 확률 감소(청소 소홀－휴대폰 중지)

③ 강화계획(강화스케줄) (필 : 5회 기출)
- 고정간격강화 : 발생빈도에 관계없이 일정시간 간격에 따라 강화부여(주급, 월급 등)
- 변동간격강화 : 평균적인 시간 간격에 따라 강화부여(사탕을 평균 1분에 1번씩 준다)
- 고정비율강화 : 일정한 횟수의 바람직한 반응에 강화부여(옷 100벌 생산 때마다 보너스 지급)
- 변동비율강화 : 불규칙한 횟수의 바람직한 행동에 강화부여(경마, 카지노, 복권 등)
  ※ 강화효과 크기 : 변동비율강화 > 고정비율강화 > 변동간격강화 > 고정간격 강화 순으로 나타남

[사회학습이론/반두라] (필 : 2회 기출)
① 인간의 행동을 인지적 과정으로 보고 인지능력에 관심
② 인간은 어떤 모델의 행동을 관찰, 모방함으로써 학습(정보습득 능력)
③ 다른 사람의 보상이나 처벌 받는 것을 관찰함으로써 학습하는 간접적 경험의 대리적 강화
④ 학습은 환경, 개인 변인과 행동 간의 삼원적 상호 작용에 의해 이루어짐
⑤ 주요개념으로 모델링, 자기조절, 자기강화, 자기효능감 등이 있다.

6) 상담기법

[내적인 행동변화를 촉진하는 기법] (실 : 3회 기출, 외적행동변화 기법과 혼합기출)
암기 체근 사스 인정/최근에 사스라고 인정했다
① **체**계적 둔감화(상호제지/불안을 역제지 하는 원리 활용) (필 : 9회/실 : 10회 기출)
- 의미 : 특정 상황에 불안과 공포를 느끼는 사람에게 불안자극의 단계를 점진적으로 높여가며 노출시켜 불안과 공포를 감소 또는 제거시키는 방법
- 체계적 둔감화 적용단계 : 근육이완 훈련 → 불안 위계목록 작성 → 목록에 따른 둔감화
  - 근육이완 훈련 : 근육이완 훈련을 통해 몸의 긴장을 푼다.
  - 불안 위계목록 작성 : 낮은 수준 자극에서 높은 수준 자극으로 불안 위계목록을 작성
  - 목록에 따른 둔감화 : 불안 유발상황을 점차 상위 단계로 노출시켜 불안을 감소 또는 제거
② **근**육이완 훈련 : 명상 또는 근육이완 훈련을 통해 불안을 역제지 하는 것
③ **사**고중지 : 부정적인 인지를 억압·제거하여 자기 패배적 사고와 심상을 통제하는 것
④ **스**트레스 접종 : 신체·정신적 긴장을 약화시켜 내담자가 자신의 문제를 다룰 수 있도록 준비 (필 : 2회 기출)
⑤ **인**지적 재구조화 : 부정적, 패배적 사고 대신 긍정적, 자기적응적 사고를 가지도록 하는 기법 (필 : 3회 기출)
⑥ **인**지적 모델링 : 상담자가 시범을 보여 목표 수행을 인지하고 학습하도록 하는 기법
⑦ **정**서적 심상법 : 실제 장면이나 행동에 대한 정서적 느낌, 감정을 상상하게 하는 기법

[외적인 행동변화를 촉진시키는 방법] (실 : 2회 기출, 내적행동변화 기법과 혼합기출)

🔵 암기 **모토바 역주행 혐조자/오토바이 역주행 혐의자**

① **모**델링 : 관찰 및 모방에 의한 학습을 통해 문제행동을 수정하거나 학습을 촉진시키는 것
② **토**큰경제(상표제도) : 바람직한 행동 목록을 정한 후 그 행위 발생 시마다 보상(토큰)하는 것 (필 : 1회 기출)
③ **바**이오피드백 : 긴장, 혈압 등 생리적인 변수를 부분적으로 조절하여 증상을 완화하는 것
④ **역**할연기 : 일상생활 속의 부적응 행동을 반복 시연시킴으로써 적응 행동으로 변화
⑤ **주**장훈련 (필 : 6회/실 : 1회 기출)
  • 의미 : 대인관계에 있어서의 불안과 공포를 해소하기 위한 효과적인 기법
  • 절차
    − 자기주장훈련의 의미에 대해 설명한다.
    − 구체적인 목표를 설정한다.
    − 행동과제를 부여한다.
    − 감정이 담긴 대화를 주고받는 연습을 한다.
    − 요청 및 거절을 하는 연습을 한다.
    − 역할연기를 통해 행동시연을 해 보도록 한다.
⑥ **행**동계약 : 각자가 해야 할 행동을 정해 놓은 후 서로가 지키기로 계약을 맺는 것
⑦ **혐**오치료 : 바람직하지 못한 행동에 혐오자극을 제시하여 부적응 행동을 제거
⑧ **조**형법 : 점진적 접근법으로 행동을 구체적으로 세분화하여 단계별로 구분한 후, 각 단계마다 강화를 제공하여 바람직한 방향의 행동을 유도 하는 것
⑨ **자**기관리 프로그램 : 자기 지시적 삶을 영위하도록 자기 강화기법을 활용하는 것 (필 : 2회 기출)

[학습 촉진기법(적응행동 증진기법)] (필 : 7회/실 : 7회 기출, 불안감소기법과 혼합 기출)

🔵 암기 **변강사 모토대행**

① **변**별학습 : 바람직한 행동에 강화(보상)를 하고 바람직하지 못한 행동에는 무시나 벌을 주는 것
② **강**화 : 바람직한 행동에 강화물을 제공하여 특정행동의 빈도가 높아지도록 하는 기법
③ **사**회적 모델링/**모**델링 : 타인 행동에 대한 관찰 및 모방에 의한 학습을 통한 행동 수정기법
④ **토**큰경제/상표제도 : 바람직한 행동 목록을 정한 후 그 행위가 발생 시 보상(토큰)하는 것
⑤ **대**리학습 : 타인의 행동에 대한 관찰 및 모방에 의한 학습을 통해 행동 수정기법
⑥ **행**동조성/조형법 : 상기 조형법 참조

[불안 감소기법(부적응행동 감소기법)] (실 : 7회 기출, 학습촉진 기법과 혼합 기출)

🔵 암기 **자금반 홍노주 체염/자금반에서는 홍노주 체염을 했다**

① **자**기표현훈련 : 대인관계의 불안요인 제거법으로 자기표현을 통해 사람과 상호작용하는 능력증진

② **금**지조건 형성 : 불안을 일으킬 수 있을만한 단서를 추가적 강화 없이 지속적으로 제시하는 것 (필 : 4회 기출)

③ **반**조건 형성(역조건 형성) 조건 자극과 새로운 자극을 동시에 제시함으로써 불안을 감소

④ **홍**수법 : 가장 높은 수준의 불안자극에 단번에 지속적으로 노출시키는 것

⑤ **노**출치료법 (실 : 2회 기출)
  • 실제적 노출법 : 실제적으로 공포자극에 노출시켜 불안을 치료하는 방법
  • 심상적 노출법 : 심상적으로 공포자극을 상상하게 하여 노출하는 방법
  • 점진적 노출법 : 점진적으로 공포자극에 노출시켜 불안을 치료하는 방법

⑥ **주**장훈련 : 외적행동변화 촉진기법의 주장훈련 참조

⑦ **체**계적 둔감화 : 내적행동변화 촉진기법의 체계적 둔감화 참조

⑧ **혐**오치료 : 바람직하지 못한 행동에 혐오자극을 제시하여 부적응 행동을 제거

7) 청소년(내담자)들이 의사결정을 내리지 못하는 유형(굿스타인) (실 : 2회 기출)

① 우유부단 : 정보의 결핍 등에 기인하며 정보 등을 제공하면 의사결정능력이 개선

② 무결단성 : 정보가 주어지고 상담이 끝난 후도 직업선택에 대한 불안으로 결정을 못 내리는 유형

8) 행동수정 프로그램의 절차

① 행동의 일반화   ② 목표행동의 정의
③ 행동의 기초선 측정   ④ 행동수정 결과의 검증
⑤ 적응행동 강화와 부적응행동의 약화

실기 기출문제

1. 행동주의 상담의 기본가정 3가지 쓰시오. (09 – 1회, 12 – 1회)

2. 행동주의 상담의 외적인 행동변화와 내적인 행동변화를 촉진하는 기법 5가지를 각각 쓰고 설명하시오. (09 – 3회, 10 – 1회, 21-2회, 22-1회)

3. 행동주의 상담의 학습촉진기법(적응행동 증진)과 불안감소기법(부적응행동 감소)을 각각 3가지 쓰고 설명하시오. (11 – 1회, 12 – 3회, 14 – 2회, 15 – 1회, 15 – 2회, 16 – 1, 16 – 3회)

4. 행동주의 상담의 노출치료법을 3가지 쓰고 설명하시오. (11-3회, 18-2회)

5. 행동주의 상담의 체계적 둔감화의 의미를 쓰고 그 단계를 설명하시오. (00-3회, 04-1회, 05-1회, 08-1회, 08-3회, 10-3회, 13-3회, 15-3회, 17-3회, 21-1회)

6. 행동주의 상담의 주장훈련의 정의를 쓰고 그 절차를 기술하시오. (17-1회)

7. 청소년(사람)들이 자신의 진로나 직업을 선택할 때 의사결정을 미루는 2가지 유형을 쓰고 설명하시오. (03-3회, 14-2회)

8. 인지, 정서, 행동적 상담(REBT 상담)/엘리스

1) 주요내용

① 개요 (필 : 6회 기출)
- 인지이론과 행동주의적 요소가 결합된 것이다.
- 심리적 장애 치료에 있어 초점을 내담자의 인지과정 또는 사고방식에 두고 있음
- 문제에 초점을 둔 시간 제한적 측면으로서 교육적 접근을 강조

② 기본가정 : 인간은 합리적인 사고를 할 수 있는 동시에 비합리적인 사고를 할 수 있다고 가정

③ 기본개념
- 내담자의 비합리적 신념에 대한 논박을 통해 합리적인 사고와 감정의 변화를 모색
- 비합리적 또는 비논리적 사고체계를 지닌 사람에게 가장 효율적인 상담기법

2) 상담의 기본원리 (필 : 1회/실 : 3회 기출) **암기** 인신 과다 역정/인신 과다 구속에 역정을 내다

① **인**지는 인간의 정서를 결정하는 가장 중요한 요소이다.
② 인간이 지닌 **신**념은 쉽지는 않지만 변화한다고 믿는다.

③ 행동에 대한 **과**거의 영향보다는 현재에 초점을 둔다.

④ 유전과 환경을 포함한 **다**양한 요인들이 불합리한 사고나 정신 병리를 일으키는 원인이다.

⑤ **역**기능적 사고는 정서장애의 중요한 결정요인이다.

⑥ **정**서적 문제를 해결하기 위해서는 사고를 분석하는 데서 시작하는 것이 효과적이다.

3) 상담의 목표 (필 : 1회 기출)

① 비논리적, 비합리적 신념체계를 합리적인 것으로 대치함으로써 행동, 정서적 문제해결

② 내담자의 자기파괴적, 패배적인 신념을 해소하고 현실적인 사고를 가지도록 한다.

③ 자신의 삶에 대한 책임을 받아들임으로써 문제에 직면하도록 돕는다.

4) 인간관

① 인간은 합리적 사고와 비합리적 사고의 잠재성을 동시에 가지고 있다.

② 인간의 정서적 장애는 비합리적, 역기능적 사고에서 비롯된다.

③ 인간은 끊임없이 자기대화와 자기평가를 하면서 자신의 삶을 유지한다고 본다.

5) 비합리적 신념의 유형 (필 : 2회 기출)

① 주위의 모든 중요한 사람들에게서 항상 사랑과 인정을 받아야만 한다.

② 인간은 모든 영역에서 반드시 유능하고 성취적이어야 한다.

③ 인간은 다른 사람에게 의지해야 하며 의지할만한 강력한 누군가가 있어야 한다.

④ 인간이 문제의 해결책을 찾지 못하는 것은 매우 유감스러운 일이다.

⑤ 세상은 반드시 공평해야 하며, 정의는 반드시 승리해야 한다.

⑥ 일이 내가 바라는 대로 되지 않는 것은 끔찍스러운 파멸이다. 등

6) 비합리적 신념의 뿌리를 이루는 3가지 당위성 (필 : 3회/실 : 5회 기출) **암기 자-타-세/자~타세!**

① **자**신에 대한 당위성 : 나는 반드시 일을 훌륭하게 수행해야만 하며, 타인의 인정을 받아야
만 한다.

② **타**인에 대한 당위성 : 타인은 반드시 나를 공정하게 대우해야만 한다. 그렇지 못하면 끔찍
한 일이고 받아들일 수 없다.

③ **세**상에 대한 당위성 : 세상의 조건들은 내가 원하는 방향으로 돌아가야만 하고, 정의는 반
드시 승리해야 한다.

7) 상담모형/ABCDEF 모형 (필 : 5회/실 : 11회 기출) **암기 선-비-결-논-효-감(A-B-C-D-E-F)**

① 1단계 - **선**행사건(Activating Event) : 정서적 혼란을 가져오게 하는 행동 또는 사건을 말함

② 2단계 - **비**합리적 신념체계(Belief System) : 선행사건에 대한 비합리적 신념체계나 사고

③ 3단계 - **결**과(Consequence) : 선행사건을 겪은 후, 비합리적 신념체계로 인해 나타나는
정서적 행동적 결과(우울, 좌절, 절망, 초조, 소화 불량, 알콜 중독, 자살시도 등)

④ 4단계 - **논**박(Dispute) : 비합리적 신념, 사고체계에 대해 논리, 실용, 현실성에 비추어 반박
하는 것

⑤ 5단계 - **효**과(Effect) : 논박의 결과로 비합리적 신념이 합리적 신념으로 대체 되는 것

⑥ 6단계 - **감**정(Feeling) : 합리적 신념으로 인해 얻어지는 자기수용적인 태도와 긍정적 감정

8) **상담기법** (필 : 2회/실 : 1회 기출) 🟠암기 **인 - 정 - 행**

① **인**지적 기법 : 비합리적 신념에 대한 논박과 인지적 과제 부여하기 등이 사용

② **정**서적 기법 : 긍정적 변화를 위해 합리적 · 정서적 심상법, 유머사용하기 등이 사용

③ **행**동적 기법 : 구체적 실천을 통한 현실검증이 되도록 강화와 처벌, 기술훈련, 역설적 과제 등 사용

9) **인지, 정서, 행동주의 상담(REBT)의 인간에 대한 기본가정, 기본개념, 목표** (실 : 2회 기출)

① 기본가정 : 인간은 합리적인 사고를 할 수 있는 동시에 비합리적인 사고를 할 수 있다.

② 기본개념(개념모형)
  • 내담자의 비합리적 신념에 대해 ABCDEF 모형을 적용, 합리적 사고와 감정의 변화를 모색
  • 비합리적 또는 비논리적 사고체계를 지닌 사람에게 가장 효율적인 상담기법

③ 목표 : 비합리적인 신념을 합리적 신념으로 대체하여 원만한 생활을 유지하도록 하는 것

9-1) **합리적, 정서치료의 정신건강 기준** (필 : 1회 기출)

① 사회적 관심 : 집단속에서 유리되지 않고 관계적인 맥락 속에서의 인간에 대한 관심

② 자기관심 : 정서적으로 건강한 사람은 자신에 관심을 가질 수 있는 역량을 가짐

③ 관용 : 타인의 실수에 관용적이며, 실수하는 사람을 비난하지 않음

④ 융통성 : 변화에 대해 수긍하고 타인에 대해 편협하지 않은 견해

⑤ 몰입 : 자신의 외부세계에 대해 몰두할 수 있는 능력

⑥ 과학적 사고 : 정서나 행동의 결과를 숙고해 봄으로써 정서나 행동을 규율화 가능

10) **사례 문제 예시** (실 : 7회 기출)

① 실직 후 충격으로 우울증을 겪고 있는 내담자

② 실수하면 절대 안 된다는 완벽주의자가 업무상 실수를 한 후, 불안과 좌절에 빠져있는 내담자

③ 기대를 받는 모범생이 원하는 회사에 대한 취업실패 우려로 심한 고통을 겪고 있는 내담자

※ 문제 : 위와 같은 내담자를 진단하고, 어떤 상담기법을 적용해야 하는지 제시하고 상담단계 (모형)에 따른 가상적인 상담내용을 쓰시오. 또 내담자에게 예상되는 문제 6가지 이상 쓰시오.

  • 내담자 진단
    - 실수(실직)하면 실패자이고 인생이 파멸이라는 비합리적인 신념으로 정서, 신체적 고통을 겪고 있음
  • 적용 상담기법 : 인지, 정서, 행동주의 상담의 6단계 상담모형을 적용하여 상담

- 상담단계(모형)에 따른 가상적인 상담내용
  - A(선행사건) : 내담자의 실수 또는 실직, 입사 실패
  - B(비합리적 신념) : 실수(실직, 취업실패)하면 패배자이고 인생 실패자라는 부정적 신념
  - C(비합리적 신념에 따른 인지 등 결과) : 좌절, 우울증, 소화불량, 대인기피, 자살시도
  - D(논박) : 실수(실직 등)로 인해 절망, 우울증을 겪고 있는 현실에 대해 그것이 타당한지 논리적, 현실성, 실용적인 측면에서 철저한 논박
  - E(효과) : 논박의 결과로 인해 비합리적 신념이 합리적 신념으로 전환
  - F(감정) : 합리적인 신념에 의한 감정으로 새로운 노력 시도 및 적응력 증대
- 예상되는 문제 6가지 이상 쓰시오.
  - 우울, 불안, 초조, 자살시도, 소화불량, 대인기피, 무기력, 자아존중 상실, 죄책감 등

실기 기출문제

1. REBT 이론의 기본가정, 기본개념, 상담의 목표에 대해 설명하시오. (12-2회, 20-4회)

2. REBT 상담의 기본원리 6가지(5가지)를 기술하시오. (04-1회, 08-2회, 15-2회)

3. REBT 상담에서 비합리적 신념의 뿌리를 이루고 있는 3가지 당위성의 예를 들어 설명하시오. (09-2회, 10-2회, 11-3회, 13-1회, 19-3회)

4. REBT 상담에서의 기본개념을 ABCDEF 상담모형을 이용하여 설명하시오. (03-1회, 04-2회, 07-3회, 08-1회, 16-2회, 18-3회, 20-2회, 20-3회, 21-1회, 21-3회, 22-2회)

5. REBT 상담에서 사용하는 상담기법 3가지를 쓰고 설명하시오. (12-3회)

6. 사례문제

① 실직 후 우울증을 겪고 있는 내담자, ② 회사에서 실수하면 절대 안 된다고 생각하는 완벽주의자가 업무상 실수를 한 후, 불안과 좌절에 빠져있는 내담자, ③ 어릴 때부터 주변의 기대를 받고 있는 모범생이 원하는 회사에 대한 취업실패 우려로 심한 고통을 겪고 있는 내담자를 상담하고자 한다.

다음의 물음에 답하시오. (00-1회, 00-3회, 06-3회, 08-3회, 15-1회, 21-1회, 22-1회)
1) 이 내담자를 진단하고 어떤 상담기법을 적용해야 하는지 제시하시오.
2) 상담단계(모형)에 따른 가상적인 상담내용을 쓰시오.
3) 내담자게 예상되는 문제에 대하여 6가지 이상 쓰시오.

9. 인지치료/아론 벡

1) 기본개념 (필 : 4회 기출)
① 인지행동 상담기술로서 인간의 사고와 행동이 밀접하게 연관되어 있다는 가정에서 비롯된다.
② 역기능적이고 자동적인 사고 및 스키마 등이 대인관계에서 주는 영향력을 강조한다.
③ 치료과정은 단기적 · 한시적이고 구조화되어 있으며, 보다 적극적이고 교육인 치료를 수행
④ 개인의 정보처리 과정상의 인지적 왜곡에 초점

2) 용어의 설명
① 자동적 사고 : 생활사건과 관련, 자동적으로 촉발되는 생각과 심상. 개인의 감정과 행동에 강력한 영향을 줌
② 역기능적 인지 도식 : 과거경험을 일반화한 인지적 구조로서 자신과 세상에 대한 신념
③ 인지적 오류 : 현실을 제대로 지각하지 못하거나 의미를 왜곡하여 받아들이는 것

3) 인지적 오류의 유형 (필 : 8회/실 6회 기출) 🔴암기 이임선의 사과
① **이**분법적 사고(흑백논리) : 모든 것을 중간지대가 없는 흑백논리로만 파악(모 아니면 도)
② **임**의적 추론 : 증거가 없거나 증거가 결론에 위배됨에도 특정 결론을 내리는 것(전화가 없으면 사랑이 식었다고 결론)
③ **선**택적 추상화 : 중요 내용은 무시한 채 사소한 것에만 초점을 맞춰 전체로 해석하는 오류 (많은 장점이 있음에도 한, 두 가지의 단점에만 치중하여 해석)
④ **의**미확대 또는 의미축소 : 사건의 의미를 지나치게 축소하거나 확대(90% 성공도 내겐 실패)
⑤ **사**적인 것으로 받아들이기(개인화) : 관련시킬 근거가 없는 외부사건을 자신과 관련시키는 것(오늘 친구가 기분이 나쁜 것은 내게 화가 나 있기 때문이라고 간주)

⑥ **과**잉일반화 : 한 가지 고립된 사건을 근거로 일반적 결론을 도출(영어시험 실패 – 전체시험 실패)

⑦ 긍정격하 : 자신의 긍정적인 경험이나 능력을 부정적인 것으로 평가(칭찬을 받을 때 비웃는다고 생각)

⑧ 잘못된 명명 : 과잉일반화의 극단적인 형태(한차례 지각생에게 지각대장이라고 낙인찍는 것)

4) 인지치료의 상담목표

① 내담자의 부정적 사고를 찾아서 적응적 사고로 대체

② 역기능적 인지 도식을 찾아내어 보다 현실적으로 전환

③ 자동적 사고의 근원을 찾아 해소하는 것

5) 인지적 오류의 치료절차 (실 : 1회 기출)

① 1단계 : 부정적 감정의 속성이 무엇인지 파악

② 2단계 : 감정과 연결된 사고 · 신념 · 태도를 파악

③ 3단계 : 내담자 사고를 1~2개 문장으로 요약정리

④ 4단계 : 내담자를 도와 현실과 이성의 사고를 조사해 보도록 개입

⑤ 5단계 : 과제를 부여하여 신념들이나 생각들의 적절성을 검증

⑥ 6단계 : 긍정적 대안사고를 모색

⑦ 7단계 : 사고중지법 활용

⑧ 8단계 : 목표, 실천계획을 세우고 행동실천에 매진

6) 상담기법 (필 : 1회 기출)

① 정서적 기법 : 정서도식의 활성화를 통해 자동적 사고를 파악(이야기 하기, 심상기법, 역할연기 등)

② 언어적 기법 : 소크라테스식 질문을 통해 자동적 사고가 현실적으로 타당한지 평가(대안적 사고 찾기 등)

③ 행동적 기법 : 부정적 사고의 현실적 타당성 검증을 위해 행동실험을 적용(과제부가 등)

7) 인지치료 사례 문제

○ **1유형** (실 : 3회 기출)

※ 문제 : 실직하고 나서 나는 무능하다는 부정적 자동적 사고가 떠올라 우울감에 빠진 가장에게 벡의 인지행동적 상담을 적용한다고 가정할 때, 이 내담자의 부정적. 자동적 사고를 적고 부정적 사고에 대해 반박하며, 긍정적인 대안적 사고를 찾게 하기 위한 방법

※ 상담사례

• 부정적 자동적 사고 : 가장이라면 직장을 다녀야 하고 가족들을 책임질 수 있어야 하며, 실직 시 인생의 실패자라는 사고

• 부정적 사고에 대한 반박 : 실직은 인생의 실패자라는 근거, 가정 경제는 반드시 가

장이 책임져야만 한다는 사고, 경제적 문제가 가족의 결속력을 해친다는 근거, 실직이 무능하다고 생각하는 사고 등에 대해 반박
- 긍정적 대안적 사고 방법 : 실직을 극복하고 성공한 사례 찾기, 과제부여 및 토론, 자신을 격려하기, 장점 찾기 등

○ 인지치료 사례 문제 − 2유형/ 경력개발의 직업지도 프로그램과 연계 (실 : 1회 기출)
※ 구조조정으로 인해 실직을 당한 내담자에게 발생할 수 있는 심리적 특성과 직업지도 방법을 각각 2가지씩 쓰시오
- 심리적 특성
  − 실직은 인생의 실패자이고 자신이 무능하고 무가치 하다는 부정적 심리
  − 불안, 공포, 좌절감 및 우울감에 빠짐
- 지도방법
  − 실직은 인생의 실패자라는 근거, 자신이 무능, 무가치 하다는 생각 등에 대해 반박
  − 긍정적 · 대안적 사고 방법으로 실직 극복의 성공사례 찾기, 과제부여, 토론, 자신 격려하기 등
※ 실업충격 완화프로그램, 직업복귀 훈련프로그램 등을 제공하여 실직의 충격극복

실기 기출문제

1. 벡의 인지치료에서 인지적 오류의 유형 4가지(3가지)를 쓰고 설명하시오. (10−3회, 11−2회, 11−3회, 14−2회, 20−1회, 22−2회)

2. 벡의 인지치료에서 인지적 오류에 대한 치료절차를 설명하시오. (02−1회)

3. 실직하고 나서 나는 무능하다는 부정적인 자동적 사고가 떠올라 우울감에 빠진 내담자에게 벡의 인지행동적 상담을 적용한다고 가정할 때, 이 내담자의 부정적인 자동적 사고를 적고, 부정적 사고에 대해 반박하며, 긍정적인 대안적 사고를 찾게 하기 위한 방법에 대해 설명하시오. (01−3회, 06−3회, 19−2회)

4. 구조조정으로 인해 실직을 당한 내담자에게 발생할 수 있는 심리적 특성과 직업지도 방법 2가지를 쓰고 설명하시오. (20 - 2회)

10. 현실치료(현실치료 상담)/글래서

1) 기본개념 (필 : 1회 기출)
   ① 정신분석의 결정론적 입장에 반대하여 개발한 치료적 접근방법
   ② 인간은 생존 욕구, 사랑과 소속 욕구, 권력과 성취 욕구, 자유 욕구, 즐거움의 욕구를 가지고 있으며, 어떠한 위계도 존재하지 않는다.
   ③ 인간은 자신의 욕구를 충족시키기 위해 행동하며, 스스로 선택하고 결정한 것이라는 점을 강조

2) 치료의 특징 (필 : 3회 기출)
   ① 과거나 미래보다 현재에 초점을 둔다.
   ② 내담자의 책임감과 행동의 도덕성을 강조한다.
   ③ 내담자의 자율적이고 합리적인 모습을 강조한다.
   ④ 내담자 스스로 계획을 수립하고 수행을 평가하도록 한다.
   ⑤ 개입의 초점을 문제의 행동에 맞춘다.

3) 현실치료 기법
   ① 질문하기   ② 유머 사용
   ③ 토의와 논쟁   ④ 직면
   ⑤ 역설적 기법

제**2**절   **직업상담 이론**

1. 특성 - 요인 직업상담

1) 기본개념 (필 : 2회 기출)
   ① 윌리암슨이 파슨스의 이론을 토대로 발전시킨 지시적 상담
   ② 개인차 심리학과 응용심리학에 근거를 두며, 개인의 특성과 직업의 특성인 요인과의 연결에 초점

③ 특성과 요인
- 특성 : 성격, 적성, 흥미, 가치관 등 심리검사에 의해 측정 가능한 개인의 특징
- 요인 : 책임감, 성실성, 성취도 등 성공적인 직업수행을 위해 요구되는 특징

2) 특성-요인 직업상담의 특징 (필 : 8회 기출)
① 상담자 중심 상담으로 과학적이고 합리적인 문제해결 방법을 추구
② 사람과 직업을 연결시키기라는 심리학적 관점을 토대로 한다.
③ 내담자의 정서적 이해보다는 문제의 지적 이해에 중점(주관적 면보다는 객관적 이해 중시)
④ 정보제공과 학습기술 및 사회적 적응기술을 알려주는 것을 중시
⑤ 사례나 사례연구를 상담의 중요한 자료로 삼는다.
⑥ 흥미, 지능, 적성, 성격 등 표준화 검사의 실시와 해석을 강조
⑦ 상담자의 역할은 교육자적 역할
⑧ 심리검사는 필수적인 요소

3) 상담의 목표 (필 : 3회 기출)
① 자신의 문제를 해결하도록 한다.
② 자기통제가 가능하도록 한다.
③ 자기 자신의 가능성을 확인하고 활용할 수 있게 한다.
④ 자신이 필요로 하는 정보를 수집, 분석, 종합할 수 있도록 한다.
⑤ 합리적 과정을 통해 개인의 학문적·직업적 능력에 부합하는 직업을 선택하도록 한다.

4) 파슨스의 직업상담 3요인/상담자가 해야 할 일 3가지 (필 : 4회/실 : 2회 기출) ◎암기 자-직-합
① **자**신에 대한 이해(내담자 특성의 객관적인 분석) : 자신의 성격, 적성, 흥미, 가치관 등에 대해 올바른 이해를 할 수 있도록 돕는다.
② **직**업세계에 대한 이해(직업세계의 분석) : 직업세계에 대한 체계적인 분석과 정보제공 등을 통해 미래의 변화 양상에 대해 올바른 이해를 돕는다.
③ 자신과 직업세계의 **합**리적 연결(과학적 조언을 통한 매칭) : 과학적, 합리적인 의사결정을 통해 최선의 선택에 이르도록 돕는다.

5) 특성-요인 직업상담의 과정 (필 : 10회/실 : 1회 기출) ◎암기 분-종-진-예-상-추
① **분**석 : 내담자에 대한 자료수집, 적성, 흥미, 가치관 등과 관련된 심리검사 사용
② **종**합 : 내담자 성격, 욕구, 태도 등에 대한 이해를 얻기 위해 정보를 수집·종합
③ **진**단 : 문제의 원인을 탐색하며, 문제를 해결할 수 있는 다양한 방법들을 검토
④ **예**측 또는 처방 : 문제의 조정 가능성 등을 판단하여 대안적 조치와 중점사항을 예측
⑤ **상**담 또는 치료 : 미래 혹은 현재에 바람직한 적응을 위해 협동적·능동적으로 상의
⑥ **추**수지도(사후지도) : 새로운 문제가 야기 되었을 때, 위의 단계를 반복하며 계획실행을 돕는다.

6) 특성-요인 직업상담의 상담기술
  ① 촉진적 관계형성
  ② 자기이해의 신장
  ③ 행동계획의 권고와 설계
  ④ 계획의 수행
  ⑤ 위임(의뢰)

7) 특성-요인 직업상담의 검사 해석단계에서 이용할 수 있는 상담기법 (필 : 3회/실 : 5회 기출)

  암기 설-설-직

  ① **설**명 : 검사자료 및 비 검사자료들을 해석하여 내담자의 진로선택을 돕는 것
  ② **설**득 : 합리적이고 논리적인 방법으로 검사자료를 제시하는 것
  ③ **직**접충고 : 검사결과를 토대로 상담자가 자신의 견해를 솔직하게 표명하는 것

8) 특성-요인 직업상담의 인간본성에 대한 기본 가정(윌리암슨) (실 : 4회 기출)

  암기 본선생 실세/우리학교에서는 본선생이 실세다

  ① 선의 **본**질은 자아의 완전한 실현이다.
  ② 인간은 **선**과 악의 잠재력을 모두 지니고 있는 존재이다.
  ③ 인간의 선한 **생**활을 결정하는 것은 바로 자기 자신이다.
  ④ 인간은 선을 **실**현하는 과정에서 타인의 도움을 필요로 하는 존재이다.
  ⑤ **세**계관은 개인적인 것으로 인간은 그 자신만의 독특한 세계관을 지닌다.

9) 특성-요인이론의 기본적인 가설(클레인과 웨이너)
  ① 각 개인은 타당하게 측정될 수 있는 고유한 특성을 가지고 있다.
  ② 각 직업은 성공을 위해서 특정한 특성을 소유하고 있는 근로자를 필요로 한다.
  ③ 직업선택은 다소 직접적인 인지과정으로 개인 특성과 직업의 특성 간의 매칭이 가능하다.
  ④ 개인 특성과 직업의 요인간의 매칭이 잘 될수록 직업적 성공의 가능성이 커진다.

실기 기출문제

1. 파슨스의 상담자가 해야 할 일 3가지를 서술하시오. (04-1회, 11-3회)

2. 파슨스의 특성-요인 이론에서 특성은 (   )이고, 요인은 (   )이다. (03-1회)

3. 직업상담 6단계 분석 - (ㄱ) - (ㄴ) - (ㄷ) - 상담 및 치료 - 추후지도에서 각각을 쓰고 설명하시오. (19-2회)

4. 윌리암슨의 특성 - 요인 직업상담에서 검사의 해석단계에서 이용할 수 있는 상담기법 3가지를 쓰고 설명하시오. (03-3회, 08-3회, 10-4회, 15-3회, 17-1회)

5. 윌리암슨의 특성 - 요인 직업상담의 인간본성에 대한 기본가정을 5가지(3가지) 쓰시오. (08-1회, 10 -2회, 13-2회, 17-2회)

2. 내담자 중심(인간중심) 직업상담

1) 기본개념 (필 : 1회 기출)
   ① 내담자중심 상담에 뿌리를 두고 있으며 내담자들은 선천적 잠재력과 자기실현 경향성을 지닌 존재
   ② 인간은 개별적 · 현상학적이며, 독특하다는 것에 초점을 둔다.
   ③ 패터슨의 개념화 작업에서 직업상담 접근법으로 정착하게 된 것임

2) 특징 (필 : 5회 기출)
   ① 비지시적 상담을 원칙으로 자기와 일에 대한 정보부족 혹은 왜곡에 초점
   ② 자아와 일의 세계에 대한 정보부족과 일치성 부족이 부적응 행동을 유발
   ③ 내담자는 자기와 경험의 불일치로 인해 고통 받기에 상담에서 직업문제를 진단하는 것 자체 불필요
   ④ 내담자의 불안을 줄이고 자기의 책임을 수용하도록 함

3) 내담자중심 직업상담의 목적 (필 : 2회 기출)
   ① 직접적인 목적은 내담자의 성장이지만, 궁극적인 목적은 자기실현이다.
   ② 내담자 중심 직업상담의 목적 결과는 직업과 자신의 자아의 일치성의 정도
   ③ 직업발달의 연속선상과 직업적 역할 속에서 자기의 개념을 명백히 하고 실행할 수 있도록 돕는 것

4) 반응 범주화 (필 : 1회 기출)

① 안내를 수반하는 범주

② 비지시적 반응범주

③ 준지시적 반응범주

④ 지시적 상담범주

5) 검사의 사용 및 해석/심리검사를 하지 않는 것이 원칙. 단, 자기명료화를 위한 경우 사용가능
(필 : 4회 기출)

① 상담자는 심리검사의 장단점, 제한점 등을 철저히 알고 이를 내담자에게 설명할 것

② 내담자가 검사를 원하는 이유를 탐색하고, 과거에 검사받은 경험을 알아본다.

③ 점수로서 검사 결과의 의미를 전달하지 않을 것이며, 특히 낮은 검사결과 해석 시 주의

④ 검사결과를 입증하기 위한 자료가 수집될 때까지는 시험적 태도로 조심스럽게 제시될 것

⑤ 평가적인 말투를 사용해서는 안 되며 항상 중립성을 지켜야 함

⑥ 검사결과의 해석에 내담자가 참여하도록 함

6) 패터슨의 직업정보 제공의 원리 (필 : 2회/실 : 2회 기출) ◑암기 필-태-출-영

① 내담자가 **필**요한 경우만 제공하고 상담자가 자진해서 제공하지 말 것

② 내담자의 **태**도와 감정을 자유롭게 표현할 수 있도록 할 것

③ **출**처를 알려주고 직접 찾아보도록 할 것

④ 내담자에게 **영**향을 주거나 조작하기 위해 사용하지 말 것

7) 내담자 중심 직업상담과 특성요인 직업상담의 비교 (실 : 2회 기출)

내담자 중심 직업상담	특성요인 직업상담
비지시적 상담 내담자가 상담을 주도 심리검사 불필요 정서적, 주관적 측면 중요시	지시적 상담 상담자가 상담을 주도 심리검사 필수 지적, 개관적 측면 중시

실기 기출문제

1. 로저스의 인간중심(내담자중심) 상담에서 직업정보 활용의 원리는 검사해석의 원리와 같다 이를 패터슨은 어떻게 설명하고 있는지 3가지 이상 쓰시오. (08-1회, 13-3회)

2. 내담자중심 직업 상담과 특성-요인 직업상담의 차이점을 2가지 이상 설명하시오. (01-1회, 10-2회, 14-2회)

3. 정신역동적 직업상담/보딘

1) 정신역동적 직업상담의 특징 (필 : 1회 기출)
① 정신분석이론에 뿌리를 두고 있으며, 내담자의 심리적 요인이 직업선택에 미치는 요인의 영향을 강조
② 특성-요인 접근법과 마찬가지로 사람과 직업을 연결시키는 것에 기초를 둠
③ 직업선택에 있어 내담자의 욕구와 발달과정을 중시하며 욕구가 직업선택의 주요 요인
④ 5가지 진단범주인 의존성, 자아갈등, 선택의 불안, 확신의 결여, 정보의 부족을 제시

2) 보딘의 직업상담 과정 (필 : 2회 기출/실 : 6회 기출) 🔵암기 탐-중-변
① 제1단계-**탐**색과 계약설정 : 정신역동적 상태에 대한 탐색 및 상담전략에 대한 합의 도출
② 제2단계-**중**대한(핵심) 결정 : 중대한 결정을 통해 자신 목표를 성격 변화 등으로 확대할 것인지 고민
③ 제3단계-**변**화를 위한 노력 : 자아 인식 및 자아 이해를 확대해 나가며, 지속적인 변화를 모색

3) 보딘의 정신역동적 상담기법 (필 : 7회 기출) 🔵암기 명-비-소
① **명**료화 : 문제와 관련된 생각이 무엇인지 언어적 표현에 초점을 두고 요약(개방형질문, 부드러운 명령 등)
② **비**교 : 각 주제들의 역동적 현상들 사이의 유사성이나 차이점을 분명하게 부각시켜 대비함
③ **소**망-방어체계 : 내담자의 내적 동기 상태와 진로결정 과정 사이의 관계를 자각하도록 시도

4) 정신역동적 집단상담의 장점 (필 : 1회 기출)
① 상호간에 전이감정을 느끼며 훈습할 기회가 많아 자기 이해의 증진 가능
② 자신의 방어와 저항이 어떻게 작용하는지에 대해 좀 더 극적인 통찰을 얻을 수 있음
③ 다른 집단성원의 작업을 관찰함으로써 자신이 의식하지 못했던 감정을 가지고 있음을 이해
④ 동료들과의 상호작용 속에서 자신과 다른 사람에 대해 배울 수 있는 기회를 가짐
⑤ 집단에서의 분석은 집단성원의 이상적인 기대에 즉각 직면하도록 한다.

실기 기출문제

정신역동적 직업상담 모형을 구체화시킨 보딘의 직업상담 과정을 쓰고 각각에 대해 설명하시오. (09-1회, 12-1회, 13-2회, 15-3회, 17-3회, 20-3회)

4. 발달적 직업상담

1) 기본개념

① 내담자의 생애단계를 통한 진로발달의 측면을 중시
② 내담자의 직업의사 결정 문제와 직업성숙도 사이의 일치성에 초점을 둠
③ 내담자의 개인적 및 사회적 발달이 촉진될 수 있도록 조력

2) 특징 (필 : 1회 기출)

① 직업선택의 과정을 아동기에서부터 은퇴할 때까지 계속되는 연속적인 과정으로 본다.
② 개인의 과거와 현재뿐만 아니라 미래까지 동시에 고려한다.
③ 수퍼는 진단이라는 표현 대신 평가라는 용어를 사용했다.
④ 내담자의 문제뿐만 아니라 잠재력에도 초점을 두어 3가지 평가유형을 제시

3) 수퍼의 평가 유형 (필 : 1회/실 4회 기출) 🔵암기 문-개-예

① **문**제의 평가 : 내담자가 겪고 있는 어려움이나 직업상담에 대한 기대를 평가
② **개**인의 평가 : 사회적, 심리적, 신체적 상태에 대한 통계자료 및 사례연구를 통한 분석이 진행
③ **예**언 평가 : 직업적 · 개인적 평가를 토대로 성공하고 만족할 수 있는 것에 대한 예언이 진행

4) 발달적 직업상담의 6단계(수퍼) (필 : 9회/실 : 6회 기출) 🔵암기 문심자 현태의/비-지-비-지-비-비

① 제1단계-**문**제탐색 및 자아개념 묘사 : 비지시적 방법으로 문제탐색 및 자아개념을 묘사
② 제2단계-**심**층적 탐색 : 지시적 방법으로 심층적 탐색을 위한 주제를 설정
③ 제3단계-**자**아수용 및 자아통찰 : 비지시적 방법으로 자아수용(자아통찰)을 통해 사고와 감정을 명료화
④ 제4단계-**현**실검증 : 지시적 방법으로 심리검사, 직업정보 등의 자료를 탐색
⑤ 제5단계-**태**도와 감정의 탐색과 처리 : 비지시적 방법으로 태도와 감정을 탐색하고 처리
⑥ 제6단계-**의**사결정 : 비지시적 고찰을 통해 대안적 행위들에 대한 자신의 직업을 결정

5) 직업정보가 갖추어야 할 조건 (필 : 1회 기출)

① 사회경제적 측면에서 수준별 직업의 유형 및 직업들이 갖는 직업적 특성에 대한 정보
② 직업의 이동 방향과 비율을 결정하는 요인에는 어떤 것들이 있는지에 대한 정보
③ 특정 직업분야 등의 접근 가능성과 개인의 적성, 가치관 등의 요인들 간의 관계에 대한 정보
④ 부모와 개인의 직업적 수준과 그 차이, 적성, 흥미, 가치 특성들 간의 관계에 대한 정보
⑤ 직업의 수준과 의미, 부모의 사회경제적 수준과 직업 사이의 어떤 관계가 있는지의 정보
⑥ 낮은 수준의 직업에서 높은 수준의 직업으로 옮겨갈 수 있는 방법, 지식, 기술의 정보

6) 진로 자서전과 의사결정 일기(진로일기) (실 : 2회 기출)
    ① 진로 자서전 : 내담자가 과거에 어떻게 의사결정을 하였는지를 알아보는 것
    ② 의사결정 일기 : 매일 어떻게 결정을 하는가 하는 현재의 상황을 알아보는 것

실기 기출문제

1. 수퍼의 직업상담 진단 3가지 평가유형을 쓰고 설명하시오. (10-1회, 13-1회, 20-4회, 21-3회)

2. 수퍼의 발달적 직업상담 6단계를 쓰고 설명하시오. (08-3회, 11-1회, 11-2회, 13-1회, 15-2회, 17-3회)

3. 발달적 직업상담에서 직업상담사가 사용할 수 있는 기법으로 진로 자서전과 의사결정 일기(진로 일기)를 설명하시오. (09-3회, 19-4회)

5. 행동주의 직업상담

행동주의 상담이론에서 정리 → 2장 참조

6. 포괄적 직업상담/크라이티스

1) 기본개념 (필 : 5회 기출)
    ① 특성-요인, 정신분석, 행동주의, 인간중심, 발달주의 직업상담 이론의 장점을 통합
    ② 다양한 접근법과 함께 여러 심리치료의 개념 및 원인들을 포괄
    ③ 상담과정에 진단-문제분류-문제구체화-문제해결의 단계가 포함
    ④ 직업상담의 목적에 진로선택-의사결정 기술의 습득, 일반적 적응의 고양 등이 포함
    ⑤ 목적 달성을 위한 기법으로는 면담기법-검사해석-직업정보 등이 포함

2) 특징 (필 : 2회 기출)
    ① 논리적인 것과 경험적인 것을 의미 있게 절충시킨 모형
    ② 진단은 변별적이고 역동적인 성격을 가지고 있다.
    ③ 검사의 역할을 중시하며 검사를 효율적으로 사용

④ 진단을 통해 문제에 대한 배경지식을 얻은 후 진로성숙도 검사 등의 검사를 통해 내담자 파악

3) **직업상담의 과정** (필 : 3회/실 : 6회 기출) ●암기 **진－명－문/진단하고 명료화하여 문제해결을 한다**

① 제1단계－**진**단 : 내담자에 대한 폭넓은 검사자료와 상담을 통한 자료가 수집되는 단계

② 제2단계－**명**료화 또는 해석 : 의사결정 과정을 방해하는 태도와 행동을 확인하며 대안을 탐색

③ 제3단계－**문**제해결 : 문제해결을 위해 어떤 행동을 실제로 취해야 하는가를 결정

4) **직업상담의 기법** (필 : 2회 기출)

① 초기 단계 : 발달적 직업상담과 내담자 중심 접근법을 통해 탐색 및 문제의 원인을 탐색

② 중기 단계 : 정신역동적 접근법을 통해 문제의 원인을 명료히 밝혀 이를 제거

③ 마지막 단계 : 특성－요인과 행동주의적 접근법을 통해 능동적 · 지시적으로 내담자의 문제해결에 개입

5) **진단검사의 유형** (필 : 3회 기출)

① 변별적 진단검사 : 직업성숙도, 적성, 흥미검사 등을 통해 직업상의 문제를 가려낸다.

② 역동적 진단검사 : 상호작용을 통해 상담자의 주관적 오류와 통계적 오류를 보완한다.

③ 결정적 진단검사 : 직업선택 및 의사결정 과정에서 나타나는 내담자의 문제를 체계적으로 분석

6) **포괄적 직업상담의 평가** (필 : 4회 기출)

① 긍정적 평가 : 여러 가지 직업상담의 장점을 부각하고 단점을 보완하여 다양한 상담장면에 폭넓게 적용 가능성을 확대

② 부정적 평가 : 진학상담과 취업상담에 적합하나, 취업 후 직업적응 문제를 깊이 있게 다루지 못하고 있음. 향후, 전반적인 문제들을 포함하는 포괄적인 이론이 정립될 필요 있음

실기 기출문제

크라이티스의 포괄적 직업상담의 상담과정 3단계를 단계별로 설명하시오. (05－3회, 08－3회, 11－3회, 14－2회, 19－1회, 22－3회)

CHAPTER
03

직업상담 기법

상담기법의 기초

1. 상담에서의 관계수립 및 기본 상담기술(기법)

1) **공감, 공감적 이해** (필 : 6회/실 : 4회 기출)
   - 공감 : 내담자가 전달하려는 내용에서 한 걸음 더 나아가 그 내면적 감정에 반영하는 것(내담자 세계를 자신의 것처럼 경험하지만, 객관적 위치를 벗어나지 않음)
   - 공감적 이해 : 상담자가 내담자 경험을 마치 자신의 경험인 것처럼 정확하게 이해하는 것

2) **반영** (필 : 2회/실 : 4회 기출)
   내담자의 말과 행동에서 표현되는 감정, 생각, 태도를 참신한 말로 부연해주는 것

3) **직면** (필 : 3회/실 : 4회 기출)
   내담자의 말과 행동에 모순이 있을 경우 그것을 지적해주는 것(문제와 맞닥뜨리게 함)

4) **해석** (필 : 2회 기출)
   내담자가 진술하지 않은 내용이나 개념을 과거 경험이나 진술을 토대로 추론해서 말하는 것(문제를 새로운 각도에서 이해하도록 사건의 의미를 설명하여 통찰력을 갖게 하는 것

5) **요약, 재진술, 환언**(필 : 4회 기출)
   내담자가 전달하는 내용의 표면적 의미를 상담자가 다른 말로 바꾸어서 재 진술하는 것

6) **명료화** (필 : 2회/실 : 4회 기출)
   ① 내담자의 모호하고 애매한 말을 명료하고 분명하게 해주는 것
   ② 문제의 밑바닥에 깔려 있는 혼란스러운 감정과 갈등을 가려내어 분명히 해주는 것
   ③ 내담자의 이야기 요점을 더욱 분명하고 명확하게 부각시키는 것

7) **구조화** (필 : 9회 기출)

　상담의 기본방향, 상담시간, 횟수, 행동제약, 비밀유지 등을 정하는 것

8) **경청, 반영적 경청, 적극적 경청** (필 : 4회/실 : 4회 기출)
- 경청 : 내담자의 말을 선택적으로 주목하는 것(비중을 두는 말과 행동을 선택적으로 경청하는 것)
- 반영적 경청 : 내담자가 하는 말에 대해 상담자가 적절히 반응하는 것
- 적극적 경청 : 내담자가 표현하는 언어적 의미 외에 비언어적 측면까지 이해하며 듣는 것(내담자의 기분, 감정, 생각 등을 상담자가 존중하고 있으며 관심과 수용을 받고 있다는 느낌을 받도록 하는 것)

9) **수용** (필 : 3회 기출)

　상담자가 내담자 이야기에 집중하고 인격적으로 존중하고 있음을 보여주는 것

10) **유머의 사용**

　적절한 유머의 사용은 관계 촉진과 치료 도구로 활용 가능. 저항과 고통을 경감

11) **탐색적 질문** (필 : 3회기출)

　개방적 질문 사용, 내담자의 감정을 유도하고 자신의 문제를 명료화 시키는 데 유용

12) **저항** (필 : 2회/실 : 1회 기출)

　상담의 진전을 방해하고 상담자에게 협조하지 않으려는 내담자의 무의식적 행동
- ① 저항의 처리 : 원인 파악에 유의하며 위협을 느끼지 않도록 하고 고통을 공감해 주도록 함
- ② 저항의 유형 : 약속을 어기는 것, 침묵, 의사소통을 방해, 상담자를 불신하거나 반발, 자기 응징적 자세

13) **침묵** (필 : 2회/실 : 2회 기출)
- ① 침묵의 원인 : 상담자에 대한 불만, 피로감, 재확인이나 해석, 혼돈 등
- ② 침묵의 처리 : 침묵의 원인과 유형을 분석하여 적절히 대처 필요
- ③ 침묵의 발생유형
  - Ⅰ유형
    - 적대감을 가지고 저항하는 경우
    - 피로를 회복하고 있는 경우
    - 상담자의 재확인과 해석을 기대하는 경우
    - 음미, 평가, 정리를 하는 경우
    - 관계형성에 두려움을 느끼는 경우

- Ⅱ유형
  - 혼돈으로 인한 침묵
  - 탐색으로 인한 침묵
  - 저항으로 인한 침묵
  - 사고중단으로 인한 침묵

실기 기출문제

1. 상담자가 갖추어야 할 기본 기술인 적극적 경청, 공감, 반영, 명료화, 직면을 설명하시오. (01 – 1회, 04 – 3회, 05 – 3회, 07 – 1회)

2. 저항의 의미와 유형을 설명하시오. (05 – 1회)

3. 상담에서 대화의 중단 또는 내담자의 침묵은 자주 일어나는 일이다. 내담자의 침묵의 발생 원인을 3가지 이상 쓰시오. (09 – 3회, 12 – 1회)

2. 초기면담

1) 초기면담의 유형 ◐암기 솔 – 정 – 관

① **솔**선수범 면담
- 내담자에 의한 솔선수범 면담
- 상담자에 의한 솔선수범 면담

② **정**보 지향적 면담 (필 : 5회 기출)
- 정보수집 : 상담자에게 초점을 두어야 함(왜라는 질문은 삼간다.)
- 종류
  - 폐쇄형 질문 : 예/아니오로 대답할 수 있는 질문
    (장점 : 짧은 시간에 많은 양의 정보 추출/단점 : 대답할 수 있는 범위가 제한됨)
  - 개방형 질문 : 폐쇄형 질문의 반대로 무엇을 어떻게로 질문
    (장점 : 가능한 한 많은 대답의 선택 기회 제공/단점 : 익숙지 않은 내담자에게 부담감)
  - 탐색해 보기 : 누가, 무엇을, 어떻게로 시작되는 질문으로 한두 마디 이상의 답변을 요구
- 유의사항 (실 : 1회 기출)
  - 폐쇄형 질문보다는 개방형 질문을 사용한다.
  - 내담자의 심정을 이끌어 낼 수 있는 질문을 사용한다.
  - 내담자 자신의 문제를 명료화하도록 돕는 질문을 사용한다.

③ **관**계 지향적 면담 (필 : 1회 기출)
- 재진술(환언) : 상담자가 적극적으로 듣고 있음을 알려 줌(다른 말로 바꾸어서 재진술)
- 감정의 반향(반영) : 반향은 정서적 측면으로서 공감을 의미(참신한 말로 부연)

2) 초기면담 과정에서 상담자의 유의사항 (실 : 3회 기출)
① **비**밀유지에 대해 설명하기
② 초기**목**표 명확히 하기
③ 면담 전 **가**능한 모든 사례자료 검토하기
④ 내담자와 **만**나기(관계형성)
⑤ 상담 시 **필**수 질문들 확인하기
⑥ 직업상담에 대한 기대결정

3) 초기면담의 주요 요소
① 신뢰관계 형성 : 긴장을 풀어주고 비밀유지에 대해 설명으로 불안을 감소하고 친밀감을 형성
② 감정이입 : 상담자가 객관성을 유지한 채, 내담자 세계에서의 경험을 갖는 능력 (필 : 2회 기출)

3-1) 상담에 도움이 되는 언어적, 비언어적 행동 (필 : 4회/실 : 2회 기출)
① 언어적 행동 : 유머사용, 이해 가능한 언어 사용, 적절한 호칭 사용, 개방적 질문 등
② 비언어적 행동 : 미소, 눈 맞춤, 끄덕임, 몸짓, 기울임 등

3-2) 상담에 도움이 되지 않는 언어적, 비언어적 행동 (필 : 5회 기출)
① 언어적 행동
- 충고하기
- 타이르기
- 달래기
- 비난하기
- 생색내기
- 지시하기 등
② 비언어적 행동
- 조소하기
- 입을 꽉 물기
- 얼굴을 찡그리기
- 멀리 쳐다보기
- 손가락질하기

3-3) 대화를 가로막을 수 있는 상담자의 반응 (실 : 1회 기출)
① **상담자** 경험 진술 : 상담자와 내담자가 똑같은 상황과 동일한 경험을 하기는 어렵다.
② **너무** 이른 조언 : 상담초기 내담자 특성을 알지 못하는 상황에서 조언은 부적합하다.
③ **가**르치기 : 가르치기는 의존적 태도나 방어적 태도를 유발한다.
④ **지나친** 질문 : 과다한 질문은 내담자를 수동적인 위치로 만든다.

3-4) 단기상담에 적합한 유형 (필 : 2회 기출)
① 일반적으로 경미한 사항에 한해 적합
② 성격장애, 부적응과 우울증, 정신병, 경계선적 장애, 중독 등과 같은 심각한 장애 제외

3-5) Snyder의 직업상담 시 내담자의 변명의 종류 (필 : 1회 기출)
① 축소   ② 훼손
③ 정당화   ④ 부정
⑤ 비난   ⑥ 알리바이 등

4) 즉시성 (필 : 3회 기출)
① 의미 : 상담자의 바람을 포함하여 내담자의 기대나 느낌 등에 대해 깨닫고 즉시 대화를 나누는 것
② 관계 즉시성 : 상담관계에서 긴장, 지루함, 생산적 여부에 대해 이야기를 나누는 상담자의 능력과 실력
③ 지금-여기 즉시성 : 발생하고 있는 교류에 대해 의논하는 것으로 상황에 맞게 처리를 하는 것
④ 즉시성이 유용한 때 : 방향성 없는 경우, 긴장감이 있는 경우, 의존성이 있는 경우, 사회적 거리가 있는 경우

5) 리허설 (필 : 4회 기출)
① 의미 : 내담자가 계약을 실행하는 기회를 최대화할 수 있도록 하는 것
② 명시적 리허설 : 말로 표현하거나 행위를 보여주고 실현해 보도록 요구하는 것
③ 암시적 리허설 : 원하는 목표를 상상하거나 숙고해 보도록 하는 것

6) 상담초기 구조화에서 이루어져야 할 내용 (필 : 4회 기출)
① 상담의 목표를 정한다.
② 상담의 성격을 정한다.
③ 상담자와 내담자의 역할과 책임을 정한다.
④ 상담의 시간과 장소를 정한다.
⑤ 상담의 횟수와 상담비용 등을 정한다.

7) 초기면담의 종결 시 유의사항 (필 : 2회 기출)
① 상담과정에서 필요한 과제물을 부여한다.
② 조급하게 결론을 내리지 않는다.
③ 내면적 가정이 외면적 가정을 논박하지 못하도록 수행한다.
④ 비밀유지에 대해 내용을 요약한다.
⑤ 반드시 지켜야 할 준수사항을 확인한다.

8) 내담자 자신의 이해를 증진시키는 탐색적 질문 과정에서 상담자가 유의해야 할 사항
(실 : 2회 기출) 🔊암기 폐 감 자
① **폐**쇄형 질문보다는 개방형 질문을 사용한다.
② 내담자의 **감**정을 이끌어 낼 수 있는 질문을 사용한다.
③ 내담자 **자**신의 문제를 명료화하도록 돕는 질문을 사용한다.

1. 내담자와 초기 면담 시 상담자가 유의해야 할 사항을 4가지 이상 기술하시오. (07 – 1회, 07 – 3회, 20 – 3회)

2. 상담에서 상담자와 내담자의 대화를 가로막을 수 있는 상담자의 반응 3가지를 쓰시오. (14 – 3회)

3. 상담의 구조화에서 이루어져야 할 내용을 설명하시오. (02 – 3회, 05 – 3회, 07 – 3회)

4. 초기면담 시 내담자에게 좋은 영향을 줄 수 있는 언어적 행동과 비언어적 행동을 각각 3가지 쓰시오. (15 – 1회, 21 – 1회)

5. 개방형 질문과 폐쇄형 질문을 설명하고 장 · 단점을 설명하시오. (03 – 1회)

6. 내담자 자신의 이해를 증진시키는 탐색적 질문을 하는 과정에서 상담자가 유의해야 할 사항 3가지를 쓰시오. (15 – 1회)

3. 생애진로주제

1) 의미
① 사람들이 자신의 생각, 가치, 태도, 자신의 신념 등을 표현하기 위해 사용하는 개념
② 생애진로주제를 확인하는 이유는 내담자의 사고과정 이해와 행동을 통찰하는 데 도움
③ 생애역할(개인, 학습자, 작업자의 역할)을 고려해야 함

2) 생애역할 (필 : 3회 기출)
① 작업자 역할 : 자료－관념－사람－사물(프레디저), 직업적 성격과 작업환경(홀랜드), 기술확인(볼레스)
② 학습자 역할 : 학습자 형태(콜브), 학습형태(캔필드)
③ 개인 역할 : 생애형태(아들러) (필 : 2회 기출)
- 개인이 사회적 환경에서 자신의 위치를 발견하기 위해 노력
- 개인이 일, 사회, 성이라는 주요 생애 과제에 반응
- 한 가정에서 태어난 아이라도 결코 동일한 상황에서 자라는 아이로 볼 수 없다.
- 대뇌반 구상의 기능(좌반구는 언어/우반구는 공간과 지각형태 등)

4. 생애진로사정(LCA)

1) 기본개념(의의) (필 : 7회 기출)
① 초기면담에서 기초적 상담정보를 얻을 수 있는 구조화된 면담기법으로 질적인 평가 방법
② 짧은 시간 내에 체계적인 정보를 수집할 수 있음
③ 아들러의 개인심리학에 기초한 것으로 내담자와 환경과의 관계를 이해할 수 있는 정보 제공
④ 검사실시나 검사해석의 예비적 단계에서 특별히 유용한 것이며 덜 위협적인 방법의 단계
⑤ 일, 사회, 성의 세 가지 인생 과제와 밀접히 연관되며, 내담자의 가치, 신념, 태도 등을 탐색

2) 생애진로사정의 특징 (필 : 2회 기출)
① 개인, 학습자, 작업자의 역할 등을 포함한 다양한 생애역할에 대한 정보 탐색
② 진로사정, 전형적인 하루, 강점과 장애, 요약으로 구성된다.
③ 짧은 시간 내에 체계적인 정보를 수집할 수 있음(10~40여분)
④ 비판단적이고 비위협적인 대화 분위기로써 내담자와 긍정적인 관계 형성에 도움
⑤ 인쇄물이나 소책자, 지필도구 등의 표준화된 진로사정 도구는 가급적 사용을 삼간다.

3) 생애진로사정의 구조 (필 : 12회/실 : 5회 기출) 🔴암기 진-전-강-요
① **진로사정** : 내담자의 직업경험, 교육 또는 훈련경험, 여가활동(여가, 사회, 우정)에 대해 사정

② **전**형적인 하루
- 생활을 어떻게 조직하는지를 시간에 흐름에 따라 체계적으로 기술
- 의존적인지 또는 독립적인지, 자발적인지 또는 체계적인지 여부
③ **강**점과 장애 : 내담자의 3가지 강점과 장애에 대해 질문하며 장애극복을 위한 자원을 탐색
④ **요**약 : 내담자 스스로 자신에 대해 알게 된 내용을 요약해 보도록 하여 자기인식 증진

4) 진로사정을 통해 알 수 있는 정보 (필 : 1회/실 : 6회 기출) 🔵암기 직-기-가
  ① 내담자의 **직**업경험과 교육수준을 나타내는 객관적 사실
  ② 내담자 자신의 **기**술과 능력에 대한 자기평가 및 상담자의 평가 정보
  ③ 내담자의 **가**치관 및 자기인식에 대한 정보

실기 기출문제

1. 생애진로사정의 구조 4가지를 쓰고 설명하시오. 생애진로사정 구조 중, 진로사정에서 알아보는 3가지를 쓰시오. (09-1회, 19-2회, 19-3회, 20-1회, 21-3회)

2. 생애진로사정의 의미를 쓰고 이를 통해 얻을 수 있는 정보 3가지를 쓰시오. (10-3회, 11-2회, 14-1회, 17-3회, 19-3회, 20-2회)

5. 직업가계도(제노그램) (필 : 5회/실 : 2회 기출)

1) 의미
  ① 직업과 관련된 내담자의 가계력을 알아보는 기법으로서 내담자 직업의식, 태도, 가치관 등에 대한 가족의 영향력을 분석하는 질적 평가기법
  ② 오키쉬에 의해 개발되어 가족들의 직업에 대한 시각적 도표를 통해 내담자의 직업관을 탐색

2) 활용 (필 : 1회 기출)
  ① 직업의식, 직업선택, 직업태도에 대한 가족의 영향력을 분석
  ② 내담자의 직업선택 관련, 무의식적 과정 및 자기지각의 근거를 밝히는 데 도움
  ③ 초기상담과정에서 내담자의 정보 수집을 위해 사용

직업가계도의 의미와 활용에 대해 설명하시오. (03 - 3회, 07 - 3회)

6. 직업카드 (필 : 1회 기출)

1) 의미 : 직업카드를 활용하여 직업흥미를 탐색하는 방법 또는 질적 측정도구를 말함
2) 활용 : 진로탐색과 관련 흥미, 가치관 등을 참고하여 선호군, 혐오군, 미결정 중성군으로 분류

제2절 내담자 사정

1. 내담자의 동기 및 역할사정

1) 동기 사정 (필 : 3회 기출)
   ① 개요
      • 내담자가 가지고 있는 동기를 파악하여 진로와 직업선택과 직업문제 해결을 돕는 것
      • 스스로 자신을 탐색하도록 하는 방법으로 자기보고법을 사용
      • 동기나 인지적 명확성이 부족한 경우 개인상담을 먼저 실시한 후, 직업상담으로 전환
   ② 인지적 명확성 결여에 대한 사정의 방법
      • 상황의 중요성 사정 – 자기효능감 기대 – 결과기대 – 수행에 대한 기준
   ③ 동기사정에서 낮은 동기를 가진 내담자 대처방안 (필 : 1회 기출)
      • 진로선택에 대한 중요성 증가시키기
      • 좋은 선택이나 전환을 할 수 있는 자기효능감 증가시키기
      • 기대한 결과를 이끌어 낼 수 있는 있는지에 대한 확신 증가시키기
   ④ 동기사정의 용도
      • 내담자의 자기인식 발전
      • 직업 불만족의 원인 확인
      • 직업 갈등의 근거를 확인
      • 직업대안의 규명

2) 역할사정
   ① 개요 : 내담자의 삶에서 가지는 역할들이 상호 보완적인지, 상충적인지, 보상적인지를 확인하는 방법

- 직업상담에서 작업 역할을 방해하는 역할, 부정적 작업결과를 보상하는 역할, 보완해야 할 역할을 결정
② 역할사정 방법 (필 : 4회/실 : 1회 기출) 【암기】 동생질
  - **동**그라미로 역할관계 그리기 : 수행하고 있는 역할을 동그라미로 그리고 역할과부하, 상충, 바람직한 역할관계 파악
  - **생**애－계획연습으로 전환하기 : 내담자의 가치와 시간적 요구 간의 갈등, 미래에 달성해야할 역할 등을 파악
  - **질**문을 통해 사정하기 : 생애역할 나열, 시간의 양, 가치 순위, 상충적인지 보상적인지 보완적인 역할을 찾아내기
③ 역할사정의 용도 (실 : 1회 기출)
  - 내담자의 자기인식 발전
  - 역할 불만족의 원인 확인
  - 역할 갈등의 근거를 확인
  - 직업대안의 규명
  - 좋아하는 일, 일역할, 작업환경 등을 확인

실기 기출문제

1. 상호 역할관계 사정의 주요기법 3가지를 쓰시오. (15-3회)

2. 상호 역할관계 사정의 용도를 3가지 이상 쓰시오. (14-3회)

2. 가치사정

1) 가치사정 내용
① 개요 (필 : 1회 기출)
  - 가치란 기본신념에 해당하며 신념이란 사람들이 가장 신성하게 간직하고 있는 것
  - 가치는 동기의 원천이자 충족의 근거
  - 자신의 삶에서 무엇을 지향할 것인가를 결정하는 근원
② 가치사정의 용도 (실 : 1회 기출)
  - 자기인식의 발전
  - 직업적 불만족의 원인 규명
  - 직업 갈등의 근거 확인

- 직업대안의 규명
- 저수준의 동기 또는 성취의 근거 탐색
- 직업선택 및 직업전환의 기틀을 제시

③ 자기보고식 가치사정법 (필 : 4회/실 : 4회 기출) 🔵암기 백과 자존 절체/백과 사전을 절체해 갔다
- **백**일몽 말하기
- **과**거의 선택 회상하기
- **자**유시간과 금전의 사용
- **존**경하는 사람 기술하기
- **절**정경험 조사하기
- **체**크목록 가치에 순위 매기기

1. 가치사정의 용도 3가지를 쓰시오. (11-2회)

2. 가치사정 방법 6가지 쓰시오. (10-3회, 11-1회, 12-3회, 19-3회)

3. 흥미사정

1) 흥미사정 내용
   ① 개요 : 흥미란 개인의 관심이나 호기심을 자극하거나 일으키는 어떤 것
   ② 흥미사정의 목적 (필 : 2회/실 : 4회 기출) 🔵암기 여자 교대 탐색하기
   - **여**가선호와 직업선호 구분하기
   - **자**기인식 발전시키기
   - **교**육 · 직업상 불만족 원인 규명하기
   - 직업**대**안 규명하기
   - 직업**탐색** 조장하기
   ③ 수퍼의 흥미 사정 기법 (필 : 4회/실 : 1회 기출) 🔵암기 표 – 조 – 조
   - **표**현된 흥미 : 질문을 통해 흥미를 파악(직업에 대해 좋고 싫음을 간단하게 말하도록 요청)
   - **조**작된 흥미 : 내담자 활동에 대한 관찰을 통해 흥미를 파악
   - **조**사된 흥미 : 표준화 된 심리검사를 통해 흥미를 파악

④ 일반적인 흥미 사정 기법/종류 (실 : 4회 기출) ●암기 **경흥선 카표로~/경흥선 차표로 원산을 갔다**
  - 작업**경**험 분석 : 흥미에 대한 사정과 가치, 기술, 생활방식 규명
  - **흥**미평가 기법 : 알파벳에 맞추어서 흥밋거리를 기입하는 방법
  - 직업**선**호도 검사 실시 : 워크넷의 직업선호도 검사 활용
  - 직업**카**드 분류 : 직업카드를 선호군, 혐오군, 미결정 중성군으로 분류
  - **표**현된 흥미와 조작된 흥미 : 질문과 관찰을 통해 흥미를 파악
  - **로**의 분류체계 : 8개의 직업군과 6단계의 수준으로 분류

실기 기출문제

1. 흥미사정 목적 5가지를 쓰시오. (12−2회, 15−2회, 18−2회, 21−2회)

2. 수퍼의 흥미사정 기법 3가지를 쓰고 설명하시오. (13−3회)

3. 흥미사정 기법을 3가지 이상 쓰고 설명하시오. (09−2회, 10−2회, 14−1회, 21−2회)

4. 성격사정

1) 성격사정 내용
  ① 성격사정의 목표 (실 : 1회 기출)
    - 자기인식을 증진
    - 좋아하는 일역할, 작업기능, 작업환경을 확인
    - 직업 불만족의 근원 확인
    - 직업대안의 규명

2) 마이어스−브릭스의 성격유형 검사(MBTI) (필 : 6회 기출)
  ① 개념
    - 융의 분석심리학에 의한 심리유형을 토대로 고안
    - 객관적 검사이며 자기보고식 검사임
    - 내담자의 선호하는 작업역할, 기능, 환경을 찾는 데 유용

② 4가지 양극차원 (실 : 1회 기출) 암기 에 – 인 – 판 – 생
  • **에**너지의 방향(세상에 대한 일반적인 태도) – 외향형과 내향형으로 구분
  • **인**식기능(지각적 또는 정보수집적 과정) – 감각형과 직관형으로 구분
  • **판**단기능(정보의 사정 또는 판단과정) – 사고형과 감정형으로 구분
  • **생**활양식(정보박탈) – 판단형과 인식형으로 구분

실기 기출문제

성격 사정의 목표 3가지 쓰시오. (14 – 2회)

5. 내담자의 인지적 명확성에 대한 사정

1) 개요
  ① 강점과 약점을 객관적으로 평가하고 그 결과를 환경적 상황에 연계시킬 수 있는 능력
  ② 인지적 명확성이 없는 경우 개인상담 후, 직업상담을 실시(개인상담도 직업상담 과정에 포함)
  ③ 상황의 중요성으로 진로선택에 대한 인식정도를 분석
  ④ 자기효능감의 기대로 진로선택 및 변경의 성공 여부의 확신을 분석
  ⑤ 내담자와 관계형성 → 인지적 명확성/동기에 대한 사정 → 예/아니오 → 직업/개인상담
     (필 : 2회 기출)

2) 인지적 명확성과 직업상담 (필 : 2회 기출)
  ① 정보결핍 – 직업상담 실시
  ② 고정관념 – 직업상담 실시
  ③ 경미한 정신건강 문제 – 다른 치료 후 직업상담 실시
  ④ 심각한 정신건강 문제 – 다른 치료 후 직업상담 실시
  ⑤ 외적요인 – 개인상담 후 직업상담 실시

3) 인지적 명확성사정 시 고려사항 (필 : 3회 기출)
  ① 심리적 문제로 인지적 명확성이 부족한 경우 진로문제에 대한 결정은 당분간 보류해야 좋음
  ② 내담자의 상담과정을 완수하려는 동기가 반드시 필요하며 동기의 문제의 원인은
     • 정신건강상의 문제
     • 단순정보 결핍
     • 상담과정의 복잡성의 문제 등
  ③ 직장을 처음 구하는 사람과 직업전환이나 직업적응 문제를 가진 사람의 경우 상담과정이 달라야 함

4) 인지적 명확성이 부족한 내담자 유형과 상담자 개입 방법 (실 : 3회 기출)

내담자 유형	개입방법
단순 오정보(그 대학은 부자들만 들어갈 수 있어요.)	정보제공
복잡한 오정보(그 대학에 다니는 학생들은 모두 강남 출신이에요.)	논리적 분석
구체성의 결여(사람들이 요즘은 취직하기 어렵다고들 해요.)	구체화시키기 (필 : 2회 기출)
가정된 불가능/불가피성(난 시험에 합격할 수가 없을 것 같아요. 친구가 자격시험이 어렵다고…)	논리적 분석, 격려 (필 : 5회 기출) (친구분과의 공통점 알아보기)
원인과 결과 착오(난 사업을 할까 생각 중이에요. 그런데 그 분야 일하는 여성은 이혼…)	논리적 분석 (필 : 4회 기출) (다른 분야 직업여성 통계)
자기인식의 부족(난 사람들에게 호의를 가지고 대하는데 싫어해요. 사무실에서 왕따인걸요.)	은유나 비유쓰기 (필 : 3회기출) (미운 오리 새끼)
강박적 사고(저는 변호사가 될 거예요. 만약 안 되면 모든 것이 엉망…)	REBT기법 (필 : 1회 기출)
양면적 사고(동전 양면)(기계공학 전공하고 싶지만 성적이 좋지 않아요. 그래서 미칠 것 같아요.)	역설적 사고 (필 : 1회 기출) (다른 대안을 생각)

5) 인지적 명확성이 부족한 사례 문제 (실 : 1회 기출)

> 상담자 : 직업상담사 공부를 많이 한 걸로 되어 있네요.
>
> 내담자 : 저는 직업상담사가 될 수 없어요. 다들 열심히 하는 것 같은데 저는 자신이 없어요. 직업상담사가 적성에 맞지만 보수가 적고, 계약직이에요. 일도 고되고, 그래서 다른 직업을 찾으려고 해요. 저는 월급 많고 진취적이고 후한 보수와 안정적인 직업을 갖고 싶어요.
>
> 상담자 : 그러면, 직업상담사가 되지 않으려는 이유는 무엇이죠?

① 인지적 명확성의 부족 유형은 : 가정된 불가능
② 내담자에 대해 사정해야 할 것은 무엇이고 그 이유는 : 안될 것이라는 가정의 근거가 무엇인지, 시험에 대한 불안과 두려움을 해소시켜 공부에 대한 자신감을 갖도록 사정
③ 상담자가 사용할 수 있는 개입방법 : 논리적 분석 및 격려

실기 기출문제

1. 인지적 명확성 부족을 나타내는 내담자 유형 6가지를 쓰시오. (07-3회, 16-1회, 21-2회)

2. 아래의 사례를 읽고 문항에 답하시오. (00 – 1회)

> 상담자 : 직업상담사 공부를 많이 한 걸로 되어 있네요.
>
> 내담자 : 저는 직업상담사가 될 수 없어요. 다른 사람들은 열심히 하는 것 같은데 저는 자신이 없어요. 직업상담사가 적성에 맞지만 보수가 적고, 계약직이에요. 일도 고되고, 그래서 다른 직업을 찾으려고 해요. 저는 월급이 많고 진취적이고 후한 보수와 안정적인 직업을 갖고 싶어요.
>
> 상담자 : 그러면, 직업상담사가 되지 않으려는 이유는 무엇이죠?

1) 인지적 명확성의 부족 유형 중 무엇에 속하는가?
2) 내담자의 무엇을 사정해야 하는가, 그 이유는?
3) 마지막으로 상담자가 사용할 수 있는 개입방법은?

제3절 내담자 이해 증진

1. 내담자의 정보 및 행동에 대한 이해기법(기즈버스와 무어) (실 : 8회 기출)

🔵 암기 변전반의 저분 왜 근가~?

1) 기법의 유형

1	**변**명에 초점 맞추기 (필 : 1회/실 : 2회 기출)	책임을 회피하기, 축소, 정당화, 결과 재구성, 책임을 변형시키기 등
2	**전**이된 오류 정정하기 (필 : 8회 기출)	정보의 오류, 한계의 오류, 논리적 오류
3	**반**성의 장 마련하기	독단적인 사고를 밝히는 것에서부터 비교. 대조 등을 통해 전반적인 반성적 판단
4	**의**미 있는 질문 및 지시 사용하기	공손한 명령어/내담자의 주의를 요하는 질문 사용
5	**저**항감에 다시 초점 맞추기 (친구를 만나서 과제를 못했어요~)(필 : 2회 기출)	변형된 오류 수정하기(계획 다시 세우기), 내담자와 친숙하기, 은유 사용하기, 대결하기
6	**분**류 및 재구성하기 (필 : 2회 기출)	다른 각도에서 바라보기, 역설적 의도 기법(저항하기, 시간 제한하기, 변화 꾀하기, 이해하는 것 잊기, 목표행동 정하기 등)

7	**왜**곡된 사고 확인하기 (실 : 2회 기출)	정보의 한부분만 본다(여과하기, 정당화하기, 극단적인 생각, 과도한 일반화, 개인화, 인과응보의 오류, 마음 읽기 등)
8	**근**거 없는 믿음 확인하기 (필 : 1회 기출)	거절당한다는 것은 단지 특별한 직업을 갖지 못한다는 것임을 깨닫도록 한다(유리천장 신화, 진로장벽, 창업신화)
9	**가**정 사용하기 (필 : 1회/실 : 2회 기출)	어떤 행동이 이미 존재했다고 가정하여 질문하는 것, 단순한 지시 등

2) 전이된 오류 정정하기 (실 : 1회 기출) **◑암기** **정-한-논**

① **정**보의 오류(충분한 정보를 알고 있다고 잘못 생각하는 것) (필 : 3회 기출)
- 이야기 삭제
- 불확실한 인물 인용
- 불분명한 동사 사용
- 참고자료 누락
- 제한된 어투의 사용

② **한**계의 오류(제한된 기회 및 선택에 대한 견해) (필 : 3회 기출)
- 예외를 인정하지 않는 것(절대로, 아무도)
- 불가능을 가정하는 것 : ~할 수 없다. ~안 된다.
- 어쩔 수 없음을 가정하는 것 : ~해야만 한다. ~가 필요하다

③ **논**리적 오류(비논리적 진술로 의사소통을 방해하는 것)
- 잘못된 인간관계 오류 : 내담자가 자신의 문제에 개입한 적이 없으므로 책임도 없다는 것
- 마음의 해석 : 직접 대화를 해본 적이 없으면서 그 사람의 생각이나 느낌을 결정짓는 경우
- 제한된 일반화 : 한 사람의 견해가 모든 사람에게 공유된다는 개인의 생각

3) 저항감 재인식하기 및 다루기

① 직업상담에서 저항을 다루는 방법
- 상담관계를 재점검하기
- 내담자의 고통을 공감해 주기
- 내담자가 위협을 느끼지 않도록 하기
- * 긴장이완법은 저항을 다루는 방법이 아니다.(불안)

② 저항적이고 동기화되지 않은 내담자 동기화의 효과적인 전략 (실 : 1회 기출)
◑암기 **내 변은 대~/내 똥은 크다**
- **내**담자와 친숙해지기 : 상담관계를 높이기 위해 내담자와의 관계를 긴밀히 유지
- **변**형된 오류 수정하기 : 내담자가 피하고 싶은 상황과 부정적 독백을 제거하는 데 도움
- **은**유 사용하기 : 위험을 축소하기 위해 은유를 사용하고 대안을 제시.
- **대**결하기 : 내담자의 구체적인 행동을 지적하여 상담목적을 달성

1. 내담자와 관련된 정보를 수집하고 내담자의 행동을 이해하고 해석하는 데 기본이 되는 상담기법을 6 가지만 쓰시오. (07-1회, 07-3회, 10-1회, 11-1회, 12-1회, 13-1회, 20-1회, 21-2회)

2. 내담자 정보 및 행동에 대한 이해기법 중 가정 사용하기, 왜곡된 사고 확인하기, 변명에 초점 맞추기 에 대해 간략히 설명하시오. (07-3회, 13-1회)

3. 전이된 오류의 유형 3가지를 쓰고 설명하시오. (14-2회)

4. 저항적이고 동기화 되지 않은 내담자들을 동기화하기 위한 효과적인 전략 3가지 쓰고 설명하시오. (13-1회)

제4절   목표설정 및 진로시간전망

1. 목표설정

1) 개요 (필 : 1회 기출)
   ① 목표설정은 내담자와 상담자 간의 협조적 과정
   ② 목표설정의 의의 : 상담의 방향 설정, 내담자의 욕구들에 의해 결정, 협조적 과정, 상담자 의 개입필요
   ③ 목표는 수정 가능, 결과 평가의 기초, 명확하고 구체적 설정이 필요함

2) 목표가 갖추어야 할 조건 (필 : 6회/실 : 1회 기출)
   ① 목표는 구체적이어야 한다.
   ② 목표는 실현 가능해야 한다.

③ 목표는 내담자가 원하고 바라는 것이어야 한다.

④ 목표는 상담자의 기술과 양립할 수 있어야 한다.

3) 직업상담사의 역할과 직무

① 내담자 결과목표 결정

② 목표의 실현 가능성 결정하기

③ 하위목표 설정

④ 목표몰입도 평가

2. 진로시간전망

1) 개요

① 진로에 관한 과거, 현재, 미래에 대한 정신적인 상을 의미

② 미래에 대한 내담자의 관심을 증대시키고, 현재의 행동을 미래와 연계시키며, 미래에 초점을 두어 자신의 미래를 설계할 수 있도록 하기 위함

2) 시간전망 검사지의 사용 목적 (필 : 4회/실 : 2회 기출) **암기** **방실희 - 목계현**

① 미래의 **방**향을 이끌어 내기 위해

② 미래가 **실**제인 것처럼 느끼도록

③ 미래에 대한 **희**망을 심어주기 위해

④ **목**표설정을 촉구하기 위해

⑤ **계**획에 대해 긍정적 태도를 강화

⑥ **현**재의 행동을 미래결과와 연계시키기 위해

3) 시간차원에 따른 내담자 진로결정

① 미래에 초점을 둔 내담자 : 미래에 가장 좋은 것이 무엇인지 기초하여 진로를 선택

② 현재에 초점을 둔 내담자 : 당장의 돈과 단기적 만족에 중점을 둔다.

③ 과거에 초점을 둔 내담자 : 미래를 과정의 반복으로 보며, 타인에 의해 자신의 역할을 결정

4) 코틀의 원형검사

① 개요 (필 : 3회/실 : 1회 기출)

• 과거, 현재, 미래를 의미하는 3가지 원을 그리게 하여 내담자의 진로를 탐색하는 검사

• 가장 효과적인 시간전망 개입도구

• 원의 크기는 시간차원에 대한 상대적 친밀감을 원의 배치는 시간차원의 연관을 의미

② 시간전망 개입의 3가지 측면 (필 : 3회/실 : 4회 기출) **암기** **방 - 변 - 통**

• **방**향성 : 미래지향성을 증진시키기 위한 것으로 미래에 대한 낙관적인 입장을 구성

• **변**별성 : 미래를 현실처럼 느끼게 하고 미래계획에 대한 정적 태도를 강화(사건의 강도와 확장의 원리를 기초로 수행되는 차원)

• **통**합성 : 현재 행동과 미래 결과를 연결하고 계획기법을 실습하여 미래에 대한 인식 증진

③ 원의 상대적 배치에 따른 4가지 유형 (필 : 2회 기출)
- 고립 : 어떤 원도 접해 있지 않는 경우
- 연결 : 경계선에 접해 있는 원
- 연합 : 부분적으로 중첩된 원
- 통합 : 완전히 중첩된 원

실기 기출문제

1. 진로시간 전망 검사지의 사용용도를 5가지 쓰시오. (15-2회, 19-2회)

2. 코틀의 원형검사에서 원의 의미, 원의 크기, 원의 배치에 대해서 설명하시오. (15-3회)

3. 코틀의 원형검사에서 시간전망 개입의 3가지 측면을 쓰고 설명하시오. (11-1회, 14-1회, 17-2회, 21-3회)

제5절 대안개발과 의사결정

1. 대안개발

1) 직업정보의 수집과정 4단계 (실 : 1회 기출) **암기 직-대-목-직**
   ① **직**업분류 제시하기
   ② **대**안 만들기
   ③ **목**록 줄이기
   ④ **직**업정보 수집하기

2) 직업대안 선택 시 내담자의 과제 4가지(평가작업은 의사결정단계를 거쳐야 한다.)

　(실 : 1회 기출)

　① 한 가지 선택을 하도록 준비하기

　② 직업들을 평가하기

　③ 직업들 가운데서 한 가지를 선택하기

　④ 선택 조건에 이르기

3) 대안목록의 직업들이 실현 불가능할 때 사용하는 상담전략 (필 : 5회 기출)

　① 상담자의 견해는 내담자의 상황을 토대로 한 것일 것

　② 어떤 경우이든 내담자를 특정 방향으로 가도록 설득할 권리가 없다는 점을 명심

　③ 객관적인 증거나 논리에서 추출한 것이어야 하고 자신의 감정을 토대로 하지 말 것

　④ 최종 의사결정은 내담자의 몫이라는 점을 확실히 한다.

　⑤ 대안목록의 직업들이 실현 불가능해 보일 경우 브레인스토밍 과정을 통해 명확히 한다.

　⑥ 대안 직업들이 실현 불가능할 경우, 정서적 열정을 소모하기 전에 신속히 개입하는 것이 중요

4) 대안선택을 할 수 없게 만드는 주요 원인 (필 : 1회 기출)

　① 실패에 대한 공포(실수 영역을 미리 예견하고 그에 따라 대처하는 융통성 부족)

　② 중요한 타인들에게 미칠 영향

　③ 완벽해지려는 욕구

　④ 성급한 결정 내리기

　⑤ 미결정에 대한 강화

　⑥ 다재다능

　⑦ 좋은 직업들의 부재

5) 직업 평가과정으로의 요스트 기법 (필 : 2회 기출)

　① 원하는 성과 연습

　② 찬반 연습

　③ 대차대조표 연습

　④ 확률추정 연습

　⑤ 미래를 내다보는 연습

6) 대안개발과 의사결정 시 내담자의 부정적 인지에 대한 인지치료 과정 (필 : 3회 기출)

　① 제1단계 : 내담자가 느끼는 감정의 속성이 무엇인지 확인한다.

　② 제2단계 : 내담자의 감정과 연합된 사고, 신념, 태도 등을 확인한다.

　③ 제3단계 : 내담자의 사고 등을 한두 가지의 문장으로 요약, 정리한다.

　④ 제4단계 : 내담자를 도와 현실과 사고를 조사해 보도록 개입한다.

　⑤ 제5단계 : 내담자에게 과제를 부여하여 사고와 신념들의 적절성을 검증한다.

1. 직업정보 수집과정 4단계를 쓰시오. (09 - 2회)

2. 직업대안 선택의 단계에서 내담자가 달성해야 할 과제 4가지를 쓰시오. (13 - 2회)

2. 직업선택의 의사결정 모형 (필 : 5회 기출)

1) 기술적 직업결정 모형 ◐암기 기~타-부-슈-힐-플

① 의의 : 일반적인 직업결정 방식을 나타내고자 시도한 이론
② 주장자 : 타이드만과 오하라, 브룸, 슈, 힐튼, 플래쳐
③ 타이드만과 오하라 (필 : 2회 기출)
- 개인의 자아정체감 분화, 발달과업 수행, 심리사회적 위기 해결의 지속적인 과정
- 기대의 기간(예상기)과 실행의 기간(실천기)으로 분류
- 기대의 기간은 탐색 단계, 구체화 단계, 선택 단계, 명료화 단계로 구분
- 실행의 기간은 순응기, 개혁기, 통합기로 구분
- 자아정체감을 지속적으로 구별해 내고 발달과제를 처리하는 과정으로 개념화
④ 힐튼의 모형 (필 : 3회 기출)
- 인간이 복잡한 정보에 접근하게 되는 구조에 근거를 둔 이론
- 직업선택 결정 단계를 전제단계, 계획단계, 인지부조화 단계로 구분
⑤ 브룸의 모형 : 직업결정 요인을 균형, 기대, 힘의 원리로 설명

2) 처방적 직업결정 모형 ◐암기 처~!카-칼-겔

① 의의 : 실수를 감소시키고 보다 나은 직업선택을 할 수 있도록 도우려는 의도에서 시도
② 주장자 : 카츠, 겔라트, 칼도와 쥐토우스키
③ 직업선택의 결과보다 그 선택과정을 중시
④ 겔라트의 의사결정과정 이론 (필 : 5회/실 : 3회 기출)
- 직업선택의 결과보다는 그 선택 과정을 중시
- 3차원의 정보체계 즉 예언적 체계, 가치체계, 결정준거로 구분
- 의사결정 8단계 ◐암기 목-정-열-결-실-가-의-평
  목적의식 → **정**보수집 → 대안**열**거 → 대안의 **결**과 예측 → 대안의 **실**현가능성 예측
  → **가**치평가 → **의**사결정 → **평**가 및 재투입

3) 타이드만과 오하라의 진로발달 이론

① 이론의 특징
- 연령보다는 문제의 성질을 중시했으며, 진로발달을 직업정체감을 형성해가는 과정으로 봄
- 자아정체감은 분화 통합의 과정을 거쳐 형성되어가며, 자아정체감은 직업정체감을 형성
- 에릭슨의 심리사회적 발달단계를 토대로 하며, 의사결정 발달이론이라고도 함

② 분화와 통합
- 분화 : 개인이 다양한 직업적 경험을 학습하는 발달 과정을 의미
- 통합 : 자신과 직업세계의 고유성을 일치시키는 과정

실기 기출문제

겔라트의 의사결정 8단계 중 2~7단계를 쓰시오. (19 - 1회, 19 - 3회, 22-2회)

3. 6개의 생각하는 모자(드 보노의 의사결정을 촉진하는 기법) (필 : 10회 기출)

● 암기 흑비 - 백본 - 적직 - 황낙 - 청합 - 녹새

검정 모자(흑색)	비관적, 비판적이며 모든 일이 잘 안 될 것이라 생각
흰색 모자(백색)	본인과 직업들에 대한 사실들만을 고려
빨간 모자(적색)	직관에 의존하고, 직감에 따라 행동
노란 모자(황색)	낙관적이며, 모든 일이 잘 될 것이라고 생각
파란 모자(청색)	합리적으로 생각한다.
녹색 모자(녹색)	새로운 대안들을 생각하고, 다각도적 시각으로 봄

4. 기타 직업상담 관련 내용

1) 힐리(Healy)의 긍정적으로 자기를 인지하고 자신감을 높이기 위한 원칙 (실 : 2회 기출)

● 암기 노역적 삶 타관 기다/ 노역적 삶을 타관에서 이기다

① **노**력의 결과를 긍정적으로 강화할 때
② **역**량이 있다고 기대되는 것을 개발할 때
③ **적**당한 모델을 가지고 프로그램을 계획할 때
④ **삶**이 의미 있게 관찰되고 숙고될 때
⑤ **타**인을 가르치기 위해 정보를 얻고 조직화할 때

⑥ **관**찰한 피드백을 얻고 통합할 때

⑦ **기**록과 성취가 검토될 때

⑧ **다**양한 범위의 행위를 경험할 때

2) 야호다(Jahoda)의 박탈이론에 따른 고용의 잠재적 효과 (실 : 4회 기출)

① **시**간의 구조화 : 일상의 시간을 구조화하도록 해준다.

② **사**회적인 접촉 : 핵가족 밖의 다른 사람들과 접촉하도록 해 준다.

③ **공**동의 목표 : 개인적인 목표 이상의 것들을 추구하도록 한다.

④ **사**회적 정체감과 지위 : 사회적인 정체감과 지위를 확인시켜 준다

⑤ **의**미 있는 활동 : 유의미한 정규적 활동을 수행하도록 해 준다.

3) 리프탁(Liptak)의 비자발적 실업자들이 가지는 비합리적 신념 (실 : 2회 기출)

① 직업 탐색**과**정에만 온전히 전념해야 한다는 신념

② 직업 탐색**기**술을 배울 필요가 없다는 신념

③ **면**접 후에도 취업이 이루어지지 않으면 모든 것이 끝이라는 신념

④ **상**담자가 직업을 알아서 찾아줄 것이라는 신념

⑤ **완**벽한 직업계획을 세워야 한다는 신념

4) 구조조정으로 인한 실직자에게 발생할 수 있는 심리적 특성과 직업지도방법

[심리적 특성]

① 실직은 인생의 실패자이고 파멸이라는 비합리적 신념으로 고통과 좌절을 겪고 있음

② 실직은 곧 무능함을 뜻한다 라는 부정적, 자동적인 사고로 우울감에 빠지는 것

[직업지도 방법]

① 인지 · 정서 · 행동적 상담(REBT) 기법으로 실직자의 비합리적 신념을 합리적 신념으로
전환

② 인지치료 기법을 적용, 부정적 · 자동적 사고를 긍정적 대안적 사고로 전환시킴

실기 기출문제

1. 긍정적으로 자기를 인식하고 자신감을 강화하기 위한 힐리의 8가지 원칙 중 5가지만 쓰시오. (04 - 1
회, 14 - 1회)

2. 실업과 관련된 야호다의 박탈이론에 의한 고용의 잠재적 효과를 5가지 쓰시오. (01 - 1회, 05 - 3회, 12 - 2회, 17 - 2회)

3. 리프탁이 제시한 비자발적 실직을 경험한 내담자들에게서 나타나는 5가지 비합리적 신념을 쓰시오. (12 - 3회, 15 - 3회)

4. 구조조정으로 인해 실직을 당한 내담자에게 발생할 수 있는 심리적 특성과 직업지도방법을 2가지씩 쓰고 설명하시오. (20 - 2회)

04 직업상담사의 윤리

1. 일반사항

1) 비지시적 상담규칙

① 내담자와 논쟁해서는 안 된다.

② 내담자에게 과도한 질문 또는 이야기를 해서는 안 된다.

③ 내담자에게 어떤 종류의 권위도 과시해서는 안 된다.

④ 내담자의 말을 경청해야 한다.

2) 상담사의 책임

① 내담자의 책임은 일차적으로 상담자에게 있다.

② 내담자에게 유익하지 못할 경우 상담을 종결해야 한다.

3) 상담자의 자질/상담의 성공 여부는 상담자의 능력에 크게 좌우된다.

① 전문적인 자질과 향상에 항상 노력

② 능력 밖이라고 생각되는 경우 다른 전문상담자에게 도움 요청

③ 자신이 가진 능력 이상의 능력이 있는 것처럼 행동하지 말아야 한다.

④ 내담자의 무리한 요구를 거절할 수 있다.

4) 기능 역할

① 직업상담사는 내담자의 보호자 역할이 아니다.

② 상담사에 대해 내담자의 의존성을 최소화하는 것이 바람직하다.

2. 직업상담사 윤리

1) 일반원칙

① 내담자가 바람직한 사회생활을 할 수 있도록 돕는다.

② 내담자 복지를 보호한다.

③ 내담자의 문의 및 의사소통에 책임을 진다.

④ 동료의 관심 및 사회공익을 위해 최선을 다한다.

2) 개별원칙

① 사회관계 (필 : 4회 기출)

- 갈등을 해소할 수 없을 경우 종결해야 한다.
- 도덕적 기준을 존중하며 바람직한 이익을 위하여 최선을 다한다.
- 상담자의 자격 및 경험 수준을 벗어나는 인상을 주어서는 안 되며, 실제와 다른 인식을 가질 경우 시정해 줄 책임이 있음

② 전문적인 태도 (필 : 6회 기출)

- 이론적, 경험적 훈련과 지식을 갖춘다.
- 꾸준히 연구 노력한다.
- 문제해결, 예방을 위하여 시간과 노력상 최선을 다한다.
- 전문적 기준을 위배하지 않는다.
- 능력의 한계 때문에 도움을 주지 못하면 다른 동료 및 기관에 의뢰한다.

③ 개인정보 보호 (필 : 3회 기출)

- 내담자가 개인 및 사회에 임박한 위험이 있을 경우 전문인 혹은 사회당국에 공개한다.
- 임상 및 평가 자료는 내담자에게 도움이 되는 경우 토의할 수 있다.
- 교육장면, 연구용으로 사용할 경우 내담자와 합의 후 정체가 노출되지 않도록 한다.

④ 내담자의 복지 (필 : 3회 기출)

- 내담자의 복지를 우선적으로 고려한다.
- 도움을 받지 못할 경우 종결한다.
- 목적에 위배되지 않을 경우 관련인물을 면접한다.

⑤ 상담자와의 관계

- 2중 관계는 상담이 이루어지지 않는다.(아는 사람, 거래관계, 성적인 관계)

⑥ 타 전문직과의 관계 (필 : 2회 기출)

- 타 전문가와 상담 중인 내담자와 상담 하지 않는다.
- 타 전문가를 손상시키는 언어 및 행동을 삼간다.
- 중대한 의문이 발견되면 시정하도록 노력한다.

3) 비밀보호의 예외 (필 : 7회 기출)

① 자신이나 타인의 생명 혹은 사회의 안전을 위협하는 경우

② 감염성이 있은 치명적인 질병이 있는 경우

③ 학대를 당하고 있거나 학대의 가해자인 경우

④ 법적으로 정보의 공개가 요구되는 경우

Break Time

직업 심리학

직업발달 이론

발달이론

1. 특성 – 요인 발달이론

특성–요인 직업상담이론에서 설명(상담학 참조)

2. 홀랜드의 인성이론

1) 기본개념 및 가정 (필 : 7회 기출)
   ① 사람의 인성(성격)과 직업환경을 각각 현실형, 탐구형, 예술형, 사회형, 진취형, 관습형의 6가지로 구분
   ② 인간의 직업적 흥미는 성격의 일부분이기에 직업적 흥미에 대한 설명은 성격에 대한 설명임
   ③ 개인 특성과 직업세계 특징 간의 최적의 조화를 이루는 것을 강조(개인–환경 적합성의 모형)
   ④ 인간은 자신의 성격을 표현할 수 있는 적합한 환경을 추구(개인행동은 성격과 환경의 상호 작용)
   ⑤ 직업선택은 유전적 소질과 문화적 요소의 상호작용의 소산물

2) 6가지 성격유형 (필 : 16회/실 : 13회 기출) 암기 현–탐–예–사–진–관
   ① **현**실형(R) : 질서정연하고 체계적이며 기계적, 육체적인 활동을 선호하나 사회적 기술은 부족
      －해당 직업 : 비행기 조종사, 엔지니어, 트럭 운전수 등
   ② **탐**구형(I) : 지적, 논리적, 분석적인 특성이 있으나 리더십 기술이 부족
      －해당 직업 : 과학자, 의사, 연구원 등

③ **예**술형(A) : 자유분방하고 감정 표현이 풍부하며 독창적이나 규칙, 규범을 싫어한다.
　－해당 직업 : 예술가, 연예인, 디자이너 등
④ **사**회형(S) : 사람과 어울리고 상호관계적인 활동을 선호하나 도구나 기계를 다루는 능력이
부족
　－해당 직업 : 사회복지사, 교사, 간호사 등
⑤ **진**취형(E) : 타인을 조작, 관리, 설득력이 있으나 과학적, 추상적 능력은 부족
　－해당 직업 : 정치가, 변호사, 영업직 등
⑥ **관**습형(C) : 계획적, 체계적이고, 규범을 중시하는 반면 심미적 능력은 부족
　－해당 직업 : 비서, 은행원, 공무원 등

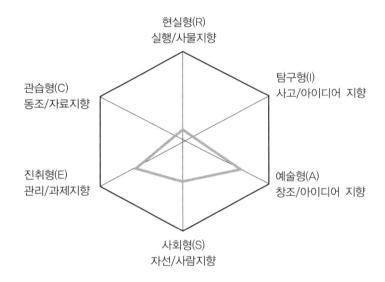

3) 육각형 모델과 해석차원의 다섯 가지 주요 개념 (필 : 5회/실 : 4회 기출)

　🔵**암기** 일－차－정－일－계

① **일**관성 : 흥미 하위유형 간의 내적 일관성을 의미하며, 어떤 쌍들은 다른 유형의 쌍들보다
공통점을 더 많이 가지고 있다.(현실－탐구적 유형은 현실－사회적 유형보다 일관성이 높다)
② **차**별성(변별성) : 다른 유형에 비해 특정 유형의 점수가 높을 경우 변별성이 높지만, 각 유
형 점수가 비슷한 경우 변별성이 낮다. (현실형 점수가 50점이고 사회형 점수가 10점인
경우, 현실적 흥미유형이 확실한 반면, 각각의 점수가 30점인 경우, 어떤 흥미유형인지
구분하기가 곤란)
③ **정**체성(정체성은 개인의 정체성과 환경의 정체성으로 구분)
　• 개인의 정체성 : 자신의 목표, 흥미, 재능에 대한 명확하고 견고한 청사진을 말함
　• 환경의 정체성 : 조직과 작업환경의 투명성, 안정성, 일과 보상의 통합을 말한다.
④ **일**치성 : 개인의 흥미유형과 환경이 상호 부합되는 정도를 말한다.
⑤ **계**측성 : 육각형 모델에서의 유형들 간의 거리는 그 이론적 관계에 반비례한다.

4) 홀랜드의 검사도구(적용실례) (필 : 2회/실 : 1회 기출) 상경선 탐방

    ① 자기직업**상**황검사(MVS) : 20개의 질문을 통해 직업정체성, 정보, 목표에 대한 장애 측정

    ② **경**력의사결정검사(CDM) : 내담자의 능력, 가치, 미래계획 등을 직업의사결정에 통합

    ③ 직업**선**호도검사(VPI) : 160개 직업목록에 흥미정도를 표시하여 흥미를 측정

    ④ 직업**탐**색검사(VEIK) : 미래 진로문제에 대해서 스트레스를 받는 내담자에게 사용되는 검사

    ⑤ 자기**방**향탐색검사(SDS) : 내담자 스스로 흥미를 측정하는 것으로 워크북과 소책자가 있음

5) 평가(제한점 또는 단점) (실 : 1회 기출)

    ① 성격만이 편파적으로 강조되고 개인적, 환경적 요인이 무시

    ② 진로상담에 적용할 수 있는 구체적인 절차를 제공해 주지 못함

    ③ 성차별적인 요소가 포함

    ④ 성격요인을 중시하면서도 정작 발달과정에 대한 설명이 결여

    ⑤ 개인이 자신의 환경 및 자신을 변경시킬 수 있는 가능성을 무시

6) 사례문제 (실 : 1회 기출)

    ① 문제 : 홀랜드 검사를 실시한 내담자 인성유형의 결과가 SAE일 때 이를 해석

    ② 해석

       • SAE 형은 사회적, 예술적, 진취적 분야에 흥미가 발달되었으며 그 중 사회적 흥미가 가장 높다고 할 것임

       • 내담자는 사람들과 잘 어울리고 다른 사람을 돕는 것을 선호하고, 자유분방하고 심미적인 활동 및 사람을 조작하고 관리하는 것을 좋아하는 특성을 보임.

       • 이 사람은 S(사회적) 분야 흥미가 가장 잘 발달하여 사회복지사, 교사 등의 직업이 적합

실기 기출문제

1. 홀랜드의 인성이론에서 제안된 6가지 성격유형을 쓰고 설명하시오. (04–1회, 07–1회, 08–1회, 09 –1회, 14–3회, 16–1회, 18–2회, 19–2회, 20–1회, 20–3회, 20–4회, 21–2회, 22–1회)

2–1. 홀랜드 이론의 개인과 개인 간의 관계, 개인과 환경과의 관계, 환경과 환경 간의 관계를 설명하는 개념을 3가지 이상 쓰고 각각에 대해 설명하시오. (10–2회, 13–3회)
2–2. 홀랜드 육각형 모델과 관련된 해석차원 중에서 일관성, 변별성, 정체성에 대해 설명하시오. (21–3회) / 2–1과 동일한 문제

3. 홀랜드 이론의 육각형 모형의 비판점을 쓰시오. (10 - 4회)

4. 홀랜드 검사를 실시한 내담자 인성유형의 결과가 SAE일 때 이를 해석하시오. (17 - 3회)

5. 홀랜드 검사도구를 3가지 이상 쓰시오. (17 - 3회)

3. 데이비스와 롭퀘스트의 직업적응이론

1) 기본개념
   ① 미네소타 직업분류체계 Ⅲ와 관련하여 발전시킨 이론
   ② 개인의 욕구를 환경에서의 요구사항과 연관 지어 직무만족, 유지 등의 진로행동에 대해 설명
   ③ 개인-환경 조화상담이라고도 함

2) 직업성격적 측면(성격양식 차원)의 직업적응 유형 (필 : 7회/실 : 5회 기출) ●암기 민-역-지-리
   ① **민**첩성 : 과제를 얼마나 빨리 완성하는가의 측면, 정확성보다 반응속도 중시
   ② **역**량 : 근로자의 평균 활동수준
   ③ **리**듬 : 활동에 대한 다양성
   ④ **지**구력 : 개인이 환경과 상호작용하는 다양한 활동수준의 기간

3) 직업적응방식적 측면(적응방식 차원)의 직업적응 유형 (필 : 7회/실 : 1회 기출)
   ●암기 끈-적-반-융/끈적 반응
   ① **끈**기 : 두 환경이 맞지 않아도 얼마나 오랫동안 견뎌낼 수 있는지를 의미
   ② **적**극성 : 두 환경 간의 차이를 조화롭게 만들어 가려는 노력의 정도
   ③ **반**응성 : 직업성격의 변화로 인하여 개인이 직업 환경에 반응하는 정도
   ④ **융**통성 : 작업환경과 개인 환경 간의 부조화를 참아내는 정도

4) 데이비스와 롭퀴스트의 직업적응이론에 근거해서 만들어진 심리검사 3가지 (필 : 3회/실 : 3회 기출)
   ① MIQ(미네소타 중요성 질문지) : 개인이 일의 환경에 대해 지니는 욕구와 가치관을 측정
   ② JDQ(직무 기술 질문지) : 일의 환경이 욕구를 만족시켜 주는 정도를 측정

③ MSQ(미네소타 만족 질문지) : 직무만족의 원인이 되는 일의 강화요인을 측정
④ MSS(미네소타 만족성 척도) : 환경의 만족성 정도를 측정하는 도구

5) 미네소타 중요성질문지에 대한 연구를 통해 발견한 6가지 가치차원(직업 가치) (실 : 2회 기출)
① **성**취 : 자신의 능력을 사용하는 것
② **이**타심 또는 이타주의 : 타인과의 조화, 타인에 대한 봉사
③ **자**율성 또는 자발성 : 독립적으로 존재하는 것, 자기 통제력을 가지는 것
④ **안**락함 또는 편안함 : 편안한 느낌을 가지는 것, 스트레스를 받지 않는 것
⑤ **안**정성 또는 안전성 : 안정과 질서, 환경에 대한 예측능력
⑥ **지**위 : 타인으로부터 인정, 중요한 지위에 있는 것

실기 기출문제

1. 직업적응이론의 성격유형 요소 4가지를 쓰고 설명하시오. (10-3회, 15-2회, 16-2회, 20-2회, 21-3회)

2. 직업적응이론의 직업적응방식적 측면 4가지를 쓰고 설명하시오. (19-1회)

3. 직업적응이론에서 적응을 잘하기 위한 6가지 가치를 서술하시오. (13-1회, 22-3회)

4. 직업적응이론에 기초하여 개발한 직업적응과 관련된 검사 도구를 3가지 쓰시오. (10-3회, 16-1회, 19-2회)

4. 로의 욕구이론

1) **기본개념** (필 : 8회 기출)
① 개인의 진로개발 과정에서 사회나 환경의 영향을 상대적으로 많이 고려
② 사람들은 서로 다른 욕구를 가지고 있으며 이 욕구가 직업선택에 영향을 미친다는 점 강조
③ 직업선택에서 개인 욕구와 함께 아동기의 경험을 중시하였고 이런 욕구의 차이는 부모-자녀 관계에 기인

④ 매슬로우의 욕구위계이론을 바탕으로 하였으며 심리적 에너지가 흥미를 결정하는 요소
⑤ 진로방향은 가족과의 관계구조와 그 효과에 있고 부모의 유형 또는 양육방식이 영향을 미침

2) **욕구이론의 5가지 명제** (필 : 6회 기출)
   ① 매슬로우의 욕구위계이론을 기반으로 유아기(아동기)의 경험과 직업선택에 관한 5가지 가설 수립
   ② 개인의 잠재적 특성에는 한계가 있으며, 한계의 정도는 개인차가 있다.
   ③ 가정의 사회경제적 배경 및 일반사회의 문화배경에 의해서도 영향을 받음
   ④ 개인의 흥미나 태도는 유전의 제약을 비교적 덜 받으며, 개인의 경험에 따라 발달유형이 다름
   ⑤ 심리적 에너지는 흥미를 결정하는 중요요소

3) **로의 직업분류체계의 구조** (필 : 6회/실 : 2회 기출)
   ① 흥미에 기초하여 8개의 직업군으로 분류 : 서비스, 비즈니스, 단체, 기술, 옥외활동, 과학, 예능, 일반문화직
   ② 곤란도, 책임도에 따라 6가지 수준(수직차원) : 고급전문, 중급전문, 준전문, 숙련, 반숙련, 비숙련

4) **부모-자녀 관계와 직업선택** (필 : 4회 기출)
   ① 로는 부모-자녀 간의 정서적 분위기에 따라 욕구유형이 달라진다고 함
      • 정서집중형 : 과보호형과 과요구형으로 분류
      • 수용형 : 무관심형과 애정형으로 구분
      • 회피형 : 거부형과 무시형으로 분류
   ② 부모-자녀 관계에 따른 직업선택
      • 따뜻한 부모-자녀 관계에서 성장한 사람 : 인간지향적인 직업선택(서비스, 단체, 예능직 등)
      • 차가운 부모-자녀 관계에서 성장한 사람 : 비인간지향적인 직업선택(기술직, 과학직 등)

실기 기출문제

1. 로의 욕구이론은 성격이론과 직업분류라는 두 가지 이질적인 영역을 통합하는데 이론적 관심이 있었다. 로의 욕구이론에 영향을 미친 성격이론과 직업분류체계를 쓰시오. (11-2회)

2. 로의 2차원 직업분류체계에서 6가지 수직차원을 쓰시오. (14-3회, 19-1회)

5. 긴즈버그의 진로발달이론

1) **기본개념** (필 : 4회 기출)

① 직업선택을 발달적 과정으로 보아 일생동안의 의사결정과정이라고 봄
② 직업선택의 과정이 아동기부터 초기 성인까지 사회, 문화적 환경에 따라 주관적으로 평가 발달
③ 초기에는 직업선택이 불가역적이라고 하였으나 비판이 제기되자 수정
④ 진로선택에서 초기선택의 중요성을 강조하였으며, 발달단계를 환상기, 잠정기, 현실기로 분류

2) **진로발달 및 직업선택의 단계** (필 : 8회/실 : 3회 기출) 🔵암기 환-잠-현/환장허~!

① **환**상기(6~11세 이전) : 환상 속에서 비현실적인 직업선택을 하는 단계로 욕구와 놀이 중심에서 일 중심으로 변화 시작
② **잠**정기(11세~17세 이전) : 일이 요구하는 조건에 대하여 점진적으로 인식하는 단계
   • 흥미단계 : 흥미에 입각하여 좋고 싫음을 판단한다.
   • 능력단계 : 직업적인 욕구와 관련하여 자신의 능력을 인식하고 판단한다.
   • 가치단계 : 자신이 가지고 있는 직업가치를 명료하게 하는 단계
   • 전환단계 : 현실적, 외적 요인들에 관심을 갖게 되며, 직업선택에 책임을 지는 단계
③ **현**실기(17세 이후, 성인초기) : 흥미와 능력의 통합단계로 직업선택을 구체화하고 발달시키는 시기 (필 : 6회/실 : 3회 기출) 🔵암기 탐-구-특
   • **탐**색단계 : 직업선택의 다양한 가능성을 탐색하며 기회와 경험을 가지기 위해 노력
   • **구**체화단계 : 직업결정과 관련된 내·외적 요인을 고려하여 특정 직업 분야를 선택하고 몰두
   • **특**수화단계 : 결정에 대한 보다 세밀한 계획을 세우며, 고도로 세분화, 전문화 된 의사결정을 한다.

> **실기 기출문제**
>
> 긴즈버그의 진로발달단계 중 현실기의 하위단계 3가지를 쓰고 설명하시오. (10-2회, 12-3회, 14-1회)

---

6. 수퍼의 진로발달이론

1) **기본개념** (필 : 7회 기출)

① 긴즈버그의 진로발달이론을 비판하고 보완하면서 발전된 이론
② 자아개념을 중시하였으며 개인은 자신의 이미지와 일치하는 직업을 찾게 된다고 주장

③ 자아개념은 유아기부터 형성, 전환, 실천의 과정을 거쳐 발달하며 청년기 이후에는 큰 변화가 없다.

④ 진로발달은 성장기-탐색기-확립기-유지기-쇠퇴기의 순환과 재순환을 반복

⑤ 전생애, 생애역할, 자아개념의 세 가지를 통해 진로발달 및 직업선택을 설명

2) 수퍼의 진로발달이론의 기본 가정(명제) (필 : 1회 기출)

① 개인은 능력, 흥미, 성격에 있어서 각각 차이점을 가지고 있다.

② 이러한 특성차이로 인해 개인은 각각에 적합한 직업적 능력을 가지고 있다.

③ 각 직업군에는 그 직업에 요구되는 능력, 흥미, 성격특성이 있다.

④ 직업선택 및 직업적응은 일생을 통해 변화하는 일련의 계속적인 과정이다

⑤ 직업발달은 주로 자아개념을 발달시키고 실천해 나가는 과정이다.

3) Super의 진로발달 5단계 (필 : 15회/실 : 4회 기출)

> **암기** 성-탐-확-유-쇠/성장기-탐색기-확립기-유지기-쇠퇴기

① **성**장기(출생~14세) : 욕구와 환상이 지배적이나 사회참여와 현실검증이 증가하며 흥미와 능력을 중요시 (실 : 1회 기출)

- 환상기(4~10세) : 욕구가 지배적이며, 환상적인 역할 수행
- 흥미기(11~12세) : 진로의 목표와 내용을 결정하는 데 있어서 흥미를 중시
- 능력기(13~14세) : 능력을 중시하고 직업의 요구조건 또한 고려

② **탐**색기(15~24세) : 학교, 여가, 시간제 일의 경험을 통해 자아검증, 역할수행, 직업적 탐색을 시도

- 잠정기(15~17세) : 욕구, 흥미, 능력, 가치, 기회를 고려하여 잠정적 진로선택
- 전환기(18~21세) : 직업세계에 필요한 교육, 훈련을 받으며 자아개념 확립
- 시행기(22~24세) : 자신에게 적합해 보이는 직업을 선택하여 종사하기 시작

③ **확**립기(25~44세) : 적합한 직업분야를 발견하고 안정과 영구적인 위치를 확보하기 위해 노력

- 시행기(25~30세) : 선택한 직업세계가 자신과 불일치할 경우 취업·퇴사 반복
- 안정기(30~44세) : 적합한 직업을 찾아 안정, 만족, 지위, 소속감을 가짐

④ **유**지기(45~64세) : 자신의 위치가 확고해지고 안정적인 삶을 살아가는 시기

⑤ **쇠**퇴기(65세 이후) : 정신·육체적으로 기능이 쇠퇴하여 직업에서 은퇴하고 새로운 일을 찾는 시기

4) Super의 진로발달 과업 5단계 (필 : 1회 기출)

① 구체화 ② 특수화 ③ 실행화 ④ 안정화 ⑤ 공고화

5) 기타 수퍼의 이론 (필 : 4회 기출)

① 평생발달이론 : 각 단계마다 성-탐-확-유-쇠의 대주기와 소주기의 순환과 재순환의 반복

② 생애공간이론 : 생애역할(자녀, 학생, 부모 등)과 개인극장(가정, 학교 직장 등)으로 구분

③ 생애진로무지개 : 진로성숙(삶의 단계와 나이)과 역할 현저성(역할과 지위의 배경)으로 묘사

④ 아치문 모델 : 바닥은 생물학적, 오른쪽 기둥은 사회적, 왼쪽 기둥은 개인적 요인, 지붕은 자아개념 묘사

⑤ 여성의 진로발달유형
- 안정된 가정주부형 : 학교졸업 후 결혼한 가정주부
- 전통적 진로형 : 학교졸업 후 취업을 했다가 결혼과 동시에 가정주부
- 안정적인 진로형 : 학교졸업 후 직업 갖고 결혼, 정년까지 근무
- 이중진로형 : 학교졸업 후 결혼하고 후에 취업
- 단절진로형 : 결혼과 동시 퇴직한 후, 자녀가 큰 다음 다시 취업하는 형
- 불안정한 진로형 : 가정생활과 직장생활을 번갈아가며 시행
- 충동적 진로형 : 기분에 따라 취업과 퇴직, 결혼과 이혼 등 일관성 없음

6) 비판점

자아개념을 지나치게 강조하는 것에 대한 비판이 있다.

실기 기출문제

1. 수퍼의 경력개발(발달단계) 5단계를 설명하시오. (03 – 3회, 09 – 2회, 17 – 1회, 20 – 4회)

2. 수퍼의 성장기 하위항목 3가지를 쓰고 설명하시오. (19 – 2회)

7. 고트프레드슨의 직업포부 발달이론(제한 – 타협이론)

1) **기본개념** (필 : 4회 기출)
① 사람들의 진로가 인종별, 성별, 사회계층별로 차이가 나는 이유를 제한 – 타협이론으로 설명
② 사람이 어떻게 특정 직업에 매력을 느끼게 되는가를 기술
③ 직업발달에서 자아개념은 진로 선택의 중요한 요인(개인은 자신의 자아 이미지에 맞는 직업을 원함)
④ 개인은 직업세계에서 자신의 사회적 공간, 지적수준, 성 유형에 맞는 직업을 선택

2) **제한과 타협(한계와 절충)** (필 : 1회/실 : 1회 기출)
① 제한 : 자아개념과 일치하지 않는 직업들을 배제하는 것
② 타협 : 자아개념과 일치하지만 극복할 수 없는 문제를 가진 직업을 포기하는 것
③ 개인이 진로장벽에 부딪혔을 때 자신의 포부를 제한하고 의사결정 시 타협을 시도
④ 개인은 타협과정에서 성 유형, 권위, 흥미의 순서로 중요도를 매긴다.

3) 직업포부의 발달단계 (필 : 8회/실 : 4회 기출) **암기** **힘−성−사−내/힘이 장사네~!**

① **힘**과 크기의 지향성(3−5세) : 사고과정이 구체화되며, 어른이 된다는 것의 의미를 알게 된다.

② **성**역할 지향성(6−8세) : 자아개념이 성의 발달에 의해서 영향을 받게 된다.

③ **사**회적가치 지향성(9−13세) : 사회계층과 사회질서에 대한 개념이 발달하면서 상황 속에 자아를 인식

④ **내**적 고유한 자아 지향성(14세 이후) : 자아성찰과 사회계층의 맥락에서 직업적 포부가 더욱 발달

실기 기출문제

1. 고트프레드슨의 제한과 타협(한계와 절충)의 의미에 대해서 설명하시오. (14−3회)

2. 고트프레드슨의 직업과 관련된 개인발달의 4단계를 쓰고 설명하시오. (11−2회, 11−3회, 15−3회, 16−3)

8. 크롬볼츠의 사회학습이론

1) 기본개념 (필 : 5회 기출)
① 행동주의의 학습이론의 원리를 직업선택의 문제에 적용하여 진로선택을 돕는 이론
② 진로선택에 삶의 사건들에 관심을 두고 개인의 신념과 일반화가 사회학습모형에서 중요
③ 개인의 독특한 학습경험을 통해 성격과 행동을 설명할 수 있다고 가정
④ 강화이론, 고전적 행동주의이론, 인지적 정보처리이론에 영향을 받음
⑤ 사회학습이론은 학과전환 등 직업의사결정과 관련된 개인의 특수한 행위들에 관심

2) 자기관찰 일반화와 세계관 일반화의 형성 (필 : 1회 기출)
① 자기관찰 일반화 : 자신에 대한 관찰 결과 얻어진 것으로 태도, 가치 등에 대한 일반화
② 세계관 일반화 : 환경에 대한 관찰 결과 얻어진 것으로 환경조건이나 미래에 일어날 일들을 예측

3) 진로 결정에 영향을 미치는 요인 (필 : 6회/실 : 5회 기출) **암기** **유−환−학−과**
○ 환경적 요인 : 유전적 요인과 특별한 능력, 환경적 사건과 조건
○ 심리적 요인 : 학습경험, 과제접근 기술

① **유**전적 요인과 특별한 능력 : 인종, 성별, 신체적 특징, 재능 등 개인의 타고난 특징

② **환**경적 사건과 조건 : 환경에서의 특정한 사건이 진로선택에 영향을 줌(정책, 법 등)
③ **학**습경험 : 과거에 학습한 경험은 현재 또는 미래의 교육적 · 직업적 의사결정에 영향
   • 도구적 학습경험 : 인지적 활동 등에 의한 정적 · 부적 강화
   • 연상적 학습경험 : 과거에 경험한 감정적 중립사건 등이 진로선택에 영향
④ **과**제접근 기술 : 환경을 이해하고 대처하는 능력이나 경향으로 문제해결기술, 작업습관,
   정보수집 능력 등
   예 노트필기에 의한 방법으로 원하는 대학에 간 학생의 시험성적이 잘 나오지 않는 경우

4) 삶에서 일어나는 우연한 일들이 진로 활용에 도움 되는 요소 (필 : 1회 기출)
   ① 호기심   ② 낙관성
   ③ 끈기   ④ 융통성
   ⑤ 위험감수

실기 기출문제
   진로선택 이론 중 사회학습이론에서 크롬볼츠가 제시한 진로선택에 영향을 주는 요인(진로 결정 요인)
   4가지를 쓰고 설명하시오. (10 - 2회, 10 - 3회, 12 - 3회, 14 - 1회, 22 - 3회)

9. 사회인지 진로이론

1) 기본개념 (필 : 6회 기출)
   ① 반두라의 사회학습이론을 토대로 렌트, 브라운, 헥케트 등에 의해 확장
   ② 진로발달 및 선택이 개인의 타고난 성향 및 환경 간의 상호작용 결과라는 전통적 관점에서
      탈피
   ③ 자기효능감의 개념과 진로발달 및 선택에서 자신에 대한 평가와 믿음의 인지적 측면을
      강조
   ④ 결과기대와 개인적 목표가 자기효능감과 상호작용하여 진로활동의 방향 결정
   ⑤ 학습경험을 형성하고 진로행동에 단계적으로 영향을 주는 구체적인 매개변인을 찾는데
      목표
   ⑥ 개인의 진로선택과 수행에 대한 성과 문화적 이슈 등에 대해서도 고려

2) 진로발달의 결정 요인 (필 : 1회/실 : 1회 기출) 암기 자-결-개
   ① **자**기효능감 : 목표나 과업을 완성할 수 있다고 믿는 자신의 능력에 대한 신념
      • 자기효능감에 영향요인 : 개인적 성취경험, 간접경험, 사회적 설득, 생리적 상태와 반응
   ② **결**과 기대 : 특정과업을 완성했을 때 자신 및 주변에서 인정해 주는 평가에 대한 믿음
   ③ **개**인적 목표 : 특정결과를 성취하기 위한 개인의 의도를 말함

3) 3축 호혜성 인과적 모형 (필 : 3회 기출)
  ① 개인적 요인과 환경이 행동에 영향을 주듯이 행동 또한 정서·인지 등 개인적 요인과 환경에 영향을 줌
  ② 개인적·신체적 속성, 외부환경 요인, 외형적 행동의 상호작용에 의해 진로발달에 영향
  ③ 개인은 개인－행동－상황의 상호작용에 의해 진로발달의 역동적 주체가 된다.

4) 3가지 영역모형 (필 : 1회/실 : 2회 기출) 🔵암기 흥－선－수
  ① **흥**미모형 : 자기효능감과 결과기대가 개인의 흥미발달에 직접적인 영향을 미친다.
  ② **선**택모형 : 자기효능감과 결과기대에 앞서 학습경험이 개인적 배경 및 환경적 배경에 의해 제한 받는다.
  ③ **수**행모형 : 개인의 수행 수준과 수행의 지속성 설명을 위해 개인의 능력, 자기효능감, 결과기대 그리고 수행목표를 요인으로 제시

실기 기출문제

1. 반두라의 사회인지진로이론에서 진로발달의 개인적 결정요인 3가지를 쓰고 설명하시오. (17－2회)

2. 사회인지진로이론에서 직업선택의 영역모델 3가지를 쓰고 설명하시오. (13－2회, 17－1회)

10. 인지적 정보처리 이론

1) 기본개념 (필 : 4회 기출)
  ① 피터슨, 샘슨, 리어든에 의해 개발. 정보를 이용해서 진로에 관한 문제해결과 의사결정 능력을 향상
  ② 인간의 문제해결 과정이 컴퓨터의 정보처리 과정과 유사하다는 점에 착안, 진로선택 과정을 설명
  ③ 개인이 자신의 운명을 결정 및 통제과정에서 인지적 역할이 크다는 것 강조
  ④ 진로발달과 선택에서 욕구를 분류하고 자신의 욕구가 무엇인지 알 수 있게 돕는다.

2) 기본가정(주요 전제) (필 : 6회 기출)
  ① 진로선택은 인지적 및 정의적 과정들의 상호작용의 결과이다.
  ② 진로를 선택한다는 것은 하나의 문제해결 활동이다.

③ 진로문제 해결은 고도의 기억력을 요하는 과제이다.

④ 진로발달은 지식구조의 끊임없는 성장과 변화를 포함한다.

⑤ 진로성숙은 진로문제를 해결할 수 있는 자신의 능력에 의존한다.

⑥ 진로상담의 최종 목표는 내담자의 문제 해결과 의사결정의 잠재력을 증진시키는 것

3) 인지적 정보처리 과정 (필 : 4회 기출) 🔵암기 의-분-종-가-집

　　의사소통-**분**석-통합(**종**합)-**가**치부여 또는 평가-**집**행 또는 실행

11. 가치중심적 진로접근 모형

1) 기본 개념 (필 : 2회 기출)

① 브라운이 제안한 이론. 인간행동이 개인의 가치에 의해 많은 영향을 받는다는 가정에서 출발

② 진로결정에 흥미의 영향보다는 가치가 행동역할을 결정하는 가장 강력한 요인으로 봄

③ 가치는 개인의 물려받은 특성과 경험의 상호작용에 의해 형성된다.

④ 가치는 개개인이 스스로의 행위와 타인의 행위를 판단하는 규칙들이 된다.

⑤ 개인이 자신의 행동을 설명하기 위해 특정가치를 활용할 수 있을 때 그 가치는 비로소 구체화 된다.

2) 기본 명제 (필 : 6회 기출)

① 개인이 우선권을 부여하는 가치들은 얼마 되지 않는다.

② 우선순위가 높은 가치들은 일정 조건하에서 생애역할 선택에 중요한 결정요인이 된다.

③ 가치는 환경 속에서 가치를 담은 정보를 획득함으로써 학습된다.

④ 생애만족은 중요한 모든 가치들을 만족시키는 생애역할들에 의존한다.

⑤ 생애역할에서의 성공은 학습된 기술, 인지적 · 정의적 신체적 적성 등 다양한 요인들에 의해 결정

12-1. 맥락주의

1) 맥락주의의 기본개념 (필 : 2회 기출)

① 구성주의 철학적 입장을 토대로 형성

② 진로연구와 상담에 대한 맥락상의 행위설명을 확립하기 위해 고안

③ 진로환경에 관심을 기울이면서 개인의 진로에 영향을 미치는 다양한 환경적 요소를 고려

2) 맥락주의의 주요 내용 (필 : 3회 기출)

① 개인과 환경의 상호작용 : 개인 혹은 환경이 맥락적 그물 안에서 상호 관계와 작용을 중시

② 행위 : 맥락주의의 주요 관심대상으로 행위란 인지적 · 사회적으로 방향 지어지는 것이며, 일상의 경험을 반영하는 것

③ 행위체계 : 투사와 진로로 구성. 투사는 둘 이상 사람들 간의 행위에 대한 일종의 합의인 반면, 진로는 행위들 간의 연결을 의미

12-2. 구성주의

1) 구성주의의 개념
   ① 수퍼의 진로발달이론의 주요개념을 사회구성주의 측면에서 재구성한 이론(사비카스)
   ② 개인이 적극적으로 자신의 삶의 주인이 되어 삶을 해석하고 개발해 나가는 것
   ③ 자신만의 진로이야기를 만들어 갈 수 있도록 도움
   ④ 자신에게 유의미한 경험을 찾아내도록 촉진

2) 진로양식 면접 (필 : 1회 기출)
   스토리텔링을 사용한 구조화된 면담방법, 학습자가 자신의 진로이야기를 만들고 진로를 선택
   ① 선호직무와 근로환경 : 중학교 때나 고등학교 때 좋아하는 교과목이 무엇이었나요?
   ② 이상적 자아 파악 : 어떤 사람의 삶을 따라서 살고 싶은가요?
   ③ 어떻게 문제를 다루어 나가는지 파악 : 좋아하는 책이나 영화에 대해 이야기해 주세요?
   ④ 생애사의 제목 : 좋아하는 명언이나 좌우명이 무엇인가요?

13. 자기효능감 이론

1) 기본개념 및 특징
   ① 진로발달과 관련된 자기효능감이 남녀 간에 차이가 있다는 성차에 대한 설명을 시도
   ② 반두라의 사회학습이론을 토대로 헥케트와 베츠의 자기효능감 이론이 대표적
   ③ 여성은 남성보다 자기효능감이 낮은 수준이라고 설명
   ④ 자기효능감이 낮은 여성들의 경우 진로결정을 포기, 지연 혹은 회피하는 경향이 있다.

14. 인간관계 이론

1) 메이요와 호손연구 (필 : 1회 기출)
   ① 메이요 등이 웨스턴일렉트릭사의 호손공장에서 수행한 일련의 연구실험에서 이론적 틀 마련
   ② 조직에서의 생산성이 사회적·심리적 요인에 크게 영향을 받는다고 주장
   ③ 작업장면의 사회적 환경과 조직성원의 사회·심리적 욕구 및 조직내 비공식집단을 중시
   ④ 조직내에서의 인간관계가 작업능률과 생산성을 좌우하며, 민주적·참여적 관리방식을 주장

2) 맥그리거의 X.Y 이론(인간 본성과 관련)
   ① X이론 : 인간 본성의 부정적 관점(인간은 본래 게으르며, 수동적 등)을 의미
   ② Y이론 : 인간 본성의 긍정적 관점(일을 좋아하고, 능동적 등)을 의미

15. 매슬로우의 욕구위계이론

1) 기본가정 (필 : 2회 기출)
① 인간은 특정한 형태의 충족되지 못한 욕구들을 만족시키기 위해 동기화되어 있는 동물
② 욕구는 사람에 따라 다르기는 하지만, 이를 분류하면 몇 가지 공통된 범주로 구분가능
③ 공통적 · 욕구들은 충족되어야 할 순서에 따라 위계적(계층별)인 형태로 계열화 되어 있다.
④ 생리적 욕구, 안전 욕구, 소속과 애정 욕구, 자아존중의 욕구, 자아실현의 욕구 순위로 분류

2) 인간 욕구의 위계 5단계 (필 : 3회 기출)
① 생리적 욕구 : 의 · 식 · 주 등 먹고 자는 것, 성적, 종족 보존 등의 욕구
② 안전에 대한 욕구 : 정신적 · 신체적 위험에 대한 불안과 공포에서 벗어나고자 하는 욕구
③ 애정과 소속에 대한 욕구 : 가정, 조직, 사회에 소속되어 관계를 맺고 유지하고자 하는 욕구
④ 자기존중(존경)에 대한 욕구 : 명예나 권력을 누리고 자신과 타인으로부터 존중받고자 하
   는 욕구
⑤ 자아실현의 욕구 : 자신의 재능과 잠재력을 발휘하여 자신이 원하는 것을 성취하려는 욕구
* 위의 1~4단계의 욕구를 결핍의 욕구로, 5단계의 욕구를 성장의 욕구라고 한다.

3) 인간 욕구의 특성 및 매슬로우의 주장
① 하위의 욕구가 더 강하고 우선적
② 욕구위계에서 상위의 욕구의 만족은 지연될 수 있음
③ 한번 충족된 욕구는 상황이 바뀌어도 하위 욕구로 되돌아가지 않음
④ 하위의 욕구는 생존에 필요하고 상위의 욕구는 성장에 필요

4) 매슬로우가 제시한 자아실현한 사람의 특징
① 현실을 왜곡하지 않고 있는 그대로 지각한다.
② 자신의 일에 몰두하고 만족스러워 한다.
③ 사회적인 압력에 굴하지 않는다.
④ 인간관계를 깊이 있게 유지한다.
⑤ 창의적이고 감성이 풍부하다.
⑥ 최대한 많은 것을 알고자 하며 경험하려 한다.

5) 매슬로우의 자기실현한 사람의 특징 중 자기관점과 행동특성 측면 (실 : 1회 기출)
① 자기관점 : 남의 시선에 연연하지 않음, 남을 가르치려 하지 않음, 자신에게 해가되지 않으
   면 내버려 둠, 민주적 가치를 존중
② 행동특성 : 공격적이지 않은 유머를 즐김, 현실 중심적, 창의적임, 문제해결능력, 깊은 인
   간관계를 형성, 많은 것을 알고 경험하려 함

매슬로우의 이론에서 자기실현을 한 사람의 특성을 자기관점과 행동 특성적 측면으로 설명하시오. (03
－1회)

제2절 동기이론

1. 동기부여 이론

1) 앨더퍼의 ERG 이론 (필 : 3회 기출)
   ① 매슬로우의 욕구위계이론과 유사한 직무동기 이론으로 좌절－퇴행의 욕구전개를 주장
   ② 3단계 욕구로 분류 : 존재의 욕구－관계 욕구－성장의 욕구로 분류
   ③ 좌절－퇴행 반복. 고차원 욕구가 좌절되었을 때, 오히려 저차원의 욕구의 중요성이 커짐

2) 맥클리랜드의 성취동기이론 (필 : 2회 기출)
   ① 성취욕구－권력욕구－친교욕구의 3가지로 분류
   ② 성취욕구는 매슬로우의 자아실현의 욕구와 유사하고, 친교욕구는 애정과 소속의 욕구와
   유사

3) 허즈버그의 2요인(동기－위생) 이론 (필 : 4회 기출)
   ① 직무에 만족을 주는 요인(동기)과 불만족을 주는 요인(위생)으로 분류하여 근로자 동기화
   ② 낮은 수준의 욕구를 만족하지 못하면 직무 불만족이 발생.
   ③ 그러나 높은 수준의 욕구를 만족하지 못한다고 해서 직무불만족을 초래하는 것은 아님
   ④ 직무만족을 산출하는 동기요인이 근로자로 하여금 높은 수준의 성과를 얻도록 자극
   ⑤ 동기요인과 위생요인
     • 동기요인 : 동기요인을 만족 시켜주면 직무성과가 향상되나, 미 충족되어도 불만족은 생
     기지 않음(직무 그 자체, 직무상의 성취, 승진, 책임, 성장 및 발달 등)
     • 위생요인 : 만족을 산출할 힘은 없으나, 위생요인을 좋게 하면 불만족을 감소할 수 있음
     (회사의 정책과 관리, 감독, 봉급, 안전, 근무환경 등)

4) 아담스의 공정성 이론 (필 : 2회 기출)
   ① 조직 내에서의 동기화는 타인과 자신의 노력의 정도와 보상에 대한 비교를 통해 결정
   ② 집단의 영향을 강조하고 타인에 대한 지각을 중시
   ③ 행동이 활성화되고 유지되는 과정을 이해하는데 초점

④ 자신과 타인의 투입 대 산출(노력 대 보상)을 비교해서 공정성여부를 판단, 동기부여에 영향

⑤ 분배의 종류 : 형평분배, 평등분배, 필요분배

5) 브룸의 기대이론 (필 : 6회 기출)

① 인간은 서로 다른 욕구와 갈망, 목적을 가지고 있으며, 인지를 통해 행동을 결정

② 인간은 노력과 성과, 그리고 그에 대한 보상적 결과에 대한 믿음으로 작업동기 설명

③ 주요 변수로서 기대감, 유의성 또는 유인가, 도구성 또는 수단성이 있음
- 기대감 : 노력을 통해 특정한 목표를 성취할 수 있는가에 대한 주관적인 기대
- 유의성 : 특정행위를 통해 달성한 1차 결과에 의해 얻게 되는 2차적 결과에 대한 욕구
- 도구성 : 1차적 결과를 달성했을 때 2차적 결과를 얻게 되리라는 주관적 믿음

④ 열심히 하면 긍정적 유의성의 성과를 얻을 확률이 높다고 지각하는 경우 작업동기가 높아짐

6) 로크와 래덤의 목표설정이론 (필 : 2회 기출)

① 목표가 일반적일 때보다 구체적으로 설정될 때 직무수행이 높아짐

② 설정된 목표가 어려울수록 직무수행의 정도가 높아짐(목표에 대한 몰입이 목표의 난이도에 비례)

③ 목표수행과정에서 피드백을 받게 될 때 더 높은 직무수행을 보인다.

④ 목표설정에 참여하게 되는 경우 목표에 대한 수용 가능성을 높임

7) 데시의 내재적 동기이론(인지평가 이론) (필 : 3회 기출)

① 사람들은 내재적 동기와 외재적 동기 모두에 의해 영향을 받으나, 특히 내재적 동기를 강조

② 외재적 동기는 돈과 같은 보상에 의해 하는 행동, 내재적 동기는 행위 자체 즐거움에 의해 동기화

③ 사람들은 외적인 보상보다는 행위 자체의 즐거움 때문에 일하는 경향이 있다고 봄

④ 내재적 동기를 가진 사람에게 금전과 같은 외적보상을 해주면, 내재적 동기가 약화됨

⑤ 금전적 보상이 오히려 직무동기를 낮추는 요인이 될 수 있다고 봄

2. 에릭슨의 심리사회적 발달단계와 위기 (필 : 3회 기출)

- 제1단계(0~1.5세/영아기) : 신뢰감 대 불신감
- 제2단계(1.5~3세/유아기) : 자부심 대 수치심
- 제3단계(3~6세/학령전기) : 진취성(주도성) 대 죄책감
- 제4단계(6~12세/학령기) : 근면성 대 열등감
- 제5단계(12~24세/청소년기) : 자아 정체감 대 정체감 혼미
- 제6단계(25~44세/청년기, 성인 초기) : 친밀감 대 고립감
- 제7단계(45~64세/장년기, 중년기) : 생산성 대 침체성
- 제8단계(65세 이후/노년기) : 통합성 대 절망감

3. 레빈슨의 성인기 4계절 이론

1) 개요 (필 : 2회 기출)
    ① 인생구조 : 성인 이전기, 성인 초기, 성인 중기, 성인 후기(인생 4계절 : 봄, 여름, 가을, 겨울)
    ② 각 시대는 대략 5년 정도가 중첩되면서 지속
    ③ 각각은 안정과 변화의 순환원리에 의해 진행

2) 인생주기 모형 : 인생주기 모형을 17세에서 65세까지 10개의 주요 단계로 구성 (필 : 3회 기출)
    ① 초기 성인변화(17~22세) : 성인세계로 첫 발을 딛는 단계, 가능성 탐색, 시험적 수행
    ② 초기 성인세계(22~28세) : 성인으로 변화하기 위한 단계, 생활양식을 형성하는 시기
    ③ 30세 변화기(28~33세) : 첫 인생 구조에서 문제점 인식, 재평가, 새로운 선택 탐색
    ④ 정착단계(33~40세) : 초기 성인단계가 완성되는 시기, 자신에 투자, 꿈을 추구
    ⑤ 중년변화(40~45세) : 초기와 중기의 다리 역할, 자신, 역할수행에 의문을 가짐, 위기의식
    ⑥ 중기 성인단계(45~50세) : 새로운 인생구조의 형성을 위해 다양한 노력
    ⑦ 50세 변화기(50~55세) : 30세 전환기와 비슷, 성인 중기 인생구조에 적응
    ⑧ 중년기 마감단계(55~60세) : 중년기가 완성되는 단계
    ⑨ 말기 성인변화(60~65세) : 중기와 말기 사이를 연결하는 단계
    ⑩ 말기 성인(65세 이상) : 인생의 마지막 단계 새로운 패턴의 인생구조를 확립하는 시기

CHAPTER 02 심리검사

제1절 직업심리검사의 이해

1. 심리검사의 정의

1) 개념 (필 : 2회 기출)
① 가시화 되어 있지 않은 인간의 심리적 현상을 볼 수 있도록 시각화시키는 일련의 작업
② 성격, 흥미, 태도 등의 다양한 심리적 특성을 질적·양적으로 측정하고 평가하는 일련의 절차
③ 심리특성을 대표하는 행동진술문들을 표집 해 놓은 측정도구
④ 표준화된 절차에 의해 실시
⑤ 심리전문가라도 각 검사에 대한 훈련을 마친 후에 검사를 사용해야 함

2) 심리검사의 목적 (필 : 1회/실 : 4회 기출) 〔암기〕 분 - 자 - 예
① **분**류 및 진단 : 내담자의 흥미, 적성 등의 자료 수집과 문제 원인 파악, 문제해결을 위한 효과적 도구로 활용
② **자**기이해의 증진 : 과학적이고 객관적인 결과를 제시하여 내담자 자신에 대한 이해와 합리적 의사결정 증진
③ **예**측 : 검사를 통해 내담자의 특성을 밝혀 장래 행동이나 성취 등을 예측

3) 심리검사의 용도 (필 : 1회 기출)
① 기술적 진단
② 미래 행동의 예측
③ 개성 및 적성의 발견
④ 조사 및 연구

4) 심리검사의 행동 표본과 타당화 과정
    ① 심리검사란 개인의 특정 행동을 정량적으로 측정하는 표준화된 도구
    ② 행동표본을 측정한다는 것은 경제적 측면을 고려하여 공간, 시간상의 행동을 수집하는 것
    ③ 타당화 과정은 특정한 종류의 검사로 측정하려는 행동의 대표성 문제를 해결해 가는 과정

5) 측정 (필 : 1회 기출)
    ① 어떤 일정한 규칙에 따라 대상이나 사건에 수치를 할당하는 과정을 말함
    ② 특정 대상의 지적능력이나 성격을 수치로 표현해 주는 측정 도구

6) 표준화 (필 : 5회 기출)
    ① 검사의 실시와 채점 절차의 동일성을 유지하는데 필요한 세부사항을 체계화한 것
    ② 검사에 영향을 미치는 외적 변수들을 가능한 한 제거하는 것
    ③ 표준화를 통해 통제하고자 하는 변인 : 검사자 변인, 채점자 변인, 실시 상황 변인

7) 표준화 검사 (필 : 3회 기출)
    ① 정해진 절차에 따라 실시되고 채점되는 과정
    ② 검사 조건이 모든 수검자에게 동일하며, 검사의 실시와 채점이 객관적
    ③ 검사 구조, 실시 방법, 해석에 대한 특정한 기준을 갖출 것
    ④ 신뢰도와 타당도를 확보할 것

8) 비표준화 검사 (필 : 1회 기출)
    ① 규준집단이나 검사 채점의 신뢰도 등의 기준이 갖추어지지 않는 검사
    ② 신뢰도가 떨어지나 표준화 검사가 다루지 못한 측면을 융통성 있게 다룸
    ③ 투사검사, 에세이검사, 행동관찰법 등이 해당

9) 좋은 검사도구의 조건 (필 : 2회 기출)
    ① 신뢰도
    ② 타당도
    ③ 객관도
    ④ 실용도가 있을 것

실기 기출문제
심리검사의 사용 목적 3가지를 쓰고 간단히 설명하시오. (03-3회, 07-1회, 20-1회, 22-2회)

2. 심리검사의 분류와 종류 ●암기 방-목-내

1) 실시방식에 따른 분류 (필 : 1회/실 : 1회 기출) ●암기 시-수-도

① 실시시간에 따른 분류 (실 : 2회 기출)	속도 검사	역량 검사 (실 : 1회 기출)
	• 시간제한 있음 • 비교적 쉬운 문제로 구성 • 숙련도 측정 • 일반적인 심리검사	• 시간제한 없음 • 어려운 문제로 구성 • 문제 해결력 측정 • 수학경시 대회 등
② 검사수(인원)에 따른 분류	개인 검사	집단 검사
	검사할 때 한 사람씩 해야 하는 검사 • K－WAIS(한국판 웩슬러지능검사) • GATB(일반직업적성검사) • TAT(주제통각검사)－잉크반점 검사 • HTP(집, 나무, 사람 검사) 등	한 번에 여러 명에게 실시 가능한 검사 • 컴퓨터 채점이 가능한 여러 검사들 • MMPI(다면적 인성검사) • MBTI(성격유형검사) • 캘리포니아 심리검사 등
③ 검사 도구에 따른 분류	지필 검사	수행(동작) 검사
	검사지를 읽고 필기구로 답하도록 한 검사 • 실시하기 용이함 • 주로 집단검사로 사용 • 자기보고식 검사 포함 • 신뢰도와 타당도가 높고 간편함 • 운전면허시험의 필기시험	도구를 직접 다루거나 실제로 자신이 수행해야 하는 내용이 포함된 검사 • 동작검사라고도 함. • 운전면허시험의 주행시험.

2) 사용(검사)목적에 따른 분류 (필 : 7회/실 : 7회 기출)

규준참조 검사	준거참조 검사
• 개념 : 개인의 점수를 타인(집단)의 점수와 비교해서 '상대적으로 어떤 수준인지' 알아보는 검사 • 내용 　－상대평가 　－규준 : 비교기준이 되는 점수들 　－규준 집단 : 규준을 얻어내는 대표 표본 집단 • 종류 : 대부분의 심리검사가 이에 해당	• 개념 : 개인의 점수를 특정의 기준점수와 비교 평가하는 검사 • 내용 　－절대평가 • 종류 : 대부분의 국가자격시험

3) 검사(측정) 내용에 따른 분류 (필 : 3회/실 : 10회 기출) ●암기 인 - 정

대분류	중분류	심리검사의 종류	특징
인지적 검사 (능력검사) (성능검사) ●암기 인 : 지적성	**지**능검사	• 한국판 웩슬러 성인용지능검사 (K - WAIS) • 한국판 웩슬러 지능검사(KWIS)	• 극대수행검사 • 문항에 정답이 있음 • 응답의 시간제한 있음 • 최대한의 능력 발휘요구
	적성검사	• GATB 일반적성검사 • 기타 다양한 특수적성검사들	
	성취검사	• 학업성취도검사, 토익, 토플 등 다양 한 시험들	
정서적 검사 (성격검사) (성향검사) ●암기 정 : 성흥태	**성**격검사	• 직업선호도 검사 중 성격(Big five) • 다면적 인성검사(MMPI) • 캘리포니아 성격검사(CPI) • 성격유형검사(MBTI) • 이화방어기제검사(EDMT)	• 습관적 수행검사 • 문항에 정답이 없음 • 응답의 시간제한 없음 • 최대한의 정직한 대답 요구
	흥미검사	• 직업선호도검사 중 흥미검사	
	태도검사	• 구직욕구검사, 직무만족도검사 등	

4) 투사검사(주관적)와 자기보고식(객관적) 검사의 분류

구분	투사검사(주관적 검사) (필 : 2회/실 : 6회 기출)	자기보고식 검사(객관적 검사) (필 : 1회/실 : 10회 기출)
특징	내담자의 심리가 검사자에게 잘 나타나는 검사	선다형이나 예, 아니오 등의 질문지가 주로 사용
종류	TAT(주제통각검사), 로샤검사, 집-나무-그림검사, 문장완성검사, 인물화 검사 등	지능검사, 직업선호도 검사, MMPI, MBTI, 기질 및 성격검사, 16성격요인검사
장점	① 개인의 독특한 반응을 다양하게 파악 (반응의 독특하고 다양함) ② 수검자의 방어적 반응이 어려우므로 솔직한 응답이 유도됨 (방어의 어려움) ③ 반응의 풍부한 심리적 특성 얻을 수 있음 (반응의 풍부함) ④ 무의식적 요인이 반영됨	① 검사 시행, 채점 해석이 간편 ② 신뢰도와 타당도가 비교적 높음 ③ 객관성이 확보/시간과 비용이 절약 ④ 검사자나 상황변인의 영향을 덜 받음
단점	① 신뢰도와 타당도 검증이 어려움 ② 검사의 채점 및 해석에 있어 전문성이 요구됨 ③ 검사자나 상황변인의 영향을 받아 객관성이 결여됨	① 사회적 바람직성, 반응경향성, 묵종경향성에 대한 영향을 받음. ② 수검자의 감정이나 신념, 무의식적인 요인을 다루는데 한계가 있음 ③ 문항내용 및 응답의 범위가 제한됨

5) 직업심리검사의 분류 (필 : 4회 기출)
    ① 양적평가 검사 : 흥미, 성격, 가치관, 직업욕구, 진로결정, 진로발달, 진로신념 검사 등
    ② 질적평가 검사 : 생애진로사정, 제노그램, 직업카드 분류, 역할놀이, 자기효능감 측정
    (필 : 6회/실 : 3회 기출)
        • 생애진로사정 : 초기면담의 기초적 상담정보를 얻을 수 있는 구조화된 면담기법의 질적
        평가방법으로 진로사정, 전형적인 하루, 강점과 장애, 요약으로 구성
        • 제노그램 : 직업과 관련된 내담자의 가계력을 알아보는 기법으로 내담자의 직업의식, 태
        도, 가치관 등에 대한 가족의 영향력을 분석
        • 직업카드 분류 : 직업흥미를 탐색하는 방법으로 선호군, 혐오군, 미결정 중성군으로 분류
        • 자기효능감 측정 : 내담자가 과제를 잘 수행할 수 있는지 자신의 능력에 대한 신뢰도와
        확신도를 측정

실기 기출문제

1. 심리검사의 실시방식에 따른 분류 3가지를 쓰시오. (17-1회)

2. 역량검사의 개념을 예를 들어 설명하시오. (12-2회)

3. 속도검사와 역량검사를 비교 설명하시오. (15-1회, 20-1회)

4. 규준참조검사와 준거참조검사의 의미를 각각 예를 들어 설명하시오. (05-1회, 10-1회, 11-2회, 19-2회, 21-1회, 21-3회)

5. 규준참조검사와 준거참조검사의 차이점에 대해 설명하시오. (16-1회)

6. 극대수행검사와 습관적 수행검사에 대해 설명하고, 각각의 대표적인 유형 3가지를 쓰시오. (01 – 3회, 06 – 1회, 09 – 2회, 10 – 3회, 12 – 1회, 13 – 3회, 20 – 4회)

7. 성능검사와 성향검사에 대해 설명하고 검사명을 각각 3가지씩 쓰시오. (09 – 2회, 12 – 1회, 20 – 3회)

8. 심리검사는 선다형이나 예, 아니오 등 객관적 형태의 자기보고형 검사(설문지 형태의 검사)가 가장 많이 사용된다. 이런 형태의 검사가 가지는 장점과 단점 각각 3가지 쓰시오. (00 – 3회, 01 – 3회, 02 – 1회, 06 – 3회, 09 – 3회, 14 – 3회, 19 – 2회, 19 – 3회, 22–3회)

9. 투사적 검사의 장단점을 각각 3가지 쓰시오. (08 – 3회, 10 – 3회, 13 – 1회, 14 – 2회, 16 – 1회, 20 – 3회)

10. 투사적 검사와 비교하여 객관적 검사의 장점을 3가지 설명하시오. (17 – 1회)

11. 투사적 검사의 장점을 자기보고식 검사와 비교하여 설명하시오. (11 – 3회, 21 – 2회)

12. 직업상담시 내담자 이해를 위한 질적 측정도구 3가지를 쓰고 설명하시오. (13 – 2회, 17 – 3회, 22 – 2회)

1. 규준과 점수 해석

1) 분류와 분류변인 (필 : 2회 기출)
　① 분류 : 측정대상을 속성에 따라 범주별로 분류하는 것
　② 변인 : 서로 다른 수치를 부여할 수 있는 사건이나 속성으로 독립, 종속, 가외변인으로 구분
　③ 독립변인 : 다른 변인의 원인이 되는 변인으로 처치변인과 분류변인으로 구분
　　• 처치변인 : 연구자가 통제하거나 변경시킬 수 있은 변인(기온, 수분 등)
　　• 분류변인 : 실험이전부터 존재하고 있어 연구자가 이를 통제할 수 없는 변인(연령, 지능 등)
　④ 종속변인 : 독립변인의 결과가 되는 변인을 말함
　⑤ 가외변인(외생변수) : 독립변인이 아니면서도 결과(종속변인)에 영향을 주는 변인

2) 변인의 적용과 통제
　① 심리학의 실험법은 독립변인의 조작, 종속변인의 측정, 가외변인의 통제를 통해 이루어짐
　② 변인은 독립변인, 종속변인, 가외변인으로 구분

3) 직업심리학의 연구방법(현장연구와 실험연구) (필 : 2회 기출)
　① 현장연구(실제연구)
　　• 자연 상태의 실제 현장에서 인위적인 독립변수의 조작 없이 결과(종속변수)를 추출하는 것
　　• 외적타당도가 높고, 한 번에 많은 변인들에 대한 자료를 수집 가능
　② 실험연구(실증연구)
　　• 독립변인을 조작하여 연구의 결과를 관찰·분석하는 연구로서 현장실험과 실험실 실험으로 구분
　　• 현장실험 : 자연 상태에서 독립변인을 조작하여 종속변인에 미치는 영향을 관찰(상대적으로 연구결과의 일반화 범위가 높고 외적타당도가 높다)
　　• 실험실 실험(실증연구) : 통제관리가 엄격한 실험실에서 독립변인의 조작에 의한 실험의 결과 추출(가외변인의 영향을 차단 및 엄격한 관리·통제로 정확한 측정 가능, 내적타당도가 높음)
　③ 실증연구의 타당도 계수가 실제연구의 타당도 계수보다 낮은 이유 (실 : 3회 기출)
　　　🔵암기 표-범-타-신
　　• **표**집오차 : 표본이 모집단을 대표하지 못할 경우 표집오차가 커지고 타당도 계수도 낮아짐
　　• **범**위제한 : 준거타당도 계산을 위해 얻은 자료들이 전체 범위를 포괄하지 않고, 일부만 포함한 경우
　　• 준거측정치의 **타**당도 : 준거결핍이나 준거오염이 있는 경우(즉 준거 왜곡이 있는 경우)
　　• 준거측정치의 **신**뢰도 : 준거타당도 계산을 위해 사용한 준거측정치의 신뢰도가 낮은 경우

④ 실증연구의 타당도 계수보다 실제연구에서의 내적타당도 계수가 낮아지는 이유 (실 : 2회 기출)
- 독립변수의 조작 및 외생변수의 통제가 어렵다.
- 가외변수의 차단이나 조절 관리가 곤란하다.
- 실제연구 과정 전체를 엄격히 통제하기가 곤란하다.
- 실험변수에 의한 효과와 외생변수에 의한 효과를 명확히 구분하기 어렵다.
- 실증연구에 비해 정밀도가 낮으며, 특히 내적타당도에서 취약한 양상을 보인다.

4) 척도
① 의의 : 측정에 의한 수치를 체계적으로 할당하는 측정도구를 척도라 함
② 척도의 종류 (필 : 1회/실 : 5회 기출) **암기** 명−서−등−비
- **명**명척도 : 숫자의 차이가 속성이 다르다는 것만을 나타내는 척도(주민번호, 등번호)
- **서**열척도 : 숫자의 차이가 속성차이에 순위에 대한 정보도 포함하는 척도(시험점수)
- **등**간척도 : 숫자의 차이가 속성차이, 순위 차이에 동일간격의 등간정보를 포함(온도)
- **비**율척도 : 속성 차이, 서열정보, 등간정보 외에 비율에 관한 정보 포함(절대영점을 가짐/ 체중)

5) 대표 값(중심 경향치로서의 대표 값) (필 : 1회/실 : 1회 기출) **암기** 최−중−평
① **최**빈값 : 빈도 분포에서 가장 많이 나온 다수의 점수
② **중**앙값 : 모든 점수를 순서대로 배열했을 때 중앙에 위치한 값(홀수, 짝수의 차이점)
③ **평**균값 : 점수의 합을 전체 사례 수로 나누어 얻은 값

6) 검사점수의 분산 정도를 파악하기 위한 기준 (필 : 2회/실 : 3회 기출) **암기** 표범−분사
① **표**준편차 : 평균값에서 점수들이 평균적으로 이탈된 정도
② **범**위 : 최고점수와 최저점수까지의 퍼져있는 거리(2, 5, 6, 8일 경우 범위는 $8-2+1=7$임)
③ **분**산(또는 변량) : 변수 값들이 평균에서 얼마나 흩어진 정도를 추정하는 것
④ **사**분편차 : 점수자료들을 4등분한 것으로 자료들이 중앙에 집중된 정도를 나타내는 것

7) 표준오차와 측정의 표준오차 (필 : 3회 기출)
① 표준오차
- 표본들의 평균이 실제 모집단의 평균과 어느 정도 떨어져 분포되어 있는지 나타내는 것
- 검사점수의 신뢰도를 나타내는 수치
- 표준오차는 작을수록 좋으며, 작을수록 표본의 대표성이 높다.
- 오차범위 안의 점수 차이는 무시해도 된다.
② 측정의 표준오차
- 수검자의 이론적 진점수로 검사를 실시할 때마다 매번 달라질 수 있는 오차의 범위
- 검사결과 IQ 110이고 측정의 표준오차를 5로 가정하면, 95% 신뢰수준에서 ±10의 오차 한계를 가지게 되어 실제 IQ가 100~120의 범위에 존재할 것이라고 예측

※ 무선오차 : 우연에 의해서 생겨나는 오차로 완전한 통제·제거가 불가능(무선분산이라 고도 함)

③ 측정의 표준오차 해석사례(측정의 표준오차를 예를 들어 설명) (실 : 2회 기출)
- 어떤 검사에서 학생들의 점수가 40이고 측정의 표준오차가 3이라면 검사를 반복 실시할 때
- 학생들의 점수 중 95% 신뢰구간에서 진점수가 34~46점 사이에 있다고 말할 수 있다.
- 즉, 100번을 측정할 때 95번은 34~46점의 점수가 나오고 5번은 그 외의 점수가 나올 수 있다는 의미

④ 측정오차를 줄이는 방법 (실 : 5회 기출) 🌑암기 문－신－실－타/문신은 싫다
- 검사의 **문**항 수를 늘린다.
- 검사의 **신**뢰도에 나쁜 영향을 미치는 문항들을 제거한다.
- 검사의 **실**시와 채점과정을 표준화하여 오차변량을 줄인다.
- 신뢰도와 **타**당도가 검증된 도구를 사용하여야 한다.

8) 정상분포 또는 정규분포 (필 : 2회 기출)
① 가우스 분포라고 하며, 연속적·대칭적으로 종모양의 형태
② 정상분포는 평균값과 중앙값, 최빈값이 일치
③ 검사에서 내담자가 중앙값을 얻었다면 점수분포에서 평균점수를 얻는 것
④ 평균이 100, 표준편차가 15인 정상분포의 경우 85~115안에 전체의 68.3%가 위치
⑤ 정규분포를 벗어난 자료 해결방법 (필 : 1회/실 : 3회 기출) 🌑암기 완절면
- **완**곡화 : 점수가 정규분포와 유사한 경우, 정규분포의 모양을 갖추도록 점수를 가감하는 방법
- **절**미법 : 점수가 한쪽으로 치우쳐 편포를 이루는 경우, 그 꼬리를 잘라 주는 방법
- **면**적환산법 : 각 점수들의 백분위에 해당하는 표준점수를 찾아내는 방법

9) 상관계수와 결정계수
① 상관계수 : 두 변인이 서로 관계되어 있는 정도 (필 : 2회 기출)
   (−1에서 ＋1의 값을 가지며, 1＝정적상관, 0＝상관없음, −1은 부적상관이라 함)
② 결정계수 (필 : 3회 기출)
- 크기가 다른 여러 상관계수를 비교할 때, 변량을 가지고 비교하는 것
- 결정계수는 상관계수를 제곱한 것으로 두 변수가 공유하고 있는 변량의 비(지능검사 점수와 학교성적 간의 상관계수가 0.3일 때, 성적에 관한 변량의 9%가 지능검사에 의해 설명됨)

1. 실증연구의 타당도 계수와 실제연구에서의 타당도 계수가 다른데 실증연구에서의 타당도(외적타당도) 계수가 낮은 이유를 설명하시오. (11-3회, 17-2회)

2. 실증연구의 타당도 계수와 실제연구에서의 타당도 계수가 다른데 실제연구에서의 타당도(내적타당도) 계수가 낮은 이유를 설명하시오. (00-1회, 06-3회, 17-2회)

3. 척도의 4가지 유형을 쓰고 각각에 대해 설명하시오. (03-3회, 06-1회, 12-1회, 16-1회, 20-2회)

4. 집단 심리검사 점수의 중심 경향치로서 대표 값의 종류 3가지를 쓰고 설명하시오. (15-1회)

5. 집단의 심리검사 점수가 분산되어 있는 정도를 판단하기 위하여 사용되는 기준을 2가지 이상 쓰고 그 의미를 설명하시오. (08-3회, 11-2회, 14-2회)

6. 측정의 표준오차를 예를 들어 설명하시오. (05-3회, 10-4회)

7. 측정의 신뢰성을 높이기 위해서는 측정오차를 최대한 줄여야 한다. 측정오차를 줄이기 위한 구체적인 방법 3가지를 기술하시오. (01-3회, 10-3회, 13-2회, 19-2회, 22-3회)

8. 표준화를 위해 수집한 자료가 정규분포에서 벗어나는 것을 해결하기 위한 방법 3가지를 쓰고 각각에 대해 설명하시오. (13-1회, 19-3회, 22-2회)

2. 규준의 제작 및 종류

1) 원점수 (필 : 4회 기출)
   ① 심리검사를 통해 얻은 최초의 점수
   ② 원점수 자체로는 거의 아무런 정보를 주지 못함
   ③ 기준점이 없기에 특정점수의 크기를 표현하기 어렵고 비교가 곤란
   ④ 척도의 종류로서 원점수는 서열척도이며 등간척도가 아님

2) 규준 (필 : 3회 기출)
   ① 개인의 점수를 다른 사람과 비교할 때, 비교가 되는 기준점수를 의미
   ② 어떤 검사점수의 해석에 필요한 기준이 되는 자료
   ③ 개인점수의 상대적 위치를 알게 됨으로써 검사점수의 위치 해석이 가능

3) 규준제작 시 활용되는 확률표집 방법 (필 : 2회/실 : 5회 기출) ◐암기 계-단-층-집
   ① **계**통표집 : 모집단 목록에서 일정한 순서에 따라 매 K번째 요소를 추출하는 방법(1,000명에서 100명을 추출할 때, 처음 3을 뽑았다면 13, 23, 33 식의 번호로 표본을 선정)
   ② **단**순무선표집 : 모집단의 구성원들이 표본에 속할 확률이 동일하도록 무작위로 표집
   ③ **층**화표집 : 모집단의 규모가 다른 몇 개의 이질적인 하위집단으로 구성되어 있는 경우(다양한 종파가 포함된 모집단에서 각 종파별로 나누어 필요한 만큼 무선 표집)
   ④ **집락**표집 : 집단자체를 표집하는 방법(한 학급, 한 학교 등)

4) 심리검사가 특정 집단에 불리하거나 편파적으로 사용되지 않도록 하는 방안 (필 : 2회 기출)
   ① 규준집단의 특성 및 표집방법을 잘 파악하여 결과를 해석
   ② 하나의 검사에만 의존하지 않고 다양한 방법들을 활용하여 결과의 일치성을 확인
   ③ 수검자에 대한 라포형성에 노력
   ④ 편파나 불이익 발생 가능성이 있을 경우 검사 사용 자체를 재고

5) 규준의 종류(발달규준과 집단내 규준)
   ① 발달 규준 (필 : 1회/실 : 1회 기출)
      ○ 의미 : 수검자가 정상적인 발달경로 상에서 어느 수준에 위치하는지를 파악(원점수를 의미)
      ○ 종류 ◐암기 학-연-추-서
         • **학**년규준 : 성취도 검사에서 활용하며 학년별 평균이나 중앙치를 이용하여 몇 학년에 해당되는지 해석
         • **연**령규준 : 개인의 점수를 규준집단 사람들의 연령과 비교해서 몇 살에 해당하는지를 해석
         • **추**적규준 : 개인의 신체 및 정신발달의 독특한 양상을 고려하여 개인의 발달양상을 연령(몇 살)에 따라 예측
         • **서**열규준 : 수검자의 행동을 관찰하여 행동의 발달단계상 어느 수준(몇 살)에 위치하는지 해석

② 집단 내 규준 (필 : 16회/실 : 12회 기출)
　　○ 의미 : 원점수를 규준집단 수준과 비교가 가능하도록 하며, 등간척도의 성질을 갖도록 변환한 것
　　○ 종류 ○암기 백-표-표
　　　　• **백**분위 점수 (필 : 6회 기출) : 원점수 분포에서 100개의 동일 구간으로 점수들을 분포하여 변환점수를 부여한 것
　　　　　-특정 집단의 점수분포에서 한 개인의 상대적 위치를 나타내는 점수
　　　　　-백분위 95는 내담자의 점수보다 낮은 사람들이 전체의 95%가 된다는 것
　　　　　-개인점수가 70점이고 이보다 낮은 점수를 받은 사람이 전체의 60%라면 백분위 점수는 60임
　　　　• **표**준점수(필 : 6회 기출) : 개인의 점수가 평균으로부터 떨어져 있는 거리
　　　　　-원점수를 변환하여 상대적인 위치를 파악할 수 있으며, 검사 결과를 비교 가능
　　　　　-Z점수 : 평균이 0, 표준편차가 1인 점수로 변환 : Z점수=(원점수-평균)/표준편차
　　　　　-T점수 : 평균이 50, 표준편차 10인 점수로 변환 : T점수=Z점수×10+50
　　　　• **표**준등급(필 : 4회 기출) : 스테나인이라고도 하며 2차 세계 대전 중 미군에서 개발
　　　　　-원점수를 1~9까지의 구간으로 구분하여 한자리 숫자체계로 전환
　　　　　-검사 점수를 정해진 범주에 배당하여 점수 차가 작을 때, 생길 수 있는 확대해석을 방지

6) 사례문제 해석 (실 : 2회 기출)
　　[문제] 직무능력검사 A형은 갑에게, B형은 을에게 시행한 결과 갑은 115점, 을은 124점을 얻었으나 검사유형이 다르기 때문에 두 사람의 점수를 직접 비교가 불가능하다. 갑과 을 중 누가 더 높은 직무능력을 갖추었는지 각각 표준점수인 Z점수를 산출하고 이를 비교하시오.(각각의 Z점수는 소수점 둘째 자리까지 산출하며, 계산 과정을 기재하시오.)
　　　　[A직무능력검사 : 평균 100, 표준편차 7/B직무능력검사 : 평균 100, 표준편차 15]

　　[풀이] • Z점수 계산공식 : Z점수=(원점수-평균)/표준편차
　　　　• 갑 : (115-100)/7=2.14,　　　　을 : (124-100)/15=1.60
　　　　• 갑의 Z점수는 2.14이고 을은 1.60이므로 갑이 더 높은 직무수행능력을 갖추었다고 할 것임

실기 기출문제

1. 규준제작 시 사용되는 확률표집방법 3가지를 쓰고 각 방법에 대해 설명하시오. (10-1회, 11-3회, 15-2회, 19-3회, 22-3회)

2. 규준제작 시 사용되는 표집방법 중 층화표집과 체계적 표집에 대해 각각 사례를 들어 설명하시오.
(15 – 3회)

3. 발달규준 3가지를 쓰고 설명하시오. (12 – 2회)

4. 집단내 규준의 종류 3가지를 쓰고 설명하시오. (07 – 1회, 08 – 1회, 09 – 2회, 10 – 4회, 12 – 2회, 12 –
3회, 14 – 3회, 15 – 1회, 17 – 3회, 19 – 1회, 20 – 1회, 21 – 2회)

5 – 1. 직무능력검사 A형은 갑에게, B형은 을에게 시행한 결과 갑은 115점, 을은 124점을 얻었으나 검
사유형이 다르기 때문에 두 사람의 점수를 직접 비교가 불가능하다. 갑과 을 중 누가 더 높은 직
무능력을 갖추었는지 각각 표준점수인 Z점수를 산출하고 이를 비교하시오. (각각의 Z점수는 소
수점 둘째 자리까지 산출하며, 계산 과정을 기재하시오.) (07 – 3회)
[A직무능력검사 : 평균 : 100, 표준편차 : 7 /B직무능력검사 : 평균 : 100, 표준편차 : 15]

5 – 2. 어떤 심리검사 결과가 아래와 같을 때 C의 표준점수 Z를 구하시오(소주점 둘째자리에서 반올림
할 것)/단, 평균은 10, 표준편차는 5.77임 (20 – 2회)

구분	A	B	C	D	E	F
점수	3	6	7	10	14	20

3. 준거

1) 준거의 개념 (필 : 1회/실 : 1회 기출)
① 의미 : 검사에서 그 목적에 해당하는 자격 혹은 특성을 개인이 갖고 있는지 없는지를 판단
하는 기준
② 개념준거 : 직접 측정이 불가능한 추상적 또는 이론적 개념을 말함(지능, 시민정신 등)
③ 실제준거 : 개념준거를 측정이 가능하도록 전환한 것을 의미(지능지수, 봉사활동 회수 등)

개념준거와 실제준거를 설명하시오. (09 - 3회)

2) 심리검사 도구의 검사장면에 따른 준거(실 : 2회 기출) ◐암기 경-축-모-실/경축에 모실손님
   ① **경**쟁 장면검사 : 작업 장면과 같은 상황에서 실제 문제 또는 작업을 제시하고 문제 해결을 요구하되, 특히 경쟁적으로 수행하도록 하는 검사(수학 올림피아드 등)
   ② **축**소상황검사 : 실제적인 장면과 같지만 구체적인 과제나 직무를 매우 축소시켜 제시하고, 그 수행 또는 그 결과를 관찰하고 평가하는 검사(쪽지 시험 등)
   ③ **모**의 장면검사 : 실제적인 장면을 인위적으로 만들어 놓고 그 장면에서 수검자의 수행과 그 성과를 관찰하고 평가하는 검사로 시뮬레이션 검사라고도 함(모의 조종시험)
   ④ **실**제 장면검사 : 수검자의 실제적 생활상황 또는 작업 장면에서 수행하는 행동과 그 결과를 관찰하고 측정하는 검사(운전면허 주행시험)

심리검사 도구를 검사 장면에 따른 준거 축소상황검사, 모의장면검사, 경쟁장면검사를 설명하시오. (19 - 1회, 21 - 3회)

제3절 신뢰도

1. 신뢰도

1) **개념** (필 : 4회 기출)
   ① 검사가 측정하고자 하는 속성을 얼마나 일관성 있게 측정하는지의 검사
   ② 점수가 얼마나 일관성 있게 나오는지를 측정하며, 측정의 오차가 작을수록 신뢰도가 높음
   ③ 신뢰도 계수는 0과 1사이의 값을 가지며, 0에 가까울수록 낮은 신뢰도, 1에 가까울수록 높은 신뢰도
   ④ 신뢰도 계수는 개인차가 클수록 커지며, 추정방법에 따라 신뢰도 계수는 달라짐

2) 신뢰도 종류(신뢰도 추정방법) (필 : 1회/실 : 6회 기출) ◎암기 검-동-반-문-채

① **검**사 – 재검사신뢰도(안정성 계수)

② **동**형검사신뢰도(동등성 계수)

③ **반**분신뢰도(내적합치도 계수)

④ **문**항내적합치도(동질성계수)

⑤ **채**점자간 신뢰도

※ 교재에 따라서 내적일관성 신뢰도에 반분신뢰도와 문항내적 합치도를 포함하여 설명하는 경우도 있음

3) 검사 – 재검사신뢰도 (필 : 2회/실 : 3회 기출)

① 동일검사를 동일한 수검자에게 일정 시간간격을 두고 두 번 실시하여 얻은 점수의 상관계수에 의해 신뢰도 추정

② 안정성 계수라고도 함

③ 검사 – 재검사를 통해 신뢰도를 추정할 경우 충족되어야 할 조건(고려사항)

(필 : 1회/실 : 2회 기출)

• 측정 내용 자체는 일정 시간이 경과하여도 변하지 않아야 할 것

• 앞서 받은 검사 경험이 뒤에 받은 검사 점수에 영향을 미치지 않아야 할 것

• 검사 – 재검사 사이의 학습활동이 두 번째 검사의 점수에 영향을 미치지 않을 것

④ 검사 – 재검사 신뢰도 단점(동일한 검사를 두 번 실시했을 때 나타날 수 있는 현상)

(필 : 1회/실 : 8회 기출) ◎암기 성연이 역시 환/성연이 역시 환경에 영향을 받는다

• **성**숙효과 : 검사간의 시간 간격이 너무 클 경우 측정대상의 속성이 변화할 수 있는 것

• **연**습효과(반응 민감성) : 앞서 치른 검사 경험과 학습이 후속 검사에 영향을 주는 것

• **이**월효과(기억효과) 두 검사의 시간 간격이 너무 짧을 경우 앞에서 답한 것을 기억해서 응답하는 것

• **역**사요인 효과 : 측정기간 중에 발생한 관련사건의 영향을 받는 것

• **시**간과 비용의 과다 : 동일 검사를 두 번 실시함에 따라 시간과 비용이 과다소요

• **환**경적 요인 : 날씨, 소음 등 환경적 물리적 조건의 차이로 인한 영향

실기 기출문제

1. 검사 – 재검사 신뢰도의 의미와 단점을 기술하시오. (06 – 3회, 09 – 2회)

2. 검사 재검사의 신뢰도에 영향을 미치는 요인(검사 – 재검사 신뢰도의 단점)을 4가지만 쓰시오.
(09 – 1회, 09 – 3회, 12 – 2회, 13 – 3회, 14 – 3회, 18 – 2회, 20 – 2회, 22 – 1회, 22 – 2회)

3. 검사 – 재검사를 통해 신뢰도를 추정할 경우 충족되어야 할 조건을 3가지 쓰시오. (15 – 3회, 16 – 2회)

4. 신뢰도 추정하는 방법을 3가지 쓰고 각각에 대해 설명하시오. 직업심리검사의 신뢰도를 추정하는 방법 중, 검사 – 재검사 신뢰도, 동형검사 신뢰도, 내적합치도 계수 3가지를 설명하시오. (06 – 3회, 09 – 2회, 10 – 1회, 13 – 1회, 20 – 2회)

4) 동형검사신뢰도 (필 : 4회/실 : 2회 기출)
   ① 새로 개발한 검사와 거의 동일한 검사를 하나 더 개발해서 두 검사 간의 상관계수를 추정
   ② 동등(동형)성 계수라고 함
   ③ 이미 신뢰성이 입증된 유사한 검사 점수와의 상관계수를 검토하는 방식으로 검증하는 경우가 많음
   ④ 충족되어야 할 조건 (필 : 1회 기출)
      • 두 검사가 근본적으로 측정하려는 영역에서 동일한 내용이 표집되어야 함
      • 동일한 문항 수와 동일한 형식으로 표현될 것
      • 문항의 난이도가 동등할 것
      • 검사의 시간, 지시내용, 채점, 실시 방법 등이 동일
   ⑤ 단점
      • 실제로 완벽한 동형검사 제작이 어렵다.
      • 연습효과에 취약
      • 동형검사 제작에 시간과 비용이 과다 소요
   ⑥ 동일한 유형의 유사한 심리검사 결과가 다르게 나타날 수 있는 원인 (필 : 1회/실 : 4회 기출)
      🔵암기 기절환 반속/기절한 단속반~!
      • 검사시행 **기**간의 차이
      • 검사시행 **절**차의 차이
      • 검사수행 **환**경상의 차이
      • 문항의 **반**응 수의 차이
      • 응답자 **속**성의 차이

1. 동형검사 신뢰도의 의미와 단점을 쓰시오. (06-3회, 09-1회)

2. 동일한 명칭의 A적성검사와 B적성검사를 두 번 반복 실시했는데 검사 점수가 차이를 보여 정확한 적성판단이 어렵게 되었다. 이와 같이 동일한 유형의 유사한 검사 하에서 결과가 다르게 나타날 수 있는 가능한 원인 5가지를 쓰시오. (00-3회, 07-3회, 10-4회, 21-2회)

5) 반분신뢰도 (필 : 2회 기출)
① 개념 및 특징
• 전체 문항을 반으로 나눈 다음 상관계수를 이용하여 동질성 정도를 추정
• 한 검사를 어떤 집단에 실시하고 두 개로 나눈 다음 두 부분의 점수가 얼마나 일치하는지 추정
• 문항 내용의 일관성을 측정한다는 의미에서 내적일관성 신뢰도 또는 내적합치도 계수라 함
• 내적합치도 계수가 낮다는 것은 검사가 다른 속성을 측정하는 문항들로 구성된 것을 말함
② 반분신뢰도 추정방법 (필 : 3회/실 : 3회 기출) 암기 전-기-짝
• **전**후반분법 : 검사를 전반부와 후반부로 반분한 후, 두 점수 간의 상관계수를 추정
• **기**우반분법 : 검사를 홀수 문항과 짝수 문항으로 나누어 신뢰도 계수를 추정
• **짝**진 임의 배치법 : 검사를 문항의 난이도와 총점 간의 상관계수를 토대로 추정
③ 제한점
• 검사 문항 수가 너무 적은 경우 적용하기가 곤란
• 문항의 수를 무조건 증가시킨다고 해서 검사의 신뢰도가 증가하는 것은 아님
• 이질적인 문항들을 제거하거나, 동질적인 문항을 개발하여 새로 부가필요
• 두 개의 계수가 산출됨으로써 복잡

반분신뢰도 추정을 위해 가장 많이 사용하는 3가지 방법을 쓰고 설명하시오. (12-3회, 17-1회, 19-3회)

6) 문항내적합치도

　① 개념 및 특징 (필 : 2회 기출)
　　• 단일의 신뢰도를 산출할 수 없는 반분신뢰도의 문제점을 보완하고자 해서 개발
　　• 모든 반분신뢰도를 구한 다음, 그 평균값을 신뢰도로 추정
　　• 동질성 계수라고 함
　　• 하나의 검사로 한 번만 검사를 실시하므로 기간과 비용 면에서 적용 용이
　② 주요 방법 (필 : 2회 기출)
　　• 쿠더 – 리차드슨 계수 : 응답 문형 유형이 예/아니오 또는 정/오인 검사에 사용
　　• 크론바흐 알파 계수 : 논문형, 평정형 등 이분법적으로 채점할 수 없는 경우 사용(값은 0~1의 값을 가지며, 값이 클수록 동질적이고 신뢰도가 높다고 본다.)

7) 채점자(관찰자) 신뢰도 (필 : 1회 기출)
　① 수검자의 점수를 두 번 이상의 채점을 통해 상관계수를 확인
　② 채점자 내 신뢰도 : 하나의 답안지를 채점자 1인이 두 번 채점해서 얻은 두 점수 간의 상관관계를 확인
　③ 채점자 간 신뢰도 : 하나의 답지를 2인 이상이 채점하여 얻은 두 점수 간의 상관계수를 확인

2. 신뢰도에 영향요인 및 신뢰도 제고 방법

1) 신뢰도에 영향을 주는 요인 (필 : 5회/실 : 8회 기출) 〔암기〕 개문신 반검
　① **개**인차 : 개인차가 클수록 신뢰도 계수는 커진다.
　② **문**항 수 : 문항 수가 많은 경우 신뢰도는 커지지만, 정비례하여 커지지는 않는다.
　③ **신**뢰도 추정방법 : 같은 검사라도 신뢰도 추정방법에 따라 신뢰도 계수는 달라진다.
　④ 문항 **반**응 수 : 문항의 반응 수가 적정수준을 초과하는 경우 신뢰도는 향상되지 않는다.
　⑤ **검**사유형 : 속도검사의 경우 전후반분법으로 신뢰도를 추정하면 상관계수가 낮아진다.
　⑥ 검사환경 : 검사시간, 여건, 기온, 장소 등에 따라 신뢰도는 달라질 수 있다.

2) 신뢰도를 높이기 위한 방법(측정오차를 줄이기 위한 방법) (필 : 1회 기출)
　① 검사 실시와 채점과정의 표준화
　② 검사 문항 수를 늘린다.
　③ 검사신뢰도에 나쁜 영향을 주는 문항을 제거
　④ 신뢰도와 타당도가 검증된 도구를 사용할 것

3) 검사점수의 변량에 영향을 미치는 요인(개인의 일시적이고 일반적인 특성) (실 : 1회 기출)
　〔암기〕 피동건 긴요
　① 피검사자의 **건**강　　　② 피검사자의 **피**로　　　③ 피검사자의 **동**기
　④ 정서적 **긴**장　　　⑤ 검사**요**령

4) 채점자로 인한 오차 (필 : 2회/실 : 2회 기출) 🔵암기 관-후-중-논
　① **관**용의 오류 : 전반적으로 후한 점수를 주는 것
　② **후**광효과 : 수검자에 대한 인상이 채점이나 평정에 영향을 주는 것
　③ **중**앙집중화 오류 : 대부분 중간 점수를 주는 것
　④ **논**리적 오류 : 특정의 점수를 알고 있을 경우 다른 특성의 평정에 영향

5) 평정관련 주요 심리적 효과 (필 : 2회 기출)
　① 초두효과 : 첫인상의 효과와 같이 먼저 제시된 정보가 후에 제시된 정보보다 영향을 줌
　② 최신효과 : 마지막에 제시된 정보가 먼저 제시된 정보보다 영향이 큰 것
　③ 후광효과 : 수검자에 대한 인상이 채점이나 평정에 영향을 주는 것
　④ 방사효과 : 매력 있는 사람들과 함께 있으면 자신도 지위나 자존심이 고양되는 것
　⑤ 빈발효과 : 반복해서 제시되는 정보가 평정에 영향을 주는 것

실기 기출문제

1. 심리검사의 신뢰도에 영향을 주는 요인 5가지 쓰고 설명하시오. (07 - 3회, 10 - 1회, 10 - 2회, 14 - 3회, 17 - 1회, 17 - 3회, 21 - 1회, 21 - 2회)

2. 심리검사의 신뢰도 종류와 신뢰도에 영향을 주는 요인을 3가지씩 쓰시오. (07 - 3회, 10 - 1회, 10 - 2회, 14 - 3회)

3. 검사점수의 변량에 영향을 미치는 요인 중 개인의 일시적이고 일반적인 특성을 5가지 쓰시오. (15 - 3회)

4. 지필검사나 평정이 요구되는 관찰 혹은 면접 시 채점자, 평정자로 인해 발생하는 오차의 유형 3가지를 쓰고 설명하시오. (14 - 1회, 20 - 3회)

1. 타당도의 개념

1) 타당도의 개념 (필 : 1회 기출)
  ① 의미 : 검사가 측정하고자 하는 속성을 얼마나 정확하게 측정하는가를 의미
  ② 즉, 검사가 측정하고자 하는 심리적 구성개념을 정확하게 측정하는 것
  ③ 직업상담사 시험에 수학능력시험 문제가 포함되었을 경우 타당도가 문제시됨

2) 신뢰도와 타당도 관계 (필 : 1회 기출)
  ① 신뢰도와 밀접한 관련이 있으며, 이론적으로 신뢰도는 타당도의 최댓값이 됨
  ② 타당도는 신뢰도의 충분조건인 반면, 신뢰도는 타당도의 필요조건
  ③ 즉 어떤 검사에서 타당도가 아무리 높다하더라도 신뢰도 계수보다 높을 수 없음
  ④ 또한 신뢰도가 높다고 하여 반드시 타당도가 높은 것이 아님
  ⑤ 정확한 체중계로 키를 잰다면 신뢰성은 있지만, 타당성은 없다.
  ⑥ 검사의 신뢰도 계수만으로 타당도 계수를 알 수는 없다.

2. 타당도의 종류 및 내용

❑ 타당도의 종류 (실 : 4회 기출) 🔴암기 내-준-구-안
  ① **내**용타당도   ② **준**거타당도
  ③ **구**성타당도   ④ **안**면타당도

1) 내용타당도 (필 : 9회/실 : 2회 기출)
  ① 의미 : 검사가 측정하고자 하는 내용 영역을 얼마나 잘 반영하고 있는지를 의미
  ② 해당 분야의 전문가(연구자)가 판단하는 주관적 타당도로서 타당도 계수가 없음
  ③ 논리적 타당도라고 하며, 주로 성취도 검사의 타당도를 평가
     ※ 안면타당도 (필 : 4회 기출)
       검사가 측정한다고 하는 것을 측정하는 것처럼 보이는가의 문제로서, 수검자의 입장에
       서 판단

2) 준거타당도 (필 : 8회/실 : 14회 기출)
  ① 의미 : 검사가 특정준거와 어느 정도 연관성이 있는지를 측정하는 것
    • 기준타당도 또는 준거관련 타당도라고 하며 경험적 근거에 의해 타당도를 확인
    • 분석방법으로 기대표가 활용

② **준거타당도의 종류[예언(예측)타당도, 동시(공인)타당도) ◯암기 준 ⇒ 예 - 동

　　• **예**언타당도(예측타당도)

　　미래에 초점을 두는 것으로 검사점수와 미래의 행동특성과의 상관계수를 추정(검사 실시
　　후, 일정기간 지난 후에 성과를 측정, 두 점수 간의 상관계수에 의해 관련성을 추정

　　예) 입사시험 성적과 입사 후의 업무수행능력과의 상관계수를 비교

　　• **동**시타당도(공인타당도)

　　현재 상태에 초점을 두며, 검사와 준거를 동시에 측정해서 두 점수의 상관계수에 의해
　　관련성 추정

　　예) 재직자에게 응시자용 문제(검사)를 실시하여 재직자 근무성적과 시험성적의 두 상관
　　　　계수로 관련성을 추정

③ 예언타당도와 동시타당도의 차이점

　　• 동시타당도는 검사가 현재 상태에 초점을 두는 반면, 예언타당도는 검사가 미래행동을
　　예측

3) **구성타당도** (필 : 1회 기출)

① 의미 : 검사가 이론적 구성개념이나 특성을 제대로 측정하고 있는지 나타내는 것

　　• 구인타당도 또는 개념타당도라고도 함

　　• 과학적이고 객관적인 방법으로 추상적 개념을 실제적으로 관찰 가능한 행동표본으로 구성

② **구**성타당도의 분석방법(종류) (필 : 9회/실 : 13회 기출) ◯암기 구 ⇒ 수 - 변 - 요

　　㉠ **수**렴타당도 : 이론적으로 관련 있는 변인들 간의 상관관계를 분석하여, 상관계수가 높
　　을수록 타당도가 높음

　　예) IQ(지능지수)와 학교성적은 관련 있는 변인으로 새로 개발한 지능검사에서 높은
　　　　점수를 받은 학생이 학교성적도 높은 경우(상관성이 높은 경우), 해당 검사는 지능
　　　　검사로서의 수렴타당도가 있다고 할 것임

　　㉡ **변**별타당도 : 이론적으로 관련 없는 변인들 간의 상관관계를 분석하여, 상관계수가 낮
　　을수록 타당도 높음

　　예) 지능지수와 가창력은 관련 없는 변인으로 새로 개발한 지능검사에서 높은 점수를 받
　　　　은 학생들이 노래도 잘 부를 경우, 해당 검사는 지능검사로서의 변별력을 갖지 못
　　　　함. 즉, 본 검사가 지능 검사인지, 노래실력 검사인지 구별하기가 곤란하게 됨

　　㉢ **요**인분석법 : 문항들의 상관관계를 분석하여 상관이 높은 문항들로 묶어 주는 방법

　　예) 검사에 수학과 과학 문항이 섞여 있을 경우 수학은 수학대로, 과학은 과학끼리 묶
　　　　는 것

4) **중다특성, 다속성 행렬표** (실 : 2회 기출)

① 의미 : 수렴타당도와 변별타당도를 동시에 측정하는 방법

② 둘 이상의 속성에 대해 둘 이상의 방법으로 측정하여 결과를 분석하는 방법

③ 절차 〔암기〕 **동**－**이**, **이**－**동**, **이**－**이**
- 제1단계 : **동**일한 속성을 **이**질적인 방법으로 측정하여 상관계수를 분석
- 제2단계 : **이**질적인 속성을 **동**일한 방법으로 측정하여 상관계수를 분석
- 제3단계 : **이**질적인 속성을 **이**질적인 방법으로 측정하여 상관계수를 분석

3. 직업상담에서의 준거타당도

1) 직업상담에서 준거타당도가 중요한 이유 (실 : 2회 기출) 〔암기〕 **성**－**직**－**인**－**선**/성직자를 **인선**하다
    ① 직업에서의 **성**공가능성이나 장래의 직무수행 성과를 예측한다.
    ② 내담자의 **직**업선택을 위한 효과적인 정보를 제공
    ③ **인**사관리의 정확성과 효율성이 제고
    ④ **선**발이나 배치, 훈련 등의 인사관리에 대한 의사결정의 설득력을 제공

2) 직업상담 등에서 준거타당도가 낮은 검사를 사용해서는 안 되는 이유 (실 : 2회 기출)
    ① 선발이나 평가과정의 효율성을 저해
    ② 인사관리에 대한 의사결정의 공정성을 저해
    ③ 미래 예측의 기능이 저하로 타당도 오류 초래

3) 준거타당도 계수에 영향을 주는 요인 (실 : 4회 기출) 〔암기〕 **타신**－**표범**
    ① 준거측정치의 **타**당도 : 준거결핍이나 준거오염이 있는 경우(즉 준거 왜곡이 있는 경우)
    ② 준거측정치의 **신**뢰도 : 준거타당도 계산을 위해 사용한 준거측정치의 신뢰도가 낮은 경우
    ③ **표**집오차 : 표본이 모집단을 대표하지 못할 경우 표집오차가 커지고 타당도 계수도 낮아짐
    ④ **범**위제한 : 준거타당도 계산을 위해 얻은 자료들이 전체 범위를 포괄하지 않고, 일부만 포함한 경우

4) 사례문제 (실 : 1회 기출)
    [문제]
    ① 준거타당도의 종류 2가지를 쓰고 설명하시오.
    ② 직업상담이나 산업장면에서 준거타당도가 낮은 검사를 사용해서는 안 되는 이유 2가지를 설명하시오.
    ③ 실증연구의 타당도 계수가 실제 연구의 타당도 계수보다 낮은 이유 3가지를 설명하시오.

    [풀이]
    ①번 답안
    - 동시타당도 : 현재 상태에 초점을 두며 새로운 검사와 준거 간의 상관계수를 추정한다.
    - 예언타당도 : 미래 예측에 초점을 두며, 검사 점수와 미래 행위 측정치간의 상관계수를 추정

②번 답안
- 선발이나 평가 과정의 효율성을 떨어뜨린다.
- 인사관리에 관한 의사결정의 공정성을 저해한다.

③번 답안
- 표집오차 : 표본이 모집단을 대표하지 못할 경우 표집오차가 커지고 타당도 계수도 낮아짐
- 준거측정치의 신뢰도 : 준거타당도 계산을 위해 사용한 준거측정치의 신뢰도가 낮은 경우
- 준거측정치의 타당도 : 준거결핍이나 준거오염이 있는 경우(즉 준거 왜곡이 있는 경우)

실기 기출문제

1. 타당도의 4종류를 쓰시오. (05 – 1회, 20 – 1회, 22 – 1회)

2. 다음 (   )안에 알맞는 타당도의 종류를 쓰시오. (07 – 1회)
- (   )는 검사의 각 문항을 주의 깊게 검토하여 그 문항이 검사에서 측정하고자 하는 것을 재는지 여부를 결정하는 것이다. 이것은 그 분야의 자격을 갖춘 사람들에 의해 판단된다.
- (   )의 유형으로는 공인타당도와 예언타당도가 있다.
- (   )는 조작적으로 정의되지 않은 인간의 심리적 특성이나 성질을 심리적 구인으로 분석하여 조작적 정의를 부여한 후, 검사점수가 이러한 심리적 구인으로 구성되어 있는가를 검정하는 방법이다.

3. 준거타당도인 동시타당도와 예언타당도의 의미를 쓰고 차이점을 설명하시오. (08 – 1회, 13 – 2회)

4. 동시타당도와 예언타당도를 예를 들어 설명하시오. (12 – 1회, 21 – 2회)

5. 준거타당도의 의미와 종류 2가지를 쓰고 설명하시오. (00 – 1회, 02 – 1회, 06 – 1회, 08 – 3회, 10 – 2회, 11 – 3회, 12 – 1회, 13 – 2회, 14 – 1회)

6. 다음 물음에 답하시오. (17 – 2회)

   1) 준거타당도의 종류 2가지를 쓰고 설명하시오.

   2) 직업상담이나 산업장면에서 준거타당도가 낮은 검사를 사용해서는 안 되는 이유 2가지를 설명하시오.

   3) 실증연구의 타당도 계수가 실제 연구의 타당도 계수보다 낮은 이유 3가지를 설명하시오. (17 – 2회)

7. 구성타당도의 정의와 분석방법을 설명하시오. (03 – 1회)

8. 구성타당도의 종류와 분석방법에 대해 설명하시오. (01 – 1회, 03 – 3회, 06 – 3회, 08 – 1회, 09 – 3회, 10 – 1회, 10 – 4회, 15 – 1회, 15 – 2회, 19 – 3회, 20 – 3회, 20 – 4회)

9. 수렴타당도와 변별타당도의 의미를 쓰고, 중다특성법 행렬표로 확인하는 절차에 대해 설명하시오. (10 – 3회, 12 – 3회)

10. 준거타당도가 직업상담에서 중요한 이유를 설명하시오. (06 – 3회, 11 – 3회)

11. 준거타당도의 의미를 쓰고 준거타당도가 낮은 검사를 사용하는 것이 왜 문제가 되는지를 설명하시오. (09 – 1회, 13 – 1회)

12. 준거타당도 계수에 영향을 주는 요인을 4가지 쓰고 설명하시오. (11 – 1회, 12 – 3회, 22 – 2회, 22 – 3회)

1. 검사 문항 분석

1) 의미
  ① 검사 문항들에 대한 응답을 분석함으로써 난이도, 변별도, 추측도 등에 관한 자료 수집
  ② 검사의 신뢰도와 타당도를 높일 수 있다.

2) 문항분석의 주요 개념 (실 : 1회 기출)
  ① 문항의 난이도 : 문항의 쉽고 어려운 정도
  ② 문항의 변별도 : 대상자 간의 능력 등이 높고 낮음을 구별할 수 있는 변별력을 의미
  ③ 오답의 능률도 : 응답자로 하여금 오답지를 정답으로 선택할 수 있는 가능성
  ④ 문항의 추측도 : 능력이 없음에도 불구하고 문항의 답을 맞힐 확률을 의미

3) 문항의 난이도 (필 : 4회 기출)
  ① 전체 응답자 중 특정 문항을 맞힌 사람들의 비율
  ② 난이도 지수는 0.00에서 1.00 사이의 값을 가지며, 난이도 지수가 높을수록 쉬운 문제
  ③ 문항이 너무 쉽거나 너무 어려운 경우 변별력이 없고 신뢰도나 타당도가 낮아짐
  ④ 문항 난이도가 0.50일 때, 검사 점수의 분산도가 최대가 됨

4) 문항의 난이도와 변별력의 사례 문제 (실 : 1회 기출)
  ① 문항의 난이도와 변별력을 특정점수의 의미를 예를 들어 설명
  ② 예시답안 : 표준화 표본에서 70%가 정확히 맞힌 문항은 30%가 정확히 맞힌 문항에 비해 난이도가 높다. 문항의 난이도가 극단적으로 높은 문항들로만 구성된 검사나 극단적으로 낮은 문항들로만 구성된 검사는 변별력을 가지지 못한다.

실기 기출문제

1. 문항의 난이도, 문항의 변별도, 오답의 능률도의 의미를 설명하시오. (14-2회)

2. 문항의 난이도와 변별력을 특정점수의 의미로 예를 들어 설명하시오. (17-2회)

2. 검사의 개발

1) 심리검사의 개발과정 (실 : 1회 기출)
① 1단계 : 구성개념의 영역규정
② 2단계 : 문항표집
③ 3단계 : 사전검사 자료수집
④ 4단계 : 측정 도구의 세련화
⑤ 5단계 : 본검사 자료수집
⑥ 6단계 : 신뢰도와 타당도 평가
⑦ 7단계 : 규준개발

2) 검사에서 사용되는 전통적 척도화 방식 (실 : 1회 기출) ◐암기 응-자-반
① **응**답자 중심 방식 : 문항은 척도화하지 않고 응답자만을 척도화하는 방식
② **자**극 중심 방식 : 응답자들을 척도화하기 이전에 문항들을 먼저 척도화하는 방식
③ **반**응 중심 방식 : 응답자와 문항을 동시에 척도화하는 방식
※ 척도화의 의미 : 어떤 대상의 속성에 숫자를 부여하는 과정을 말함

3) 리커트 척도
태도조사나 성격검사에서 주로 사용되는 방식으로 5점 또는 7점 척도로 구성

실기 기출문제

1. 심리검사의 개발과정을 간략히 설명하시오. (01 – 3회)

2. 심리검사에서 흔히 사용되는 전통적 척도화 방식 3가지를 쓰고 설명하시오. (12 – 2회)

3. 심리검사의 선택 및 사용

1) 심리검사의 시행 과정
① 1단계 : 심리검사의 선택
② 2단계 : 검사요강에 대한 이해
③ 3단계 : 검사에 대한 동기화
④ 4단계 : 검사의 실시
⑤ 5단계 : 검사의 채점
⑥ 6단계 : 검사 결과에 대한 해석

2) **심**리검사 **선**택 시 **고**려(유의)사항 (실 : 7회 기출) ◐암기 심선고 = 사실 내규 목표/심선고는 사실 내부의 목표이다
① 검사의 **사**용여부
② 검사비용, 채점의 용이성 등 **실**용성여부
③ **내**담자 포함시키기
④ 문제파악 및 **규**준의 적합성여부

⑤ 검사 실시 **목**적의 부합여부

⑥ **표**준화된 검사인지 여부(신뢰도와 타당도 확보여부)

3) 심리검사 실시 시 윤리적 문제(윤리적 고려사항) (필 : 2회/실 : 7회 기출)

암기 심윤고＝타 과제 권유시 쉬/심윤고는 타 과제 권유시 쉬운 언어로 설명할 것

① **타**당도와 신뢰도가 확보된 검사를 사용하며, 이에 대한 준거를 갖출 것

② 평가기법 개발 시 기존의 확립된 **과**학적 절차를 준수할 것

③ 타당도와 신뢰도에 대한 **제**한점을 지적할 것

④ 의뢰인 또는 내담자의 **권**리를 존중할 것

⑤ **유**자격자가 실시할 것

⑥ 검사가 **시**대에 뒤떨어질 수 있음을 인정해야 함

⑦ 알기 **쉬운 언어**로 설명할 것

4) 심리검사 예비문항 제작 시 고려사항 (실 : 4회 기출) **암기** 참－구－난－적－실체

① 문항의 **참**신성 : 문항의 차별화와 수검자에게 새로운 경험을 줄 수 있을 것

② 문항의 **구**조화 : 질문이 모호하지 않고 구체적이어야 함

③ 문항의 **난**이도 : 수검자의 수준에 맞는 난이도에 맞아야 함

④ 문항의 **적**절성 : 특정 집단에 편파적이지 않고, 윤리적, 도덕적 문제가 없을 것

⑤ 문항의 **실**용성 : 문항의 내용이 측정하고자 하는 내용과 일치할 것

⑥ 문항의 **체**계성 : 문항이 구조화 되고 체계적일 것

5) 심리검사 결과 해석 시 유의 사항 (필 : 5회/실 : 3회 기출)

암기 심결해유＝이중 대규반 낙점/심결해유는 이중 대기반으로 낙점했다

① 검사결과에 대해 **이**해하기 쉬운 언어를 사용할 것

② 검사결과에 대해 **중**립적인 입장을 견지할 것

③ 검사의 **대**상과 용도를 명확하게 할 것

④ **규**준에 따라 해석하고 관련 자료를 함께 고려하여 결론을 내릴 것

⑤ 해석에 대한 내담자의 **반**응을 고려할 것

⑥ 점수를 가지고 대상자를 **낙**인찍거나 악용하지 말 것

⑦ 내담자의 **점**수범위를 고려할 것

6) 부정적인 심리검사 결과가 나온 내담자에게 결과를 통보하는 방법 (필 : 2회/실 : 3회 기출)

암기 부심결통＝기상 특정도/부심결통은 기상 특정 보도로…

① **기**계적으로 전달하지 않고 적절한 해석을 담은 설명과 함께 전달한다.

② **상**담의 한 부분으로 간주하고 상담자－내담자 관계 속으로 끌어들인다.

③ 내담자의 **특**정 문제에 대한 설명이나 해결책으로 활용한다.

④ **정**서적 반응, 교육수준, 지식수준까지 고려한다.

⑤ **도**출된 결론을 오해하지 않도록 주의를 기울인다.

7) 브래들리와 틴슬리가 제시한 심리검사 결과 검토단계와 해석단계
   ① 검토단계(2단계) (실 : 2회 기출)
     - **1**단계(이해단계) : 규준을 참조하여 검사점수의 의미를 충분히 이해한다.
     - **2**단계(통합단계) : 이전에 수집된 내담자에 대한 개인적, 상황적 정보들과 통합, 검토한다.
   ② 해석 단계 (실 : 2회 기출) 암기 해−내−정−추
     - **해**석 준비하기 : 검사자체의 의도와 함께 결과가 나타내는 의미를 충분히 이해
     - **내**담자 준비시키기 : 내담자가 검사결과 및 해석을 받아들일 수 있도록 준비시킴
     - **정**보전달하기 : 검사결과 및 관련된 정보들을 포함하여 통합적으로 전달
     - **추**후활동 : 결과에 대해 논의하며 내담자가 어떻게 이해했는지 확인

8) 심리검사 결과에 영향을 미치는 효과 (실 : 2회 기출) 암기 심결영＝강기코
   ① **강**화효과 : 물질적 보상이나 언어적 보상이 검사 결과에 영향을 미칠 수 있다.
   ② **기**대효과 : 검사결과와 관련하여 어떠한 기대를 표명하는가에 따라 검사 결과에 영향을 줌
   ③ **코**칭효과 : 검사 내용이나 방법에 대해 설명, 지시, 조언 등이 결과에 영향을 줌

실기 기출문제

1. 심리검사 선정 시 고려(유의)해야 할 사항 5가지를 쓰시오. (00−3회, 07−1회, 07−3회, 10−1회, 13
   −2회, 20−1회, 20−2회)

2. 심리검사 사용과 관련하여 윤리적 고려사항 6가지를 쓰시오. (02−3회, 04−1회, 05−1회, 08−1회,
   10−2회, 19−3회, 22−2회)

3. 심리검사 예비문항 제작 시 고려사항 3가지를 쓰시오. (04−3회, 07−3회, 10−1회, 21−2회)

4. 심리검사 결과 해석 시 유의사항 4가지를 기술하시오. (04−1회, 06−1회, 08−1회)

5. 부정적인 심리검사 결과가 나온 내담자에게 결과를 통보하는 방법을 설명하시오. (02 - 1회, 17 - 2회, 20 - 1회)

6. 브래들리와 틴슬리가 제시한 심리검사 결과 검토의 2단계를 쓰고 설명하시오. (12 - 1회, 21 - 3회)

7. 브래들리와 틴슬리가 제시한 심리검사 결과 해석의 4단계를 설명하시오. (07 - 3회, 20 - 4회)

8. 심리검사 결과에 영향을 미치는 검사자 변인과 수검자 변인 중 강화효과, 기대효과, 코칭효과에 대해서 설명하시오. (11 - 1회, 19 - 1회)

제6절 주요 심리검사

1. 지능 검사

1) 지능의 개념
   ① 일반적으로 학습능력, 적응능력, 추상적 사고능력 등 심리적 구성물
   ② 인지적 검사에 해당하며 지적인 능력수준을 평가

2) 지능의 2요인설(스피어만) (실 : 2회 기출)
   ① 일반 요인 : 모든 개인이 공통적으로 가지고 있는 능력으로 주로 지적활동에 작용하는 요인(기억력, 암기력, 추론능력, 정신능력 등)
   ② 특수 요인 : 특정분야에 대한 능력으로 특정한 상황이나 과제에서만 발휘되는 요인(언어능력, 수리능력, 공간적 능력 등)

3) 유동성 지능과 결정성 지능(카텔) (필 : 3회 기출)
   ① 유동성 지능 : 선천적인 지능이며 노령화에 따라 감소하는 능력으로 기억력, 암기력 등

② 결정성 지능 : 문화적, 교육적 경험이나 자극에 따라 향상, 개발되는 지능으로 언어구사, 문제해결 능력 등

4) 비율지능지수와 편차지능지수, 스탠포드-비네 지능검사 (필 : 2회 기출)
① 비율지능지수 : 지적능력을 정신연령과 생활연령(신체연령)의 비율로 나타내는 것(15세 이후의 청소년이나 성인에게는 부적합)
② 편차지능지수 : 지능수준을 동일연령 또는 집단의 평균치와 비교해서 상대적 위치를 파악(표준편차는 15 또는 16으로 하며, 지능이 연령의 차이에 따라 변하지 않는 것으로 봄)
③ 스탠포드-비네 지능검사 : 지능검사에 지능지수의 개념을 처음으로 도입한 검사(최초의 지능검사는 비네와 시몽의 지능검사(비네-시몽 검사)
④ 스턴버그 : 맥락적 지능이론, 경험적 지능이론, 성분적 지능이론으로 구분

5) 한국판 웩슬러 성인용 지능검사 (필 : 12회/실 : 1회 기출)
① 개념
• 개인의 독특한 심리특성을 파악할 있는 지능검사로 객관적 검사
• 언어성 검사 6개와 동작성 검사 5개의 총 11개 하위검사로 구성
• 신뢰도와 타당도가 높은 편이며, 평균이 100, 표준편차 15를 적용
② 언어성 검사 항목 : 기본지식, 숫자외우기, 어휘문제, 산수문제, 이해문제, 공통성문제
③ 동작성 검사 항목 : 빠진 곳 찾기, 차례 맞추기, 토막 짜기, 모양 맞추기, 바꿔 쓰기

6) 웩슬러 검사에 동작성 척도 포함관련 장점 (실 : 1회 기출) 〔암기〕 편-문-정
① 언어적, 문화적, 교육적 요인들로 **편**향 가능성을 극복할 수 있도록 함
② 수검자의 **문**제해결 전략을 직접 관찰할 수 있도록 한다.
③ 수검자의 **정**서장애가 검사 수행에 미치는 영향을 파악할 수 있도록 한다.

7) 지능(IQ)검사로 알 수 있는 정보 (실 : 1회 기출)
① 지적능력 수준
② 개인의 인지적 특성(추리, 수리, 언어 등/특수한 부분만 잘하고 못하는 것)
③ 임상적 진단 가능(정상 수치와 비교, **예** IQ 90~110 정상)
④ 기질적 뇌손상 유무

8) 지능검사와 적성검사의 차이 (실 : 2회 기출)
① 지능검사 : 지적능력, 학습능력 등을 측정하는 것으로 언어, 수리, 동작능력을 종합하는 검사
② 적성검사 : 특정 활동이나 작업 수행에 필요한 능력을 측정하며, 직업에서 성공 가능성의 예언을 목적

9) 사례문제 (실 : 1회 기출)
[문제] A씨의 지능검사 결과 지능지수 102, 언어성 지능 88, 동작성 지능 121이었다. 구체적인 검사지능지수가 아래와 같을 때 검사결과에 대해 해석

기본 지식	숫자 외우기	어휘 문제	산수 문제	이해 문제	공통성 문제	빠진곳 찾기	차례 맞추기	토막 짜기	모양 맞추기	바꿔 쓰기
9	7	7	10	8	9	10	11	16	16	8

[풀이] ① 전체결과 해석 : 한국판 성인용 지능검사(KWIS)에 나타난 피검자 A 씨의 지능지수
는 102로 평균이며, 언어성 지능(88/평균 이하)에 비해 동작성 지능(121/우수)이
높은 것을 알 수 있다.
② 세부항목 해석 : 토막짜기와 모양맞추기 점수가 다른 항목에 비해 매우 높은데 이는
지각능력과 시각 · 운동 협응능력이 우수한 것을 나타내며, 숫자외우기와 어휘 항목
에 점수가 가장 낮은 것으로 보아 단기기억, 주의력 및 암기력 등은 비교적 낮은
수준임을 알 수 있다.

실기 기출문제

1. 스피어만의 지능에 관한 2요인설 이론에서 2가지 요인을 쓰고 각각에 대해 설명하시오. (16 – 3회, 22
   – 1회)

2. 웩슬러 지능검사에서 동작성 척도를 포함시킴으로써 얻게 된 장점을 3가지 기술하시오. (18 – 3회)

3. 지능검사로 알 수 있는 정보 3가지와 적성검사와의 차이점을 설명하시오. (00 – 1회, 05 – 1회)

4. A씨의 지능검사 결과 지능지수 102, 언어성 지능 88, 동작성 지능 121이었다. 구체적인 검사지능지
   수가 아래와 같을 때 검사 결과에 대해 해석하시오. (09 – 1회)

기본 지식	숫자 외우기	어휘 문제	산수 문제	이해 문제	공통성 문제	빠진곳 찾기	차례 맞추기	토막 짜기	모양 맞추기	바꿔 쓰기
9	7	7	10	8	9	10	11	16	16	8

2. 적성검사(GATB)

1) 적성의 개념 (필 : 3회 기출)
① 특정과제나 임무를 수행하는데 있어서 요구되는 특수한 능력이나 잠재력을 말함
② 특정 활동이나 작업 수행에 필요한 능력을 측정하며, 특정 훈련, 직업에서 성공가능성의 예언을 목적

2) 검사의 구성 (필 : 4회 기출)
① 미국 노동청 고용위원회에서 개발한 검사를 토대로 표준화한 검사
② 15개의 하위검사로 구성되며, 11개는 지필검사, 4개는 수행(동작)검사임
③ 인간의 능력을 9가지 영역으로 측정(9개의 적성을 추출)
④ 국내의 적성검사는 타당화에 대한 증거가 미약함

3) 9개의 적성요인 (필 : 10회/실 : 4회 기출)
❑ **적성** : 지능, 언어, 수리, 사무, 공간, 형태, 운동반응, 손가락 재치, 손의 재치

암기 지 – 언 – 수 – 사 – 공 – 형 – 운 – 손 – 손

① **지**능 : 일반적인 학습능력, 이해 능력, 추리, 판단 능력(**공간, 언어, 수리** 검사를 통해 측정)
② **언**어능력 : 언어의 뜻과 그에 관련된 개념을 이해하고 사용하는 능력. 어휘검사를 통해 측정
③ **수**리능력 : 빠르고 정확히 계산하는 능력. 산수추리, 계수검사를 통해 측정
④ **사**무지각 : 문자나 인쇄물, 전표 등의 세부를 식별하는 능력. 명칭비교검사를 통해 측정
⑤ **공**간적성 : 공간상의 형태, 평면과 물체의 관계를 이해하는 능력. 입체공간 검사를 통해 측정
⑥ **형**태지각 : 실물, 도해 또는 표에 나타나는 것을 세부까지 지각하는 능력. 기구대조와 형태대조 검사로 측정
⑦ **운**동반응 : 눈과 손 또는 손가락을 함께 사용해서 빠르고 정확하게 운동할 수 있는 능력
⑧ **손**가락 재치 : 손가락을 정교하고 신속하게 움직이는 능력
⑨ **손**의 재치 : 손을 정교하게 조절하는 능력

실기 기출문제
GATB 검사 시 측정되는 적성항목 5가지를 쓰고 설명하시오. (01 – 3회, 02 – 3회, 15 – 1회, 22 – 1회)

3. 성격검사

1) 성격의 개념 (필 : 4회 기출)
　① 환경에 대한 개인의 독특한 적응방식을 결정하는 정신적·물리적 제조직의 역동적 체제
　② 성격에는 욕구, 자아개념, 성취동기, 포부수준, 대인관계 등의 요인이 포함

2) 성격 5요인 검사(Big–5 검사)/고용노동부 직업선호도 검사 중 성격검사 (필 : 9회/실 : 4회 기출)
　① 골드버그가 새롭게 개발하여 발전시켰으며, Big–Five 검사라고 명명
　② 성격 5요인 ❶암기 외–호–성–정–경
　　• **외**향성 : 타인과의 교제나 상호작용을 원하고 타인의 관심을 끌고자 하는 정도 측정
　　• **호**감성 : 타인과 편안하고 조화로운 관계를 유지하는 정도 측정
　　• **성**실성 : 사회적 규칙, 규범들을 기꺼이 지키려는 정도 측정
　　• **정**서적 불안정성 : 정서적 안정과 세상의 통제가능성, 세상을 위협적이지 않다고 생각하는 정도
　　• **경**험에 대한 개방성 : 자신과 자신을 둘러싼 세계 및 새로운 경험에 대한 관심과 수용정도

3) MBTI(마이어스–브릭스) 성격유형 검사 (필 : 4회/ 실 : 2회 기출)
　① 개념
　　• 심리학자 칼 융의 이론을 토대로 마이어스와 브릭스가 연구개발
　　• 자기보고식 강제선택 검사이며 내담자가 선호하는 작업역할, 기능, 환경을 찾는데 유용
　　• 4가지의 양극차원으로 분류
　② 4가지 양극차원 (실 : 2회 기출)
　　• 에너지방향 및 주의초점 : 외향형–내향형/에너지의 방향은 어느 쪽인가?
　　• 인식 및 정보수집기능 : 감각형–직관형/무엇을 인식하는가?
　　• 판단 및 결정기능 : 사고형–감정형/어떻게 결정하는가?
　　• 생활양식 : 판단형–인식형/채택하는 생활양식은 무엇인가?

4) MMPI(미네소타 다면적 인성검사) (실 : 4회 기출)
　① 개념
　　• 정신건강에 문제가 있는 사람을 측정하고 구별하기 위해 사용하는 자기보고식 검사
　　• 검사목적은 정신과적 진단이지만, 성격특성에 관한 해석도 가능
　　• 환자들의 반응을 토대로 경험적, 임상적 제작방법에 의해 만들어 짐
　　• 평균이 50, 표준편차가 10이며, 10개의 임상척도와 4개의 타당도 척도로 구성
　② 임상 척도 : 건강염려증, 우울증, 히스테리, 반사회성, 남성/여성성, 편집증, 강박증, 정신분열증, 경조증, 내향성
　③ 타당도 척도 (실 : 4회 기출)
　　• ?(무응답척도) : 피검자가 응답하지 않은 문항과 '그렇다', '아니다'에 모두 체크한 문항들의 합

- L(부인, 허위척도) : 피검자가 자신을 좋은 모습으로 보이려는 부정직의 속성을 측정
- F(신뢰성척도) : 비전형적인 방식으로 응답하는 사람들을 탐지하기 위한 척도
- K(교정척도) : 정신적인 장애가 있는데도 정상적인 프로파일을 보이는 사람을 식별

5) 16 성격요인검사(16PF 검사) (필 : 1회 기출)
① 카텔이 자신의 성격이론을 입증하기 위해 고안한 검사
② 16개의 요인을 토대로 정상인의 성격을 측정

실기 기출문제

1. 노동부 성격검사는 성격 5요인 모델에 근거하고 있다. 5요인을 열거하고 각 요인을 간단히 설명하시오. (01-3회, 06-1회, 19-1회, 21-2회)

2. MBTI 검사에서 나타나는 4가지 양극차원의 선호부분에 대해 쓰시오. (09-2회, 13-1회)

3. MMPI 타당성 척도 4가지에 대해 설명하시오. (02-1회, 09-1회, 10-4회, 17-3회)

4. 흥미검사

1) 개념
① 흥미는 어떤 종류의 활동 또는 사물에 대한 관심이나 주의를 말함
② 개인이 잠재적으로 가치 있다고 생각하는 것, 그것을 향하는 일반적인 정서상태를 말함
③ 흥미검사는 특정 직업 활동에 대한 좋고 싫음을 측정하는 것

2) 흥미검사의 종류 (필 : 6회/실 : 3회 기출)
① 스트롱 흥미검사
② 쿠더 직업 흥미검사
③ 고용노동부 직업선호도 검사
④ 홀랜드 직업선호도 검사/직업탐색검사/자기직업 상황검사/자기방향 탐색검사 등

3) 스트롱 직업흥미 검사 (필 : 2회/실 : 5회 기출)
① 개념 : 홀랜드의 성격이론을 토대로 하고 있으며, 스토롱에 의해 개념화됨
② 검사의 척도 ◐암기 일-기-개
  • **일**반직업 분류(GOT) : 홀랜드 6각형 모형을 기초로 개인이 가지는 6가지 흥미에 대한 포괄적 전망을 측정
  • **기**본흥미 척도 : GOT를 세분화 한 것으로 25개의 특정주제와 활동에 대한 개인의 흥미 측정
  • **개**인특성 척도 : 일상생활과 일의 세계에서 개인이 선호하고 편안하게 느끼는 것을 측정 (업무 유형, 학습 유형, 리더십 유형, 모험심 유형의 4개 유형으로 분류)
③ 스트롱 진로탐색 검사
  • 포괄적 흥미영역 규명 및 계열선택, 진학계획 수립의 기초자료로 활용
  • 1부 진로성숙도 검사와 2부 직업흥미 검사로 구성

4) 직업선호도 검사(VPI) (필 : 8회 기출)
① 고용노동부에서 홀랜드의 성격검사를 표준화한 것으로 직업활동에 대한 선호도를 측정
② S형(짧은 것)과 L(긴 것)형이 있음
③ S형은 흥미검사만 실시
④ L형은 흥미검사, 성격검사, 생활사검사의 3가지 내용 포함

실기 기출문제

1. 내담자 흥미를 사정하고자 할 때 사용하는 흥미검사의 종류 3가지를 쓰시오. (12-2회, 20-3회, 20-4회)

2. 스트롱 직업흥미 검사의 척도를 3가지 쓰고 각각에 대해 간략히 설명하시오. (09-3회, 11-1회, 14-2회, 20-3회, 21-1회)

5. 진로성숙 검사

1) 진로발달과 진로성숙
① 진로발달 : 자신과 직업세계에 대한 이해를 바탕으로 자신의 진로계획을 수립하는 과정
② 진로성숙 : 일정한 연령단계에서 갖추어야 할 직업적 발달과업에 대한 준비도 측정

2) 진로성숙도 검사(CMI/크라이티스) (필 : 10회 기출)

① 개념 : 크릿츠가 개발, 진로탐색 및 선택에서 내담자의 태도 및 능력이 얼마나 발달하였는지 측정

② 대상은 초6년~고3 학생으로 태도척도와 능력척도로 구별, 각각 5개의 하위영역으로 구분

③ 태도척도(5개 영역) : 결정성, 참여도, 독립성, 성향, 타협성

④ 능력척도(5개 영역) : 자기 평가, 직업정보, 목표선정, 계획, 문제해결

• 태도척도 (필 : 6회/실 : 4회 기출) ●암기 결-참-독-성-타/결선-참졸-독부-성일-타하

영역	측정내용	문항의 예
결정성	선호하는 진로의 방향에 대한 확신의 정도	나는 선호하는 진로를 자주 바꾸고 있다.
참여도	진로선택 과정에의 능동적 참여 정도	나는 졸업할 때까지는 진로선택에 별로 신경을 쓰지 않겠다.
독립성	진로선택을 독립적으로 할 수 있는 정도	나는 부모님이 정해주시는 직업을 선택하겠다.
성향 (준비성)	진로결정에 필요한 사전 이해와 준비의 정도	일하는 것이 무엇인지에 대해 생각하는 바가 거의 없다.
타협성	진로선택 시에 욕구와 현실을 타협하는 정도	나는 하고 싶기는 하나 할 수 없는 일을 생각하느라 시간을 보내곤 한다.

• 능력척도 (필 : 3회/실 : 3회 기출) ●암기 자-직-목-계-문

영역	내용
자기평가	자신의 성격, 흥미, 태도를 명확히 지각하고 이해하는 능력
직업정보	직업세계에 대한 지식, 고용에 관한 정보 등을 획득 평가하는 능력
목표선정	자아와 직업세계에 대한 지식을 토대로 합리적 직업선택을 하는 능력
계획	직업목표 선정 후, 이를 달성하기 위한 계획을 수립하는 능력
문제해결	진로 선택이나 의사결정상의 다양한 문제들을 해결하는 능력

3) 진로발달 검사(CDI) (필 : 4회 기출)

① 수퍼의 진로발달 이론적 모델에 근거 개발한 검사

② 진로발달 및 성숙도, 진로 준비도, 경력관련 의사결정에 대한 참여도, 준비도 측정

③ 총 8개의 하위척도로 구성

④ CDI 개발의 목적

• 학생들의 진로발달과 직업 또는 진로성숙도를 측정하기 위하여

• 학생들의 교육 및 진로 계획수립에 도움을 주기 위해

• 진로결정을 위한 준비정도를 측정하기 위해

4) 진로개발 평가를 위한 검사(척도)의 종류 (필 : 1회/실 : 2회 기출)
  ① 진로결정척도(CDS)
  ② 진로성숙도 검사(CMI)
  ③ 진로신념 검사(CBI)
  ④ 진로발달검사(CDI)

실기 기출문제

1. 진로성숙도 검사에서 능력척도 5가지를 쓰고 간략히 설명하시오. (09 - 3회, 15 - 2회, 20 - 3회)

2. 진로성숙도 검사에서 태도척도 5가지를 쓰고 간략히 설명하시오. (09 - 3회, 13 - 3회, 17 - 3회)

3. 진로성숙도 검사에 대해 (예를 들어) 설명하시오. (02 - 3회, 09 - 2회, 22 - 3회)

4. 진로개발을 평가하는데 사용될 수 있는 검사 혹은 척도를 3가지 쓰시오. (11 - 1회, 17 - 2회)

6. 경력진단 검사

1) 개념
   경력개발상의 문제를 측정하는 것

2) 주요 경력진단 검사 (필 : 2회 기출)
  ① 진로결정 척도 : 오시포가 개발, 고등학생부터 성인을 대상으로 확신과 비결정성의 2개 하위척도로 구성
  ② 자기직업상황 검사 : 홀랜드 등이 개발, 직업적 정체성 형성여부를 파악 등 3가지 하위척도
  ③ 경력태도 검사 : 크롬볼츠가 개발. 자아인식 및 세계관에 대한 문제를 확인

CHAPTER 03 직무분석

제1절 직무분석의 이해

1. 직무분석 개념 (필 : 5회 기출)

1) 직무분석의 의의
① 직무관련 정보를 수집하는 절차로서 직무의 내용을 조직적, 과학적으로 체계화하는 과정
② 직무내용과 직무수행을 위해 요구되는 직무조건을 조직적으로 밝히는 절차
③ 다양한 방법으로 분석되며, 직업정보로 활용되는데 기초적인 자료를 제공
④ 테일러의 시간연구와 길브레스의 동작연구에서 시작
⑤ 제1차 세계대전 중 미군의 인사 분류위원회에서 시작

2) 직무분석 관련 용어 (필 : 4회 기출)
① 직업(Occupation) : 유사성을 갖는 여러 직무의 집합
② 직무(Job) : 유사성을 갖는 직위의 집합. 직무수행을 위한 선발, 훈련, 과업배분의 단위
    (몇 개의 직위가 모여서 직무를 이룸/직위 수와 같거나 직위 수보다 적을 수 있음)
③ 직위 : 작업자 한 사람에게 임무, 책임이 분명하게 존재(경리 사무원, 총무 사무원 등)
    (근로자 모두는 각기 1개의 직위를 보유함/따라서 직무 수보다 많거나 같을 수 있음)
④ 일, 과업, 테스크 : 시작과 끝이 분명하고 작업 종료 후, 평가할만한 내용이 있는 경우
⑤ 요소작업 : 더 이상 나눌 수 없는 최소 단위의 작업을 말함

3) 직무분석의 용도(구체적인 목적) (필 : 2회/실 : 3회 기출) 【암기 모교 배정직】
① **모**집 및 선발   ② **교**육 및 훈련
③ **배**치 및 경력개발   ④ **정**원관리, 안전관리 등
⑤ **직**무평가 및 직무수행 평가

4) 직무 분석 정보로부터 얻은 정보의 8가지 활용용도(Ash) (필 : 5회 기출)
   ① 모집 및 선발
   ② 배치 및 경력개발, 진로상담
   ③ 교육 및 훈련
   ④ 직무수행평가 및 인사결정
   ⑤ 직무평가의 기초자료
   ⑥ 직무 재설계 및 작업환경 개선
   ⑦ 적정인원 산정, 향후 인력수급계획 수립
   ⑧ 직무분류

실기 기출문제

직무분석의 목적(용도) 5가지를 쓰시오. (13 - 2회, 14 - 3회, 20 - 3회)

5) 직무분석 자료의 출처 (필 : 3회 기출)
   ① 직무 현직자(직무분석을 위해 가장 널리 사용되는 사람)
   ② 상사
   ③ 직무분석가
   ④ 고객

2. 직무분석 단계 및 기법

1) 직무분석의 원칙 (필 : 2회 기출)
   ① 정확하고 완전한 직무 확인
   ② 직무 과제에 대한 완전하고 정확한 기록
   ③ 작업자에게 요구되는 요건 명시

2) 직무분석의 주요 내용 (필 : 1회 기출)
   ① 수행업무 분석 : 수행하고 있는 일에 대한 사실을 정확하게 표시하는 것
   ② 수행요건 분석 : 직무수행 담당자에게 요구되는 책임능력, 기능, 작업조건 등을 파악

3) 직무분석의 단계 (필 : 1회 기출)
   ① 직업분석
   ② 직무분석
   ③ 작업분석

4) 직무분석의 6단계

① 제1단계 : 행정적 또는 준비단계

② 제2단계 : 직무분석 설계단계 (필 : 1회/실 : 1회 기출) 🔵암기 출-수-분-설

- 자료의 **출**처와 인원수를 결정
- 자료**수**집 방법을 결정
- 자료 **분**석 방법을 결정
- **설**문지법 사용 시 설문지를 직접 만들 것인지 구입해서 쓸 것인지 결정

③ 제3단계 : 자료수집과 분석단계

④ 제4단계 : 결과정리 단계

⑤ 제5단계 : 직무분석 결과의 배포단계

⑥ 제6단계 : 통제단계 또는 최신의 정보로 수정단계

실기 기출문제

직무분석은 일반적으로 6단계를 거치게 된다. 그 중 두 번째 단계인 직무분석 설계단계에서 해야 할 일을 3가지 이상 쓰시오. (16 – 1회)

5) 직무분석의 절차 (필 : 2회 기출)

① 목적의 결정
② 배경정보의 수집
③ 직무정보의 수집
④ 직무정보의 검토
⑤ 직무기술서 및 명세서 작성

6) 직무분석의 유형 (필 : 5회 기출)

① 과제 중심 직무분석(작업 중심) : 직무수행의 과제나 활동에 중점/직무기술서 도출

② 작업자 중심 직무분석(사람 중심) 직무수행의 요구되는 기술, 능력, 경험/직무명세서 도출

7) 직무분석의 주요 도구

① 기능적 직무분석 : 과제중심 직무분석의 대표적인 예. 자료, 사람, 사물 기능으로 분석 (필 : 1회 기출)

② 직위분석 질문지 또는 직책분석 설문지 (필 : 7회 기출)

- 작업자 중심 직무분석의 대표적 도구, 표준화된 분석 도구
- 직무수행에 요구되는 지식, 기술, 능력 등의 인간적 요건 중심의 194개 항목으로 구성
- 6가지 범주로 평정(정보입력, 정신과정, 작업결과, 인간관계, 직무맥락, 직무 요건)

③ 능력요구 척도 또는 능력요건 척도 (필 : 1회 기출)

- 작업자 중심 직무분석 기법

- • 52가지 주요 능력요인들에 대한 분석
- • 지각속도, 공간지향과 시각화는 기계적 능력과 연계

8) 직무분석 자료 분석 시 고려사항(직무분석 자료의 특성) (필 : 5회 기출)
  ① 사실 그대로 반영할 것
  ② 최신의 정보를 반영할 것
  ③ 가공하지 않은 원상태의 자료일 것
  ④ 논리적으로 체계화될 것
  ⑤ 여러 가지 목적으로 활용될 수 있을 것

9) 직무분석 면접 시 유의 사항 (필 : 3회 기출)
  ① 작업자와 의견 대립을 보이지 말 것
  ② 노사 간의 불만이나 갈등에 대해 어느 한쪽 편을 들지 말 것
  ③ 임금분류 체계에 대해 관심을 보이지 말 것
  ④ 요약하거나 반복 질문함으로써 대화가 끊기지 않도록 할 것
  ⑤ 면접자의 개인적인 선호나 견해가 개입되지 않도록 할 것
  ⑥ 조직이나 작업방법에 대해 비판하지 말고, 개선을 제안하지 말 것
  ⑦ 상사나 감독자의 허락을 받아야 하며, 면접을 한다는 사실과 일정을 사전에 알려 줄 것
  ⑧ 수집 자료에 대해 부서장 등의 검토 과정을 거칠 것

3. 직무기술서와 직무명세서

1) 직무기술서
  ① 직무수행과 관련된 과업 및 직무행동을 기술한 문서
  ② 어떤 활동이나 과제에 대한 작업조건이 어떠한지 알아보는 것
  ③ 직무기술서에 포함되는 정보 (필 : 1회/실 : 2회 기출)
    • 직무의 명칭, 급수, 임금과 같은 직무 정의에 관한 정보
    • 직무목적, 재화나 서비스에 관해 간략하게 진술하는 직무 개요
    • 목적 달성을 위한 수행직무의 순서, 중요도, 빈도 순
    • 물리적, 심리적, 정서적 환경 등의 작업조건
    • 감독의 형태, 작업의 양과 질, 지침이나 통제

2) 직무기술서 작성 시 유의사항 (필 : 2회 기출)
  ① 항상 현재형의 시제 사용
  ② 능동형의 문장 사용
  ③ 간결하고 직접적인 문체 사용
  ④ 가급적 수량을 나타내는 용어 사용
  ⑤ 은어나 속어를 배제하고 현직자들에게 친숙한 용어 사용

3) **직무명세서 또는 작업자 명세서** (필 : 5회 기출)
  ① 직무를 수행하는 작업자가 갖추어야 할 자격요건을 기록한 것
  ② 직무수행에 요구되는 지식, 기술, 능력, 경험 등의 인적요건을 수록
  ③ 인적자원 관리에 주로 활용
  ④ 직무명세서에 포함되는 정보 : 지식, 기술, 능력, 경험 등

실기 기출문제

직무기술서에 포함되는 정보 5가지를 쓰시오. (09-2회, 19-2회)

제2절 **직무분석 기법**

1. 직무분석 방법

❑ **직무분석 방법의 종류**(실 : 1회 기출)
  ① 최초분석법
  ② 비교확인 법
  ③ 그룹토의 법

1) **최초분석법** (필 : 1회 기출)
  최초분석법의 개념
  • 직접 작업현장을 방문하여 분석을 실시하는 방법
  • 자료가 드물고, 그 분야에 대한 경험과 지식을 갖춘 사람이 거의 없을 때 사용
  • 상대적으로 비용과 시간이 과다 소모

2) **최초분석법의 종류** (필 : 11회/실 : 5회 기출) **암기** 체-면-설-관-녹-중-작
  ① **면접법** : 직무에 대한 경험과 지식을 갖추고, 정확한 표현이 가능한 작업자와의 면담을 통해 분석 (필 : 2회/실 : 1회 기출)
    • 유의사항
      - 개방형 질문을 사용할 것
      - 유도질문을 삼갈 것
      - 간단하고 쉽게 이해되는 언어를 사용할 것

    - 안정되고 일관된 속도로 진행할 것
    - 면접의 목적을 미리 알려주고 편안한 분위기를 조성할 것
  - 장점 : 응답률이 높음, 정확한 정보를 얻을 수 있음, 피검자에 대한 파악이 용이
  - 단점 : 시간과 비용이 과다, 오차가 발생할 개연성이 높음, 특수층의 사람을 접하기 곤란
② **관찰법** : 관찰자가 사업장을 방문하여 작업자가 수행하는 직무활동을 관찰하여 분석
③ **체험법** : 관찰자가 직접 직무를 체험하여 분석하는 방법
④ **설**문지법 : 질문지를 배부하여 직무를 분석하는 방법/시간과 비용이 절감되나 낮은 회수율이 단점 (필 : 1회 기출)
⑤ **녹화법** : 단순 반복적인 직무이면서 소음, 분진, 위험한 직무에 적합/반복분석 가능, 위험 작업에 적합
⑥ **중**요사건 기록법 또는 결정적 사건법 (필 : 8회 기출)
  - 의의 및 내용
    - 러시아 주재 미국의 외교관을 대상으로 직무분석을 한 것에서 유래
    - 효과적인 행동과 비효과적인 행동을 구분하여 분석하는 것
    - 직무수행에 결정적인 역할을 한 사건이나 사례를 중심으로 분석
    - 직무를 성공적으로 수행하는 데 중요한 역할을 하는 행동들을 밝히는 데 초점
  - 단점 (필 : 1회/실 : 5회 기출) ●암기 일-왜-주
    - **일**상적인 수행과 관련된 것들이 배제될 수 있음
    - 결정적 사건들에 대해 **왜**곡하여 기술할 가능성이 있음
    - 추론과정에서 직무분석가의 **주**관이 개입될 수 있음
⑦ **작업**일지법 : 근로자가 매일 수행한 내용을 기록한 일지를 통해 직무분석 하는 방법

3) 직무분석 설문지(질문지) 선택 시 평가준거 (실 : 1회 기출)
  ① 신뢰성 : 일관성을 지녀야 한다.
  ② 타당성 : 타당하고 정확해야 한다.
  ③ 만능성 : 다양한 목적을 충족시킬 수 있어야 한다.
  ④ 표준성 : 표준화되어 있어야 한다.
  ⑤ 실용성 : 시간과 비용 측면에서 실용적이어야 한다.

실기 기출문제

1. 직무분석 방법 중 최초분석법이 적합한 경우와 최초분석법의 종류 5가지를 쓰고 간략히 설명하시오.
   (01-3회, 17-3회, 19-1회, 21-1회, 22-3회)

2. 직무분석을 위한 면접 시, 면접진행을 위한 지침 및 유의사항 5가지를 쓰시오. (04 – 3회)

3. 직무분석 방법 중에서 결정적 사건법의 단점 3가지를 쓰시오. (03 – 1회, 13 – 1회, 15 – 1회, 19 – 1회, 22 – 2회)

4. 직무분석 설문지 선택 시 평가준거를 5가지 쓰고 간략히 설명하시오. (14 – 2회)

2. 비교확인 법 및 그룹토의 법

1) 비교확인 법 (필 : 6회 기출)
   ① 의의 : 지금까지의 자료를 참고로 현재의 직무 상태를 비교. 확인하는 방법
   ② 직업이 다양하고 직무의 폭이 넓어 단시간의 관찰을 통한 분석이 어려운 경우 적합
   ③ 대상 직무에 대한 참고문헌과 자료가 충분하며 일반적으로 널리 알려진 경우 사용
   ④ 다른 방법과 상호 보완하여 완성하는 것이 일반적

2) 그룹토의법
   ① 데이컴 법 (필 : 4회 기출)
      • 교과과정 개발하기 위해 사용되는 기법
      • 비교적 단시간 내에 추출하는 데 효과적
      • 8~12명으로 구성된 데이컴 위원회가 2박 3일 정도의 집중적인 워크숍을 통해 개발
      • 전문가들로 구성되며, 서기나 옵저버의 의견은 반영되지 않음
   ② 브레인 스토밍 (필 : 1회 기출)
      • 소규모 전문가 집단의 자유로운 토의를 통해 직무분석을 하는 것
      • 데이컴법이 교육과정개발에 주로 활용하는 데 반해 브레인스토밍법은 일반적인 문제해결

실기 기출문제
직무분석 방법을 3가지 쓰고 설명하시오. (20 – 4회)

3. 구조적 면접법과 비구조적 면접법 비교 (필 : 2회/실 : 2회 기출)

1) 의미
 ① 구조적 면접법 : 질문할 내용들을 미리 정해 놓고 그 순서에 따라 진행하는 방식
 ② 비구조적 면접법 : 설정된 질문으로 시작하지만, 응답자 반응에 따라 깊이 있고 융통적인
  질문 가능

2) 장단점 비교
 ① 구조적 면접 : 짧은 시간 내에 많은 정보를 얻을 수 있는 반면, 심층적인 정보 얻기 곤란
 ② 비구조적 면접 : 심층적인 정보를 얻을 수 있는 반면, 다양한 요소의 많은 정보 습득 곤란

실기 기출문제
직무분석의 구조적 면접법과 비구조적 면접법의 의의와 장단점을 쓰시오. (11 – 3회, 15 – 1회)

제3절   직무평가와 직무수행 평가

1. 직무평가 (필 : 6회 기출)

1) 의의 및 특징
 ① 의의 : 직무들의 상대적인 가치를 결정하여 직무의 순위를 정하는 것
 ② 직무의 상대적인 가치에 따라 임금수준을 결정
 ③ 직무에 대한 가치판단이 개재될 수 있다.

2) **직무평가의 방법** (실 : 1회 기출) 🅰암기 요–점–분–서
 ① 질적 평가방법 (필 : 1회 기출)
  • 서열법 : 직무의 상대적 가치를 기준으로 직무의 중요도에 따라 순위를 정하는 방법
  • 분류법 : 사전에 만들어 놓은 등급에 각 직무를 맞추어 넣는 방법
 ② 양적 평가방법 (필 : 3회 기출)
  • 점수법 : 직무의 요소들을 뽑아서 그 중요도에 따라 점수를 산정하여 직무를 평가
  • 요소비교법 : 핵심이 되는 직무를 선정하여 직무를 평가하는 법

2. 직무 수행평가

1) 의의 및 특징 (필 : 2회 기출)
① 의의 : 작업자의 직무수행 능력 수준을 평가하는 것
② 작업자의 업적을 측정. 평가하고 구성원들에게 피드백 하는 과정
③ 인사관리와 개인발전 및 연구에 활용

2) 향후 직무분석의 변화 방향 (필 : 2회 기출)
① 역량을 중심으로 분석 필요
② 자동적으로 수행하는 장비들의 활용이 증가
③ 조직 밖의 외부고객으로부터 직무에 관한 정보수집이 필요
④ 과제외의 수행에 초점
⑤ 인지적 능력 외에 성격적 요인에 대한 분석도 필요

실기 기출문제

직무평가 방법 4가지를 쓰고 설명하시오. (21 - 3회)

CHAPTER 04 경력개발과 경력관리

1. 경력개발의 이해

1) 경력개발의 개념
① 경력의 의의 : 조직에서 축적한 개인 특유의 직무, 직위, 경험들로 이력서상의 직무들의 집합
② 경력개발 : 자신의 진로를 결정하고 실행에 옮기기 위해 평가, 상담, 계획수립 및 훈련 등을 실시하는 것

2) 경력발달 과정(D.T/Hall) (실 : 1회 기출)
① 탐색기 : 자아개념을 정립하고 경력지향을 결정하는 단계
② 확립기 : 특정 직무영역에 정착하는 시기로서 선택한 직업에 정착하려고 노력하는 단계
③ 유지기 : 생산의 시기로서 업무상 확고한 지위를 유지하려고 노력하는 단계
④ 쇠퇴기 : 은퇴를 준비하는 시기로서 자신의 조직생활을 통합하려고 노력하는 단계

3) 경력개발의 과정 (필 : 1회 기출)
① 경력계획 : 구성원 인적자료 수집, 직무분석과 인력개발 및 계획, 경력기회에 대한 커뮤니케이션
② 경력개발 : 경력상담과 경력목표 설정, 경력개발의 추구
③ 평가, 피드백 : 결과분석 및 경력개발 계획의 조정

실기 기출문제

Hall이 제시한 경력개발 4단계를 순서대로 설명하시오. (13 – 1회)

2. 경력개발 프로그램

1) 프로그램 개발을 위한 조사연구
① 요구분석 또는 니즈평가 (필 : 6회 기출)
- 경력개발을 위해 가장 먼저 고려해야 할 요소/어떤 훈련이 필요한지의 요구분석이 우선
- 누구를 대상으로, 어떤 프로그램을 만들 것인지 알아보는 평가
- 설문조사나 면접을 통해 수집

② 파일럿 연구 (필 : 4회 기출)
- 특정 프로그램을 전체에 적용하기에 앞서, 소규모 집단에 시범적으로 실시하는 과정
- 시범 실시 후, 평가와 피드백을 받아서 확대하는 것
- 시행착오 및 집단의 저항을 최소화할 수 있음

2) 경력개발 프로그램의 유형 (필 : 4회 기출)
① 자기평가도구(경력워크숍, 연습책자 등)
② 개인상담
③ 정보제공(사내 공모제 등)
④ 종업원 평가(평가기관, 조기발탁제 등)
⑤ 종업원 개발(후견인, 직무순환, 훈련프로그램 등)

3) 경력개발프로그램 사례 (필 : 2회 기출)
① 경력워크숍 : 신입사원 대상, 5일 정도 시간을 주고 6개월 이내에 도달하고 싶은 경력목표, 계획 등을 작성 제출토록 함 (필 : 3회 기출)
② 사내 공모제 : 특정 프로젝트나 신규 사업 추진을 위한 적임자를 선정하는 제도 (필 : 1회 기출)
③ 평가기관 : 미국의 AT & T사에서 실시. 직원들의 관리능력을 평가/2~3일간 지필검사, 면접, 집단토의 등을 통해 개인의 능력, 성격, 기술 등의 종합적인 평가 (필 : 4회 기출)
④ 후견인 프로그램 : 멘토 멘티 시스템 (필 : 2회 기출)
⑤ 직무순환 프로그램 : 다양한 직무를 경험시켜, 여러 분야의 능력을 개발 (필 : 3회 기출)

4) 직무확충, 직무확대 등 (필 : 3회 기출)
① 직무확대 : 전문화와 표준화의 원리를 벗어나 직무수행의 다양성을 위한 직무의 양적 확대
② 직무확충 : 직무수행의 자유와 독립성 등 재량권을 부여하는 직무의 질적 확대
③ 직무 재분류 : 직무의 중요도 및 종류에 따라 단위 직무를 재분류하는 것

3. 다운사이징 시대의 경력개발

1) 다운사이징의 의미 (필 : 1회 기출)
① 소형화 또는 축소화를 의미, 경기불황에 따른 조직의 인력 조정과 인건비 절약

② 향후, 수직이동 보다는 수평이동이 보다 중요
③ 변화하는 직무를 원만히 해낼 수 있는 인력을 양성하는 것이 중요

2) 다운사이징 시대의 경력개발 방향 (필 : 8회 기출)
① 장기고용이 어려워지며, 고용기간이 점차 짧아진다.
② 수평이동에 중점을 두어야 한다.
③ 개인의 자율권 신장과 능력개발에 초점을 두어야 한다.
④ 경력개발은 단기, 연속 학습단계로 이루어진다.
⑤ 평생학습으로의 경력개발이 요구된다.
⑥ 새로운 직무수행을 위한 재교육이 필요
⑦ 다양한 프로젝트의 참여 및 퇴직자 관리 프로그램의 운영이 요구

4. 경력개발 단계 (실 : 1회 기출)

1) 초기경력 관리 (필 : 1회 기출)
① 새로운 조직에 입문하여 자신이 속한 조직에 적응하고 경력목표를 세우는 단계
  • 조직에 적응하도록 방향을 설정, 지위와 책임을 깨닫고 만족스러운 수행을 증명
  • 개인적인 목적과 승진기회의 관점에서 경력계획을 탐색
② 관련 프로그램 : 오리엔테이션, 인턴십, 경력워크숍, 후견인프로그램이 필요

2) 중기경력관리 (필 : 1회 기출)
① 초기에 세운 경력목표의 재평가와 자신을 파악하는 능력을 향상시키는 데 중점
  • 일의 세계에서 개인 역할로 초점을 옮겨가는 시기
② 관련 프로그램 : 직무순환제도, 교육프로그램, 경력상담 등이 필요

3) 후기 경력관리
① 퇴직자의 니즈를 파악하고 개인에 맞는 시스템을 제공하는 단계
  • 조직에서 권력역할에서 사소한 역할로 전환
② 관련 프로그램 : 은퇴 전 프로그램, 전직지원 프로그램, 유연성 있는 작업계획 등

실기 기출문제

경력개발 프로그램을 초기, 중기, 말기 경력단계별로 설명하고 경력개발 프로그램의 예를 각 2개씩 제
시하시오. (10 - 3회)

제2절 직업의식과 직업전환

1. 직업의식

1) **직업의식의 범위** (필 : 2회 기출)
   ① 직업에 대한 가치
   ② 직업에 대한 태도
   ③ 직업에 대한 의견
   ④ 직업에 대한 관습

2. 직업전환

1) **직업전환의 개념** (필 : 5회 기출)
   ① 실업이나 여러 사유로 다른 직업으로 전환하는 것
   ② 적성, 흥미, 성격이 직업과 맞지 않아 직업적응문제를 겪고 있는 경우 가장 적합한 방법

2) **직업전환을 촉진하는 요인** (필 : 3회 기출)
   ① 노동인구 중 젊은 층의 비율이 높을 경우
   ② 완전고용의 상태일 경우
   ③ 단순직 근로자의 비율이 높을 경우
   ④ 여성근로자의 비율이 높을 경우

3. 직업전환 상담 (필 : 7회 기출)

1) **직업전환 상담 시 고려사항** (필 : 8회 기출)
   ① 내담자의 직업세계의 변화에 대한 인지능력을 탐색이 최우선
   ② 전환될 직업에 대해 기술과 능력, 나이와 건강, 직업전환에 대한 동기화 여부 파악 필수
   ③ 상담 시, 실직자는 충격완화, 직업문제 상담, 적응프로그램, 의사결정 프로그램 등의 병행 필요

2) **실업자의 직업전환과 직업상담** (필 : 3회 기출)
   ① 생애훈련 적 사고를 갖도록 조언하고 참여하도록 권고할 것
   ② 경력의 전환점에서 적절한 훈련 내지 조언을 실시하는 등 경력개발계획을 추진할 필요
   ③ 청년기 실업자의 경우 경력, 학력 등에서 일반적인 평가 방법에 의해 의존해도 가능
   ④ 실업자의 나이가 많을수록 취업 제의를 받는 비율이 감소함/성인일수록 직업전환을 회피

1. 직업지도와 진로지도

1) **직업지도** (필 : 1회 기출)
   ① 의의 : 자신 및 직업세계의 이해를 통해 올바른 직업을 선택하도록 하는 조직적이고 체계적인 활동
   ② 프로그램 : 직업탐색, 직업준비, 직업적응, 전환 및 은퇴 등을 도와주는 조직화된 집단상담 서비스 체계

2) **직업지도 프로그램 개발 · 운영관련 고려** (필 : 2회 기출)
   ① 미래사회를 보는 시각
   ② 노동시장과의 연계
   ③ 생애주기 변화에 대한 인식제고

3) **프로그램 선정 시 고려사항** (필 : 2회 기출)
   ① 경제성   ② 실용성
   ③ 목적에 부합성   ④ 평가성

4) **직업지도 프로그램의 과정** (필 : 2회 기출)
   ① 1단계 : 직업탐색 및 정보수집
   ② 2단계 : 직업선택
   ③ 3단계 : 조직문화 조사
   ④ 4단계 : 직업상담
   ⑤ 5단계 : 취업준비
   ⑥ 6단계 : 직업적응
      • 직업생활에 적응할 수 있도록 돕는다.
      • 직업전환 및 실업위기에 대응하기 위한 자기만의 계획을 가지도록 한다.
      • 은퇴 후의 생애설계를 하도록 한다.

2. 청소년을 위한 진로지도

1) **진로교육 모형(지도단계)** (필 : 3회 기출)
   ① 1단계 : 진로인식
   ② 2단계 : 진로탐색
   ③ 3단계 : 진로준비
   ④ 4단계 : 취업

2) 청소년을 위한 직업지도 및 직업상담 프로그램 단계 (필 : 1회 기출)
  ① 자기이해를 돕는 단계
  ② 직업세계 이해를 돕는 단계
  ③ 미래사회 이해를 돕는 단계
  ④ 진로계획 수립지도 단계
  ⑤ 직업상담

3) 진로계획 수립을 위한 도구
  ① 진로일기 : 자신의 생애주기를 고려하여 일기를 쓰며 미래에 초점을 두는 것이 효과적
  ② 진로수첩 : 진로와 관련된 소책자. 자기평가를 통해 자신감과 자기인식, 태도 및 흥미에 대한 지식을 증진
  ③ 진로서류철 : 자신에 관한 서류를 정리하여 능력을 검증하고 새로운 능력을 탐색

3. 직업지도 프로그램의 유형 (필 : 7회 기출)

1) 종류
  ① 자신에 대한 탐구프로그램 : 중요하고 기본적인 것. 진로미결정자나 우유부단한 내담자에게 가장 우선되어야 함 (필 : 4회 기출)
  ② 직업세계 이해프로그램 : 개인의 일 경험, 직업세계의 탐색, 자격 및 면허조건 등 정보제공 (필 : 1회 기출)
  ③ 직장스트레스 대처 프로그램 : 전직을 예방, 퇴직 의사 보유자에게 실시하는 프로그램 (필 : 3회 기출)
  ④ 실업충격 완화 프로그램 : 실업에서 오는 정신적인 충격을 완화하기 위한 기법 제공
  ⑤ 직업전환 프로그램
  ⑥ 직업 복귀 프로그램
  ⑦ 조기퇴직 프로그램 등

2) 실업 관련 프로그램 (필 : 5회 기출)
  ① 실업충격 완화 프로그램
  ② 실업스트레스 대처 프로그램
  ③ 직업전환 프로그램
  ④ 직업복귀 프로그램
  ⑤ 취업동기 증진 프로그램
  ⑥ 구직활동 증진 프로그램

CHAPTER 05 직업 스트레스

제1절 스트레스의 이해

1. 스트레스의 개념과 종류

1) 스트레스의 개념
   ① 의미 : 사람이 살면서 받는 모든 자극
   ② 개인의 특성과 무관하게 발생, 단 사람에 따라 동일한 자극에 상이한 스트레스를 체험

2) 스트레스의 종류
   ① 자극으로서의 스트레스 : 삶속에서 경험하는 다양한 자극이나 사건들
   ② 반응으로서의 스트레스 : 생물학적 또는 정서적 · 행동적 향상성의 붕괴로 유발
   ③ 개인과 환경 간의 상호작용 스트레스 : 환경적 자극요인과 개인 특성적 반응의 상호작용으로 나타남

3) 스트레스의 발생원인 (필 : 2회 기출)
   ① 좌절 : 원하는 목표가 지연되거나 차단될 때 유발되는 부정적인 정서 상태
      • 외적인 장애 : 물리적 요인과 사회경제적 요인으로 구분
      • 내적인 장애 : 신체적 요인과 심리적 요인으로 구분
   ② 과잉부담 : 개인의 능력을 벗어난 일이나 요구로 인해 경험하는 부정적인 정서상태
   ③ 갈등 : 두 가지(접근 : 정적요인과 회피 : 부적요인)의 동기들이 갈등을 일으킬 때 유발
      (필 : 3회 기출)
      • 접근 – 접근 갈등 : 두 개의 정적유의성을 갖고 있는 요인이 상호 배타적일 때 발생(여름 휴가를 산으로 갈지 바다로 갈지 갈등하는 경우)
      • 접근 – 회피 갈등 : 동일한 행동목표가 정적유의성과 부적유의성을 보일 때 유발(승진을 하려면 지방근무를 해야 하고, 서울근무를 지속하면 승진기회가 박탈되는 경우)

- 회피 – 회피 갈등 : 두 개의 부적유의성을 가진 요인이 상호 배타적일 때(학교에 가기 싫은 학생이 부모에게 꾸중 들을까봐 집에 있지도 못하고 학교에도 가지 못하는 경우)
- 이중 접근 – 회피 갈등 : 접근 – 회피 갈등을 보이는 두 개의 행동목표 중 하나만을 선택해야만 할 경우(술을 마시자는 친구와 집에 빨리 들어오라는 아내 사이에서의 갈등을 겪는 경우)

④ 생활의 변화 : 평소의 생활환경이 바뀔 때 경험하는 정서상태(결혼, 이사, 이혼 등)

⑤ 탈핍성 스트레스 : 원하는 만큼의 자극이 없을 때 스트레스가 유발(무료함, 외로움 등)

⑥ 압력 또는 압박감 : 성과와 목표를 달성하기 바라는 기대 또는 요구 들

2. 스트레스의 효과

1) 긍정적 효과 (필 : 1회 기출)
① 적절한 스트레스는 자극을 받고 도전하려는 욕구를 자극
② 적절한 스트레스는 생활에 활력을 주고 업무성과를 향상
③ 스트레스에 대한 내성이 증진

2) 부정적 효과
① 신체적 반응 : 위급반응 또는 일반적증후군 유발
② 신체적 질병 : 위장질환, 심장순환계 질환 등
③ 심리적 반응 : 주의집중 곤란, 능률의 저하, 불안과 초조, 우울과 무력감

3. 스트레스에 대한 연구 (필 : 4회 기출)

1) 셀리에의 일반적응증후군(동물실험을 통한 스트레스 반응양상 연구로 3단계로 분류)
(필 : 15회 기출) 🔑암기 경 – 저 – 탈(소)
① 제1단계(**경**고단계/경고반응단계) : 스트레스에 대한 최초의 즉각적인 반응(심박수 증가)
② 제2단계(**저**항단계/저항반응단계) : 스트레스가 지속되는 경우로서 신체의 전반적인 기능 저하
③ 제3단계(**소**진단계/**탈**진단계) : 유해한 스트레스에 장기간 노출로 신체적 에너지가 고갈(위장병, 우울증 등)

2) 라자루스와 포크만의 인지적 평가이론(스트레스 자체보다 사건에 대한 지각 및 인지과정 중시)
(필 : 3회 기출)
① 1차 평가 : 사건이 얼마나 위협적인지 평가/위협적 – 스트레스 발생, 비위협적 – 미발생
② 2차 평가 : 사건에 대한 유효한 대처전략(대처능력) 평가/있으면 – 비발생, 없으면 – 발생
③ 3차 평가 : 1~2차 평가와 유사/환경에서 오는 새로운 정보에 근거하여 재평가하는 것

3) 여크스 – 도슨의 역 U자형 가설 (필 : 7회 기출)
① 직무에서 너무 스트레스가 높거나 낮은 경우 직무성과가 떨어지는 역U자형 양상
② 적절한 스트레스가 직무수행 능력을 향상시켜준다.

4) 홈스와 레어의 사회재적응 척도와 생활변화 척도 (필 : 2회 기출)
① 일상에서 발생하는 43개의 생활사건을 기준으로 스트레스 점수를 부여
② 1년간 겪게 되는 생활변화 단위 또는 생활변동 단위로 측정하여 스트레스 정도 판단
③ 생활의 변화는 평소 익숙하던 생활환경이 바뀐 것을 말함
④ 스트레스 경험 후, 본래의 항정상태로 돌아가는데 필요한 기간과 노력의 양으로 설명
⑤ 지수 합이 0~150 미만 정상, 150~199는 경도, 200~299는 중등도, 300 이상은 중증도 생활위기

5) 스트레스 호르몬 연구 (필 : 2회 기출)
① 스트레스의 생리적 지표의 대표적 호르몬 : 코티졸(스트레스 통제 호르몬)
② 17 – 하이드로록시코티코스테로이드(17 – OHCS)는 당류부신피질 스트레스 호르몬의 총칭
③ 코티졸이 과다 분비되는 경우 만성피로 증후군을 유발
④ 만성스트레스는 코티졸이 과다 분비되어 기능을 파괴하게 됨으로써 저항력을 저하

6) 일 중독증과 소진 (필 : 3회 기출)
① 일 중독증(워커홀릭/과잉적응증후군) : 일을 안 하면 불안해지는 강박 증상(점심을 먹으면서 서류검토)
② 소진 : 탈진증후군이라고 하며, 에너지를 쏟아 일이 끝난 후, 허탈감을 느끼는 심리적 상태

제2절 직무 및 조직관련 스트레스

1. 직무(조직관련)스트레스 원 (필 : 4회/실 : 1회 기출) 암기 과 – 과 – 갈 – 모 – 조

1) 과제특성
복잡한 과제는 정보 과부하를 야기하여 스트레스 유발 (필 : 3회 기출)
• 지루함과 단조로움도 위험한 스트레스 요인

2) 역할 갈등의 의미와 종류 (필 : 14회 기출)
① 의미 : 역할 담당자와 역할전달자 간의 기대가 상충되는 경우 스트레스 발생
② 종류
• 개인 간 역할갈등 : 직업에서의 요구와 직업 이외의 요구 간의 갈등에서 발생

- 개인 내 역할갈등 : 수행하는 직무의 요구와 가치관이 다를 때 스트레스 유발
- 송신자 간 갈등 : 두 명 이상의 요구가 상충될 때 갈등이 유발
- 송신자 내 갈등 : 한 사람의 업무지시가 서로 양립할 수 없는 내용일 때 갈등 유발

3) 역할 모호성
개인의 역할, 개인의 책임 한계, 직무목표가 명확하지 않을 때 유발 (필 : 4회 기출)

4) 역할과다 또는 역할과소
대처능력 초과나 직무의 양적·질적 과부하/역할과소도 갈등유발

5) 조직문화와 풍토
개인주의와 집단주의가 충돌, 조직문화의 부적응은 근로자에게 스트레스 유발

실기 기출문제

직무관련 스트레스 요인을 3가지 쓰고 설명하시오. (15-3회)

2. 일반적인 스트레스의 원인(스트레스원) (필 : 5회 기출)

1) 환경적 요인
경제적, 사회적, 정치적 및 기술적인 변화와 불확실성

2) 물리적 요인
소음, 조명도, 온도, 공해 등

3) 개인적 요인
가족의 문제, 친구의 기대, 삶의 질, 종교적 문제 등

3. 직무관련 스트레스 조절변인 (실 : 3회 기출) 암기 A-통-사

1) A/B 성격유형(프리드만, 로젠만) (필 : 14회 기출)
① A형 성격유형 : 급하고 능동적, 공격적 성향, 경쟁 및 성취지향, 신속성, 완벽함, 결과지향
② B형 성격유형 : 수동적 방어적, 느긋함과 차분함, 과정중심, 여유로운 대처, 상황수용적
③ A형 성격이 B형 성격보다 스트레스에 취약
④ A형 성격이 B형 성격유형보다 더 많은 부정과 투사 기제를 사용

2) **통제위치 또는 통제소재** (필 : 4회 기출)
  ① 내적 통제자 : 사건의 발생이나 결과를 자신의 탓으로 생각, 스트레스에 잘 대처함
  ② 외적 통제자 : 사건 발생이나 결과를 남의 탓으로 생각, 스트레스에 취약
  ③ 단, 내적 통제자가 스트레스 대처노력을 쉽게 포기하는 경향이 있음

3) **사회적 지원 또는 사회적 지지** (필 : 2회 기출)
  ① 직무수행자의 스트레스를 완화할 수 있도록 조직 내적 혹은 외적요인을 말함
  ② 조직 내적 요인 : 상사, 동료, 부하/조직외적 요인 : 가족 등
  ③ 사회적 지원이 제공되면 직무스트레스가 감소됨
  ④ 사회적 지원을 받으면 출처를 약화시키지만 직무 불만족 자체를 감소시키지는 못함

실기 기출문제

직무스트레스의 조절변인(개인적 요인) 3가지를 쓰고 설명하시오. (13-1회, 17-3회, 18-2회)

4. 직무스트레스와 구조조정 스트레스

1) **직무 스트레스로 인해 나타나는 행동적 결과** (필 : 2회/실 : 2회 기출)
  ① 직무수행 실적 감소　　　　　② 결근율 증가
  ③ 이직률 증가　　　　　　　　④ 지각, 조퇴 빈발
  ⑤ 직무 불만족 야기　　　　　　⑥ 동기 및 사기 저하

2) **직무소외(브라우너)** (필 : 2회 기출)
  ① 비소외적 상태 : 자유와 통제, 목적, 사회적 통합, 자기몰입
  ② 소외양상 : 무기력감, 무의미감, 고립감, 자기상실감

3) **생존자 증후군(구조조정이나 전쟁에서 살아남은 자의 정서적 반응)** (필 : 5회 기출)
  ① 조직의 분위기가 침체되고 사기가 급격히 저하
  ② 살아남은 구성원들도 조직에 대한 신뢰감을 상실, 이직률 증가 등 이탈현상 야기
  ③ 다른 직무나 낮은 수준의 직무로 이동하는 것도 감수
  ④ 불이익이나 과로도 감수, 분노나 공격적 성향을 나타냄
  ⑤ 조직몰입에 어려움을 겪거나 자신도 언제 감축대상이 될지 모를 불안감
  ⑥ 책임지는 업무에 대한 회피, 혁신적 또는 변화를 기피하는 현상

직무 스트레스로 인해 발생하는 행동적 결과를 5가지 쓰시오. (16-3회, 21-2회)

제3절 스트레스 관리와 예방

1. 스트레스 예방전략 (필 : 2회 기출)

① 가치관을 전환
② 목표 지향적 심리에서 과정 중심적 사고방식으로 전환
③ 스트레스에 정면으로 도전하는 마음가짐이 있어야 한다.
④ 가슴속에 쌓인 한을 털어낼 것
⑤ 균형 있는 생활과 운동을 통한 스트레스 조절
⑥ 취미, 오락 등을 통해 스트레스를 해소하는 노력이 필요

2. 스트레스 관리전략

1) 예방관리
　① 1차적 예방(조직수준) : 스트레스 요인중심(출처 지향적 관리) - 은행의 번호표 대기
　② 2차적 예방(개인수준) : 스트레스 반응중심(반응 지향적 관리) - 취미, 운동 등
　③ 3차적 예방 : 스트레스 증후 중심(증후 지향적 관리) - 치료 등

2) 1차적 관리전략 (필 : 2회 기출)
　① 직무중심 관리전략 : 직무재설계, 참여적 관리, 경력개발, 융통적 작업계획
　② 관계중심 관리전략 : 역할분석, 목표설정, 사회적지지, 팀 형성 또는 팀빌딩

3) 2차적 관리전략 (필 : 2회 기출)
　① 요인 지향적 전략 : 스트레스의 지각관리, 작업환경 및 생활스타일 관리
　② 반응 지향적 관리 : 이완훈련, 신체적 배출, 정서적 배출
　③ 증후 지향적 관리 : 상담 및 정신치료, 의학적 보호

4) 스트레스 예방 및 대처를 위한 포괄적인 노력 (필 : 6회 기출)
  ① 가치관을 전환시켜야 한다.
  ② 목표지향적에서 과정중심적 사고로 전환
  ③ 스트레스에 정면으로 도전하는 마음가짐이 있을 것
  ④ 가슴속에 쌓인 한을 털어 낼 것
  ⑤ 균형 있는 생활을 해야 할 것
  ⑥ 취미, 오락을 통해 생활장면을 전환하고 활동을 규칙적으로 할 것
  ⑦ 운동을 통해 스트레스를 적절히 해소할 것

Break Time

직업 정보론

CHAPTER 01 직업정보 제공

제1절 **직업정보의 이해**

1. 직업정보의 의의

1) 직업정보의 개념
   ① 직업과 관련된 모든 정보 및 자료를 포함
   ② 직위, 직무, 직업에 관한 모든 종류의 정보

2) 직업정보의 사용목적 (필 : 1회 기출)
   ① 동기부여 : 흥미유발, 직업에 대한 인식 및 태도 변화
   ② 지식전달 : 일의 유형 및 과정과 환경 등을 알게 됨
   ③ 비교·분석 : 직업에 대한 분석 더 좋은 근로자의 생활 형태
   ④ 역할모형 제공 : 직업 준비, 선택, 적응, 전환, 은퇴 등과 관련된 문제해결 도움

2. 직업정보의 기능 및 역할

1) 일반적인 기능 (필 : 3회 기출)
   ① 직업선택에 관한 지식을 증가
   ② 자신의 선택을 점검하고 재조정 해보는 기능
   ③ 다양한 직업들을 간접적으로 접할 기회를 제공
   ④ 여러 가지 직업적 대안들의 정보를 제공

2) 브레이 필드의 직업정보의 기능 (필 : 4회/실 : 7회 기출) 🔑암기 플레이 플레이 정–재–동
   ① **정**보제공 기능 : 적절한 직업선택이 이루어지도록 직업에 대한 지식을 증가

② **재**조정기능 : 자신의 진로선택이 적절했는지 여부를 재점검

③ **동**기화 기능 : 의사결정에 자발적, 적극적으로 참여시켜 선택에 대한 책임감을 갖도록 함

3) **직업 정보의 추가적 기능/크리스탠 베어** (필 : 1회 기출)

① 탐색기능 : 선택한 직업분야에서의 일들에 대한 광범위한 탐색 가능

② 확신기능 : 직업선택이 얼마나 합당한가를 확신시켜줌

③ 평가기능 : 직업에 대한 지식과 이해가 적절한지를 점검

④ 놀람기능 : 특정 직업을 선택하는 것에 대해 어떻게 생각하는지 알 수 있도록 함

4) **직업정보의 부문별 기능 및 역할** (실 : 3회 기출) 🔵암기 **노-기-국**

① **노**동시장 측면

• 개인의 노동시장 진입 촉진 : 구직활동 촉진 및 청소년의 진로탐색과 진로선택 시 참고 자료 활용

• 노동시장의 활성화 : 노동수요의 불안정성을 억제하고, 노동생산성 향상

② **기**업 측면

• 인사관리 : 합리적인 인사관리 촉진

• 안전관리 : 과학적인 안전관리로 산업재해 예방

③ **국**가적 측면

• 직업훈련의 기준 : 체계적인 직업정보를 기초로 직업훈련의 기준 설정

• 고용정책의 기본자료 : 고용정책의 입안 및 수립을 통해 고용정책 결정의 자료로 활용

5) **고용정보의 유형** (실 : 3회 기출)

① 거시정보 : 정책 및 법률입안의 기초자료로 활용되며, 기한이 길고 범위가 포괄적

　　🔲예 노동시장 동향, 인력 수급 정책, 고용동향, 고용전망 등

② 미시정보 : 정보가 개별적, 구체적이며 정보로서의 기한이 짧고 범위가 좁다.

　　🔲예 구인·구직 정보, 훈련 정보, 임금 정보, 자격 정보 등

실기 기출문제

1. 브레이필드가 제시한 직업정보의 기능 3가지를 쓰고 간략히 설명하시오. (06-3회, 08-3회, 11-2회, 15-1회, 17-3회, 19-2회, 22-2회)

2. 직업정보의 기업, 국가, 노동시장에 대한 부문별 기능을 쓰시오. (00-3회, 04-1회, 06-1회)

3. 고용정보를 미시정보와 거시정보로 나누고(2가지로 대별하고) 그 예를 각각 2가지씩 쓰시오. (09-2 회, 17-2회, 20-2회)

3. 민간직업정보와 공공직업정보

1) 민간직업정보 (필 : 11회 기출/실 : 예상문제)

　① 의의 : 민간단체, 기관, 기업 등에서 영리를 목적으로 생산하여 유료로 제공

　② 특징 　암기　단임의 특정한 비유

　　• **단**시간에 조사하여 집중적으로 제공
　　• **임**의적 기준 또는 시사적 관심이나 흥미를 유도하도록 직업을 분류
　　• **특**정 목적에 맞게 해당분야 및 직종을 제한적으로 선택
　　• **정**보 자체의 효과가 크나 부가적 파급효과는 미흡
　　• 필요한 시기에 활용할 수 있도록 **한**시적으로 생산 운영
　　• 다른 직업정보와 **비**교가 곤란하고 활용성이 낮음
　　• **유**료로 제공

2) 공공 직업정보의 특징 (필 : 13회/실 : 4회 기출)

　① 의의 : 정부, 공공단체 및 비영리 기관에서 공익목적으로 생산하여 무료로 제공

　② 특징 　암기　공보비 전무 객지/공보비는 전무 객지에서 사용하다

　　• 정부, **공**공기관 등 비영리 기관에서 **공**익적 목적으로 생산 제공
　　• **보**편적이고 기초적인 정보제공
　　• 관련 직업 간 정보 **비**교가 용이
　　• 특정분야에 국한되지 않고 **전**체 직업 대상 정보제공
　　• **무**료로 제공
　　• 정보 체계 직접적, **객**관적 기준과 평가 가능
　　• 특정시기에 국한되지 않고 **지**속적으로 조사 · 분석

3) 민간 직업 정보와 공공 직업 정보 비교 (필 : 1회/실 : 1회 기출)

구분	민간직업정보	공공직업정보
정보제공 지속성	불연속적	지속적
직업분류 기준	자의적	객관적
직업의 범위	특정 직업	전체 직업
다른 직업정보와 관련성	미흡	상호 관련성
정보제공 비용	유료	무료

1. 공공직업정보의 특징 5가지만 쓰시오. (07 - 3회, 08 - 3회, 10 - 3회, 22 - 1회)

2. 민간직업정보의 특징 5가지만 쓰시오. (예상문제)

3. 아래의 표에서 빈칸을 채우시오. (07 - 3회)

구분	민간직업정보	공공직업정보
정보제공 지속성	불연속적	지속적
직업분류 기준	(1)	(2)
직업의 범위	(3)	(4)
다른 직업정보와 관련성	미흡	상호 관련성
정보제공 비용	유료	무료

4. 직업정보의 유형별 특징 (필 : 8회 기출)

유형	비용	학습자 참여도	접근성
인쇄물	저	수동	용이
시청각 자료	고	수동	제한적
면접	저	적극	제한적
관찰	고	수동	제한적
직업경험	고	적극	제한적
직업체험	고	적극	제한적
온라인	고	적극	제한적

5. 직업정보의 수집과정 4단계 (실 : 1회 기출) 암기 직 - 대 - 목 - 직

① **직**업분류 제시하기
③ **목**록 줄이기
② **대**안 만들기
④ **직**업정보 수집하기

1. 한국직업사전의 이해

1) 직업사전의 개요
① 의의 : 직업과 관련, 직업코드, 명칭, 직무개요, 수행내용, 부가직업정보 등을 설명
② 2020년 통합본 제5판 발간(본직업 : 6,075개, 관련직업 : 6,748개, 유사명칭 : 4,068개/
총 16,891개의 직업)

2) 직업사전 발간 목적
① 청소년, 구직자, 전직자 : 올바른 직업선택을 돕기 위해
② 직업훈련담당자 : 직업훈련과정 개발 목적
③ 인사담당자 : 인력선발 및 직무배치에 활용
④ 연구자 : 직업분류체계 개발과 기타 직업연구에 활용
⑤ 정책수립자 : 노동정책 수립을 위한 기초자료 활용

2. 직업사전의 구성요소 (실 : 1회 기출) 암기 코본 직수부

1) 직업코드 (필 : 3회 기출)
한국고용직업분류 세분류 4자리 숫자로 표기

2) 본 직업명 (필 : 1회 기출)
현장에서 알려진 명칭, 통상적으로 호칭되는 명칭, 모집 시 사용되는 명칭
① 부르는 명칭이 없을 때는 직무내용과 특수성을 고려해 누구나 쉽게 이해 가능한 명칭 부여
② 직업명칭은 해당 작업자의 의견과 상위책임자 및 인사담당자의 의견을 수렴하여 결정
③ 가급적 외래어를 피하되 불가피 시 외래어 표기법에 따라 표기함

3) 직무개요
담당자 활동, 대상 및 목적, 사용하는 기계, 설비, 자재, 생산품 등을 간략히 포함

4) 수행직무 (필 : 1회 기출)
직무담당자가 수행하는 구체적인 작업을 순서대로 서술한 것

5) 부가직업 정보
직업과 관련된 내용들을 13가지로 분류하여 설명한 것

3. 부가직업 정보

1) 부가직업 정보의 종류 (필 : 3회/실 : 5회 기출)
   ① 정규교육
   ② 숙련기간
   ③ 직무기능
   ④ 작업강도
   ⑤ 육체활동
   ⑥ 작업장소
   ⑦ 작업환경
   ⑧ 유사명칭
   ⑨ 관련직업
   ⑩ 자격/면허
   ⑪ 표준산업분류
   ⑫ 표준 직업분류
   ⑬ 조사연도

2) 부가직업 정보별 내용
   ① 정규교육 (필 : 9회 기출)
   • 해당 직업의 직무를 수행하는데 필요한 일반적인 정규교육 수준을 의미
   • 해당 직종 종사자의 평균 학력을 나타내는 것은 아님
   • 정규교육과정의 연한을 고려하여 그 수준을 6단계로 분류 : 검정고시 등을 통해 정규교육 과정을 이수하였다고 판단되는 기간도 포함
     - '6년 이하'(무학 또는 초졸 정도)
     - '6년 초과'~'9년 이하'(중졸 정도)
     - '9년 초과'~'12년 이하'(고졸 정도)
     - '12년 초과'~'14년 이하'(전문대졸 정도)
     - '14년 초과'~'16년 이하'(대졸 정도)
     - '16년 초과'(대학원 이상)
   ② 숙련기간 (필 : 9회 기출)
   • 정규과정을 이수한 후 직무를 평균적 수준으로 수행하기 위하여 필요한 각종 교육, 훈련 기간을 의미
   • 해당 직업에 필요한 자격/면허를 취득하는 취업 전·후 교육 및 훈련기간 포함
   • 해당 직무를 평균적으로 수행하기 위한 각종 수습교육, 사내교육, 현장 훈련 등이 포함
   • 단, 평균적 수준 이상으로 수행하기 위한 향상훈련(further training)은 포함되지 않음
   • 총 9단계로 구분
     - 수준 1 : 약간의 시범정도
     - 수준 2 : 시범 후 30일 이하
     - 수준 3 : 1개월 초과~3개월 이하
     - 수준 4 : 3개월 초과~6개월 이하
     - 수준 5 : 6개월 초과~1년 이하
     - 수준 6 : 1년 초과~2년 이하
     - 수준 7 : 2년 초과~4년 이하
     - 수준 8 : 4년 초과~10년 이하
     - 수준 9 : 10년 초과
   ③ 직무기능 (필 : 8회 기출)
   • 개념 : 종사자가 직무를 수행하는 과정에서 '자료', '사람', '사물'과 맺는 관련된 특성

- 직무기능의 구분
  - '자료'와 관련된 기능은 정보, 지식, 개념 등 세 가지 종류로 배열
  - '사람'과 관련된 기능은 위계적 관계가 없거나 희박
  - '사물' 기능은 작업자가 다루는 기계, 장비, 도구 등과 관련되어 분류됨
- 직무기능의 세부영역 (필 : 9회 기출/실 : 5회 기출)
  - 자료 : 만질 수 없으며, 숫자, 단어, 기호, 개념 등을 포함
  - 사람 : 인간과 인간처럼 취급되는 동물을 다루는 것을 포함
  - 사물 : 무생물로서 물질, 재료, 공구, 기계, 설비 등을 다루는 것을 포함

구분	자료(Data)	사람(People)	사물(Thing)
0	종합	자문	설치
1	조정	협의	정밀작업
2	분석	교육	제어조작
3	수집	감독	조작운전
4	계산	오락제공	수동조작
5	기록	설득	유지
6	비교	말하기-신호	투입-인출
7	-	서비스제공	단순작업
8	관련 없음	관련 없음	관련 없음

④ 작업강도 (필 : 13회/실 : 3회 기출)
- 직무 수행에 필요한 육체적 힘의 강도를 나타낸 것. 심리적 · 정신적 노동강도는 고려하지 않음
- 작업강도는 5단계로 분류

구분	내용
아주 가벼운 작업	• 최고 4kg의 물건을 들어 올리고 때때로 소도구 등을 들어 올리거나 운반 • 앉아서 하는 작업 대부분이나 직무 수행상 서 있거나 걷는 것도 필요
가벼운 작업	• 최고 8kg의 물건을 들어 올리고 4kg 정도 물건을 빈번히 들어 올리거나 운반 • 걷거나 서서 하는 작업 대부분일 경우 등
보통 작업	• 최고 20kg의 물건을 들어 올리고 10kg 정도 물건을 빈번히 들어 올리거나 운반
힘든 작업	• 최고 40kg의 물건을 들어 올리고 20kg 정도 물건을 빈번히 들어 올리거나 운반
아주 힘든 작업	• 40kg 이상의 물건을 들어 올리고 20kg 이상 물건을 빈번히 들어 올리거나 운반

• 작업강도 결정기준 (필 : 1회/실 : 1회 기출)

들어올림	물체를 주어진 높이에서 다른 높이로 올리고 내리는 작업
운반	손에 들거나 팔에 걸거나 어깨에 메고 물체를 한 장소에서 다른 장소로 옮기는 작업
밈	물체에 힘을 가해 힘 가한 쪽으로 움직이게 하는 작업 (때리고, 치고, 발로 차고, 페달 밟는 일 포함)
당김	물체에 힘 가해 힘 가한 반대쪽으로 움직이게 하는 작업

⑤ 육체활동 : 직무를 수행하기 위해 필요한 신체적 능력을 나타내는 것으로 균형감각, 웅크림, 손, 언어력, 청각, 시각 등이 요구되는 직업인지를 보여줌 (실 : 1회 기출)

⑥ 작업장소 (필 : 2회 기출)
  • 실내 : 작업의 75% 이상 실내에서 이루어지는 경우
  • 실외 : 작업의 75% 이상 실외에서 이루어지는 경우
  • 실내 · 외 : 작업이 실내 및 실외에서 비슷한 비율로 이루어지는 경우

⑦ 작업환경 (필 : 5회 기출)
  • 개념
    - 작업원에게 직접적으로 물리적, 신체적 영향을 미치는 작업장의 환경요인
    - 조사자가 느끼는 신체적 반응 및 작업자의 반응을 고려하여 판단
    - 작업환경 판단 기준은 절대적인 기준이 될 수 없음
  • 종류
    - 저온
    - 고온
    - 다습
    - 소음, 진동
    - 위험내재 : 기계적, 전기적, 화상, 폭발, 방사선 위험 (실 : 1회 기출)
    - 대기환경미흡 : 냄새, 분진, 연무, 가스, 환기

⑧ 유사명칭 : 본 직업을 명칭만 다르게 부른 것, 본직업과 사실상 동일하며 직업 수 집계에서 제외 (필 : 3회 기출)

⑨ 관련직업 : 본직업과 기본적으로 공통점이 있으나 직무의 범위, 대상 등에 따라 나누며, 직업 수 집계에 포함

⑩ 자격/면허 : 국가자격 및 면허를 수록하며, 민간에서 부여하는 자격증은 제외

⑪ 한국표준산업분류 : 해당직업을 조사한 산업을 나타내는 것으로 소분류 산업을 기준(3자리 숫자)

⑫ 한국표준직업분류 : 한국표준직업분류의 세분류 코드 기재(한국고용직업분류 세분류에 해당)

⑬ 조사 연도 : 해당 직업의 직무조사가 실시된 연도를 나타낸 것 (필 : 1회 기출)

4. 사례문제 (실 : 1회 기출)

[문제]

직업사전의 부가직업 정보의 특수학교 교사에 대한 내용이 다음과 같을 때, 설명하시오.
- 숙련기간 : 1~2년
- 작업강도 : 보통작업

[풀이]

- 숙련기간은 정규교육과정을 이수한 후, 해당직무를 평균적 수준으로 스스로 수행하는데 필요한 각종 교육. 훈련을 말하며 향상훈련은 포함하지 않는다.
- 위의 경우는 숙련기간 분류의 9단계 중 6단계에 해당
- 작업강도는 해당 직무를 수행하는데 필요한 육체적 힘의 강도를 의미하는 것으로 정신적. 심리적 강도는 고려하지 않으며 5단계로 구분한다. 보통작업은 최고 20kg의 물건을 들어 올리고, 10kg 정도의 물건을 빈번히 들어 올리거나 운반하는 작업을 말한다.

실기 기출문제

1. 직업사전의 직업기술의 구성요소 5가지를 작성하시오. (03 – 회)

2. 한국직업사전의 부가직업 정보를 6가지만 쓰시오. (07 – 3회, 09 – 1회, 13 – 2회, 21 – 1회)

2 – 1. 한국직업사전의 부가직업 정보의 특수학교 교사에 대한 설명이다. 아래 내용을 설명하시오. (18 – 2회)
- 숙련기간 : 1~2년 • 작업강도 : 보통작업

3. 직업사전의 부가직업정보 중 위험내재의 위험의 종류 5가지를 쓰시오. (09 – 3회)

4. 직업사전의 힘의 강도 5단계를 쓰시오. (07 – 1회, 20 – 1회, 21 – 2회)

5. 작업강도를 결정하는 기준 4가지 쓰고 설명하시오. (12 – 3회)

6. 부가직업정보 중 직무기능의 자료, 사람, 사물에 대해 설명하시오. (08-3회)

6-1. 부가직업정보의 직무기능 중 자료에 해당하는 내용을 적으시오(21-3회)

6-2. 직무기능의 자료, 사람, 사물 중 사람에 해당하는 냉용 6가지 쓰시오(22-2회)

6-3. 한국직업사전의 부가직업정보 중 직무기능을 자료, 사람, 사물과 연관된 특성을 나타낸다. 사물과 관련된 특성 5가지를 쓰시오(22-3회)

7. 부가직업정보 중 정규교육, 숙련기간, 직무기능의 의미를 기술하시오. (08-2회, 20-3회)

8. 한국직업사전에서의 육체활동 4가지를 쓰시오. (20-4회)

제3절 한국직업전망

1. 직업전망의 이해

1) 직업전망의 개요 (필 : 2회 기출)
   ① 발행처 : 한국고용정보원(1999년부터 발간)
   ② 수록분야 및 직업 수 : 6개 분야 약 102여개 직업(2021년 : 224개 직업 수록)
   ③ 발간기간 : 매 1년 주기로 발간
   ④ 전망기간 : 향후 10년간의 일자리 전망 및 이유 제공
   ⑤ 활용 : 청소년 및 구직자에게 직업정보를 제공

2) 직업전망의 구성요소
   ① 하는 일   ② 업무환경
   ③ 되는 길(교육, 훈련, 자격 등)   ④ 일자리 전망
   ⑤ 적성 및 흥미   ⑥ 관련정보
   ⑦ 경력개발   ⑧ 대표직업명

3) 요소별 내용 (필 : 9회 기출)
① 하는 일 : 해당 직업 종사자가 일반적으로 수행하는 업무 내용과 과정에 대해 서술
② 업무환경 : 종사자의 근무시간, 형태, 장소, 육체 · 정신적 스트레스 정도, 산업안전 등에 대해 서술
③ 되는 길 : 해당 직업에 종사하는 데 필요한 학력, 전공, 자격 및 면허 등을 수록
④ 고용전망 : 10년 전망을 5개구간으로 구분(감소, 다소감소, 현상태 유지, 다소증가, 증가)
⑤ 적성 및 흥미 : 해당 직업 또는 업무수행에 필요한 적성, 성격, 흥미, 지식 및 기술 등을 수록
⑥ 관련 정보 : 관련직업, 직업코드(한국고용직업분류 코드), 관련 정보처를 제공
⑦ 대표 직업명 : 한국고용직업 분류의 세분류 수준의 명칭을 사용

4) 수록직업 선정 기준 (필 : 5회 기출)
① 한국고용직업분류 세분류 직업에 기초하여 종사자 수가 3만 명 이상 직업의 경우를 원칙
② 승진을 통해 진입하게 되는 관리직은 제외
③ 유사한 직업들은 통합하거나 소분류 수준에서 통합
④ 정량적 전망과 정성적 전망을 종합 분석하여 수록

제4절 한국직업정보 시스템

1. 개요 및 내용

1) 청소년과 성인들의 진로, 경력설계, 구인 구직 등에 도움을 주기 위해 구축한 직업정보 시스템

2) 직업정보, 학과정보, 직업탐방, 커리어 상담을 제공하며 현재는 워크넷에 통합

3) 직업정보 검색방법
① 키워드 검색 : 직종명 또는 업무관련 키워드를 입력하여 검색
② 조건별 검색 (필 : 3회 기출)
  • 평균연봉(4개 조건) : 3천만 미만/3천~4천만 미만/4천~5천만 미만/5천만 이상
  • 전망 : 매우 밝음(상위 10%), 밝음(상위 20% 이상), 보통(중간 이상), 전망 안 좋음(감소 예상)
③ 카테고리 및 체크리스트를 활용한 검색 (필 : 4회 기출)
  • 분류별 찾기 : 9가지의 분류기준으로 직업을 선택
  • 지식으로 찾기 : 최소 5개 이상 선택
  • 업무수행능력으로 찾기 : 최소 7개 이상 선택

• 통합으로 찾기 : 최소 10개 이상 선택

※ 기타 신직업.창직 찾기, 이색직업찾기, 테마별 찾기, 대상별 찾기 등이 있음

2. 학과 정보 검색

1) 개요

학과정보와 직업정보의 유기적인 연계를 통해 편리도모

2) 특징

학과별 진출분야와 진출직업 정보 제공, 국가 및 민간자격 정보, 이색학과 정보 제공

3) 검색방법 (필 : 1회 기출)

키워드 검색, 계열별 검색 가능

4) 계열 (필 : 11회 기출)

인문, 사회(2회), 교육, 자연(1회), 공학(5회), 의약(1회), 예체능 등 7개 계열

5) 학과 검색내용 (필 : 3회 기출)

학과 소개, 관련학과 및 자격.면허, 개설대학, 진출직업, 취업현황

3. 고용조사 (필 : 2회 기출)

1) 청년패널조사(YP)

청년 대상으로 1년/1회 학교생활, 직장경험 등의 종단면조사(고용정보원)

2) 대졸자직업이동경로 조사(GOMS)

대학 졸업생의 노동시장 진입과정 등 조사(고용정보원)

3) 고령화연구패널 조사

고령자의 은퇴, 소득 소비행태, 건강 등에 관한 격년 추적 조사(고용정보원)

4) 지역별고용조사(통계청)

반기조사, 15세 이상인구 대상, 면접과 인터넷 조사 병행

1. 고용직업 분류의 개요

1) 목적 (필 : 2회 기출)

① 구인·구직 등 직업정보의 전달을 위한 행정목적으로 고용노동부에서 작성, 활용

② 노동시장 상황과 수요, 현실적 직업구조 등을 반영하여 직무를 체계적으로 분류한 것

2) 주요내용 (필 : 2회 기출)

① 4차 산업혁명, 사용자의 접근 편의성 등을 반영

② 분류체계의 간명성 확보를 위해 대분류(10개) 중심으로 전환

③ 미래 노동수요 확대 및 4차 산업 등 新직업 발굴과 '보건·의료직' 대분류 항목 신설

④ 대분류 중심체계로 분류

⑤ 직능유형을 우선하고 직능수준을 소분류 단위에서 고려

⑥ 일–NCS–자격–훈련–직업정보 간 연계와 고용행정 DB 및 통계조사 이용

3) 직업분류 원칙

① 일반원칙

- 포괄성의 원칙 : 우리나라에 존재하는 모든 직무는 어떤 수준에서도 분류에 포괄되어야 한다는 원칙
- 배타성의 원치 : 동일하거나 유사한 직무는 어느 경우에도 같은 단위직업으로 분류되어야 한다는 원칙

② 포괄직무 분류원칙 : 주된 직무 우선원칙, 최상 직능 우선원칙, 생산직무 우선원칙

③ 다수직업 종사자 분류원칙 : 취업시간 우선, 수입우선, 조사 시 최근직업 원칙

CHAPTER 02 한국표준직업분류 및 한국표준산업분류

제1절 한국표준직업분류

1. 개요

1) 한국표준직업분류의 정의 (필 : 2회 기출)
  ① 정의 : 수입을 위해 개인이 하는 일(경제활동)을 일의 수행형태에 따라 체계적으로 유형화한 것
  ② 설명 : 국제표준직업분류를 근거로, 국내 실태에 맞도록 표준화한 한국표준직업분류를 제정 · 고시
  ③ 발행처 : 통계청(국제표준직업분류의 기준에 기초하여 제정)
  ④ 현재, 제7차 개정(2018년 개정)본을 사용

2) 직업분류의 활용
  ① 통계의 정확성과 비교성을 확보하기 위해 통계 기준의 합리적인 설정과 통일적인 적용이 요구
  ② 산업, 직업 및 질병에 관한 표준분류를 제정 및 개정하여 통계자료의 분류에 활용
  ③ 모든 통계작성 기관이 통일적으로 사용해야 함

3) 직업분류의 목적 (필 : 3회 기출)
  ① 취업알선을 위한 구인 · 구직 안내 기준
  ② 직종별 급여, 수당지급 결정 기준
  ③ 각종 사회 · 경제통계 조사의 직업단위 기준
  ④ 직종별, 특정질병의 이환율, 사망률과 생명표 작성 기준
  ⑤ 산재 · 생명 보험률, 교통사고 보상액 등의 결정 기준

2. 직업의 정의 및 조건 (필 : 11회 기출)

1) 직업의 정의
① 직업 : 생계유지를 위해 적성과 능력에 따라 일정기간 동안 계속하여 종사하는 일
- 직업은 유사한 직무의 집합
② 직무 : 자영업을 포함 고용주를 위해 수행하는 일련의 업무와 과업을 말함
- 직무는 유사한 직위의 집합

2) 직업의 조건 (실 : 5회 기출)
① 직업의 성립요건 : 경제성, 계속성, 사회성, 윤리성 ◐암기 경계사윤
② **경**제성 : 노동(근로)의 대가에 따른 수입이 있을 것
③ **계**속성(실 : 2회 기출) : 일시적이 아닌 지속성을 가질 것 ◐암기 주계명현
- **주**기적, 매주, 매월 등 주기적으로 행할 것
- **계**절적으로 행해질 것
- **명**확한 주기는 없으나 계속적으로 행해질 것
- **현**재 하고 있는 일을 계속 행할 의지와 가능성이 있을 것
④ **사**회성 : 사회적으로 의미 있고 가치가 있을 것
⑤ **윤**리성 : 비윤리적이거나 반사회적이지 않을 것

3) 직업으로 보지 않는 활동 (필 : 3회/실 : 11회 기출)
◐암기 이경자 교사 연예도사 수/이경자 교사 연애는 도사 수준이다
① **이**자, 주식배당, 임대료 등과 같은 자산 수입이 있는 경우
② **경**마, 경륜, 복권 등에 의한 배당금이 있는 경우
③ **자**기 집의 가사 활동에 전념하는 경우(주부)
④ **교**육기관에 재학하며 학습에만 전념하는 경우(학생)
⑤ **사**회봉사활동 등 무급 봉사적인 일에 종사하는 경우
⑥ **연**금, 기초생활보장, 고용보험법 등의 사회보장에 의한 수입 등
⑦ **예**·적금 인출, 보험금 수취, 차용 또는 토지나 금융자산 매각하여 수입이 있는 경우
⑧ **도**박, 강도, 사기, 밀수 등 불법적인 활동
⑨ **사**회복지시설 내 수용자의 경제활동(속박된 상태에서의 경제활동)
⑩ **수**형자의 활동과 같이 법률에 의한 강제노동을 하는 경우(속박된 상태에서의 경제활동)

1. 직업으로 규명되기 위한 요건 4가지를 쓰고 간략히 설명하시오. (06-3회, 11-1회, 13-1회, 14-2회, 17-3회)

2. 일의 계속성에 해당하는 경우를 4가지 쓰시오. (13-1회, 17-2회)

3. 한국표준직업분류에서 직업으로 보지 않는 6가지를 쓰시오. (07-3회, 08-1회, 09-2회, 10-1회, 10-2회, 10-4회, 14-2회, 15-1회, 19-3회, 20-1회, 22-2회)

4. 한국표준직업분류에서 속박된 상태의 제반활동으로 경제성이나 계속성에 상관없이 직업으로 보지 않는 활동을 2가지만 쓰시오. (08-3회, 09-2회, 14-3회)

3. 직업분류의 개념과 기준 및 직무의 유사성 기준 (필 : 4회 기출)

1) 직업분류의 개념
   ① 주어진 직무의 업무와 과업을 수행하는 능력인 직능을 근거로 직능수준과 직능유형을 고려
   ② 우리나라 직업구조 및 실태에 맞도록 표준화 한 것

2) 직업분류의 기준 (실 : 1회 기출)
   ① 직능 : 주어진 업무와 과업을 수행하는 능력
   ② 직능수준 : 직무 수행 능력의 높낮이를 말하는 것으로 교육, 훈련, 직업경험 등에 의해 결정
   ③ 직능유형 : 직무수행에 요구되는 지식, 기술, 장비 및 서비스의 종류 등과 관련

3) 직무의 유사성 기준 (실 : 2회 기출)
   ① 지식
   ② 기능
   ③ 경험
   ④ 직무수행자가 입직을 위해서 필요한 요건

1. 직업분류 개념인 직능, 직능수준, 직능유형을 설명하시오. (12-1회)

2. 한국표준직업분류의 직무의 유사성의 판단기준 4가지를 쓰시오. (15-2회, 21-2회)

4. 대분류 및 직능수준 (필 : 12회/실 : 7회 기출)

1) 대분류 ①암기 관전사서 판 농기 장단군이 있다

대분류	항목	직능수준
1	관리자	제4직능 수준 혹은 제3직능 수준 필요
2	전문가 및 관련 종사자	제4직능 수준 혹은 제3직능 수준 필요
3	사무 종사자	제2직능 수준 필요
4	서비스 종사자	제2직능 수준 필요
5	판매 종사자	제2직능 수준 필요
6	농림 · 어업 숙련 종사자	제2직능 수준 필요
7	기능원 및 관련기능 종사자	제2직능 수준 필요
8	장치 · 기계 조작 및 조립 종사자	제2직능 수준 필요
9	단순노무 종사자	제1직능 수준 필요
A	군인	제2직능 수준 이상 필요

2) 직능수준
  ① 제1직능수준(ISCED 제1수준) : 단순, 반복적이고 때로는 육체적인 힘을 요하는 과업
    • 6년정도 수행한 초등교육과정수준의 정규교육 및 훈련
    • 최소한의 문자이해나 수리적 사고능력 필요, 간단한 직무교육으로 누구나 수행가능
  ② 제2직능수준(ISCED 제2,3수준) : 완벽하게 읽고 쓸 수 있는 능력, 정확한 계산능력과 상당한 정도의 의사소통 능력
    • 중등교육과정수준의 정규교육 및 훈련

③ 제3직능수준(ISCED 제5수준) : 전문적인 지식을 보유하고 수리계산이나 의사소통능력이 상당히 높아야 함
  • 중등교육을 마치고 1~3년 정도의 추가적인 교육과정 필요
④ 제4직능수준(ISCED 제6수준) : 매우 높은 수준의 이해력과 창의력 및 의사소통 능력 필요
  • 학사, 석사 및 그와 동등한 학위가 수여되는 교육과정 필요

실기 기출문제

1. 한국표준직업분류에서 직능수준을 정규교육 과정에 따라 정의하시오. (03-3회, 06-3회, 14-1회)

2. 국제표준직업분류(ISCO)에서 정의한 제2 직능수준을 국제표준교육분류(ISCED)를 포함하여 설명하시오. (05-3회)

3. 표준직업분류의 대분류 항목과 직능수준의 관계로서 표 안의 빈칸을 채우시오. (14-1회, 21-1회)

대분류	직능수준
관리자	( )
전문가 및 관련종사자	( )
서비스 종사자	( )
기능원 및 관련기능 종사자	( )

5. 직업분류 원칙 (필 : 2회 기출)

1) **일반원칙** (필 : 1회/실 : 2회 기출) 암기 일-포배
  ① **포**괄성의 원칙 : 우리나라에 존재하는 모든 직무는 어떤 수준에서도 분류에 포괄되어야 한다는 원칙
  ② **배**타성의 원칙 : 동일하거나 유사한 직무는 어느 경우에도 같은 단위직업으로 분류되어야 한다는 원칙

2) **포괄적 업무에 대한 직업분류 원칙** (필 : 12회/실 : 9회 기출)

〈한 사람이 두 가지 이상의 직무를 수행하는 경우 직업을 분류하는 원칙〉 🔘암기 **포 - 주최생**

① **주**된 업무 우선원칙 : 직무내용을 비교, 평가하여 직무내용상 상관성이 가장 많은 직무에 분류

    例 의과대학 교수의 경우, 강의와 진료 등의 직무 내용을 파악하여 관련항목이 많은 분야로 분류

② **최**상 직능수준 우선원칙 : 가장 높은 수준의 직무능력을 필요로 하는 일에 분류

    例 조리와 배달을 겸하는 종사자의 경우 직능이 높은 조리사로 분류

③ **생**산업무 우선원칙 : 생산과 공급이 같이 이루어 질 경우 생산관련 업무를 우선적으로 분류

    例 케이크를 만들면서 판매도 겸하는 경우 생산직무인 제빵사로 분류

3) **다수직업 종사자의 분류원칙** (필 : 6회/실 : 11회 기출)

〈한 사람이 전혀 상관성이 없는 2가지 이상의 직업에 종사할 경우 분류원칙〉 🔘암기 **다 - 취수조**

① **취**업시간 우선 : 분야별 취업시간을 고려하여, 긴 시간을 투자하는 직업으로 결정

② **수**입 우선 : 취업시간으로 구별하기 어려운 경우, 수입이나 임금이 많은 직업으로 결정

③ **조**사 시 최근 직업 적용 : 2가지가 분명치 못할시 조사 시점 기준 가장 최근의 직업

4) **순서배열의 원칙** (실 : 1회 기출)

〈동일한 분류수준에서 직무단위의 분류는 다음의 원칙을 가능한 준수하여 배열함〉

🔘암기 **순 - 한특고**

① **한**국표준산업분류 : 직업이 산업의 여러 분야에 걸쳐 있는 경우, 표준산업분류의 순서대로 배열

② **특**수 - 일반분류 : 특수를 먼저 배열하고 일반을 나중에 배열함

    例 생명과학 연구원을 먼저 위치시키고, 곧이어 자연과학 연구원을 배열함

③ **고**용자 수와 직능수준, 직능유형 고려

실기 기출문제

1. 한국표준직업분류의 직업분류의 일반원칙 2가지를 쓰고 설명하시오. (15 - 1회, 17 - 1회)

2. 한국표준직업분류의 포괄적인 업무에 대한 개념과 직업분류 원칙을 적용하는 순서대로 쓰고 그 예를 들어 설명하시오. (01 - 1회, 05 - 1회, 07 - 1회, 09 - 2회, 09 - 3회, 20 - 2회, 20 - 3회, 20 - 4회, 22 - 3회)

3. 포괄적인 업무에 대한 직업분류 원칙 중, 주된 업무 우선의 원칙의 의미를 설명하고 사례를 제시하시오. (12-3회)

4. 다수직업 종사자란 무엇인지 그 의미를 설명하고 직업을 분류하는 일반적인 원칙을 순서대로 쓰시오. (00-1회, 05-3회, 08-3회, 10-3회, 11-1회, 11-3회, 12-2회, 19-2회, 21-3회, 22-1회, 22-3회)

5. 한국표준직업분류의 순서배열의 원칙을 3가지 쓰고 설명하시오. (11-2회)

6. 기타 사항 (필 : 6회 기출)

1) 대분류 : 관리자
   ① 현업을 겸할 경우 관리업무에 80% 이상일 경우 관리자로 분류
   ② 5개의 중분류로 구분
   ③ 관리자는 상당한 하부조직을 가져야 하나, 직위나 직급에 따라 분류하는 것은 아님

2) 대분류 : 전문가 및 관련 종사자 (필 : 3회 기출)
   ① 8개의 중분류로 구성
   ② 연구, 개발, 자문, 지도 등 전문서비스 종사자

3) 대분류 : 단순노무자 (필 : 4회 기출)
   ① 간단한 수공구의 사용과 단순하고 일상적인 직무
   ② 대부분의 직업은 몇 시간 혹은 몇 십 분의 훈련으로 업무수행 가능
   ③ 단순 노무직 내부에서의 직업 이동은 상대적으로 용이한 편

4) 대분류 A : 군인 (필 : 3회 기출)
   ① 의무 복무여부를 불문하고 현재의 군인 신분유지 모두 포함
   ② 직무를 기준으로 분류하는 것이 아니라 계급을 중심으로 분류
   ③ 제2수준 이상의 직무능력 필요하며, 1개의 중분류로 구성

1. 개요

1) 한국표준산업분류의 개념 (필 : 1회 기출/ 실 : 2회 기출)
   ① 정의 : 생산단위가 수행하는 산업활동을 일정한 기준과 원칙에 따라 체계적으로 유형화한 것
   ② 산업활동 관련 통계자료의 수집, 제표, 분석 등에 모든 통계작성기관이 통일적으로 사용
   ③ 목적 : 산업활동에 관련된 각종 통계자료 작성 시 활용하기 위한 일련의 산업활동유형 제공
   ④ 제10차 개정판으로 경제관련 통계의 현실적합성 및 국제비교성 제고, 일관성확보 등
   ⑤ 각종 정책수립 및 평가, 관련지표의 분석수단으로 활용됨

2) 산업의 정의 등 (필 : 7회/실 : 6회 기출)
   ① 산업 : 유사한 성질을 갖는 산업 활동에 주로 종사하는 생산단위의 집합
   ② 산업 활동 : 각 생산단위가 노동, 자본, 원료 등을 투입하여, 재화 또는 서비스를 생산. 제공하는 일련의 활동
   ③ 산업 활동의 범위 : 영리적, 비영리적 활동이 모두 포함되나, 가정 내의 가사 활동은 제외
   ④ 생산단위 : 산업활동을 영위하는 주체(회사, 기업 등)

실기 기출문제

1. 한국표준산업분류의 정의를 서술하시오. (20 – 2회, 22 – 2회)

2. 한국표준산업분류의 산업, 산업활동, 산업활동의 범위를 쓰시오. (07 – 3회, 10 – 2회, 13 – 2회, 20 – 1회, 21 – 1회, 22 – 2회)

3) 분류 목적 (필 : 7회 기출)
   ① 산업활동에 의한 통계자료의 수집, 제표, 분석 등을 위해 활동분류 및 범위를 제공하기 위한 것
   ② 산업통계자료의 정확성, 비교성을 위해 모든 통계작성기관이 의무적으로 사용하도록 규정

③ 통계작성 목적 이외에 일반 행정 및 산업정책 관련 법령에서 적용대상 산업영역을 한정하는 기준

4) 분류 범위 (필 : 1회 기출)

① 국민계정(SNA)에서 정의한 것처럼 경제활동에 종사하고 있는 단위에 대한 분류로 국한

② 단, 산업분류는 자가소비를 위한 가사서비스 활동을 가사 생산 활동과 병행하여 분류

③ 따라서 국민계정(SNA)과 한국표준산업분류(KSIC)는 정확히 일치하지 않음

5) 분류 기준 (필 : 8회/실 : 7회 기출) **암기** 분기=산투생

(생산단위가 수행하고 있는 산업활동을 유사성에 따라 유형화한 것)

① **산**출물(생산된 재화 또는 제공된 서비스)의 특성

- 산출물의 물리적 구성 및 가공 단계
- 산출물의 수요처
- 산출물의 기능 및 용도

② **투**입물의 특성

- 원재료, 생산 공정, 생산기술 및 시설 등

③ **생**산활동의 일반적인 결합형태

실기 기출문제

한국표준산업분류의 분류기준 3가지를 쓰시오. (07-3회, 08-1회, 09-2회, 11-2회, 12-3회, 17-1회, 19-1회)

2. 통계단위 및 산업결정

1) 통계 단위 (필 : 13회/실 : 2회 기출) **암기** 기활지사 ⇨ 기왕지사

구분	하나 이상의 장소	단일 장소
하나 이상의 산업 활동	**기**업집단	지역단위
	기업체 단위	
단일 산업 활동	**활**동유형 단위	사업체 단위

① 개념 : 생산단위 활동에 관한 통계작성을 위해 필요한 정보수집 또는 분석대상이 되는 관찰, 분석 단위

② 관찰단위는 산업 활동과 지리적 장소의 동질성, 의사결정의 자율성, 자료수집 가능성이 있어야 함

③ 통계단위의 구분
- 사업체 단위 정의 (필 : 1회 기출)
  - 사업체 단위 : 공장, 상점, 사무소 등과 같이 산업활동과 지리적 장소의 양면에서 가장 동질성이 있는 통계단위
  - 사업체 단위는 장소와 산업활동의 동질성이 요구되는 생산통계 작성에 가장 적합한 통계단위
- 기업체 단위 (필 : 2회 기출)
  - 기업체 단위란 재화 및 서비스를 생산하는 법적 또는 제도적 단위의 최소 결합체
  - 자원 배분에 관한 의사결정의 자율성을 갖고 있으며, 하나 이상의 사업체로 구성될 수 있음
  - 재무관련 통계작성에 가장 유용한 단위

실기 기출문제

다음 표에 들어갈 통계단위를 쓰시오. (09 – 3회, 10 – 4회)

구분	하나 이상의 장소	단일 장소
하나 이상의 산업 활동	(가)	(나)
	기업체 단위	
단일 산업 활동	(다)	(라)

2) 생산단위의 활동형태 (필 : 6회 기출/ 실 : 1회 기출)
① 생산단위 활동 형태 : 주된 산업활동, 부차적 산업활동, 보조적 활동이 결합되어, 복합적임
② 주된 산업활동 : 생산된 재화 또는 제공된 서비스 중에서 부가가치(액)가 가장 큰 활동
③ 부차적 산업활동 : 주된 산업활동 이외의 재화 생산 및 서비스 제공 활동
④ 보조 활동 : 회계, 창고, 운송, 구매, 판매 촉진, 수리 서비스 등이 포함
- 주된 활동과 부차적 활동은 보조 활동의 지원 없이는 수행될 수 없음

3) 보조활동을 독립된 활동으로 보는 통계단위의 산업결정 (필 : 6회/실 : 1회 기출)
부차적 산업활동과 보조적 활동은 주된 산업활동에 포함하는 것이 원칙, 그러나 다음과 같은 활동단위는 보조단위로 보아서는 안 되며 별개의 활동으로 간주하여 분류

암기 고 – 모보 – 모구 – 연전/고모부 모교는 연희전문학교이다

① **고**정자산을 구성하는 재화의 생산(자기계정의 건설활동의 경우, 별도 자료 이용 가능 시, 건설활동으로 분류)
② **모** 생산단위가 사용하는 재화, 서비스를 **보**조적으로 생산하더라도 그 대부분을 다른 시장에 판매하는 경우

③ **모** 생산단위 생산품의 **구**성 부품이 되는 재화 생산(예 : 모 생산단위의 생산품을 포장하기 위한 캔, 상자 등의 생산)

④ **연**구 및 개발활동은 그 자체의 본질적인 성질에 따라 **전**문, 과학 및 기술 서비스업으로 분류

실기 기출문제

1. 한국표준산업분류에서 생산단위의 활동형태 3가지를 쓰고 각각에 대해 설명하시오. (21-2회, 22-3회)
2. 산업활동단위와 관련하여 보조단위가 아닌 별개의 독립된 활동으로 보아야 하는 4가지 유형을 쓰시오. (11-3회)

3. 산업 결정방법 (필 : 11회/실 : 5회 기출) 🔵암기 주-보-휴-계/주보는 휴게실에 있다

① 생산단위의 산업활동은 그 생산단위가 수행하는 **주**된 산업활동의 종류에 따라 결정
  • 주된 산업 활동은 산출물에 대한 부가가치(액)의 크기에 따라 결정
  • 부가가치(액) 측정이 어려운 경우에는 산출액에 의하여 결정
  • 상기의 원칙이 적합하지 않을 경우, 종업원 수 및 노동시간, 임금 및 급여액, 설비의 정도에 의해 결정
② **계**절에 따라 정기적으로 산업을 달리하는 경우, 조사대상 기간 중 산출액이 많았던 활동으로 분류
③ **휴**업 또는 자산을 청산 중인 사업체의 경우, 영업 중 또는 청산을 시작하기 이전의 산업활동으로 결정
  • 설립 중인 사업체는 개시하는 산업활동에 따라 결정
④ 단일사업체의 **보**조단위는 일개 부서로 포함, 여러 사업체 관리의 중앙 보조 단위(본부 등)는 별도의 사업체로 처리

실기 기출문제

한국표준산업분류에서 통계단위의 산업을 결정하는 방법을 3가지 쓰시오. (08-3회, 12-1회, 16-2회, 20-3회, 21-3회)

4. 산업분류 적용원칙 (필 : 13회/실 : 4회 기출) ▣암기 복 – 수 – 결 – 산 – 동 / 돈 복수 결산

① **복**합적인 활동단위는 우선적으로 최상급 분류단계(대분류)를 정확히 결정하고, 순차적으로 중·소·세. 세세분류 단계 항목을 결정

② **수**수료 또는 계약에 의하여 활동을 수행하는 단위는 동일한 산업활동을 자기계정과 자기 책임하에서 생산하는 단위와 같은 항목에 분류

③ 산업 활동이 **결**합되어 있는 경우에는 그 활동단위의 주된 활동에 따라서 분류

④ 생산단위는 **산**출물뿐만 아니라 투입물과 생산공정 등을 함께 고려하여 그들의 활동을 가장 정확하게 설명된 항목에 분류

⑤ **동**일 단위에서 제조한 재화의 소매활동은 제조활동으로 분류, 그러나 자기가 생산한 재화와 구입한 재화를 함께 판매한다면 그 주된 활동에 따라 분류

⑥ 직접 생산활동은 하지 않고, 다른 업자에 의뢰하여 재화 또는 서비스를 자기계정으로 생산하게 하고, 이를 자기명의 및 책임 아래 판매하는 단위는 직접 생산하는 단위와 동일한 산업으로 분류

⑦ "공공행정 및 국방, 사회보장 사무" 이외의 산업활동은 그 활동의 성질에 따라 분류

실기 기출문제

1. 한국표준산업분류의 사례별 산업결정방법과 산업분류의 적용원칙을 쓰시오. (08 – 3회, 20 – 4회, 22 – 1회)

2. 다음 보기의 빈칸에 들어갈 내용을 순서대로 쓰시오. (16 – 1회)
   생산단위는 산출물뿐만 아니라 (가)와/과 (나) 등을 함께 고려하여 그들의 활동을 가장 정확하게 설명된 항목에 분류해야 한다.

5. 분류구조 및 부호체계 (필 : 7회 기출)

① 분류 구조는 대분류(알파벳 문자 사용), 중분류(2자리 숫자사용), 소분류(3자리 숫자 사용), 세분류(4자리 숫자사용), 세세분류(5자리 숫자 사용) 5단계로 구성

② 부호 처리를 할 경우에는 아라비아 숫자만을 사용하도록 했다.

③ 국제분류를 기본체계로 하였으나, 국내 실정을 고려하여 항목을 분할, 통합 또는 재그룹화함

④ 연계분석 및 시계열 연계를 위하여 부록에 수록된 신구연계표를 활용

⑤ 중분류의 번호는 01부터 99까지 부여, 대분류 사이에 번호 여백을 둠

⑥ 소분류 이하 모든 분류의 끝자리 숫자는 "0"에서 시작하여 "9"에서 끝나도록 하였음

CHAPTER 03 직업 관련 정보의 이해

제1절 직업 훈련 정보

1. 직업훈련의 이해

1) **직업훈련의 3대 정책방향** (필 : 1회 기출)
   ① 국민의 평생능력 개발체제 구축
   ② 민간자율성 확대 및 직업훈련의 질적 제고
   ③ 공공훈련의 효율성 제고 및 내실화 추구

2) **실업자 등의 직업능력 개발 훈련(계좌제, 국민내일배움카드제)**
   ① 단위기간 : 훈련 개시일부터 매 1개월의 주기
   ② HRD-Net : 직업능력개발 정보망을 말함

3) **훈련의 구분**
   ① 일반직종 훈련
   ② 국가기간전략산업직종 훈련 : 산업현장 수요에 맞게 인력을 양성할 필요가 있는 직종

4) **계좌 지원한도 및 유효기간**
   ① 지원한도 : 1인당 300만원/단 국민취업제도, 노동관서장 및 장관이 정한 사람 500만원
   ② 훈련상담 : 4주 이내의 훈련상담과 개인훈련계획서 작성 최대 5개 과정 신청 가능
   ③ 계좌의 유효기간 : 5년/5년이 경과하면 잔액은 소멸
   ④ 계좌사용 정지 : 임신 출산 등의 사유로 수강 불가 시 정지 - 추후 해당기간만큼 연장
   ⑤ 계좌사용 중지 : 본인의 귀책사유로 인한 수강불가 시 중지 - 잔액 소멸함

5) 훈련비 및 훈련장려금 지원

① 훈련비 지원 : 해당과정의 취업률에 따라 차등 지원

② 훈련장려금 지원 : 단위기간 출석률이 80% 이상 시 지원
- 1일 훈련시간이 5시간 미만 시 : 교통비 성격의 비용지원
- 1일 훈련시간이 5시간 이상 시 : 교통비 + 식대보조비 성격의 비용지원

6) 계좌 적합과정의 운영

① 국가기간 전략산업직종 : 3개월 이상, 1년 이하, 350시간 이상

② 직업능력개발 계좌제 : 10일 이상 40시간 이상/인터넷 : 20시간 이상

③ 고용노동부 장관 인정과정 : 10일 이상, 40시간 이상

④ 재직자 직업능력 개발과정 : 2일 이상, 16시간 이상

7) 계좌적합과정으로 인정받을 수 없는 경우

① 상식, 교양의 습득을 주된 목적으로 하는 과정

② 취미활동, 오락 및 스포츠 등을 목적으로 하는 과정

③ 학위를 부여할 목적으로 개설되어 있는 정규교육과정

④ 의료법 등의 법률 위반의 우려가 있는 과정

⑤ 외국어 습득을 목적으로 하는 과정(단 재직자 훈련은 외국어 과정 가능함)

⑥ 전문자격시험 및 공무원 공채시험과 관련된 과정

8) 출결관리 및 훈련비 지원률

① 지각, 조퇴 또는 외출 3회 이상 : 1일 결석한 것으로 처리

② 지각, 조퇴 등으로 인하여 일 소정의 훈련시간의 50% 미만 시도 결석처리

③ 훈련비 지원률은 취업률 및 대상에 따라 차등 지원

9) 평생학습 계좌제 (필 : 2회 기출)

① 개념 : 온라인 학습이력관리 시스템에 누적.관리하여 체계적인 학습설계를 지원하는 제도

② 전국민을 대상으로 실시하며, 온라인 신청과 방문개설 병행(단, 방문개설은 평생교육진흥원 방문)

2. 직업능력개발훈련의 구분 (필 : 11회/실 : 1회 기출)

1) 훈련내용 · 목적, 대상에 따른 구분

① **양**성훈련 : 직업에 필요한 기초적인 지식 · 기술 · 기능을 습득시키는 훈련임.

② **향**상훈련 : 양성훈련을 받은 근로자나 지식 · 기능을 갖춘 근로자에 대하여 더 높은 직무수행능력을 추가로 습득시키는 훈련임.

③ **전**직훈련 : 직업전환 또는 새로운 직업에 필요한 직무수행능력을 습득시키기 위한 훈련

2) 훈련방법에 따른 구분

　　① 집체훈련 : 훈련전용시설이나 훈련을 실시하기에 적합한 시설에서 실시하는 훈련임.

　　② 현장훈련 : 산업체의 생산시설을 이용하거나 근무장소에서 실시하는 훈련임.

　　③ 원격훈련 : 정보·통신매체 등을 이용하여 원격지에 있는 근로자에게 실시하는 훈련임.

　　④ 비대면 실시간 훈련 : 온라인 등을 통해 상호 쌍방간에 소통하면서 실시하는 훈련

　　⑤ 혼합훈련 : 집체, 현장, 원격, 비대면 훈련 중 2가지 이상을 병행하여 실시하는 훈련

실기 기출문제

1. 직업능력개발 훈련 중 목적에 따른 분류 3가지를 쓰고 설명하시오. (14-1회)

2. 직업능력개발 훈련 중 방법에 따른 분류 4가지를 쓰고 설명하시오. (예상문제)

직업관련 정보망

1. 워크넷 (필 : 1회 기출)

1) 개념

　　고용정보원이 운영하는 구인, 구직, 직업, 진로, 심리검사 등 직업정보 제공 사이트

　　① 민간취업 포털과 지자체의 일자리 정보 제공 등 통합적인 일자리 정보를 제공

　　② 심리검사, 취업지원프로그램, 일자리. 인재동향, 통계간행물 등 각종 취업지원 서비스 제공

2) 주요내용 (필 : 8회 기출)

　　① 채용정보 검색 : 기업형태별, 희망직종 20개, 희망임금 등 14개의 메뉴 선택

　　② 취업지원프로그램 : 성취프로그램 등 13개 프로그램 (필 : 2회 기출)

　　③ 인재정보 검색 등

3) 심리검사

　　① 청소년 대상 8개, 성인대상 12개 등 총 20개 검사 (필 : 1회 기출)

　　② 청소년 직업 흥미검사의 하위척도(3개) : 활동척도, 자신감척도, 직업척도 (필 : 5회 기출)

　　③ 성인용 직업적성검사 : 언어력 등 11개 분야 적성, 90분 소요 (필 : 3회 기출)

　　④ 직업선호도 검사 : S형(흥미검사) L형(흥미, 성격, 생활사 검사) (필 : 6회 기출)

2. HRD – Net(직업훈련 포털) (필 : 6회 기출)

1) 개념
고용정보원이 운영하는 국가 직업훈련에 관한 정보를 검색할 수 있는 직업능력개발 정보망

2) 내용
무료학습 콘텐츠 제공 등 구직자, 근로자, 기업 훈련과정을 망라하고 있음

3. Q – Net (자격정보망) (필 : 7회 기출)

① 개념 : 한국산업인력공단이 운영하는 국가자격 및 시험정보 포털
② 국가자격시험의 응시원서, 시험실시, 합격자 발표 등 관련사항을 망라하고 있음
③ 자격정보 : 국가자격, 민간자격, 외국자격(미국, 영국, 프랑스, 독일, 호주, 일본) 정보를 수록
　　* 기타 관련 사이트 : 월드잡플러스(산업인력공단), 일모아(정부 및 지자체 일자리), 커리어넷(직업능력개발원), pqi(민간자격 서비스/직업능력개발원), 공공데이터포털(정보화진흥원)

4. 인터넷 시스템과 인트라넷 시스템

구분	인터넷	인트라넷
사용주체	개인 및 기업 등 일반국민	고용센터 및 지자체 등의 내부구성원(직업상담원)
구성내용	개인에게는 다양한 일자리정보를, 기업에게는 인재정보 등 취업관련 서비스를 제공	구인신청 또는 구직신청을 통해 구인자와 구직자 사이의 고용계약의 성립 등 취업알선 서비스 제공
메뉴	채용정보, 인재정보, 개인회원서비스, 기업회원서비스 취업지원/상담. 취업자료실	취업알선 – 구직신청, 구인신청 구인구직통계 집단상담프로그램 등

실기 기출문제

인터넷 시스템과 인트라넷 시스템의 사용주체와 구성내용 및 메뉴를 비교 설명하시오. (03 – 1회)

5. 직업안정기관의 규제 완화 시의 장단점 및 기타

1) 직업안정기관
직업소개, 직업지도 등 직업안정 업무를 수행하는 지방노동행정기관을 말함

2) 규제완화의 의미
직업소개, 직업지도 등의 업무를 수행하는 기관을 민간에게 확대 개방하는 것

3) 장단점
① 장점
- 다양한 직업정보 제공으로 이용자의 직업정보 활용이 용이
- 기업 및 개인의 직업정보 제공이 확대되어 실업문제 해결에 용이
- 민간참여의 확대로 경쟁체제 구축

② 단점
- 직업정보 및 개인정보 유출 및 악용 우려
- 특정기업 또는 개인에 대한 특혜논란 발생
- 업체의 난립에 따른 출혈경쟁 야기

> **실기 기출문제**
>
> 직업안정기관 규제 완화 시의 장·단점을 2가지 이상 기술하시오. (02-1회)

4) 고용동향 메뉴 (필 : 3회 기출)
① JOB MAP(잡맵)
- 직업별 고용구조조사 결과를 바탕으로 228개 산업과 426개 직업별 조사
- 평균소득, 종사자 수, 평균학력, 평균연령, 여성비율, 평균 근속연수를 분석

② 취업나침반
- 워크넷의 전일기준 구인, 구직 정보를 분석한 것. 실제 현상과 다를 수 있음

5) 통계 간행물 (필 : 2회 기출)
① 구인구직취업동향(월보) : 매월 경제활동 인구 동향을 비교하여 분석한 자료
② 고용동향분석(분기별) : 공공취업 알선 및 고용보험사업 등의 실적을 분기별로 심층 분석
③ 고용보험 통계(연보, 월보) : 고용보험제도의 적용 및 사업추진 현황을 분석
④ HRD-NET 통계분석 : 직업훈련정보망을 통해 실업자, 재직자의 직업훈련 현황과 성과 분석(실제와 차이가 있을 수 있음)

1. 국가기술자격 검정 기준 및 방법

1) 검정기준 (필 : 16회 기출)

자격등급	검정기준
기술사	응시하고자 하는 종목에 관한 **고도의 전문지식**과 실무경험에 입각한 계획, 연구, 설계, 분석, 조사, 시험, 시공, 감리, 평가, 진단, 사업관리, 기술관리 등의 기술업무를 수행할 수 있는 능력의 유무
기능장	응시하고자 하는 종목에 관한 **최상급 숙련기능**을 가지고 산업현장에서 작업관리, 소속 기능인력의 지도 및 감독, 현장훈련, 경영계층과 생산계층을 유기적으로 연계시켜 주는 현장관리 등의 업무를 수행할 수 있는 능력의 유무
기 사	응시하고자 하는 종목에 관한 **공학적 기술이론 지식**을 가지고 설계, 시공, 분석 등의 기술업무를 수행할 수 있는 능력의 유무
산업기사	응시하고자 하는 종목에 관한 **기술기초이론지식 또는 숙련기능**을 바탕으로 복합적인 기능업무를 수행할 수 있는 능력의 유무
기능사	응시하고자 하는 종목에 관한 **숙련기능**을 가지고 제작, 제조, 조작, 운전, 보수, 정비, 채취, 검사, 또는 직업관리 및 이에 관련되는 업무를 수행할 수 있는 능력의 유무

2) 검정방법 (필 : 1회 기출)

자격등급	필기시험	면접시험 또는 실기시험
기술사	단답형 또는 주관식 논문형 (100점 만점에 60점 이상)	구술형 면접시험 (100점 만점에 60점 이상)
기능장	객관식 4지택일형 (60문항) (100점 만점에 60점 이상)	주관식 필기시험 또는 작업형 (100점 만점에 60점 이상)
기 사	객관식 4지택일형 • 과목당 20문항(100점 만점에 60점 이상 • 과목당 40점 이상(전과목 평균 60점 이상)	주관식 필기시험 또는 작업형 (100점 만점에 60점 이상)
산업기사	객관식 4지택일형 • 과목당 20문항(100점 만점에 60점 이상) • 과목당 40점 이상(전과목 평균 60점 이상)	주관식 필기시험 또는 작업형 (100점 만점에 60점 이상)
기능사	객곽식 4지택일형(60문항) (100점 만점에 60점 이상)	주관식 필기시험 또는 작업형 (100점 만점에 60점 이상)

3) 응시자격 (필 : 7회 기출)

등급	응시자격
기술사	기사취득+실무 4년 산업기사 취득+실무 5년 기능사 취득+실무 7년 관련분야 실무 9년 4년제 대졸(관련학과) 후+실무 6년 동일 및 유사직무분야 다른 기술사 자격 취득자 외국 동일종목 기술사 자격 취득자
기능장	산업기사 취득+실무 5년 기능사 취득+실무 7년 관련분야 실무 9년 기능대학 기능장 과정 이수, 이수 예정자 동일 및 유사직무분야 다른 기능장 자격 취득자 외국 동일종목 기능장 자격 취득자
기사	산업기사 취득+실무 1년 기능사 취득+실무 3년 관련분야 실무 4년 동일 및 유사직무분야 다른 기사 자격 취득자 외국 동일종목 기사 자격 취득자 관련분야 대학 졸업, 예정자
산업기사	기능사 자격 취득+실무 1년 관련분야 실무 2년 다른 종목의 산업기사 자격자 외국 동일종목 산업기사 자격 취득자 기능경기 대회 입상자
기능사	제한 없음

4) 서비스 분야 국가기술자격의 응시자격 (필 : 11회 기출)

종목	응시자격
사회조사분석사 1급 전자상거래관리사 1급 직업상담사 1급	1. 해당 종목의 2급 자격을 취득한 후 해당 실무에 2년 이상 종사한 사람 2. 해당 실무에 3년 이상 종사한 사람
소비자전문상담사 1급	1. 해당 종목의 2급 자격 취득 후 소비자상담 실무경력 2년 이상인 사람 2. 소비자상담 관련 실무경력 3년 이상인 사람 3. 외국에서 동일한 종목에 해당하는 자격을 취득한 사람
임상심리사 1급	1. 임상심리와 관련하여 2년 이상 실습수련을 받은 사람 또는 4년 이상 실무에 종사한 사람으로서 심리학 분야에서 석사학위 이상의 학위를 취득한 사람 및 취득 예정자

	2. 임상심리사 2급 자격 취득 후 임상심리와 관련하여 5년 이상 실무에 종사한 사람 3. 외국에서 동일한 종목에 해당하는 자격을 취득한 사람
임상심리사 2급	1. 임상심리와 관련하여 1년 이상 실습수련을 받은 사람 또는 2년 이상 실무에 종사한 사람으로서 대학졸업자 및 그 졸업예정자 2. 외국에서 동일한 종목에 해당하는 자격을 취득한 사람
컨벤션기획사 1급	1. 해당 종목의 2급 자격을 취득한 후 응시하려는 종목이 속하는 동일 직무분야(별표 3에 따른 유사 직무분야를 포함한다. 이하 "동일 및 유사 직무분야"라 한다)에서 3년 이상 실무에 종사한 사람 2. 응시하려는 종목이 속하는 동일 및 유사 직무분야에서 4년 이상 실무에 종사한 사람 3. 외국에서 동일한 종목에 해당하는 자격을 취득한 사람
국제의료관광 코디네이터	공인어학성적 기준요건 충족과 다음 하나에 해당하는 자 1. 보건의료 또는 관광분야의 대학졸업자 또는 졸업예정자 2. 2년제 전문대학 관련학과 졸업＋2년 이상 실무 3. 3년제 전문대학 관련학과 졸업＋1년 이상 실무 4. 보건의료 또는 관광분야 4년 이상 실무에 종사 5. 관련 자격증(의사, 간호, 보건교육, 관광 통역안내, 컨벤션기획사 1·2급)취득자

5) 응시자격 제한이 없는 서비스분야 기술자격 (필 : 4회 기출)

① 게임그래픽전문가 ② 게임프로그래밍전문가
③ 게임기획전문가 ④ 스포츠경영관리사
⑤ 멀티미디어콘텐츠 제작전문가 ⑥ 워드프로세서
⑦ 전자상거래운용사 ⑧ 텔레마케팅관리사
⑨ 비서 1,2,3급 ⑩ 전산회계운용사 1,2,3급
⑪ 컴퓨터활용능력 1,2급 ⑫ 한글속기 1,2,3급

6) 필기시험 면제 종목(실기시험만 실시) (필 : 6회 기출)

① 속기 ② 거푸집기능사 ③ 건축 도장 ④ 건축 목공
⑤ 도배 ⑥ 미장 ⑦ 방수 ⑧ 비계
⑨ 온수온돌 ⑩ 유리 시공 ⑪ 조적 ⑫ 철근
⑬ 타일 ⑭ 금속재창호 ⑮ 도화 ⑯ 석공
⑰ 지도제작 ⑱ 항공사진

7) 국가기술자격과 국가전문자격 (필 : 2회 기출)

① 국가기술자격 : 국가기술자격법에 의해 시행되는 기술, 기능, 분야 등의 자격증
② 국가전문자격 : 부처별 소관법령에 따라 시행되는 자격증. 의사, 변호사 등

8) 기술 · 기능분야의 주요 직무분야별 자격종목 (필 : 7회 기출)

　※ 이 부분은 법령개정 및 조정에 따라 분야가 수시로 변동이 되고 내용이 광범위하여 매년
　반영되는 기본교재를 중심으로 공부해야 함

9) 서비스 분야의 주요 직무분야별 자격종목 (필 : 5회 기출)

　※ 이 부분은 법령개정 및 조정에 따라 분야가 수시로 변동이 되고 내용이 광범위하여 매년
　반영되는 기본교재를 중심으로 공부해야 함(단, 컨벤션기획사는 경영 · 회계 사무 분야임)

2. 국가직무능력 표준(NCS)

1) 국가직무능력 표준이란 (필 : 2회 기출)

　① 직무 수행에 요구되는 지식, 기술, 태도 등의 내용을 산업 부문별, 수준별로 체계화한 것.
　② 고용, 교육, 자격을 체계화한 시스템으로 수요자 중심의 교육과 자격 제도 운영을 목표

2) 분류체계

　① 분류체계는 직무유형(Type)을 중심으로 국가직무능력표준 개발의 전체적인 로드맵을 제시
　② 한국고용직업분류(KECO)를 중심으로 표준직업분류, 표준산업분류 등을 참고하여 분류
　③ '대분류 → 중분류 → 소분류 → 세분류'의 순으로 구성
　　* 세부 분류기준

분류	분류기준
대분류	• 직능유형이 유사한 분야(한국고용직업분류 참조)
중분류	• 대분류 내에서 직능유형이 유사한 분야 • 대분류 내에서 산업이 유사한 분야 • 대분류 내에서 노동시장이 독립적으로 형성되거나 경력개발경로가 유사한 분야 중분류 수준에서 산업별인적자원개발협의체(SC)가 존재하는 분야
소분류	• 중분류 내에서 직능유형이 유사한 분야 • 소분류 수준에서 산업별인적자원개발협의체(SC)가 존재하는 분야
세분류	• 소분류 내에서 직능유형이 유사한 분야 • 한국고용직업분류의 직업 중 대표 직무

3) 능력단위 (필 : 2회 기출)

　① 직무는 국가직무능력표준 분류체계의 세분류를 의미하고, 원칙상 세분류 단위에서 표준이
　개발
　② 능력단위는 국가직무능력표준 분류체계의 하위단위로서 국가직무능력표준의 기본 구성요
　소에 해당

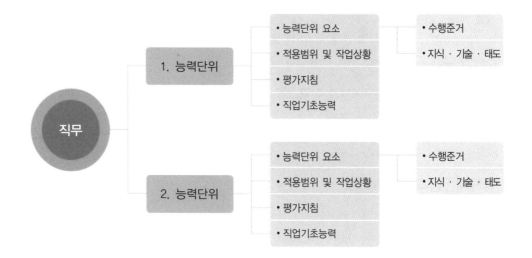

③ 국가직무능력표준 능력단위 구성 : 능력단위는 능력단위분류번호, 능력단위정의, 능력단위요소(수행준거, 지식 · 기술 · 태도), 적용 범위 및 작업상황, 평가지침, 직업기초능력으로 구성

4) 수준체계(8수준) (필 : 3회 기출)
① 직무능력표준의 수준체계는 산업현장 직무의 수준을 체계화한 것
② '산업현장 – 교육훈련 – 자격' 연계, 평생학습능력 성취 단계 제시, 자격의 수준체계로 구성
③ 직무능력표준 개발 시 8단계의 수준체계에 따라 능력단위 및 능력단위요소별 수준을 평정
   ※ 8수준 : 최고도의 이론, 지식/7수준 : 전문화된 이론, 지식/6수준 : 독립적인 권한/5수준 : 포괄적인 권한/4수준 : 일반적인 권한.

5) 분류번호 체계
① 분류번호는 국가직무능력표준의 구성단위인 능력단위에 대한 식별번호로
② 대분류, 중분류, 소분류, 세분류, 능력단위 및 개발연도의 14개 단위로 구성

3. 국민취업지원제도

1) 개념 및 특징 (필 : 2회 기출)
① 취업취약계층 대상, 취업지원과 생계지원을 목적으로 하는 한국형 실업부조
② 최장 1년의 기간 내에서 취약계층의 취업촉진과 생활안정을 위한 2차 고용 안전망
③ 취업취약계층에 대한 종합적인 취업지원제도이며, 소득지원 강화, 맞춤형 취업지원제도, 구직활동의무 등이 부여됨
④ 유형 분류 : 취업지원서비스 수급자격과 구직촉진수당 수급자격을 기준으로 분류
   – 위 요건 모두 갖춘 경우 1유형, 취업지원서비스의 수급자격만을 갖춘 경우 2유형

2) 유형
  ① 국민취업제도 1유형 : 심사형과 선발형
  ② 국민취업제도 2유형 : 저소득층형과 청장년층형

3) 단계별 취업지원 프로그램 운영
  • 취업활동계획 수립 지원(진단/경로설정/개인별 취업지원계획 수립)
  • 취업지원 프로그램(직업훈련 등 직업능력 향상)
  •구직활동지원 프로그램 : 이력서 작성 및 집중취업알선

4) 혜택 : 단계별 수당 지급
  • 구직촉진 수당 지급 : 최대 300만원 지급
  • 취업성공수당 : 최대 150만원(6개월 이상 근무 시 50만원, 12개월 이상시 100만원)
  • 취업활동 비용 : 최대 284,000×6개월)

04 직업정보의 수집 분석

제1절 직업정보의 수집 및 제공

1. 고용정보의 이해

1) 고용정보의 유형(제1장에서 설명)

거시정보와 미시정보

2) 고용정보의 내용 (필 : 1회 기출)

① 경제 및 산업동향   ② 직업에 관한 정보

③ 직업능력개발훈련에 관한 정보   ④ 노동시장 동향 등

⑤ 임금, 근로시간 등 근로조건   ⑥ 구인·구직에 관한 정보 등

3) 고용정보의 처리 및 관리 단계 (필 : 8회 기출) **암기 수-분-가-체-제-축-평**

① 고용정보 처리 및 관리단계 : 수집-분석-가공-체계화-제공-축적-평가

② 각 단계별 유의사항이 중요

2. 고용정보의 수집 (필 : 4회 기출)

1) 기존 자료의 수집(간접수집)

① 구인구직 신청서   ② 각종 통계조사

③ 조사연구자료 등   ④ 신문, 잡지 등

⑤ 은행, 신용기관 공표자료

2) 필요 정보 신규 수집(직접수집)
   ① 사업체 및 사업주 단체 등의 방문수집
   ② 직업안정기관 이용자(구인·구직자) 등과의 면접 및 설문조사
   ③ 관계기관과의 회의 등

3. 고용정보 수집 주요방법

1) **면접법** (필 : 2회 기출)
   ① 표준화 면접 : 면접표를 만들어서 모든 사람에게 동일한 내용, 순서, 형식으로 하는 것
      • 구조화된 면접이라고도 함
      • 신뢰도는 높지만(장점), 타당도는 낮다(단점).
      • 반복적인 면접이 가능하며, 결과 비교가 용이(장점)
      • 면접의 유연성, 신축성이 낮으며, 깊이 있는 측정이 곤란(단점)
   ② 비표준화 면접 : 내용, 순서 등을 정하지 않고 상황에 따라 유동적으로 하는 면접
      • 비구조화 면접이라고 함
      • 타당도는 높지만(장점) 신뢰도는 낮다(단점)
      • 유연성, 신축성이 높으며, 깊이 있는 측정이 가능(장점)
      • 반복적 면접이 곤란하며, 결과 비교가 어렵다(단점)

2) **면접법의 장단점** (필 : 2회 기출)
   ① 장점
      • 모든 사람에 대해서 할 수 있다.
      • 질문지법보다 더 공정한 표본을 얻을 수 있다.
      • 개별적 상황에 따라 높은 신축성과 적응성을 갖는다.
      • 다양한 질문을 사용할 수 있고 정확한 응답을 얻어 낼 수 있다.
      • 환경을 통제, 표준화할 수 있다.
      • 제삼자의 영향을 배제시킬 수 있다.
      • 응답자의 과거의 행동이나 사적 행위에 관한 정보를 얻을 수 있다.
   ② 단점
      • 절차가 복잡하고 불편하다.
      • 시간, 비용, 노력이 많이 든다.
      • 면접자에 따라 면접내용에 편기(bias)가 생길 수 있다.
      • 물리적, 심리적 상황에 따라 응답에 영향을 준다.
      • 응답에 대한 표준화가 어려울 수 있다.
      • 넓은 지역에 걸쳐 분포된 사람을 대상으로 면접을 하는 경우 어려움이 많다.
      • 익명성이 결여되어 개인적으로 꺼리는 내용에 대해 정확한 응답을 얻기 어렵다.
      • 응답자에 따라서는 면접자에게 자기의 상황을 노출시키는 것이 괴로운 일일 수도 있다.

3) 질문지(설문지)법 (필 : 6회 기출)

① 질문문항의 순서 결정 시 고려사항

- 첫 질문은 간단하고, 흥미 있는 질문, 응답자가 쉽게 대답할 수 있는 질문으로 한다.
- 객관적인 사실에 대한 질문부터 주관적인 의견을 묻는 질문으로 배열한다.
- 일반적인 질문 후에 특수한 질문을 뒤에 배열한다.
- 오래된 것부터 최근의 것으로, 또는 최근의 것부터 오래된 것으로 배열한다.
- 구체적이고 친숙한 것에서 추상적이고 생소한 것으로 배열한다.
- 간단한 항목에서 복잡한 항목으로 자연스럽게 넘어가야 하며, 곤란한 문제는 중간쯤 놓은 것이 좋다.
- 앞에 있는 질문의 내용이 뒤에 올 질문의 대답에 영향을 줄 수 있는 경우는 가급적 피한다.

② 질문지법의 장단점 : 생략

4) 내용분석법 (필 : 2회 기출)

① 의미 : 문서화된 매체들을 중심으로 연구 대상 자료를 수집하는 방법

② 문헌연구의 일종으로 양적분석과 질적 분석 방법을 사용

③ 매체의 현재적 내용은 물론, 잠재적인 내용도 분석대상이 됨

④ 장점

- 심리적 변수의 효과적 측정 가능
- 타 연구방법의 타당성 여부 조사를 위해 사용 가능
- 안정성, 융통성, 장기간 연구 가능(자료수정 및 반복 가능)
- 연구자가 연구대상에 영향을 미치지 않음, 조사자체에 대한 반응 없음
- 시간, 비용 경제적 안전도가 높다.
- 역사적 연구에 적용 가능한 유용한 방법이다.

⑤ 단점

- 기록된 의사전달 자료에 의존
- 실제적 타당도의 확보 어려움
- 자료를 구할 때 제한 많음

4. 고용정보의 관리

1) 직업정보 수집 시 유의사항 (필 : 9회 기출)

① 명확한 목표를 세운다.

② 직업정보는 조직적이고 계획적으로 수집해야 한다.

③ 자료의 출처와 수집일자를 반드시 기록한다.

④ 항상 최신의 자료인가 확인하여야 한다.

⑤ 직업정보 수집에 필요한 도구를 사용하지만 재구성해서는 안 된다.

⑥ 사진, 오려 붙이기, 녹음, 녹화, 입력 등의 필요한 도구를 사용한다.

⑦ 불필요한 자료는 폐기하고 새로운 정보를 지속적으로 보완한다.

⑧ 자료의 출처, 저자, 발행연도, 수집자, 수집일자 등을 기재한다.

2) 직업정보 분석 시 유의점 (필 : 11회 기출)

① 분석목적을 명확히 하며, 변화의 동향에 유의

② 동일한 정보라도 다각적이고 종합적인 분석을 시도하여 해석을 풍부히 한다.

③ 전문가나 전문적인 시각에서 분석

④ 목적에 맞도록 분석하며, 정확성과 객관성을 갖춘 최신자료 활용

⑤ 다양한 정보를 충분히 검토하고 효율성을 고려하여 분석

⑥ 숫자로 표현할 수 없는 정보라도 이를 삭제 혹은 배제하지 않는다.

⑦ 직업정보원과 제공원에 대해 제시한다.

3) 직업정보 가공 시 유의사항 (필 : 11회 기출)

① 전문적인 지식이 없어도 이해할 수 있도록 이용자의 수준에 맞게 가공

② 이용자에게 동기를 부여할 수 있도록 구상

③ 가장 최신의 자료를 활용하되, 표준화된 정보를 활용

④ 직업에 대한 장단점을 편견 없이 제공

⑤ 객관성을 잃은 정보나 문자 어투는 삼간다.

⑥ 시각적(시청각) 효과를 부여한다.

4) 직업정보 제공 시 유의사항 (필 : 5회 기출)

① 이용자의 구미에 맞게 생산 제공

② 생산과정을 공개

③ 내담자의 의사를 고려하여 직업정보를 제공

④ 상담사는 다양한 정보를 수집 및 제공하기 위하여 지속적으로 노력

⑤ 제공 후 피드백을 상담에 효과적으로 활용

⑥ 직업선택에 영향을 미칠 수 있은 환경에 대해서도 고려

5. 고용정보의 평가

1) 일반적 평가 (필 : 3회 기출)

① 언제 만들어진 것인가

② 누가 만든 것인가

③ 어느 곳을 대상으로 한 것인가

④ 어떤 목적으로 만든 것인가

⑤ 자료를 어떤 방식으로 수집하고 제시 했는가

2) 앤드류스의 직업정보 평가 (필 : 2회 기출)
  ① 형태효용 : 의사결정자의 요구에 부합하게 맞추어졌을 때, 가치가 증가
  ② 시간효용 : 필요한 시기에 맞게 사용 시 정보의 가치는 증대
  ③ 장소효용 : 정보에 쉽게 접근할 수 있을 때 정보 가치 증대
  ④ 소유효용 : 타인에게 정보전달을 통제할 수 있을 때 정보가치 증대

제2절 　고용정보 주요 용어

1. 고용통계 용어

1) 경제관련 인구의 구성 (필 : 3회 기출)
  생산가능인구, 경제활동인구, 비경제활동인구, 취업자, 실업자, 자영업자, 임금근로자 등
  ① 총인구
  ② 생산가능 인구 : 총인구 중 만 15세 이상의 인구
  ③ 경제활동 인구 : 만 15세 이상 인구 중 취업자와 실업자
  ④ 비경제활동인구 : 만 15세 이상의 인구 중 취업자도 실업자도 아닌 자 (필 : 4회 기출)
    (주부, 학생, 일을 할 수 없는 연로자, 심신장애, 자선사업, 종교단체 관여 자 등)
  ⑤ 취업자 : 다음의 요건 중 한 가지만 해당되면 취업자로 인정 (필 : 6회 기출)
    • 조사대상 주간에 수입을 목적으로 1시간 이상 일한 자
    • 가구원이 운영하는 농장, 사업체의 수입을 위해 주당 18시간 이상 일한 무급가족종
      사자
    • 직업 또는 사업체를 가지고 있으나 일시적으로 일하지 못한 일시 휴직자.
  ⑥ 실업자 : 다음의 3가지 요건을 모두 충족해야 실업자로 인정 (필 : 1회/실 : 2회 기출)
    • 조사대상 주간을 포함한 지난 4주 동안 수입이 있는 일이 없었고,
    • 적극적으로 구직활동을 하였으며
    • 일이 주어지면 즉시 일할 수 있는 자

2) 경제활동인구 관련 계산식 (필 : 4회 기출)
  ① 실업률(%) = 실업자 수/경제활동 인구 × 100
  ② 경제활동참가율(%) = 경제활동 인구/만 15세 이상 인구 × 100
  ③ 고용률(%) = 취업자 수/15세 이상 인구 × 100

3) 근로자 구분 (필 : 4회 기출)

① 임금근로자 : 상용, 임시, 일용근로자

② 비임금근로자 : 자영업자, 무급가족종사자

③ 자영업자 : 고용원 있는 자영업자, 고용원 없는 자영업자

④ 일용근로자 : 고용기간이 1개월 미만자

⑤ 임시근로자 : 1개월 이상 1년 미만자

⑥ 상용근로자 : 1년 이상자

⑦ 비정규직 근로자 : 한시적＋시간제＋비전형 근로자

4) 구인, 구직 용어 (필 : 6회 기출)

① 충족률＝취업자 수/구인 수 (구인인원)×100

② 구인배수＝신규구인 수(구인인원)/신규구직자 수

③ 신규구인인원 : 해당 기간 동안 노동부 고용안정정보망을 통한 모집 인원수를 말함

④ 신규구직자 수 : 해당 기간 동안 구직신청을 한 인원수의 합

⑤ 유효구인인원 : 해당 기간 동안 구인신청을 한 모집원 중 현재 알선 가능한 인원수의 합 (모집인원수에서 신청취소, 자체충족 인원수와 채용으로 알선 처리한 인원수를 뺀 것)

⑥ 유효구직자 수 : 구직신청자 중 해당기간 말 현재 알선 가능한 인원수의 합.

⑦ 구인수(구인인원) : 통계 작성 시 구인을 업체가 아닌 구인수(구인인원)를 기준으로 함

⑧ 알선건수 : 해당 기간 동안 알선처리한 건수의 합

⑨ 취업건수 : 해당 기간 취업으로 결과 처리된 인원수의 합

⑩ 유효구인배율(배수)＝유효구인인원/유효구직자 수

⑪ 알선률＝알선건 수/구직자 수×100

⑫ 취업률＝취업건수/신규구직자 수×100

⑬ 일자리 경쟁배수 : 신규구직자 수/신규구인인원

⑭ 상용직 : 기간의 정함이 없는 근로계약

⑮ 계약직 : 기간의 정함이 있는 근로계약

⑯ 시간제 : 통상의 근로자보다 짧은 시간 근로하는 고용

⑰ 제시임금 : 사업주가 근로자에게 지급하겠다고 제시하는 임금(제의임금)

⑱ 희망임금 : 근로자가 받고자 희망하는 임금(의중임금, 눈높이 임금, 요구임금 등)

⑲ 희망임금 충족률 : 제시임금/희망임금×100

⑳ 입직률 (필 : 1회/실 : 2회 기출)

• 의미 : 전월 말 기준 근로자 수 대비 당월 입직(채용 또는 전입)한 근로자 수의 비율

• 계산 공식 : 당월 입직(신규채용＋전입 등)한 근로자수/전월 말 근로자 수×100

※ 잠재취업 가능자 : 비경제활동 인구 중, 지난 4주간 구직활동을 하였지만 주간에 취업이 가능하지 않은 자

※ 잠재구직자 : 비경제활동인구 중 지난4주간 구직활동을 하진 않았지만, 조사대상주간에 취업을 희망하고 취업이 가능한 사람

2. 계산문제(사례문제)

[1] 아래의 예시를 보고 다음을 계산. 단, 소수점 둘째 자리에서 반올림하고, 계산과정을 제시할 것

(실 : 15회 기출)

- 만 15세 이상 인구수 : 35,986천명
- 비경제활동인구 수 : 14,716천명
- 취업자 수 : 20,149천명(자영업자 : 5,646천명, 무급가족종사자 : 1,684천명, 상용근로자 : 6,113천명, 임시근로자 : 4,481천명, 일용근로자 : 2,225천명)

[풀이]

① 실업자 수와 실업률은?
- 경제활동인구 수 = 15세 이상 인구 − 비경제활동인구 → 35,986 − 14,716 = 21,270
- 실업자수 = 경제활동인구 수 − 취업자 수 → 21,270 − 20,149 = 1,121　🔲 1,121천명
- 실업률 = 실업자/경제활동인구 × 100 → 1,121/21,270 × 100 = 5.27　　🔲 5.3%

② 경제활동 참가율은?
- 경제활동참가율 = 경제활동인구/15세 이상 인구 × 100
  → 21,270/35,986 × 100 = 59.10　　　　　　　　　　　🔲 59.1%

③ 고용률은?
- 고용률 = 취업자/15세 이상 인구 × 100 → 20,149/35,986 × 100 = 55.99　🔲 56%

④ 임금 근로자 수와 비임금 근로자 수는?
- 임금근로자 = 상용직 + 임시직 + 일용직 → 6,113 + 4,481 + 2,225 = 12,819

🔲 12,819천명

- 비임금근로자 = 자영업자 + 무급가족종사자 → 5,646 + 1,684 = 7,330　🔲 7,330천명

[2] 다음의 경제활동참가율, 실업률, 고용률은?(소수점 둘째자리에서 반올림하고, 계산과정 제시)

(실 : 2회 기출)

- 전체 인구 : 500
- 취업자 수 : 200
- 15세 이상 인구 : 400
- 실업자 수 : 20
- 정규직 직업을 구하려고 하는 단시간 근로자 : 10

[풀이]

중요 : 정규직 직업을 구하려고 하는 단시간 근로자는 취업자 수에 이미 포함된 것으로 봐야 함

① 경제활동참가율
- 경제활동인구 = 취업자 + 실업자이므로 → 200 + 20 = 220
- 경제활동참가율 = 경제활동인구/15세 이상 인구 × 100
  → 220/400 × 100 = 55　　　　　　　　　　　　　🔲 55%

② 실업률 = 실업자/경제활동인구 × 100 → 20/220 × 100 = 9.09　　🔲 9.1%

③ 고용률 = 취업자/15세 이상 인구 × 100 → 200/400 × 100 = 50　　🔲 50%

[3] 만 15세 이상 인구가 100만 명이고 경제활동참가율이 70%, 실업률이 10%라고 할 때, 실업자 수 계산 (실 : 2회 기출)

[풀이]

- 경제활동참가율＝경제활동인구/15세 이상 인구×100
  → 70%＝경제활동인구/100만×100＝70만
- 실업률＝실업자/경제활동인구×100
  → 10%＝실업자 수/70만×100＝7만

🔲 7만명

[4] 다음 표를 보고 답하시오. 단, 소수점 셋째자리에서 반올림하고, 계산과정을 제시 (실 : 2회 기출)

구분	신규 구인	신규 구직	알선 건수	취업 건수
A 구간	103,062	426,746	513,973	36,710
B 구간	299,990	938,855	1,148,534	119,020

1) A기간과 B기간의 구인배율은?
2) A기간과 B기간의 취업률은?

[풀이]

① A기간과 B기간의 구인배율
   - A기간의 구인배율 : 신규구인인원/신규구직인원 → 103,062/426,746＝0.24
   - B기간의 구인배율 : 신규구인인원/신규구직인원 → 299,990/938,855＝0.32
② A기간과 B기간의 취업률
   - A기간의 취업율 : 취업건수/신규구직인원×100
                    → 36,710/426,746×100＝8.60%
   - B기간의 취업률 : 취업건수/신규구직인원×100
                    → 119,020/938,855×100＝12.68%

[5] 어떤 회사의 9월말 사원 수는 1,000명이었다. 신규채용 인원수는 20명, 전입 인원수는 80명일 때, 10월의 입직률을 계산하고 입직률의 의미를 쓰시오. (실 : 2회 기출)

[풀이]

- 의미 : 전월 말 기준 근로자 수 대비 당월 입직(채용 또는 전입)한 근로자 수의 비율
- 입직률＝당월 입직(신규채용＋전입 등)한 근로자수/전월 말 근로자 수×100
         → (20＋80)/1,000×100＝10

🔲 10%

[6] 아래의 주어진 표를 보고 다음을 계산 (실 : 4회 기출)

구분	15~19세	20~24세	25~29세	30~50세
생산가능인구	3,284	2,650	3,846	22,983
경제활동인구	203	1,305	2,797	17,356
취업자	178	1,181	2,598	16,859
실업자	25	124	199	497
비경제활동인구	3,082	1,346	1,049	5,627

1) 30~50세 고용률을 계산하시오. (단, 소수점 둘째자리에서 반올림할 것)
2) 30~50세 고용률을 29세 이하의 고용률과 비교하여 분석하시오.

[풀이]
① 30~50세 고용률을 계산(단, 소수점 둘째자리에서 반올림할 것)
- 고용률 = 취업자/15세 이상(생산가능) 인구 × 100
  → 16,859/22,983 × 100 = 73.35　　　　　🖎 73.4%
② 30~50세 고용률을 29세 이하의 고용률과 비교하여 분석하시오.
- 29세 이하 고용률 = (178 + 1,181 + 2,598)/(3,284 + 2,650 + 3,846) × 100
  = 40.46　　　　　🖎 40.5%
- 비교 : 29세 이하 고용률은 40.5%인데 비해 30~50세의 고용률은 73.4%로서 중장
  년층의 경제활동참가가 활발함을 보여주는 한편, 29세 이하 청년들의 취업난이 심각함
  을 알 수 있다. 따라서 정부는 청년실업 해소를 위한 적극적인 정책을 추진해야 한다
  고 생각된다.

[7] 한 나라의 고용률이 50%이고 실업률은 10%이다. 실업자 수가 50만 명이라고 할 때, 경제
활동 인구수와 비경제활동 인구수를 계산 (실 : 1회 기출)
[풀이]
① 경제활동인구 : 10% = 실업자수/경제활동인구 × 100
　　　　　　　　→ 10% = 500,000/경제활동인구 × 100
　　　　　　　　→ 경제활동인구 = 500,000/10 × 100 = 5,000,000　　🖎 5백만명
- 취업자수의 산출 : 경제활동인구 - 실업자 → 5,000,000 - 500,000 = 4,500,000명
- 15세 이상 인구 : 50% = 취업자/15세 이상 인구 × 100
　　　　　　　　→ 50% = 4,500,000/15세 이상 인구 × 100
　　　　　　　　→ 15세 이상 인구 = 4,500,000/50 × 100 = 9,000,000
② 비경제활동인구 : 15세 이상 인구 - 경제활동인구
　　　　　　　　→ 9,000,000 - 5,000,000 = 4,000,000　　　　🖎 400만명

[8] 고용률 50%이고 비경제활동 인구가 400명, 실업자가 50명이라고 가정할 때의 실업률(단, 계산과정을 함께 제시) (실 : 1회 기출)

[풀이]

- 고용률＝취업자/15세 이상(생산가능) 인구×100

  → 취업자/(경제활동인구＋비경제활동인구)×100

  → 취업자/(취업자＋실업자＋비경제활동인구)×100

① 고용률 : 취업자/(50＋취업자＋400)×100

  → 50%＝취업자/(450＋취업자)×100＝450

- 따라서 취업자는 450명이 되고, 경제활동인구는 취업자＋실업자이므로

  → 450＋50＝500명

② 실업률 : 실업자/경제활동인구×100 → 50/500×100＝10   🗒 10%

실기 기출문제

1. 아래의 주어진 예시를 보고 다음을 계산하시오. 단, 소수점 둘째 자리에서 반올림하고, 계산과정을 제시하시오. (00-1회, 08-1회, 09-2회, 10-1회, 10-2회, 10-3회, 11-3회, 14-2회, 15-1회, 15-2회, 15-3회, 17-3회, 19-3회, 20-4회, 22-1회)

- 만 15세 이상 인구수 : 35,986천명
- 비경제활동인구 수 : 14,716천명
- 취업자 수 : 20,149천명
  - 자영업자 : 5,646천명   - 무급가족종사자 : 1,684천명
  - 상용근로자 : 6,113천명   - 임시근로자 : 4,481천명
  - 일용근로자 : 2,225천명

① 실업자 수와 실업률은 ?

② 경제활동 참가율은 ?

③ 고용률은 ?

④ 임금 근로자 수와 비임금 근로자 수는 ?

2. 다음의 경제활동참가율, 실업률, 고용률을 구하시오. (단, 소수점 둘째자리에서 반올림하고, 계산과정을 제시하시오.). (13-2회)

> - 전체 인구 : 500
> - 15세 이상 인구 : 400
> - 취업자 수 : 200
> - 실업자 수 : 20
> - 정규직 직업을 구하려고 하는 단시간 근로자 : 10

3. 만 15세 이상 인구가 100만 명이고 경제활동참가율이 70%, 실업률이 10%라고 할 때, 실업자 수를 계산하시오. (11-1회, 19-1회)

4. 다음표를 보고 답하시오. 단, 소수점 셋째자리에서 반올림하고, 계산과정을 제시하시오. (00-1회, 14-1회)

구분	신규 구인	신규 구직	알선 건수	취업 건수
A 구간	103,062	426,746	513,973	36,710
B 구간	299,990	938,855	1,148,534	119,020

1) A기간과 B기간의 구인배율은 ?
2) A기간과 B기간의 취업률은 ?

5. 어떤 회사의 9월말 사원 수는 1,000명이었다. 신규채용 인원수는 20명, 전입 인원수는 80명일 때, 10월의 입직률을 계산하고 입직률의 의미를 쓰시오. (14-1회, 15-1회)

6. 아래의 주어진 표를 보고 다음을 계산하시오. (11-2회, 17-1회, 19-2회, 22-2회)

구분	15~19세	20~24세	25~29세	30~50세
생산가능인구	3,284	2,650	3,846	22,983
경제활동인구	203	1,305	2,797	17,356
취업자	178	1,181	2,598	16,859
실업자	25	124	199	497
비경제활동인구	3,082	1,346	1,049	5,627

1) 30~50세 고용률을 계산하시오. (단, 소수점 둘째자리에서 반올림할 것)
2) 30~50세 고용률을 29세 이하의 고용률과 비교하여 분석하시오.

7. 한 나라의 고용률은 50%이고 실업률은 10%이다. 실업자 수가 50만 명이라고 할 때, 경제활동 인구수와 비경제활동 인구수를 계산하시오. (16-1회)

8. 고용률이 50%이고 비경제활동 인구가 400명인 가상경제에서 실업자 수가 50명이라고 가정할 때, 실업률을 구하시오. (단 계산 과정을 함께 제시하시오.) (16-2회)

9. 가상적인 국가의도용동향이 다음과 같을 때 질문에 답하시오. (단위 : 천명) (20-2회)

　　ー경제활동인구 : 350　　　　　　ー비경제활동인구 : 150
　　ー임금근로자 : 190　　　　　　　ー비임금 근로자 : 140

1) 실업률을 구하시오
2) 경제활동 참가율을 구하시오
3) 자영업자가 90일 때 무급가족 종사자 수는?
4) 경제활동인구 중 취업자가 차지하는 비율은?

노동 시장론

CHAPTER 01 노동시장의 이해

제1절 노동수요

1. 노동수요의 의의

1) 개념

일정기간 동안 기업에서 고용하고자 하는 노동의 양을 의미

2) 노동수요의 본질

① 저장이 곤란

② 근로자와 분리불가

③ 형식적으로는 평등하나 실질적으로는 불평등

④ 이동이 용이하지 않음

⑤ 표준화가 곤란

3) 노동수요의 특성 (필 : 3회 기출)

① 유량의 개념 : 일정기간 동안에 소요되는 노동력의 수요를 의미

• 저량 : 일정시점에서의 축적되어 있는 양을 의미

② 파생(유발)수요 : 노동수요는 독립적으로 발생하는 것이 아니라, 최종 생산물의 수요 크기에 의해 영향을 받는 파생(간접) 수요 (필 : 4회 기출)

③ 결합수요 : 노동은 다른 생산요소와 결합되어 활용되는 수요

4) 노동수요의 결정요인 (필 : 6회/실 : 1회 기출) 암기 노상 다노생/노상 다노세~!

① **노동**의 가격(임금) : 임금의 인상 또는 하락 – 노동수요 증가 또는 감소 유발

② **상품**의 소비크기 : 시장에서 상품이 소비되는 수요 정도에 따라 노동수요가 영향을 받음

③ 다른 생산요소의 가격 : 생산요소로서 노동과 자본만이 있고 상호 대체제인 경우
   • 자본가격이 상승하면 생산비를 줄이려 자본투입을 줄이고 노동으로 대체 – 노동수요 증가
   • 자본가격이 하락하면 생산비를 줄이려 노동투입을 줄이고 자본으로 대체 – 노동수요 감소
④ 노동생산성의 변화 : 노동생산성의 향상은 노동수요 감소, 생산성의 하락은 노동수요 증가
⑤ 생산기술방식 변화 : 생산기술의 진보(자동화)는 노동수요 감소

5) 단기노동수요가 외부조건에 따라 변화하는 과정 (실 : 1회 기출)
   ① 산업에서의 단기 노동수요에 영향을 주는 주요 요인은 임금임
   ② 임금의 하락을 가정할 때
      임금의 하락 → 노동수요 증가 → 산업전체 생산물 증가 → 한계생산물 체감의 법칙이 작용 → 고용증가폭 감소됨 → 고용수요 증가가 당초 예상했던 것보다 적게 나타남
   ③ 따라서 산업 전체의 단기 노동수요량은 당초 예상한 노동수요 총합보다 적게 됨(비탄력적이다).

실기 기출문제

1. 노동수요에 영향을 미치는 요인 5가지를 쓰고 간략히 설명하시오. (09 – 1회)

2. 노동력 수요에서 산업의 단기 노동수요가 외부 조건의 변동에 따라 변화하는 과정을 설명하시오.
   (04 – 3회)

2. 노동수요곡선

1) 수요곡선의 특징 (필 : 2회 기출)
   ① 수요와 공급의 원리에 따라 변화 : 임금이 오르면 노동수요 감소, 임금이 하락하면 노동수요 증가
   ② 일반 상품도 가격이 오르면 수요가 감소하고 가격이 하락하면 수요가 증가하는 현상과 유사
   ③ 단, 노동수요는 파생수요로서 노동력 그 자체가 소비대상이 아니며, 재화생산을 위해 투입하는 생산 요소임
   ④ 따라서, 재화(상품)에 대한 수요(소비)의 정도에 따라 노동력 수요가 영향을 받게 됨(파생수요)
   ⑤ 상품의 수요자는 소비자이고 생산 · 공급자는 기업인 반면, 노동력 수요자는 기업이고 공급자는 노동자임

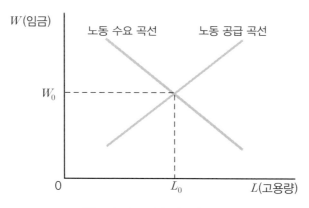

W(임금)

노동 수요 곡선   노동 공급 곡선

W_0

0   L_0 L(고용량)

* W는 임금(wage)을 나타내고,
L은 노동(labor)의 고용량을 나타냄

2) 노동수요량의 변화와 노동수요의 변화 (필 : 10회 기출)
  ① 노동**수요량**의 변화 : 임금의 변화에 의해 노동수요가 증감하는 것. 수요곡선상에서만 수요
    량이 변화하는 것
    • 노동수요량의 변동이 임금의 오르고 내리는 것에 따라 곡선상에서만 움직이게 됨(DD 곡선)
  ② 노동**수요**의 변화 : 임금 이외의 다른 요인에 의해서 수요량이 변화하는 것
    • 노동수요량의 변동요인이 수요 곡선의 이동(shift)으로 인해 증감 됨(D'D' 곡선)
    • 노동수요의 변동요인
      −기술의 변화
      −다른 생산요소의 가격변화
      −최종생산물의 가격변화 등

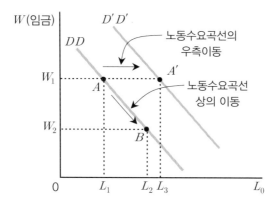

W(임금)

$D'D'$

DD

노동수요곡선의
우측이동

W_1 A → A'

노동수요곡선
상의 이동

W_2 B

0   L_1 L_2 L_3 L_0

3) 보완재와 대체재 (필 : 1회 기출)

① 보완재 : 특정재화의 가격이 하락하여 소비가 증가하면 관련 재화의 소비도 증가하는 것

   예 맥주와 치킨

② 대체재 : 특정재화의 가격이 하락하여 소비가 증가하면 관련 재화의 소비는 감소하는 것

   예 맥주와 소주

③ 생산요소로 자본과 노동만이 있을 경우

   • 보완관계인 경우 : 자본가격이 하락하여 자본의 수요가 증가하면 노동의 수요도 증가

   • 대체관계인 경우 : 자본가격이 하락하여 자본의 수요가 증가하면 노동의 수요는 감소

4) 단기와 장기 (필 : 6회 기출)

① 생산요소 : 토지, 노동, 자본 등을 생산요소라고 하며, 이를 고정요소, 가변요소로 구분

   • 고정요소 : 자본, 토지, 기계 등과 같이 투입량의 증감이 용이하지 않는 것

   • 가변요소 : 노동, 원재료 등과 같이 투입량의 증감이 용이한 것

② 단기 : 생산증가를 위해 생산요소 투입을 증가할 때, 고정생산요소가 존재하는 짧은 기간

③ 장기 : 생산증가를 위해 생산요소 투입을 증가할 때 모든 요소들이 가변적인 상태로 변화하는 긴 기간

④ 단기는 고정요소가 존재하여 생산량 증가에 한계가 있는 반면,

⑤ 장기는 모든 생산요소가 가변요소로 되어 생산량의 증감을 크게 변동시킬 수 있게 됨

⑥ 따라서, 장기가 단기에 비해 변동폭이 크게 됨. 즉 장기는 단기에 비해 탄력적이 된다.

⑦ 단기와 장기에서의 대체효과와 규모효과(산출량 효과)

   • 대체효과 : 생산요소 중 가격이 하락한 생산요소를 다른 생산요소와 대체 투입시키는 효과(노동과 기계가 있을 시, 임금이 하락하면 기계대신에 노동을 투입하여 노동수요 증가)

   • 규모효과 : 임금상승 또는 하락 시 생산비와 생산량에 영향을 주어 노동수요 증감에 영향 주는 것(임금이 상승하면 노동투입을 줄일 것이므로 생산량이 감소하고 그로 인해 노동수요가 감소)

3. 기업의 이윤극대화 관련 요인

1) 개요 (필 : 11회/실 : 10회 기출)

① 기업은 최소의 비용으로 최대의 효과를 추구하여 이윤을 극대화하고자 함

   • 완전경쟁시장에서 기업은 이윤을 극대화하기 위해 **한계비용 = 한계수입 = 상품가격**이 일치되는 시점까지 인력을 투입하여 생산

② 기업의 이윤 극대화 조건 : **한계생산물가치(VMPL) = 임금(W)**

   • 기업은 이윤극대화를 위해 한계생산물가치가 임금과 같아지는 시점까지 인력을 투입하여 생산하고자 함

- 한계생산물가치($VMPL$)=임금(W) → 최적정의 인력투입(이윤극대화 달성)
- 한계생산물가치($VMPL$)>임금(W) → 인력투입 증가해야 함
- 한계생산물가치($VMPL$)<임금(W) → 인력투입 감소해야 함

③ 한계생산물 가치($VMPL$) : 한계생산물에 상품 단위당 가격을 곱한 것
   - 한계생산물(MPL)×상품가격(P)
④ 한계생산물(MPL)=노동투입을 1단위 증가함으로써 얻게 되는 총생산량의 증가분(추가 생산물)
   - 총생산량의 증가분/노동투입량의 증가분
⑤ 평균생산량=총생산량을 노동투입량으로 나눈 것
   - 총생산량/노동투입량
⑥ 총생산량=노동 1단위당 생산량에 노동투입량을 곱한 것
   - 노동단위당 생산량×노동투입량
⑦ 한계 비용 : 생산량을 1단위 증가시킬 때 소요되는 총생산비의 증가분(추가 비용)
⑧ 한계 수입 : 한 개의 상품을 더 팔 때 얻게 되는 총수입의 증가분(추가 수입)

2) 한계생산물 체감의 법칙(수확 체감의 법칙)
   ① 의의 : 노동투입을 증가시킬 때 투입량이 일정수준을 넘어서면 한계생산량이 차츰 감소하는 것
      - 자본, 노동, 토지의 생산요소 중, 자본과 토지의 투입량을 고정한 채,
      - 노동의 투입량만을 증가시키면 생산물 전체로서는 증대되지만
      - 추가투입량 1단위에 대한 생산물의 한계적 증가분은 차차 감소하는 경향을 나타낸다는 원칙
   ② 노동의 수요곡선이 우하향하는 것은 한계생산물이 체감하기 때문임

3) 독과점기업의 노동수요곡선 (필 : 4회 기출)
   ① 독과점 기업의 이윤극대화 조건은 완전경쟁시장의 이윤극대화 조건과 같지 않음
   ② 독과점 기업의 이윤극대화 조건은 **한계수입생산물**을 기준으로 결정
   ③ 한계수입생산물($MRPL$)=한계생산물(MPL)×한계수입(MR)
   ④ 독과점 기업에서의 노동수요곡선은 한계수입생산물곡선이 된다.

4) 노동시장의 수요독점 (필 : 11회 기출)
   ① 수요독점 기업이란 : 노동의 공급자는 다수인데 수요자는 하나뿐인 경우를 말함
   ② 수요독점 기업은 임의로 시장임금을 조정할 수 있다고 봄
   ③ 수요독점기업은 $W - W_0$ 만큼 임금을 덜 주고 $L_0 - L_1$ 만큼 고용량도 감소시켜 이윤을 극대화 함
      - 수요독점 기업의 단점 : 임금도 덜 주고 고용량도 감소시키는 것(임금은 W_0, 고용은 L_0)
   ④ 수요독점 상태에서 최저임금제 도입은 임금상승과 고용증대로 이어져 근로자에게 유리하게 됨

- 최저 임금이 W_0 수준 이상으로 책정될 시, 임금도 상승하고 고용도 증가하게 됨

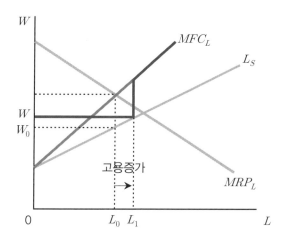

4. 무차별곡선/(한계대체율), 등량곡선/(한계기술대체율) (필 : 3회 기출)

① 무차별곡선 : 동일한 효용을 가져다주는 두 재화의 소비조합들을 연결한 궤적(여가−소득/ 공급)
- 소비자이론의 효용 극대화 점을 찾기 위한 개념으로 한계대체율의 체감이 그 원인
- 우하향의 기울기를 가짐
- 원점에서 멀어 질수록 더 높은 효용을 의미
- 서로 교차하지 않음
- 원점에 대하여 볼록
② 등량곡선 : 동일한 양의 재화를 생산할 수 있는 노동과 자본의 조합을 연결한 곡선(노동− 자본/투입)
- 생산자이론에서 산출량의 극대화점을 찾기 위한 개념으로 한계기술대체율의 체감이 원인
- 우하향의 기울기를 가짐
- 원점에서 멀수록 더 높은 생산량을 의미
- 서로 교차하지 않음
- 원점에 대하여 볼록
③ 한계 기술 대체율 : 등량곡선에서 두 투입요소 중, 한 요소가 증가함에 따라 대체되는 다른 요소간의 비율

5. 계산문제의 사례(사례문제)

[1] 완전경쟁시장에서 다음 기업의 이윤극대화를 위한 최적고용량을 도출하고 그 근거를 설명 (단 생산물 단가는 100원, 단위당 임금은 150원)

노동투입단위	0	1	2	3	4	5	6
총생산량	0	2	4	7	8.5	9	9

[풀이]
① 이윤극대화를 위한 최적고용량 : 노동 4단위
② 근거
  • 이윤극대화 조건 : 한계생산물가치 = 임금이고, 한계생산물가치 = 한계생산물×상품 가격임 ⇒ 한계생산물가치 = 한계생산물(1.5)×생산물 단가(100원) = 임금(150원)
  • 노동 4단위일 때 한계생산물가치가(150) 임금(150원)하고 같아짐

[2] 다음 물음에 답하고 계산식도 함께 작성
어떤 제과점의 종업원수와 하루 케이크 생산량(단 케이크 한 개 가격은 10,000원)

종업원 수	0	1	2	3	4
케이크생산량	0	10	18	23	27

① 종업원 수가 2명인 경우 노동의 한계생산은?
② 종업원 수가 3명인 경우 노동의 한계수입생산은?
③ 임금이 80,000원일 때 이윤극대화가 이루어지는 제과점 종업원 수와 케이크 생산량은?

[풀이]
① 종업원 2명인 경우 한계생산 : 8개
  → 총생산량의 증가분/노동투입량의 증가분 → $18 - 10/2 - 1 = 8$
② 종업원 3명인 경우 한계수입생산 : 50,000원
  → 한계생산물×한계수입 → $5 × 10,000 = 50,000$
③ 임금이 80,000원일 때 이윤극대화가 이루어지는 제과점 종업원 수와 케이크 생산량
  • 이윤극대화조건 : 한계생산물가치 = 임금
  → 한계생산물×$10,000 = 80,000$ → 8개로 종업원 수는 2명이고 케이크생산량은 18개임

[3] 기업의 한계노동비용과 이윤극대화가 이루어질 때 노동공급 등을 구하시오.

노동공급	임금	한계수입생산
5	6	62
6	8	50
7	10	38
8	12	26
9	14	14
10	16	2

① 노동공급이 7일 때 한계노동비용을 구하시오. (단, 계산과정을 제시하시오)
② 이윤극대화가 이루어지는 노동공급과 임금을 구하시오. (단, 계산과정을 제시하시오)

[풀이]
① 노동공급이 7일 때 한계노동비용
- 총노동비용의 증가분/노동투입량의 증가분 → $10 - 8/7 - 6 = 2$ **답** 2
② 이윤극대화가 이루어지는 노동공급과 임금 → 한계비용(MC) = 한계수입(MR)
- 노동투입량을 1단위 증가할 때마다 한계비용은 모두 2이다. 한계비용(2)와 한계수입(2)가 일치하는 지점은 노동공급이 10이고 임금이 16일 때이다.

실기 기출문제

1. 완전경쟁시장에서 어떤 기업의 단기 생산함수가 다음과 같을 때, 이 기업의 이윤극대화를 위한 최적 고용량을 도출하고 그 근거를 설명하시오. (단 생산물 단가는 100원, 단위당 임금은 150원) (10-4회, 13-1회, 15-3회, 18-2회, 22-1회)

노동투입단위	0	1	2	3	4	5	6
총생산량	0	2	4	7	8.5	9	9

2. 다음 물음에 답하시오. (계산식도 함께 작성하시오.) 어떤 제과점 종업원수와 하루 케이크 생산량은 다음과 같다. (단, 케이크 한 개 가격은 10,000원) (13-3회, 16-2회, 19-3회)

종업원 수	0	1	2	3	4
케이크생산량	0	10	18	23	27

1) 종업원 수가 2명인 경우 노동의 한계생산은 ?
2) 종업원 수가 3명인 경우 노동의 한계수입생산은 ?
3) 종업원 임금이 80,000원일 때 이윤극대화가 이루어지는 종업원 수와 케이크 생산량은 ?

3. 기업의 한계노동비용과 이윤극대화가 이루어질 때 노동공급 등을 구하시오. (16 – 3회,20 – 2회)

노동공급	임금	한계수입생산
5	6	62
6	8	50
7	10	38
8	12	26
9	14	14
10	16	2

1) 노동공급이 7일 때 한계노동비용을 구하시오. (단, 계산과정을 제시하시오)

2) 이윤극대화가 이루어지는 노동공급과 임금을 구하시오. (단, 계산과정을 제시하시오)

6. 노동수요의 임금탄력성

1) **개요** (필 : 10회/실 : 3회 기출)

① 의의 : 임금의 변화율 대비 노동수요량의 변화율을 의미

• 독립변수인 임금이 1% 변화할 때, 종속변수인 노동수요량의 변화율 정도의 크기를 표시
 – 노동수요 탄력성 계산식

노동수요의 탄력성	노동수요량의 변화율(%)	임금의 변화율(%)
$\dfrac{\text{노동수요량의 변화율(\%)}}{\text{임금의 변화율(\%)}}$	$\dfrac{\text{(변화된 인원 – 원래 인원)}}{\text{원래의 인원}} \times 100$	$\dfrac{\text{(변화된임금 – 원래 임금)}}{\text{원래의 임금}} \times 100$

 – 위의 계산식에 의해 산출된 수치를 탄력성의 값 즉, "e"(Elasticity)라고 함

② 탄력성은 절댓값의 개념을 가지며 절댓값 1을 기준으로 함

③ 탄력성의 판단 : 탄력성의 계산 값(e)이

• 1보다 크면 탄력적, 1보다 작으면 비탄력적, 1과 같으면 단위 탄력적임

• 0이면 완전 비탄력적, ∞이면 완전 탄력적이라고 함

2) **탄력성의 기울기** (필 : 8회 기출)

① 탄력성의 값이 작을수록 기울기가 수직에 가깝게 되고, 값이 클수록 수평에 가깝다.

② 완전 탄력적 : 임금은 변화가 없는데 노동 수요량만 변화하는 것

③ 완전 비탄력적 : 노동수요량은 변화가 없이 임금만 변화하는 것

④ 탄력성 값이 0에 가까울 때, 노조의 임금인상 투쟁 시 고용량 감소가 적다(해고가 어렵게 된다)

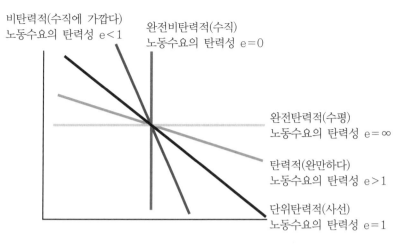

비탄력적(수직에 가깝다)
노동수요의 탄력성 e<1

완전비탄력적(수직)
노동수요의 탄력성 e=0

완전탄력적(수평)
노동수요의 탄력성 e=∞

탄력적(완만하다)
노동수요의 탄력성 e>1

단위탄력적(사선)
노동수요의 탄력성 e=1

3) 노동수요 탄력성에 영향을 미치는 요인(힉스 – 마샬의 법칙) (필 : 14회/실 : 9회 기출)

암기 생－총－타－다

① **생**산물에 대한 수요가 탄력적일수록 노동수요는 더 탄력적이 된다.
② **총** 생산비에 대한 노동비용 비중이 클수록 노동수요는 더 탄력적이 된다.
③ **타** 생산요소와의 대체 가능성이 클수록 노동수요는 더 탄력적이 된다.
④ **다**른 생산요소의 공급탄력성이 클수록 노동수요는 더 탄력적이 된다.

4) 기타 탄력성과 관련된 요인 (필 : 2회 기출)

① 단기보다 장기에 노동수요 탄력성이 커진다.
② 다른 대체 요소가 많을수록 노동수요 탄력성이 커진다.

7. 계산 사례문제

[1] 시간당 임금이 500원일 때 1,000명을 고용하던 기업에서 시간당 임금이 400원으로 감소하였을 때 1,100명을 고용할 경우 노동수요 탄력성을 계산. 단 소수 첫째자리로 표현

[풀이]

• 노동수요의 탄력성 $= \dfrac{\text{노동수요량의 변화율(\%)}}{\text{임금의 변화율(\%)}}$

  − 노동수요량의 변화율 $= \dfrac{1{,}100 - 1{,}000}{1{,}000} \times 100 = 10(\%)$

  − 임금의 변화율 $= \dfrac{400 - 500}{500} \times 100 = -20(\%)$

  − 노동수요 탄력성 $= 10(\%)/20(\%) = 0.5$　　　　　　　　　**답** 0.5

[2] 노동수요 $Ld = 5,000 - 2w$(단, L은 근로자 수, W는 시간당 임금이다)이다. 시간당 임금이 2,000원일 때 노동수요의 임금탄력성 절댓값과 근로자 수입이 얼마인지 계산하시오. (단, 계산과정을 함께 제시하시오.)

[풀이]

① 노동수요 임금탄력성의 절대 값

$$노동수요\ 탄력성\ 공식 = \frac{노동수요량의\ 변화율(\%)}{임금의\ 변화율(\%)}$$

- 임금의 변화율
  - 노동 1시간인 경우 : 2,000원(시간당 임금)
  - 노동 2시간인 경우 : 4,000원이 됨. 이를 토대로 임금의 변화율을 계산하면
  - 임금의 변화율 $= \dfrac{4000 - 2000}{2000} \times 100 = 100(\%) = 1$

- 노동수요량의 변화율
  - 노동이 1시간인 경우 : 노동수요$(Ld) = 5,000 - 2 \times 2,000 = 1,000$
  - 노동이 2시간인 경우 : 노동수요$(Ld) = 5,000\ -2 \times 4,000 = -3,000$
  - 노동수요량의 변화율 $= \dfrac{-3,000 - 1,000}{1,000} \times 100 = -400(\%) = -4$

- $\dfrac{노동수요량의\ 변화율(\%)}{임금의\ 변화율(\%)}$ 에 대입하면 $\dfrac{-4}{1} = -4$, **노동수요탄력성 = 4**

② 근로자의 수입 = 노동공급량 × 시간당 임금 = 1,000시간 × 2,000원 = **2,000,000원**
(완전경쟁시장의 노동수요량은 바로 노동공급량이 된다./균형점이 됨)

[3] 아래의 표를 보고 계산하시오.

구분	시간당 임금				
	5,000	6,000	7,000	8,000	9,000
A기업 노조	22	21	20	19	18
B기업 노조	24	22	20	18	16

① 시간당 임금이 7천원에서 8천원으로 인상될 때 각 기업의 임금탄력성(계산과정도 제시)
② 임금인상을 시도하려고 할 때, 그 실행 가능성이 높은 기업을 쓰고 그 이유에 대해 설명

[풀이]

① 노동수요 임금탄력성 계산

$$노동수요의\ 탄력성 = \frac{노동수요량의\ 변화율(\%)}{임금의\ 변화율(\%)}$$

- A 기업의 임금탄력성
  ① 노동수요량의 변화율 $= \dfrac{19 - 20}{20} \times 100 = -5\%$

② 임금의 변화율 $= \dfrac{8,000 - 7,000}{7,000} \times 100 = 14.3\%$

③ $\dfrac{\text{노동수요량의 변화율(\%)}}{\text{임금의 변화율(\%)}} = \left| \dfrac{-5\%}{14.3\%} \right| = 0.35$

- B기업의 임금탄력성

  ① 노동수요량의 변화율 $= \dfrac{18 - 20}{20} \times 100 = -10\%$

  ② 임금의 변화율 $= \dfrac{8,000 - 7,000}{7,000} \times 100 = 14.3\%$

  ③ $\dfrac{\text{노동수요량의 변화율(\%)}}{\text{임금의 변화율(\%)}} = \left| \dfrac{-10\%}{14.3\%} \right| = 0.7$

② 임금인상 시도 시 실현가능성이 높은 기업 = A기업임

- 이유 : 노조가 임금인상을 시도할 때, 탄력성이 낮은 기업일수록 유리함(해고가 곤란하므로…). 따라서 A기업(0.35)은 B기업(0.7)보다 비탄력적이므로 A기업이 임금인상 실현가능성이 높음

  [참고] 탄력성(E)의 값 : $E > 1$: 탄력적, $E < 1$: 비탄력적, $E = 0$: 완전비탄력적
  또한, 탄력성이 '0'에 가까울수록 투쟁 시 효과적(임금인상 or 고용량 감소 효과가 가장 적다)이다.

실기 기출문제

1. 노동수요의 탄력성 및 노동공급의 탄력성 산출 공식을 쓰시오. (07 – 1회, 14 – 1회, 19 – 3회)

2. 노동수요의 탄력성에 영향을 주는 요인(힉스 – 마샬의 법칙)을 쓰시오. (05 – 1회, 06 – 1회, 07 – 3회, 09 – 3회, 13 – 2회, 16 – 2회, 19 – 2회, 19 – 3회, 21 – 3회)

3. 시간당 임금이 500원일 때 1,000명을 고용하던 기업에서 시간당 임금이 400원으로 감소하였을 때 1,100명을 고용할 경우, 이 기업의 노동수요 탄력성을 계산하시오. 단 소수점 발생 시 반올림하여 소수 첫째자리로 표현하시오. (07 – 3회, 12 – 2회, 17 – 1회)

4. 노동수요 $Ld = 5,000 - 2w$(단, L은 근로자 수, w는 시간당 임금이다)이다. 1시간당 임금이 2,000원일 때 노동수요의 임금탄력성의 절댓값과 근로자의 수입이 얼마인지 계산하시오. (14 - 2회, 20 - 1회, 22 - 1회)

5. 아래의 표를 보고 물음에 답하시오. (17 - 2회)

구분	시간당 임금				
	5,000	6,000	7,000	8,000	9,000
A기업 노조	22	21	20	19	18
B기업 노조	24	22	20	18	16

1) 시간당 임금이 7천 원에서 8천 원으로 인상될 때 각 기업의 임금탄력성을 구하시오. 계산과정도 제시하시오.

2) 임금인상을 시도하려고 할 때, 그 실행 가능성이 높은 기업을 쓰고 그 이유에 대해 설명하시오.

제2절　노동공급

1. 노동공급의 개요

1) 의의
   일정기간 동안 노동자가 제공하기를 원하는 노동의 양

2) 특징
   유량의 개념

2. 노동 공급의 결정요인

1) 일반적 결정요인 (필 : 2회/실 : 4회 기출)　암기 노인동시 경질임/노인과 젊은이를 동시에 경질하다
   ① **노**력의 강도 : 노동자가 일에 대한 노력을 많이 기울일수록 노동공급 증가
   ② **인**구 또는 생산가능인구의 크기(인구수) : 총인구 또는 생산가능인구가 클수록 노동공급이 증가

③ **동**기부여와 사기 : 근로자들의 사기진작과 동기는 노동공급에 영향을 줌

④ 노동공급**시**간(노동시간) : 노동공급시간이 많아질수록 노동공급 증가

⑤ **경**제활동 참가율 : 경제활동 참가율이 높을수록 노동공급 증가

⑥ 노동력의 **질** : 교육, 훈련을 통해 능력과 기술이 향상될수록 노동공급 증가

⑦ **임**금 지불 방식 : 성과급제도 도입 등은 노동공급을 증가

2) 육아 또는 통근시간과 노동공급(경제활동 참가율) (필 : 4회 기출)

① 개인의 가용시간이 일정한 경우 : 육아 또는 통근시간의 증가는 경제활동참가율을 감소

② 통근비용이 증가할 경우 : 일을 그만두지 않는 한 근로시간은 증가(증가된 통근비용 충당을 위해)

3) 기혼여성의 경제활동에 영향을 주는 요인 (필 : 16회/실 : 8회 기출) ❶암기 고법 가자 배여시~!

① **고**용시장의 실태(파트타임제) : 경직된 경우 경제활동참여 감소, 유연한 경우 증가

② **법**적·제도적 장치(육아 및 가사지원) : 부족 시 경제활동참여 감소, 충족 시 증가

③ **가**계생산기술 : 세탁, 청소 등 가계생산기술이 열악하면 경제활동참여 감소, 향상 시 증가

④ **자**녀수 : 자녀수가 많을수록 경제활동참가 감소, 적을수록 증가

⑤ **배**우자의 소득 : 배우자 소득이 증가 시 경제활동참여 감소, 감소 시 증가

⑥ **여**성의 교육수준 : 낮은 경우 경제활동참여 감소, 높은 경우 증가

⑦ **시**장임금 : 시장임금이 하락 시 경제활동참여 감소, 상승 시 증가

4) 기혼여성의 임금상승으로 인한 효과 (필 : 2회/실 : 1회 기출)

① 시장임금 상승은 주부의 가사활동시간을 줄이고 경제활동참여로 유인하는 효과 발생

② 기혼여성의 임금상승은 시간집약적 활동에서 재화집약적 활동으로 소비대차를 유발

③ 가계생산 및 소비에 투입된 시간을 줄이고 시장 활동(경제활동)의 시간을 증대

④ 즉, 기혼여성의 가계생산과 가계소비의 시간을 시장활동으로 대체, 생산과 소비의 양면에서 대체효과 발생

5) 노동공급의 탄력성 (필 : 4회 기출)

① 개념 : 독립변수인 임금률이 변화할 때, 종속변수인 노동공급량의 변화율을 의미

② 공급탄력성은 절댓값의 개념을 사용하지 않고 결과 수치대로 표기

③ 공급탄력성의 성질과 기울기 등은 수요탄력성과 동일

④ 공급탄력성의 공식

노동공급의 탄력성	노동공급량의 변화율(%)	임금의 변화율(%)
$\dfrac{\text{노동공급량의 변화율(\%)}}{\text{임금의 변화율(\%)}}$	$\dfrac{(\text{변화된인원}-\text{원래인원})}{\text{원래의 인원}} \times 100$	$\dfrac{(\text{변화된임금}-\text{원래임금})}{\text{원래의 임금}} \times 100$

⑤ 노동공급 탄력성 결정요인 (필 : 4회 기출)
- 인구수
- 노조의 단체교섭력
- 여성취업기회 창출가능성
- 파트타임제도의 보급정도
- 노동이동의 용이성
- 고용제도의 개선
- 산업구조의 변화

실기 기출문제

1. 노동공급의 결정요인 5가지를 쓰고 간략히 설명하시오. (08-1회, 10-1회, 11-1회, 11-2회)

2. 기혼여성의 경제활동 참가율을 낮게(높게)하는 요인 6가지를 쓰고 간략히 설명하시오. (03-1회, 05 -3회, 07-1회, 10-3회, 11-3회, 12-1회, 14-2회, 21-1회)

3. 남편의 임금상승 시 기혼여성 경제활동참가율의 변화를 그림으로 나타내시오. (02-3회)
[풀이]

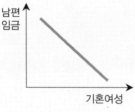

3. 노동의 공급곡선

1) 노동공급 곡선
① 특성 : 우상향의 곡선
② 공급자는 노동자이고 수요자는 기업(일반재화는 공급자가 기업, 수요자는 소비자)
③ 임금이 인상되면 공급은 증가하고, 임금이 하락하면 공급이 감소(공급곡선이 우상향)

2) 대체효과와 소득효과 (필 : 매년/실 : 13회 기출, 사례문제 포함)
① 개념 : 임금이 상승 시 노동자의 경제활동참여(노동공급시간) 현상에 대해 설명하는 이론
② 일반적 노동공급곡선의 추세 : 오른쪽으로 갈수록 상승하는 우상향의 특성을 가지는 것이 원칙
③ 대체효과 : 임금상승 시 기회비용의 상승으로 여가대신에 노동을 선택하여 노동공급이 증 가하는 현상

④ 소득효과 : 임금상승 시 노동대신에 여가를 선택함으로써 노동공급이 감소하는 현상
  ※ 기회비용 : 특정 재화를 선택함으로써 포기하게 되는 다른 재화의 가치를 말함(노동과 여가)

3) 후방굴절 노동 공급곡선
  ① 대체효과 : 노동을 늘려 더 많은 소득을 창출하고자 하므로 노동공급곡선이 우상향
  ② 소득효과 : 임금은 충분하니 노동을 줄이는 대신에 여가시간을 늘리고자 하므로 후방굴절
  ③ 대체효과와 소득효과는 여가가 정상재일 경우에 한해 발생
  ④ 여가가 열등재일 경우, 소득이 일정수준에 도달하여도 더 좋은 여가를 누리기 위해 일을 지속함으로써 노동공급곡선이 후방굴절 되지 않고 계속해서 우상향 함
    • 정상재 : 소득이 증가할수록 소비도 증가하는 재화(골프와 배드민턴 중 골프)
    • 열등재 : 소득이 증가할수록 소비가 감소하는 재화(골프와 배드민턴 중 배드민턴)
  ⑤ 근로소득세 부과(인상)가 노동공급에 주는 영향
    • 원칙 : 근로소득세 부과자체만으로는 노동공급시간의 증감을 알 수 없는 것이 원칙
    • 소득효과 : 세금부과－실질소득 감소－기존생활수준 유지－더 많은 시간 노동－노동공급이 증가
    • 대체효과 : 세금부과－실질소득 감소－근로의욕 상실－차라리 놀자－노동공급이 감소

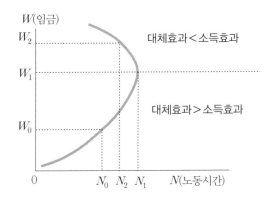

4. 사례문제

[1] 탤런트 A양이 재벌의 외아들과 결혼을 하게 될 경우, 결혼이 A양의 경제활동 참가에 어떤 영향을 미치는지 여가와 소득의 모형을 이용하여 설명
  [풀이]
  ① 영향 : A양은 소득효과가 발생한 것으로 보아 경제활동을 감소 또는 중단할 것임
  ② 이유 : 재벌과의 결혼은 비노동소득이 증가한 것으로 볼 수 있고 비노동소득의 증가는 소득효과를 발생시켜 노동대신에 여가를 선택함으로써 노동공급이 감소할 것임

[2] 회사원인 모 씨가 100억의 복권에 당첨된 경우 노동공급과 여가선호의 변화를 대체효과와 소득효과를 사용하여 여가가 정상재인 경우와 여가가 열등재인 경우를 비교하여 설명

[풀이]

① 100억의 복권에 당첨은 비노동소득의 증가로 소득효과가 발생한 것이라 할 것임

② 여가가 정상재일 경우 : 소득효과로 인해 노동대신에 여가를 선택하여 노동공급의 감소(노동공급곡선이 후방에서 굴절)

③ 여가가 열등재일 경우 : (소득효과가 발생하여도) 노동공급이 감소하지 않고 계속적으로 증가할 것임(노동공급곡선이 우상향)

[3] 여가가 열등재일 경우 노동공급곡선은 우상향한다는 말이 참인지 거짓인지를 쓰고 그 이유를 설명

[풀이]

① 판정 : 참

② 이유 : 여가가 열등재일 경우, (소득효과가 발생하여도) 노동공급을 줄이려 하지 않기 때문에 노동공급곡선은 계속해서 우상향한다.

[4] 임금상승률에 따라 노동공급곡선은 우상향한다는 말이 참인지 거짓인지, 불확실한지 판정하고 여가와 소득의 선택모형에 의거해서 그 이유를 설명

[풀이]

① 판정 : 불확실

② 이유 : 임금 상승 시 여가가 열등재인 경우에는 노동공급곡선이 계속해서 우상향하나 여가가 정상재일 경우에는 노동공급곡선이 후방에서 굴절됨. 따라서 본 사례에서는 여가가 정상재인지 열등재인지 알 수 없으므로 불확실.(소득효과 또는 대체효과가 발생했는지 알 수 없기 때문임)

[5] 정부가 출산장려를 위해 근로시간 당 1,000원의 육아비용 보조금을 지원할 경우, 이 육아보조비 지원이 부모의 노동공급에 미치는 효과를 다음의 2가지로 구분하여 설명

① 부모가 육아비용 보조금의 지원 시점 이전에 경제활동에 참여하고 있지 않은 경우

② 부모가 육아비용 보조금의 지원 시점 이전부터 경제활동에 참가하고 있는 경우

[풀이]

① 기회비용이 증가하게 되는 대체효과가 발생하여 노동공급이 증가할 것임

② 일종의 소득효과가 발생한 것으로 볼 수 있어 노동공급이 감소할 것임

1. 여가와 소득의 선택모형에서 대체효과와 소득효과의 의미를 쓰고 여가가 열등재일 때 소득증가에 따른 노동공급의 변화를 설명하시오. (09-2회, 10-4회, 12-2회, 19-1회)

2. 탤런트 A양은 재벌의 외아들과 결혼을 하게 된다. 결혼이 A양의 경제활동 참가에 어떤 영향을 미치는지 여가와 소득의 모형을 이용하여 설명하시오. (10-1회)

3. 회사원인 모 씨는 100억의 복권에 당첨되었다. 이 경우 노동공급과 여가선호의 변화를 대체효과와 소득효과를 사용하여 여가가 정상재인 경우와 여가가 열등재인 경우를 비교하여 설명하시오. (17-1회)

4. 여가가 열등재일 경우 노동공급곡선은 우상향한다는 말이 참인지 거짓인지를 쓰고 그 이유를 설명하시오. (10-4회)

5. 임금상승률에 따라 노동공급곡선은 우상향한다는 말이 참인지 거짓인지, 불확실한지 판정하고 여가와 소득의 선택모형에 의거해서 이유를 설명하시오. (09-2회, 10-4회, 12-4회, 20-2회)

6. 정부가 출산장려를 위해 근로시간 당 1,000원의 육아비용 보조금을 지원하기로 했다. 이 육아보조비 지원이 부모의 노동공급에 미치는 효과를 다음의 2가지로 구분하여 설명하시오. (13-1회, 16-1회)
   ① 부모가 육아비용 보조금의 지원 시점 이전에 경제활동에 참여하고 있지 않은 경우
   ② 부모가 육아비용 보조금의 지원 시점 이전부터 경제활동에 참가하고 있는 경우

5. 노동공급의 지역 간 이동

1) 토다로의 모형 (필 : 1회 기출)
　　① 개념 : 개발도상국의 농촌의 유휴 노동력이 도시로 이동하는 양상을 이론으로 정립
　　② 도시의 비공식부문(농업중심의 전통부문)과 공식부문(제조업 중심의 근대화)의 개념을 도입
　　③ 농촌 노동력은 먼저 전통부문에 해당하는 비공식분야에 익숙해진 다음에 공식부문에 취업
　　④ 이동하는 요인 : 도시와 농촌 간의 실질소득의 차이, 도시에서 취업에 성공할 확률 등

2) 루이스의 무제한 노동공급이론 (필 : 2회 기출)
　　① 전통부문은 가족노동 중심의 생계유지가 목적, 자본주의적인 근대화 부분은 이윤추구가 목적
　　② 산업혁명 이전의 농촌에는 한계생산성이 0에 가까운 유휴노동력이 대량으로 존재
　　③ 따라서 생계비 수준의 임금만 지급하면 노동력을 무제한으로 공급받을 수 있는 상황
　　④ 즉, 전통부문과 근대화부분의 이중구조가 완전탄력적(노동공급곡선은 수평)인 노동공급의 양상

6. 노동시장의 균형과 인적자원배분

1) 노동시장의 균형 (필 : 3회 기출)
　　① 노동시장도 수요와 공급의 원리에 의해서 균형을 이룸
　　② 수요와 공급이 만나는 지점에서 균형임금과 균형고용량이 결정

2) 최적의 인적자원배분 (필 : 5회 기출)
　　① 최적의 인적자원배분이 이루어진 지점은 동일노동에 동일임금이 지급될 때임
　　　　• 완전고용의 달성이나, 빈 일자리가 없거나 실업자가 없을 때가 아님
　　② 동일노동에 대한 동일임금의 지급은 배분의 효율성에 도달한 때를 말함
　　③ 파레토 최적과 연계되며, 생산의 효율성과 배분의 효율성이 모두 이루어진 상태

7. 노동시장의 유연성

1) 의의
　　외부환경변화에 인적자원이 신속하고 효율적으로 배분되는 노동시장의 능력

2) 노동시장 유연성의 종류 (필 : 6회 기출)
　　① 수량적 유연성
　　　　• 내부시장의 수량적 유연성 : 근로자 수의 조정 없이 고용유지, 작업공유, 근로시간 조절
　　　　• 외부시장의 수량적 유연성 : 근로자 수의 증감 및 고용형태의 다양화를 통해 유연성 도모

② 작업의 외부화 : 하청, 재하청, 아웃소싱

③ 기능적 유연성 : 다기능공화, 배치전환 등을 통한 유연화

④ 임금의 유연성 : 성과급제, 연봉제 등을 통한 유연화

⑤ 노동시장의 유연성을 높일 수 있는 방안

- 신속한 고용조정능력을 보장하는 제도 및 관행을 확립
- 전직실업자의 능력에 따라 신속한 재취업 촉진
- 능력주의의 인사 관행 확립

제3절 노동시장의 구조

1. 경쟁노동시장(노동시장의 경쟁가설)

1) 의의 (필 : 2회 기출)

① 노동시장이 수요와 공급의 원리에 의해서 자연스레 움직인다는 이론

② 노동시장을 하나의 연속적이고 경쟁적인 시장으로 파악

2) 특징(현실적으로는 불가능하며 이상적인 시장) (필 : 4회 기출)

① 노동자 개인이나 기업주는 시장임금에 아무런 영향력을 행사할 수 없음

② 노동시장의 진입과 퇴출이 자유롭다.

③ 노동조합이 없으며, 정부의 임금규제도 없다.

④ 고용주와 노동자는 정보를 완전 공유한다.

⑤ 모든 노동자는 모두 동질적이다.

⑥ 모든 직무의 공석은 외부노동시장을 통해 채워진다.

2. 분단노동시장

1) 의의 (필 : 3회 기출)

① 의의 : 현실적인 노동시장으로서 정보단절, 진입차별, 경쟁제한 등의 불완전 경쟁시장

② 노동시장은 여러 가지 장애요인으로 인해 완전경쟁이 이루어지지 않음

2) 특징

① 신고전학파의 경쟁시장 가설을 비판한 제도학파의 이론

② 노동시장은 수요와 공급의 원리에 의해 이루어지지 못하고 여러 가지 장애물이 존재

③ 시장기능은 연속적이고 경쟁적인 것이 아니라, 비연속적이고 다른 속성을 가진 것임

④ 노동시장은 분단되고 단절된 상태이며, 임금이나 근로조건에서도 차이가 있다고 봄

3) 분단시장에 대한 가설

① 직무경쟁 이론 : 노동시장의 경쟁은 임금보다는 높은 서열의 직무를 차지하기 위한 것임

② 이중노동시장 이론 : 근로조건의 우열에 따라 구분하는 시장 (필 : 6회 기출/실 : 1회 기출)

- 1차 노동시장 : 거의 모든 근로조건(임금, 복리후생, 승진, 교육, 고용 등)이 우수한 시장
  - 직무의 특징 : 근로조건의 우수, 임금 및 복리후생 양호, 내부 노동시장과 연계
  - 근로자의 특징 : 승진기회와 교육훈련의 기회가 많음, 숙련의 특수성, 충성심, 귀속감
    이 높고 생산성이 높아 장기근속의 가능성이 높음
- 2차 노동시장 : 거의 모든 근로조건(임금, 복리후생, 승진, 교육, 고용 등)이 열악한 시장

③ 분단노동시장 이론 : 경쟁적인 시장이 아니라 비경쟁적이며, 분단되어 있다고 봄

- 내부노동시장 : 노동시장에서 이루어지는 기능(승진, 교육, 배치 등)이 기업내부에서 형성
- 외부노동시장 : 내부시장에 비해 임금이나 근로조건이 열악하며 외부인력 채용 시 활용

④ 비경쟁집단 이론 : 케인즈가 임금격차와 관련하여 제시한 것. 경쟁 집단과의 차별이 발생

4) 분단노동시장의 출현배경 (필 : 2회 기출)

① 완전고용과 빈곤퇴치를 위한 정책적 노력에도 불구 빈곤은 계속되고 있는 현실

② 근로자 개인의 특성으로 근로자 간 소득분포 차이를 잘 설명할 수 없다.

③ 인적자본이론이 제시한 교육훈련 프로그램은 빈곤퇴치의 약속된 결과를 가져오는데 실패

④ 교육훈련은 그 자체로 생산성 향상을 가져오기보다는 근로자 채용 시 선별장치로 작용

⑤ 흑인, 소수인종에 대한 현실적인 차별이 존재하고 있는 현실을 감안 시, 경쟁가설의 실패
   를 입증

5) 분단노동시장가설 관련 시사점 (필 : 2회 기출)

① 노동시장의 공급측면에서 정부의 개입 또는 지원을 지나치게 강조하는 것에 대해 부정적

② 공공적인 고용기회의 확대나 임금보조, 차별대우 철폐 등을 주장

③ 노동의 인간화를 도모하기 위한 의식적인 정책적 노력이 필요하다고 주장

실기 기출문제

이중노동시장에서 1차 노동시장의 직무나 근로자의 특징을 쓰시오. (19-1회)

3. 내부노동시장 이론

1) 의의 및 특징 (필 : 5회 기출)

① 기업의 규칙이나 관리가 노동시장의 기능을 대신함으로써 노동시장 기능이 기업 내로 옮겨진 현상

② 노동의 가격결정과 배치가 일련의 관리적인 규칙과 절차에 의해 움직이는 관리단위로 봄 (던롭)

③ 외부노동시장과의 연계는 신규채용이나 복직, 능력 있는 자의 초빙 시에만 연결됨

④ 외부노동시장과의 임금 또는 근로조건에 있어 차별이 발생

2) 내부노동시장의 형성요인 (필 : 11회/실 : 5회 기출) 암기 숙현 관장

① **숙**련의 특수성 : 기록이나 문서로 전수가 불가능하며, 내부노동력에 의해서만 축적되는 것

② **현**장훈련 : 문서화되지 않고 현장에서 전임자가 후임자에 생산과정을 통해 직접 전수

③ **관**습 : 노동현장에서 진입, 보수, 승진, 퇴직 등의 노동관계를 규율하는 통상의 관례

④ **장**기근속과 기업규모 : 기업이 크고 역사성이 유지된 기업의 경우 일종의 관행이 형성되어 있음

3) 내부노동시장의 장단점 (필 : 3회/실 : 5회 기출) 암기 우승 – 고생/우승이 고생

① 장점 : • **우**수한 인력확보 및 유지에 용이

• **승**진 또는 배치전환을 통한 동기유발 효과

• **고**임금 및 장기고용 유지를 위한 지불능력보유

• **생**산성향상, 기업경쟁력제고, 이윤창출

② 단점 : • 인력운영의 경직성

• 관리비용 및 높은 임금 지출

• 핵심역량에의 집중곤란

• 공정성 규범으로 인한 보상차등화의 곤란

• 급격한 기술변화 시 재훈련비용 증대

4. 사례문제

노동시장의 이론 중 내부노동시장, 이중노동시장, 인적자본 이론의 의미를 간략히 설명

[풀이]

① 내부노동시장 : 기업 내의 규칙이나 관리가 노동시장의 기능을 대신함으로써 노동시장의 기능이 기업 내로 옮겨진 현상

② 이중노동시장 : 임금이나 근로조건이 우수한 1차 노동시장과 근로조건 등이 열악한 2차 노동시장으로 분류

③ 인적자본 이론 : 인간에게 투자한 결과가 체내에 축적되어 생산성과 소득이 높아진다는 이론

1. 내부노동시장의 형성요인을 3가지 쓰고 설명하시오. (08 – 3회, 09 – 3회, 10 – 3회, 15 – 2회)

2. 내부노동시장의 형성요인과 장점을 3가지씩 쓰시오. (08 – 3회, 09 – 3회, 10 – 3회, 16 – 2회, 22 – 3회)

3. 노동시장의 이론 중 내부노동시장, 이중노동시장, 인적자본 이론의 의미를 간략히 설명하시오. (09 – 1회, 11 – 1회, 20 – 2회)

5. 노동의 이동

1) 노동의 이동(移動)
   노동자가 기업 간, 지역 간, 산업간 직장을 옮기는 것

2) **자발적 노동이동을 결정해 주는 기준** (필 : 4회 기출)
   ① 현 직장과 새 직장 간의 효용 내지 수익의 차이
   ② 새로운 직장에서의 예상 근속연수
   ③ 장래의 수익에 대해 현재가치로 환산해 주는 할인율
   ④ 노동이동에 따른 직 · 간접 비용 및 심리적 비용

3) 노동의 이동(異動)
   노동자가 하나의 기업에서 들어오고 나가는 것(입직과 이직)

4) 이직의 경로 (필 : 2회 기출)
   ① 사직 : 자신의 의사에 따라 퇴직하는 경우
   ② 해고 : 회사의 규칙을 위반하여 징계에 의거 퇴직하는 경우
   ③ 이직 : 근로자가 기업에서 떠나는 경우(군복무, 정년퇴직, 사망 등)
   ④ 일시해고 : 근로자의 귀책사유 없이 기업의 경영상 이유로 그만두게 하는 것

CHAPTER 02 임 금

제1절 임금의 제 개념

1. 임금의 의의 및 성격

1) 임금의 의의
   ① 협의 : 정기적, 일률적으로 지급되는 경상적 지급의 임금(기본급 및 고정급적 수당)
   ② 광의 : 경상적 지급 외 변동적 급여 및 상여금 등의 임시적 수당을 포함한 임금

2) 임금의 법적 성격 (필 : 2회 기출)
   ① 노동대가설 : 사용자의 지휘·명령을 받으면서 구체적으로 노동을 제공한 것에 대한 대가로 봄
      • 구체적인 근로제공이 있는 경우에 한해 임금청구권 발생
      • 직무수당, 직능급과 같이 직접적으로 제공되는 임금에 대해 설명 가능
      • 상여금이나 복지수당 등에 대하여 명확한 설명이 부족
   ② 노동력 대가설 : 근로자가 그 노동력을 일정시간 사용자의 지휘·감독 하에 있는 대가로 봄
      • 구체적인 노동력을 제공한 것은 물론, 노동력 처분권한을 사용자에 위임한 계약으로 봄
      • 가족수당, 상여금, 휴가수당 등에 대한 설명이 가능
   ③ 임금 이분설 : 근로계약상 고정적인 부분의 보장적 임금과 변동적 부분의 교환적 임금으로 구분
   ④ 근로기준법 : 근로의 대가로 지급하는 임금, 봉급, 기타 어떠한 명칭이든 일체의 금품

3) 임금의 구성
   ① 임금
      • 고정적 임금 : 기본급(업무급, 속인급 등)/제수당(가족수당, 직책수당, 정근수당, 주택자금 등)

제2장 임 금 **245**

• 변동적 임금 : 초과수당, 숙 · 일직 수당(초과급여)

② 상여금(특별급여)

2. 임금결정 이론

1) 임금생존비설(임금철칙설) (필 : 5회 기출)

① 임금은 생존유지에 필요한 최저수준만을 보장하면 된다고 보는 설

② 임금을 공급측면에서 분석한 것임

③ 17세기 중상주의 배경으로 애덤스미스, 리카르도, 맬서스 등이 주장

2) 임금기금설 (필 : 5회 기출)

① 임금은 근로자 수에 해당하는 기금으로 정해져 있으며, 시간에 따라 기금은 변화한다고 봄

② 노조에 의해 임금인상 시 다른 노동자가 그만큼 임금을 감액해야 한다고 봄(노조무용론 대두)

③ 임금인상은 물가 상승을 초래한다는 임금 – 물가 악순환 설

④ 임금인상은 기업의 지불능력에 의존하는 임금지불능력설

⑤ 노동자의 생산성에 따라 결정된다는 한계생산력설에 영향을 줌

3) 노동가치설(노동력재생산비설) (필 : 3회 기출)

① 마르크스에 의해 주장

② 임금은 노동자의 생존비 수준(생활필수품)에 의해 결정된다고 보는 설

③ 임금을 생존비 수준으로 하락시키는 요인은 자본주의의 특성에 의한다고 주장

④ 자본가들이 임금이 오르면 자신의 이익을 확보하기 위하여 노동을 기계로 대체

⑤ 이로 인해 실업이 발생하고 이를 산업예비군이라고 함

4) 기타 임금 이론

① 한계생산력설 : 임금은 노동시장의 수요와 공급에 의해 결정된다고 주장

② 임금교섭력설 : 임금은 노사 간의 교섭력에 의해 결정된다는 것

③ 제도적임금설 : 임금은 법, 기타 제도에 따라 결정된다고 보는 설

3. 임금의 구분

1) 평균임금 (필 : 6회 기출)

① 의의 : 산정사유 발생일 이전 3개월 간 지급된 임금총액을 그 기간의 총일 수로 나눈 금액

② 종류 : 퇴직금, 휴업수당, 재해보상금, 제재로서의 감급, 구직급여 산정기준

2) **통상임금** (필 : 6회 기출)
   ① 의의 : 정기적, 일률적으로 소정근로 등에 대하여 지급하기로 한 시간급, 일급, 주급, 월급, 도급금액
   ② 범위 : 근로기준법상 최저기준이 되는 산출기초임금
   ③ 종류 : 해고예고수당, 연장, 야간, 휴일근로수당 등 각종수당 지급기준
      ※ **연차유급휴가수당** : 각 기업의 사규에 따라 평균임금 또는 통상임금 둘 다 적용 가능

3) **명목임금** (필 : 3회 기출)
   ① 통상 화폐단위로 표시한 임금
   ② 물가상승률을 고려하지 않은 화폐단위로서의 임금

4) **실질임금** (필 : 4회 기출)
   ① 물가상승률을 고려하여 실질 구매력으로 평가한 임금
   ② 실질적인 임금 또는 임금의 실질적인 구매력으로 평가한 것
   ③ 실질임금 = 명목임금/소비자물가지수 × 100
   ④ 실질임금 상승률 = 명목임금상승률/소비자 물가상승률

5) **의중임금(눈높이임금, 보상요구임금, 희망임금)** (필 : 7회 기출)
   ① 노동자가 요구하는 최소한의 주관적 요구임금 수준
   ② 노동시장에 참가하여 효용극대화를 달성하는 근로자의 의중임금은 제시임금(실제임금)과 일치
   ③ 일반적으로 전업주부의 의중임금은 실제임금보다 높다.
   ④ 의중임금의 상승은 실업기간을 연장시킨다.
   ⑤ 공식 : 의중임금(희망)충족률 = 제시임금/의중임금 × 100

4. 임금의 3대 지주

1) **임금 수준(적정성/평균임금)**
   ① 일정기간 동안 지급되는 평균임금을 말함
   ② 총액임금 및 평균임금과 관련되며, 평균임금은 각 기업의 임금수준을 의미
   ③ 임금수준의 결정
      • 기업주는 명목임금을 근로자는 실질임금을 중시
      • 사용자와 노동자의 임금에 대한 입장은 상호 배반적임(사용자는 원가, 노동자는 소득)
      • 사용자는 동일노동에 차별임금을, 노동자는 동일노동에 동일임금을 선호
   ④ 임금수준 결정요인
      • 생계비 수준
      • 기업의 지불능력

- 노동생산성
- 사회일반의 임금수준
- 노동조합 및 단체교섭력

2) 임금체계(공정성/임금결정기준)

〈연공급〉 (필 : 5회 기출)

① 의의 및 특징
- 의의 : 근속연수에 따라 임금을 결정, 생활급적 사고원리에 따른 임금체계
- 근속연수, 학력, 성별 등 속인적 요소를 기준으로 하여 임금 결정
- 형태 : 정기(정액) 승급형, 체증(정률) 승급형, 체감 승급형, S자형 승급형

② 장단점 (필 : 12회 기출)
- 장점
  - 정기승급에 의한 생활안정으로 생계비 충족기능
  - 높은 귀속의식, 충성심, 장래의 기대를 갖게 함
  - 조직 안정화 기여 및 위계질서 확립과 유지에 용이
  - 배치전환, 인력관리 용이
  - 평가의 용이
- 단점
  - 동일노동 동일임금원칙 실현곤란
  - 직무성과와 관련 없는 비합리적 인건비 지출
  - 무사안일주의 적당주의 초래(소극적인 태도 나타남)
  - 전문 인력확보 어려움, 젊은 층 사기저하

〈직능급〉 (필 : 5회 기출)

① 의의 및 특징
- 직무수행능력을 기준으로 하여 각 근로자의 임금을 결정하는 임금체계
- 학력과 직종에 관계없이 능력에 따라 임금을 지급(동일능력 동일임금 원칙)
- 근로자가 수행한 노동성과를 측정하여 그 성과에 따라 임금을 산정, 지급하는 제도

② 장단점 (필 : 1회 기출)
- 장점
  - 동기부여 및 자기계발 자극(생산성 향상, 소득 증대 자극)
  - 감독의 필요성 감소
  - 인건비 측정이 용이
- 단점
  - 품질관련 문제 발생 가능성
  - 종업원의 신기술 도입에 대한 저항
  - 생산기계의 고장에 종업원 불만이 고조

－작업장 내 인간관계 문제가 발생

－장기적으로는 회사에 좋지 않은 결과를 가져올 수 있음

〈직무급〉

① 의의 및 특징 (필 : 4회 기출)

직무의 중요성과 곤란도 등에 따라 각 직무의 상대적 가치를 평가하고 그 결과에 의거하여 임금액 결정

② 장단점 (필 : 5회 기출)

- 장점

－직무에 상응하는 급여지급(종업원 납득 용이)

－개인별 임금격차 부담 해소

－인건비 효율의 증대

－노동시장 적용이 용이함(탄력적 대응기능)

－능력위주의 인사풍토의 조성

－하위직에 적용이 용이함

- 단점

－절차가 복잡함(직무분석 평가 복잡)

－인사관리의 융통성 결여(배치전환의 어려움)

－종신고용풍토의 혼란(장유유서 흔들림)

③ 직무급 도입 시 전제조건 (필 : 2회 기출)

- 최저한의 직무급이라도 생계비 수준 이상이어야 한다.

- 직무의 표준을 정하고 전문화가 필요

- 직무 중심의 채용, 평가제도의 확립 필요

- 직종 간에 고용의 유동성 있어야 한다

3) 임금형태(합리성/임금계산 및 지불방법)

① 시간급제 : 실제 일한 시간에 따라 임금을 지급하는 제도 시급제, 일급제, 주급제, 월급제 등

② 능률급제

- 임금을 작업량에 따라 계산하여 지급하는 제도

- 상여급제도 : 표준이상의 성과를 달성한 경우에 일정률의 상여를 기본급 외에 지급

- 성과급제도 : 생산단위당 임금률을 정하여 생산고에 곱해 임금을 결정하는 제도
  (근로자의 동기유발, 직원 간 화합에 불리, 제품의 품질이 조악해질 가능성)

- 할증급제도 : 최저한의 임금을 정하고 성과에 따라 임금을 지급하는 제도

③ 이익분배제 (이익참가제) (필 : 3회 기출)
- 미국이 마크토웬이 주장
- 경영활동에 의해 발생된 이익에 기여한 정도에 따라 배분하는 제도
- 작업비용 절감 등으로 달성된 이익 내지는 절약 액 일부를 노동자에게 배분

4) **연봉제** (필 : 9회 기출)
① 의의 : 능력과 업적에 따라 임금을 차등 지급하는 것
② 도입이유 : 기업환경의 급격한 변화(생존)/임금종류의 단순화 필요(수당복잡, 편법운영)/ 연공형 임금체계의 한계(동기부여 미흡, 생산성 저하, 인건비부담 가중)
③ 유의사항 : 직무분석과 직무평가 철저이행/객관적이고 공정한 평가/평가 수용문화와 의식의 전환/고용관행의 개선/적용대상의 신중한 선정
④ 연봉제 유형(누적적인지, 비누적적인지로 구분)
- 성과가급형 : 기본연봉은 매년인상(누적), 성과급만 차등화(비누적)
- 혼합형 : 기본연봉 차등(누적), 성과급도 차등(비누적)
- 순수성과급형 : 임금전체를 능력별 차등지급(누적, 인건비 증가)
- 연수형(단순형) : 연간 총 연봉을 매월 나누어 지급, 동기부여 안됨
⑤ 장점 : 우수인력 유지 확보, 동기부여 효과 높음, 임금체계의 단순화, 생산성 향상
⑥ 단점 : 개인, 부서 이기주의, 초기 인건비 증가, 평가관련 갈등, 조직 안전성 저해, 효과분석 곤란

5. 부가급여와 임금의 하방경직성, 생산성 임금제

1) **부가급여** (필 : 1회/실 : 7회 기출)
① 의미 : 개인적 또는 단체적으로 지불하는 경상화폐임금 이외의 현물보상, 연기된 보상
② 종류 : 각종보험료, 퇴직금, 산전 · 산후 유급휴가, 학자금, 주택자금대출, 의료비지원 등
③ 사용자의 부가급여 선호이유 **암기 조정장 노인**
- 회사 부담분의 **조**세 및 보험료 부담 감소
- **정**부의 임금 인상 규제의 회피 수단으로 활용
- **장**기근속유도
- **노**조와의 임금인상 갈등 해소
- 우수근로자 및 **인**재확보수단 활용 등 인사관리수단
④ 근로자의 선호이유 **암기 조퇴시 보복**
- **조**세 부담 감소로 실질소득 향상
- **퇴**직금 또는 연금은 세율이 낮아 노후대책에 유용
- **시**세보다 저렴한 가격으로 양질의 제품 구입가능
- **보**험료 부담 감소 및 **복**리후생조건 개선

부가급여의 의미와 예를 설명하고 사용자와 근로자가 부가급여를 선호하는 이유를 각각 4가지 쓰시오.
(04-3회, 10-1회, 11-1회, 14-1회, 15-3회, 18-1회, 20-3회)

2) 임금의 하방경직성 (필 : 3회/실 : 7회 기출)

① 의미 : 한번 오른 임금은 경제여건이 변하더라도 떨어지지 않고 그 수준을 유지하려고 하는 것

② 이유 ⏱암기 **최강 화장 역효－최강 화장이 역효과 났다**

- **최**저임금제 실시
- **강**력한 노동조합의 존재
- 명목임금 하락에 저항하는 노동자들의 **화**폐환상
- 노동자와 사용자 간의 **장**기근로계약
- 노동자의 **역**선택 발생 가능성
- **효**율성 임금정책에 따른 대기업의 고임금 지급

임금의 하방경직성에 대해 설명하고 그 이유 5가지를 쓰시오. (04-1회, 09-1회, 10-2회, 11-3회, 12-3회, 17-3회, 18-2회)

3) 생산성 임금제 (필 : 6회 기출)

① 의의 : 근로자의 상품생산에 기여한 공헌도를 토대로 임금을 결정하는 방식

② 노동자의 기업이윤에 대한 공헌도는 수입에서 인건비에 해당하는 임금지급분을 공제해야 함

③ 생산성 임금제에서의 임금결정방식

- 임금의 인상률을 생산성 증가율에 연계하는 것
- 명목임금 증가율＝명목생산성 증가율과 동일하도록 인상
- 실질임금의 증가율＝실질생산성 증가율과 동일하도록 인상

④ 임금증가율

- 명목임금증가율＝실질임금증가율＋가격증가율(물가 상승률)
- 명목생산성 증가율＝실질생산성증가율＋가격증가율(물가 상승률)
- 예 실질생산성증가율이 5%이고 물가상승률이 2%일 때＝명목임금도 7% 인상되어야 함

제2절 임금격차

1. 임금격차의 이해

1) 임금격차의 개념
　① 의의 : 임금수준의 차이 또는 임금액의 차이를 말함
　② 임금격차의 일반적 유형 (필 : 1회 기출)
　　• 직종 간 임금격차 : 사무직, 기술직 등의 임금격차 (필 : 2회 기출)
　　　* 원인 : −근로환경의 차이
　　　　　　　−노조 조직률의 차이
　　　　　　　−특정직종의 회피 · 선호의 차이
　　　　　　　−직종간 정보흐름의 차이
　　• 개인 간 임금격차 : 연령, 성별, 인종 등 개인적 속성에 의한 차이
　　• 산업 간 임금격차 : 건설, 조선, 금융산업 등의 임금격차(실 : 3회 기출)
　　　* 원인 : 🔴암기 생−산−노조
　　　　　　　−노동**생**산성의 차이
　　　　　　　−**산**업별 집중도(독과점력)의 차이
　　　　　　　−**노**동조합 **조**직률의 차이
　　• 지역 간 임금격차 : 도시와 지방 등의 임금격차
　　• 기업 간 임금격차 : 기업별 생산제품, 설비 등에 따라 발생하는 격차
　③ 임금 격차의 양상 (필 : 3회 기출)
　　• 노동생산성의 차이, 공헌도의 차이 등에 의한 임금격차는 지속될 것임
　　• 성별, 직종별 임금격차는 점점 축소되는 경향
　　• 저임금 근로자의 노동공급이 수요를 초과하면 할수록 임금격차는 확대될 것임

2. 임금격차 요인

1) 경쟁적 요인(노동시장 내부요인) (필 : 7회/실 : 3회 기출) 🔴암기 근−보−단−효−인
　① **근**로자의 생산성 격차(보이지 않는 질적 격차) : 노동자의 생산성 격차가 임금격차를 야기하는 것(생산성, 학력, 경력, 선천적 능력, 협동성 등)
　② **보**상적 임금격차 (필 : 11회/실 : 7회 기출. 사례문제 포함)
　　• 직업에 존재하는 불리한 속성을 금전으로 보상해 줌으로써 발생하는 임금격차
　　• 직업의 불리한 측면을 상쇄하여 다른 직업과 순이익을 같게 해주기 위한 것으로 균등화 임금격차라고도 함
　　• 3D 업종에서 노동자를 확보하려면 월급을 더 줘서 보상을 해줘야 한다(애덤스미스)

※ 보상적 임금격차 발생원인 (필 : 11회/실 : 7회 기출, 사례문제 포함) **암기 고작 성교책**

ㄱ **고**용의 안정성 여부 : 고용이 불안정한 직업일수록 더 높은 임금을 보상해 주어야 함으로써 임금격차 발생

ㄴ **작**업의 쾌적함 정도 : 작업환경이 위험하거나 힘들거나, 열악하면 보상을 더 해주어야 하기에 임금격차 발생

ㄷ **성**공, 실패 가능성 : 성공확률보다 실패확률이 높은 직업일수록 보상을 더 해줌으로써 임금격차 발생

ㄹ **교**육훈련비용 : 취업에 따른 교육 및 훈련비용이 많이 소요되면 상응한 보상을 해주어야 하기에 임금격차 발생

ㅁ **책**임의 정도 : 책임의 정도가 클수록 더 많은 보상을 해줌으로써 임금격차 발생

③ 노동시장의 **단**기적 불균형 : 단기적으로 노동공급과 수요가 균형을 이루지 못해 발생하는 과도기적 임금격차

④ **인**적자본량 : 기업에 특수한 제품, 장비, 공정 등의 특유성으로 발생. 대기업은 중소기업보다 인적자본량이 많음

⑤ **효**율성 임금정책(효율임금정책) : 고임금정책이라고도 하며, 시장임금 이상의 높은 임금을 지급하여 임금격차가 발생

2) 비경쟁적 요인(노동시장 외부요인) (필 : 3회 기출) **암기 차-근-노-비**

① **차**별화된 노동시장(이중 노동시장) : 노동시장이 차별화(1차노동시장, 2차노동시장)되어 있을 때 임금격차가 발생

② **근**로자의 독점지대의 배당
   • 독과점 기업은 균형 이상의 높은 가격으로 제품을 판매함으로써 소비자의 원성을 사는 경향
   • 이러한 부정적인 이미지를 상쇄하기 위하여 고임금을 지불함으로써 이미지 개선을 시도
   • 이로 인해 임금격차가 발생

③ **노**동조합 효과 : 노동조합이 존재하는 기업은 상대적으로 임금이 높음

④ **비**효율적 연공급 제도 : 능력이나 숙련도에 관계없이 임금을 지급함으로써 기업간의 임금격차 발생

3. 헤도닉 임금, 통계적 차별, 쇄도효과(임금격차의 한 종류)

1) 헤도닉 임금 (필 : 3회 기출)

① 의의 : 노동자들이 산업안전에 대해 우선적 기준을 두어 직업을 선택한다는 이론

② 기본가정
   • 직장의 다른 특성은 모두 동일하나 산업재해의 위험도만 다르다.
   • 노동자는 효용을 극대화하며, 산업안전에 관한 선호의 차이가 존재

- 노동자는 정확한 직업정보를 가지고 있으며, 직업 간 자유롭게 이동할 수 있음
- 기업은 근로자 확보를 위해 산업안전에 투자해야 한다고 주장

2) **통계적 차별(임금격차의 원인)** (필 : 5회 기출)
① 근로자의 생산성에 대한 정보를 얻고자 그 개인이 속한 집단의 정보를 활용하는 현상
② 사용자가 노동자 생산성에 대해 불완전한 정보를 가지고 임금을 결정함으로써 임금격차를 야기하는 것
③ 근로자 개인에 대한 불완전한 정보와 이해부족에서 차별적 임금이 지불되는 것

3) **쇄도효과/쇄도효과** (필 : 2회 기출)
① 여성들이 특정직종에 집중되면서 노동공급이 증가하여 임금수준이 저하되는 현상
② 여성 근로자들이 일부 저임금직종에 집중적으로 고용되는 양상

4. 효율임금 이론과 효율성 임금정책 (필 : 8회 기출)

1) **효율임금 이론**
① 시장의 균형임금보다 더 높은 임금을 지불함으로써 생산성 향상과 이윤극대화를 추구
② 일종의 고임금정책으로 근로자의 생산성을 최대한 발휘 유도

2) **효율성 임금정책**
① 불경기에도 불구하고 임금을 삭감하지 않고 고임금을 유지하는 정책
② 동종업계보다 임금을 많이 지급함으로써 근로자의 생산성을 최대로 발휘하게 하는 전략

3) **효율임금의 특징**
① 고임금(효율임금)정책의 노동수요곡선은 보다 비탄력적(임금이 변화하여도 노동수요 변동 폭이 적게 됨)
② 기업 간 임금격차 및 이중노동시장의 형성원인이 됨
③ 효율임금정책으로 인한 실업의 발생유형은 구조적 실업유형으로 나타남

4) **고임금 경제의 존재 및 부존재, 임금상승 효과, 고임금이 고생산을 가져오는 이유** (실 : 2회 기출)
① 임금상승이 고용에 미치는 효과
- 고임금 경제가 존재할 경우 : 고용의 감소 폭이 작게 되어 비탄력적이 된다.
- 고임금 경제가 비존재할 경우 : 고용의 감소 폭이 크게 되어 탄력적이 된다.
② 이유 : 고임금 경제는 숙련 또는 우수인력 확보를 위해 임금이 상승하여도 해고할 가능성이 낮은 반면, 저임금의 노동집약적 기업은 임금상승 시 쉽게 인원을 감축하여 인건비를 절감
③ 고임금이 고생산을 가져오는 이유 (필 : 7회 기출)
- 기업에 대한 충성심과 귀속감을 증대
- 직장상실비용을 증대시켜서 게으름 피우는 것을 방지
- 사직을 감소시켜 채용비용과 훈련비용을 감소

- 노동자들의 사기진작과 동기부여를 통해 생산성을 향상
- 우수한 노동자의 확보 유지가 용이함

5. 사직률이 낮은 근로자와 기업의 인력수요 (실 : 1회 기출)

1) 개념
 ① 기업의 인력수요와 사직률은 밀접한 상관관계가 있음
 ② 일반적으로 기업은 사직률이 낮은 근로자를 선호(채용비용 및 교육훈련비 등의 절감)
 ③ 단, 지나치게 낮은 사직률은 노동시장 유연성에 부정적 영향을 주어 사회적으로 바람직하지 못함

2) 기업이 사직률이 낮은 근로자를 선호하는 이유
 ① 신규 채용비용과 훈련비용이 절감
 ② 장기근속으로 인한 인적자본 축적에 용이
 ③ 근로자의 숙련도 향상으로 생산성이 증대

3) 사회적으로 바람직하지 못한 이유
 ① 신규인력의 진입이 곤란
 ② 노동시장의 유연성, 효율성이 감소
 ③ 산업구조 변화에 따른 인력대처 능력이 곤란하여 경쟁력이 감소

6. 사례문제

동일한 근로시간에 대해 탄광근로자는 월 200만원을 받고 봉제공은 월 100만원을 받는다고 할 때, 보상적 임금 격차의 개념과 보상적 임금격차가 발생하는 요인을 적용하여 이를 설명

[풀이]
① 개념 : 직업에 존재하는 불리한 속성을 금전으로 보상해 줌으로써 발생하는 임금격차
② 임금격차 발생이유
 - 작업환경의 차이 : 탄광의 작업환경은 위험하고, 분진이 심하며, 힘든 작업임에 반해, 봉제공장은 보다 쾌적하고 위험도나 작업강도가 덜하기 때문
 - 고용의 안정성 차이 : 탄광산업은 사양 산업으로 고용이 불안한 반면, 봉제공장은 고용의 안정성이 보다 높다고 할 수 있음

실기 기출문제

1. 임금격차를 발생하게 하는 경쟁적 요인 5가지를 쓰고 간략히 설명하시오. (09-2회, 17-3회, 18-2회)

2. 보상적 임금격차가 발생하는 의미와 원인 5가지를 쓰고 간략히 설명하시오. (02 – 회, 05 – 1회, 10 – 4회, 11 – 1회, 13 – 3회, 16 – 1회)

3. 동일한 근로시간에 대해 탄광근로자는 월 200만 원을 받고 봉제공은 월 100만 원을 받는다고 할 때, 보상적 임금 격차의 개념과 보상적 임금격차가 발생하는 요인을 적용하여 이를 설명하시오. (14 – 3회)

4. 산업별 임금격차가 발생하는 요인 3가지를 쓰시오. (13 – 1회, 19 – 3회, 22 – 3회)

5. 고임금경제가 존재할 경우와 존재하지 않을 경우에 있어 임금상승이 고용에 미치는 효과가 어떻게 다른지 또 그 이유는 무엇인지 설명하시오. (11 – 2회, 15 – 2회)

6. 사용자가 사직률이 낮은 근로자를 선호하는 이유와 사직률이 낮은 근로자가 사회적으로 바람직하지 못한 이유를 설명하시오. (09 – 1회)

7. 인적자본 이론

1) 의의 및 특징 (필 : 1회 기출)
① 의의 : 인간을 자본으로 보는 개념. 투자(교육 · 훈련)에 의하여 인간의 생산성과 임금의 격차가 발생한다는 이론
② 특징
  • 인간에 투자하면 그것이 체내에 축적되어 생산성이 증대되고 소득도 많아진다고 주장
  • 인간에 대한 투입량의 차이가 생산성과 임금의 격차를 발생
  • 인적자본을 선천적인 능력＋후천적인 교육, 훈련 등에 의해 습득, 향상하는 것으로 봄
  • 교육 · 훈련은 생산성을 증가시키는 역할을 하며, 이로 인해 교육투자는 높은 임금을 보장

2) 인적 자본 투자 대상(범위) (필 : 2회/실 : 2회 기출) 🔵암기 현정 이정 건

   ① **정**규 교육 : 학교교육 등 가장 일반적인 형태의 인적자본 투자 대상
   ② **현**장 훈련 : 사업장의 작업등을 통해 획득되는 기술훈련(일반훈련과 특수훈련)
   ③ **정**보 : 취업의 원활화, 적합한 취업, 새로운 지식과 경험의 습득
   ④ **이**주 : 자신의 가치를 더욱 증가시키기 위한 이동
   ⑤ **건**강 : 노동력의 질을 향상시키고 결근 등을 예방
   ⑥ 비공식 학습(정규교육 이외의 교육), 무형식 학습(자기학습)

3) 인적자본과 해고 (필 : 6회 기출)
   ① 인적자본의 축적이 많은 근로자는 높은 임금을 지불함에도 해고가 쉽지 않다.
   ② 장기근속자일수록 기업의 특수적 인적자본량이 많아져 해고율이 낮다.
   ③ 사직률과 해고율은 경기변동에 상반되는 관련성이 있고 기업특수적 인적자본량과 부(−)
      의 상관관계를 가짐

4) 인적자본 이론에 대한 비판적 시각 (필 : 1회 기출)
   ① 노동자를 사람보다는 기계로 인식하는 측면이 있음
   ② 교육훈련이 생산성 증대를 가져온다는 점이 실증적으로 입증되지 못함
   ③ 교육훈련은 능력 있게 보이는 사람을 선별해주는 기능을 할 뿐, 실제로 능력자체를 향상시
      키지 못함

실기 기출문제

인적자본 이론의 의미와 투자대상 5가지를 쓰고 간략히 설명하시오. (12−2회, 19−2회)

8. 선별가설 이론(신호선별가설 이론)

1) 개념 및 특징 (필 : 3회 기출)
   ① 개념 : 인간에게 투자하면 임금소득은 높아지지만 생산성향상은 검증되지 않는다는 이론
   ② 특징
      • 인적자본 이론을 비판하며, 인간의 능력개발이 생산성향상으로 연계된다는 후천적 능력
        향상을 부인
      • 교육훈련은 기업으로 하여금 유망하게 보이는 근로자를 식별하는 기능으로 작용
      • 즉, 교육훈련은 단지 생산성의 신호를 주어 기업으로부터 선택받을 수 있는 선발장치로
        활용
      • 인적자본에 대한 투자가 높은 임금을 받는다는 것을 인정하였으나, 이는 생산성 증가가
        아닌 선별조건 향상에 기인한다고 주장

2) 선별가설의 시사점 (필 : 1회 기출)

① 교육수준의 향상에 따른 빈곤해소의 가능성을 축소시킨 점
② 반면, 교육 등의 투자가 소득을 향상시킨다는 것을 인정
③ 정부의 교육 평등화 정책이 성공하지 못할 것임을 암시하였고 사교육 과열을 부추김
④ 교육과 근로자의 생산성 간의 연관성에 대한 체계적인 연구와 검증이 필요

3) 선별가설과 관련 정부의 교육투자 방향

① 학력보다는 실력을 중시하는 사회적 분위기를 조성
② 교육적 불평등을 해소하기 위한 노력이 필요(장학금 확대 등)
③ 적정수준의 교육수요 유지 및 과도한 교육열 방지(공교육 확대 등)

실기 기출문제

선별가설의 의미와 정부의 교육투자 방향은 어떻게 나아가야 할지에 대해 쓰시오. (10 - 4회)

---

9. 교육의 사적수익률과 사회적 수익률

1) 교육의 사적수익률과 사회적 수익률 (필 : 1회 기출)

① 사적수익률 : 교육에 투자한 결과의 수익이 개인들(사적)에게 돌아가는 것
② 사회적 수익률 : 교육에 투자한 결과의 수익이 사회적으로 활용되는 것
③ 정부는 원칙적으로 사적수익률 보다는 사회적 수익률을 높이는 데 초점을 두어야 함
④ 사적수익률은 교육에 대한 수요에, 사회적 수익률은 교육에 대한 공급에 영향을 줌
⑤ 따라서 정부는 사적수익률과 사회적 수익률이 어느 정도 균형을 유지하도록 해야 함

2) 교육의 사적수익률이 사회적 수익률보다 낮을 경우 정부의 정책방향 (실 : 2회 기출)

① 결과
- 개인들의 교육에 대한 투자가 감소(교육수요가 감소)
- 인재양성에 부정적 영향과 교육에 대한 정부의 부담이 증가
② 정부의 개입방향 **①암기 의-정-보-세**
- **의**무교육 및 공교육 확대
- 개인의 교육 수익률 증가를 위한 **정**책과 제도 마련
- 교육투자에 대한 **보**조금 및 지원확대
- 교육투자에 대한 **세**제혜택
- 직업정보 제공확대, 직업훈련실시의 강화 등

교육의 사적수익률이 사회적 수익률 보다 낮을 때, 정부의 개입방법을 쓰시오. (04-3회, 10-3회)

10. 성별 임금 격차와 인적자본 이론, 선진국과 후진국의 임금 격차

1) 우리나라의 성별임금 격차와 인적자본 이론
　① 현황
　　• 우리나라는 남녀 간의 임금격차가 가장 심한 국가 중 하나
　　• 기본적인 것은 남녀차별적 인식에 따라 임금격차가 발생하고 있음
　　• 이는, 남녀 간의 인적자본량의 차이로 연계되고 이로 인해 임금격차가 발생
　② 인적자본 이론에 의한 임금격차
　　• 여성은 남성에 비해 교육·훈련을 받을 기회에 있어 불리한 입장이었음
　　• 이로 인한 학력, 경력 등의 차이는 노동생산성의 차이로 연계되어 임금격차를 유발
　　• 즉, 여성은 남성보다 인적자본량이 적어서 임금격차가 발생

2) 선진국의 임금수준이 후진국보다 높은 이유
　① 현황
　　선진국은 통상적으로 임금수준이 후진국보다 높은 경향
　② 이유
　　• 물가 차이 : 선진국은 일반적으로 후진국보다 물가가 높다.
　　• 노동생산성 차이 : 선진국은 일반적으로 노동생산성이 높다.
　　• 인적자본 투자 차이 : 선진국은 인적자본의 투자가 많아 숙련노동자로 구성
　　• 노동조합의 조직률 차이 : 선진국은 노동조합의 조직률이 높고 교섭력이 강하다

1. 남녀 간의 임금격차가 발생하는 이유를 성차별이론이 아닌 노동공급측면의 인적자본투자이론으로 설명하시오. (03-3회, 06-3회)

2. 일반적으로 선진국의 임금수준은 후진국보다 높다. 이러한 현상을 초래하는 이유를 3가지 쓰시오.
(12-2회)

제3절 최저임금제도

1. 개념

근로자의 생계보호를 위해 일정 수준의 최저임금을 정하고 그 금액 이상을 지급하도록 법으로
강제하는 제도

2. 결정 과정

고용노동부 장관-최저임금심의 위원회 요청(3/31일)-심의 의결 및 고시(8/5일)-다음연도
1/1~12/31까지 적용

3. 내용

1) 심의 시 고려사항
① 근로자의 생계비   ② 유사근로자의 임금
③ 노동생산성   ④ 소득분배율

2) 임금액 결정방식
시간, 일, 주, 월 단위로 결정. 반드시 시간급 명시

3) 적용대상
1명 이상 근로자 사용 모든 사업 또는 사업장

4) 적용제외
① 동거친족만의 사업   ② 가사사용인
③ 선원   ④ 정신·신체 장애로 근로능력 낮은 자

5) 불이행 시 조치
3년 이하 징역 또는 2천만 원 이하 벌금 병과 가능

4. 최저임금제 도입목적

① 사회정책적 목적(소득분배 개선, 빈곤퇴치, 저임금, 미숙련자 보호)
② 경제정책적 목적(유효수요 확대, 구매력 증대)
③ 산업정책적 목적(기업 간 공정 경쟁 촉진, 노동생산성 향상, 경영의 합리화)

5. 최저임금제의 긍정적 효과(기대효과/목적) (필 : 10회/실 : 7회 기출)

암기 공유 노소경과 산고 미산

① **공**정경쟁 확보
② **유**효수요 증대(경기활성화 기여)
③ **노**동능률 향상
④ **소**득의 계층별 분배개선(임금격차 축소)
⑤ **경**영체질 개선(노동력의 유효한 활용, 생산비 절감을 통한 생산성 향상)
⑥ **과**도한 노동의 방지
⑦ **산**업평화의 촉진
⑧ **고**임금의 경제(노동력의 질적향상 – 효율성 임금제)
⑨ **미**조직 근로자의 보호
⑩ **산**업구조의 고도화
⑪ **복**지국가 실현

6. 최저임금제의 부정적 효과 (필 : 4회/실 : 1회 기출) **암기** 고비 훈련소역

① **고**용량 감소(수요공급에 따른 균형임금보다 높은 수준의 임금결정으로 노동수요가 줄게 됨)
② **비**숙련직, 임시직, 노조미조직 근로자 등의 실직(취약분야 근로자들의 해고 가능성 높아짐)
③ **훈**련기회, 훈련비의 축소(경비절감을 위한 훈련 기회 축소로 인해 노동의 질과 생산성이 저하)
④ 비용부담 증가(**연**공서열형 임금제의 경우 모든 계층 임금인상 유발)
⑤ **소**득분배구조의 왜곡(지역 간, 업종 등, 각 특성별 경제활동의 차이점을 미반영)
⑥ **역**진적 소득분배(저소득 근로자의 실직을 수반한 임금이 상대적으로 높은 임금을 받는 근로자에게 재분배됨)

1. 최저임금제의 긍정적 효과 7가지를 설명하시오. (04-1회, 07-1회, 11-3회, 15-2회, 18-2회, 21-2회, 22-1회)

2. 최저임금제의 부정적 효과를 5가지 쓰시오. (12-2회)

제4절 임금계산 관련

1. 생산성 임금제에 의한 임금상승률

1) 개념
   ① 기업의 생산성 증가에 따른 이익분배를 노사 간에 상호 보장하는 제도
   ② 임금결정에 있어 물가상승률과 생산성 상승률을 결합하여 적정한 임금을 산출
   ③ 연도별 부가가치 생산성과 연도별 생산성 증가율을 반영하되, 자본비용을 고려하지 않음

2) 부가가치 노동생산성에 의한 임금계산공식
   ① 부가가치 노동생산성＝부가가치(생산량×생산물 단가)/노동투입량(근로자 수)
   ② 부가가치 생산성 변화율＝[(당해 근로자 1인당 부가가치 노동생산성/전년도 근로자 1인당 부가가치 노동생산성－1)×100]

3) 사례문제(기출문제)
   생산성 임금제에 의하면, 명목임금의 상승률을 결정할 때 부가가치 노동생산성 상승률과 일치시키는 것이 적합하다고 한다. 어떤 기업의 2010년 근로자수가 40명, 생산량이 100개, 생산물 단가는 10원, 자본비용이 150원이었으나, 2011년에는 근로자 수가 50명, 생산량은 120개, 생산물 단가는 12원 자본비용은 200원으로 올랐다. 생산성 임금제에 의할 때 이 기업의 2011년도 적정임금 상승률을 계산(단, 소수점 발생 시 반올림하여 소수 첫째 자리로 표현)

   [풀이]
   ① 부가가치 노동생산성(1인당)
   • 2010년 : $100 \times 10/40 = 25$(원) • 2011년 : $120 \times 12/50 = 28.8$(원)
   ② 부가가치 생산성 변화율
   • $\left(\dfrac{28.8}{25} - 1\right) \times 100 = 15.2$(%) 📇 적정임금상승률 15.2%

2. 국민총생산성 증가율에 따른 적정임금 상승률

1) 임금상승률

국민총생산증가율(경제성장률) − 디플레이션(인플레이션 경우 +) − 취업자증가율

2) 사례문제

다음과 같은 조건에서 적정임금상승률을 계산하시오.(계산식도 함께 작성) (02−3회)

1인당 GNP	디플레이션	취업자 증가율	실업률
8%	2%	4%	4.5%

[풀이]

8% − 2% − 4% = 2%   ✒ 적정임금 상승률 2%

3. 실질임금

명목임금/소비자물가지수×100

실기 기출문제

1. 생산성 임금제에 의하면, 명목임금의 상승률을 결정할 때 부가가치 노동생산성 상승률과 일치시키는 것이 적합하다고 한다. 어떤 기업의 2010년 근로자수가 40명, 생산량이 100개, 생산물 단가는 10원, 자본비용이 150원이었으나, 2011년에는 근로자 수가 50명, 생산량은 120개, 생산물 단가는 12원 자본비용은 200원으로 올랐다. 생산성 임금제에 근거할 때 이 기업의 2011년도 적정임금 상승률을 계산하시오. (단, 소수점 발생 시 반올림하여 소수 첫째 자리로 표현하시오. (09−1회, 12−1회, 14−3회, 20−4회)

2. 다음과 같은 조건에서 적정임금상승률을 계산하시오(계산식도 함께 작성). (02−3회)

1인당 GNP	디플레이션	취업자 증가율	실업률
8%	2%	4%	4.5%

실업 이론과 분류

1. 실업의 개요 (필 : 1회 기출)

1) 실업의 정의

실업은 일할 의사와 능력이 있으나 일자리를 갖지 못한 상태를 말함

2) 실업의 분류

① 자발적 실업과 비자발적 실업

• 자발적 실업 : 일할 능력이 있음에도 일할 의사가 없어 놀고 있는 상태(마찰적 실업/탐색적 실업)

• 비자발적 실업 : 일할 의사와 능력이 있으나 일자리가 없어 쉬고 있는 것(구조적, 경기적, 계절적, 기술적 실업)

② 수요부족 실업과 비수요부족 실업

• 수요부족 실업 : 경기불황으로 유효수요가 부족하여 발생하는 실업(경기적 실업)

• 비 수요부족 실업 : 유효수요와 관계없이 발생하는 실업(마찰적, 구조적, 계절적, 기술적 실업)

3) 케인즈의 실업 이론 (필 : 2회 기출)

① 비자발적 실업만을 실제적 실업으로 봄

② 실업의 주요 원인은 경기침체로 인한 유효수요부족을 제시(경기적 실업)

③ 경기적 실업을 해소하기 위해 경기부양책을 써서 시장의 유효수요 확대정책을 주장

④ 거시경제정책, 재정 투융자 증대와 통화량의 증대정책을 중심으로 한 복지정책이 필요

4) 필립스 곡선 (필 : 8회 기출)
 ① 의의 : 인플레이션(물가상승률)과 실업률 간의 역의 상충관계를 나타내는 곡선
 ② 결론 : 정부가 낮은 인플레이션과 낮은 실업률을 동시에 달성할 수가 없음을 제시

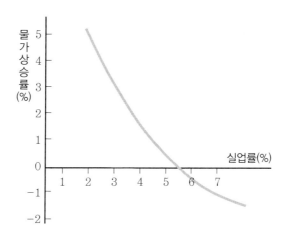

 ③ 경기부양책을 쓰면 실업률은 감소하나 물가가 상승, 물가안정정책을 쓰면 경기침체로 실업률이 증가
 ④ 필립스 곡선을 우측으로 이동하게 되는 요인 (실 : 1회 기출) 🔵암기 예-불-스
  • **예**상 물가 상승률이 높아지는 경우
  • **불**경기나 장기침체로 실업률이 증가하는 경우
  • **스**태그플레이션이 발생하는 경우(공급충격의 발생)

5) 실업 – 결원 곡선(비버리지 곡선, UV곡선, Beveridge curve) (필 : 3회 기출)
 ① 의의 : 빈 일자리와 실업 간의 반비례 관계를 보여주는 곡선
 ② 노동시장의 마찰과 불완전 정보로 인해 실제 수요량과 공급량의 차이가 있어 결원 발생
 ③ 실업자 수가 증가하면 결원수가 감소하고 실업자 수가 감소하면 결원 수가 증가
 ④ 노동수요와 노동공급이 같으면 실업자 수와 결원 수가 같다고 봄(균형점)
 ⑤ 세로축(종축/V)은 결원 수(미충원공석수)를 가로축(횡축/U)은 실업자 수를 표시
 ⑥ 두 가지 변수 사이의 관계를 나타내는 곡선＝우하향
 ⑦ 원점에서 멀어질수록 구조적 실업자 수가 증가함
 ⑧ 수요부족실업과 비 수요부족실업 구분 가능. 그러나 마찰적 실업과 구조적 실업 구별 불가능

6) 실망노동자 효과와 부가노동자 효과 (필 : 10회/실 : 1회 기출)
 ① 실망노동자(실업률을 낮추는 요인)
  • 의의 : 경기침체 시 실업상태에 있는 노동자가 구직활동을 포기하여 비경제활동인구로 되는 것
  • 이유 : 경기가 후퇴시 구직활동을 해봤자 취업가능성이 낮아지므로 실망하여 구직활동을 포기

- 영향 : 구직활동을 포기하면 실업자에서 비경제활동인구로 전환되어 실업자 통계에서 제외됨
- 결과 : 실업자 통계에서 빠짐으로써 실업률을 낮추는 요인으로 작용
② 부가노동자(실업률을 높이는 요인)
- 의의 : 경기침체 시 소득이 감소하면, 소득보전을 위해 배우자, 자녀가 구직활동을 시작하는 것
- 이유 : 경기침체로 감소된 소득을 보전하기 위해 구직활동을 시작하면 실업자 통계에 포함
- 영향 : 구직활동을 시작하면 기존의 비경제활동인구가 경제활동인구(실업자)로 전환
- 결과 : 실업자 통계에 포함됨으로써 실업률을 높이는 요인으로 작용
※ 실업률에 미치는 영향이 더 큰 것은 실망노동자효과로 전체적인 실업률을 낮추게 함(IMF 당시 실업률)

7) 사례문제

1997년 실업률은 2.6%였으며, IMF로 인해 1998년에는 6.8%로 증가하였으나, 경제활동참가율은 62.2%에서 60.1%로 하락. 경기침체는 경제활동참가율을 감소시키거나 증가시키는데 이 경우는 감소된 경우이다. 이러한 경우를 경제용어로 무엇이라 하며 그 내용은 무엇인지 설명

[풀이]
- 실망노동자 효과
- 경기침체 시 구직활동을 포기한 구직단념자가 비경제활동 인구화 되는 현상으로 실업자들이 실업률 통계에서 제외되기 때문

8) 실업에 대한 주요정책
① 인력정책 (필 : 2회 기출)
- 국민경제의 노동력을 효율적으로 활용하기 위한 정책
- 인적능률의 개발을 목적으로 인적자원을 양성하기 위한 것
- 구조적 실업문제를 해결하기 위한 정책으로 인플레이션을 유발하지 않는다.
② 소득정책 (필 : 6회 기출)
- 1960년대 선진국에서 실업률과 물가상승률(인플레이션) 간의 상충관계를 개선코자 도입된 정책
- 물가안정(인플레이션 억제/임금인상 억제)과 실업률 해소를 위해 사용된 정책
- 임금억제에 이용되어 소득분배의 불평등을 초래 가능
- 성장산업으로의 노동력 재배분을 어렵게 하여 성장산업의 위축을 초래
- 시행에 많은 인력과 재원이 필요하여 행정적 관리비용이 증가
③ 우리나라의 일반적인 실업대책 (필 : 4회 기출)
- 고용안정 정책 : 취업정보망 구축, 고용서비스, 직업훈련, 고용유지 지원, 바우처 제도 등

- 고용창출 정책 : 창업인프라, 노동시장의 유연성확보, 공공사업, 외국인 투자유치 등
- 사회안전망 정책 : 실업급여, 실업부조금(사후적 안정정책)/직업능력개발(사전적 안정정책)

④ 적극적 노동시장정책 및 소극적 노동시장정책 (필 : 8회 기출)
- 적극적 노동시장정책 : 취업알선, 직업훈련, 고용보조금, 장애인, 청년 · 장년 · 경력단절 여성 대책 등
- 소극적 노동시장정책 : 실업보조금, 조기퇴직 대책, 각종 사회보험 대책 등

실기 기출문제

1. 필립스 곡선이 오른쪽으로 이동하는 요인 3가지를 쓰시오. (12-3회)

2. 불경기 시 부가노동자와 실망노동 수의 증가가 실업률에 미치는 효과를 비교 설명하시오. (14-3회)

3. 1997년 실업률은 2.6%였으나 IMF로 인해 1998년에는 6.8%로 증가하였으나, 경제활동 참가율은 62.2%에서 60.1%로 하락하였다. 경기침체는 경제활동 참가율을 감소시키거나 증가시키는데 이 경우는 감소된 경우이다. 이러한 경우를 경제용어로 무엇이라 하며 그 내용은 무엇인지 설명하시오. (00-1회)

제2절 실업의 종류(유형, 형태) 및 기타 (실 : 10회 기출)

1. 실업의 종류

1) 마찰적 실업(자발적 실업) (필 : 매년 기출)

① 신규 또는 전직자가 노동시장 진입과정에서 직업정보 부족에 의하여 일시적으로 발생하는 실업

② 특징
- 실업(실직자)과 미충원 상태의 공석(빈 일자리)이 공존
- 일시적으로 발생하는 자발적 실업의 유형
- 완전고용이라 할 때에도 전직이나 직업탐색 과정에서 2~3%의 실업이 발생하는데, 이때의 실업
- 탐색적 실업이라고도 하며, 자연적 실업으로서 사회적 비용이 가장 적게 소요

③ 대책 🔴암기 안-전-시-퇴-정
- 직업 **안**정기관의 기능 강화
- 구인구직 **전**산망 확충
- 직업 정보 제공 **시**설의 확충
- **퇴**직예고제 시행, 구직자 세일즈 등
- 직업 **정**보의 효율적 제공

④ 마찰적 실업률 계산 공식 = 구직활동기간 × 실업률/12

2) **구조적 실업** (필 : 11회 기출)

① 의의 : 산업구조 변화, 기술의 변화, 인력수요예측의 실패 등 노동력 구조가 적절히 대응하지 못해 발생하는 실업

② 특징
- 노동력 수급 구조상의 불균형으로 발생하는 실업
- 실업과 미충원 상태가 공존
- 장기적, 만성적 실업으로 사회적 비용이 가장 많이 발생

③ 대책
- 교육 훈련 및 직업전환 훈련 프로그램 강화
- 이주비 지원
- 산업구조 변화에 따른 인력수급예측 정확
- 퇴직예고제, 일자리 정보 제공의 활성화

※ **마찰적 실업과 구조적 실업의 공통점과 차이점** (필 : 3회/실 : 1회 기출)

공통점	• 비수요부족 실업 • 실업과 빈 일자리가 공존 • 해고에 대한 사전예고를 통해 실업을 감소시킬 수 있음
차이점	• 실업의 발생원인 : 마찰적 실업은 직업정보 부족, 구조적 실업은 산업구조나 기술의 변화 • 마찰적 실업은 자발적 실업, 구조적 실업은 비자발적 실업 • 마찰적 실업은 단기적 실업, 구조적 실업은 만성적 실업 • 실업대책에서의 차이 등

3) 경기적 실업 (수요부족 실업) (필 : 8회 기출)
   ① 의의 : 불경기(경기침체)에 유효수요 부족으로 발생하는 실업
   ② 특징 :
      • 경기침체로 인한 수요부족으로 재고누적과 인원감축행위의 결과로 실업이 발생
      • 임금의 하방경직성과 관련되며 고용감소로 연계
   ③ 대책
      • 재정금융정책을 통한 총 수요 증대 정책
      • 공공근로 사업 등의 고용창출 사업
      • 교대 근무제도, 연장근무, 휴일근무 등 근무제도 변경

4) 계절적 실업
   ① 의의 : 기후 또는 계절적 편차에 따라, 발생하는 일시적 실업
   ② 특징 : 주로 관광업, 건설업, 농업, 수산업 등에서 발생하는 실업 현상
   ③ 대책
      • 휴경지 경작 등 유휴 노동력을 활용
      • 대체 구인처 확보(예 여름-해수욕장, 겨울-스키장)
      • 농공단지 조성
      • 부업 등의 개발 보급

5) 기술적 실업 (필 : 2회 기출)
   ① 의의 : 자본이 노동을 대체하여 발생하는 실업(마르크스)
   ② 특징
      • 임금인상 시 자본가들은 잉여가치의 확보를 위해 노동력을 기계로 대체
      • 즉, 노동집약적 생산방법을 자본집약적 방법으로 대체함으로써 실업이 발생
      • 노동력을 상대적인 과잉상태로 만들고 이때의 유휴노동력을 산업예비군이라 함
   ③ 대책 : 직업전환 및 교육훈련의 강화

6) 그 밖의 실업 (필 : 2회 기출)
   잠재적 실업(원칙상 실업이 아님)
   • 표면적으로 취업상태에 있으나, 실질적으로는 실업상태와 마찬가지인 것
   • 노동의 한계생산력이 거의 0에 가까운 상태에 있는 현상
   • 도시의 영세자영업자, 실업하여 귀농한 영세농민
   • 통계에는 실업으로 기록되지 않으며, 불완전 취업 또는 잠재적 실업이라 함

1. 실업자에 대한 정의를 쓰고 마찰적 실업과 구조적 실업의 공통점 및 차이점을 설명하시오. (13 - 1회, 17 - 1회)

2. 실업의 유형 중 경기적 실업, 마찰적 실업, 구조적 실업에 대해 각각 설명하시오. (01 - 3회, 07 - 3회, 09 - 3회, 15 - 2회)

3. 실업의 유형 중 마찰적 실업과 구조적 실업의 발생 원인과 대책을 쓰시오. (13 - 3회)

4. 비수요부족실업의 대표적 유형 3가지를 쓰고 각각 설명하시오. (12 - 2회, 17 - 2회, 21 - 2회)

5. 경기적 실업, 마찰적 실업, 구조적 실업, 계절적 실업의 구체적 내용과 대책을 설명하시오. (01 - 3회)

2. 기타 실업 관련 문제

1) 실업급여가 노동시간 및 경제활동 참가에 미치는 효과 (필 : 4회 기출)
   ① 실업(구직)급여를 수급받기 위해서는 정해진 기준에 따라 구직활동을 하여야 함
   ② 구직활동을 하게 되면 실업자로 분류되어 경제활동인구에 포함됨
      • 경제활동참가율에 미치는 영향 : 경제활동참가율을 높이는 효과로 작용
      • 노동시간 증감에 미치는 영향 : 노동시간의 증감여부는 불분명
        (실업급여 지급이 곧 취업으로 연계되지는 않으므로 노동시간의 증감여부는 정확히 알 수 없음)

2) 통계상 실업률이 체감실업률보다 낮게 나타나는 이유 (필 : 1회/실 : 1회 기출)

① 비경제활동인구(주부, 학생, 취업준비생 등)가 많음에도 실업률 통계에서 제외되기 때문

② 취업을 포기한 실망노동자가 많음에도 실업률 통계에서 제외되기 때문

③ 실업자 선정기준이 지나치게 까다롭기 때문

실기 기출문제

우리나라의 통계상 실업률이 체감실업률보다 낮게 나타나는데 그 이유 2가지를 쓰시오. (11-2회)

CHAPTER 04 노사관계론

제1절 노사관계의 이해

1. 노사관계의 형태

1) 노사관계의 발전과정 (필 : 3회 기출)
  ① 전제적 노사관계(절대적, 억압적 노사관계)
    • 사용자에 대한 절대적인 명령과 복종만이 있을 뿐 인간적인 요소가 무시
    • 노동자의 임금 및 노동조건이 사용자 측의 일방적 의사에 의해 결정
  ② 온정적 노사관계(가부장적, 친권적 노사관계)
    • 억압적 노사관계로는 근로자의 협조를 얻을 수 없게 되어 생산성 감소
    • 사용자는 가부장적이고 온정적인 입장에서 친권적 노사관계를 실시
    • 봉건주의 시대의 영주처럼 근로자에 대한 은혜적 복리후생 등을 실시
  ③ 완화적 노사관계(근대적 노사관계)
    • 자본과 경영이 분리되고 규모가 확대됨에 따라 근대적 노사관리의 합리화가 추진
    • 노동조합의 출현과 더불어 세력이 커졌으나 자본가와 동등할 정도까지는 미치지 못함
    • 그러나 여전히 친권적, 가부장적인 요소가 잔존함
  ④ 정치적 노사관계
    • 노사 간의 갈등과 대립이 격화
    • 노사 간의 실력항쟁에 의한 투쟁 및 상호 간의 세력에 의한 대립
  ⑤ 현대적 노사관계(산업, 민주적 노사관계)
    • 자본과 경영의 분리가 촉진
    • 갈등 대립의 노사관계가 서로에게 피해를 가져다준다는 것을 공감
    • 노사 간의 협력과 상생발전 도모

2) 뉴딜적 노사관계 (필 : 2회 기출)

① 1930년대 미국은 경제대공황 극복을 위해 뉴딜정책 실시 및 노동조합의 협조가 절실

② 이전까지의 노조에 대한 적대적 태도가 변화를 보이기 시작

③ 전국노사관계법을 제정(와그너 법) : 노조 자유설립, 노동3권 보장, 부당행위 금지 등 노동운동을 보장

3) 노동조합운동의 이념

① 정치적 조합주의

- 노사관계를 적대적 대립관계로 봄
- 자본주의 체계를 부정하고 사회주의 실현을 목표
- 노조운동을 정치에 종속

② 경제적 조합주의 (필 : 1회/실 : 2회 기출) 【암기】 **노-근-정**

- **노**사관계를 비적대적 관계로 봄
- **근**로자의 근로조건 개선 및 유지가 목표
- 노조운동을 **정**치로부터 독립을 강조

③ 국민적 조합주의

- 노사관계를 이해공동의 관계로 설정
- 거시적 관점에서의 분배 및 성장의 문제와 결부
- 노조운동과 정치의 관계는 사회적 또는 자유주의적 협동주의의 양상을 보임

실기 기출문제

경제적 조합주의의 특징 3가지를 쓰시오. (13-3회, 17-2회)

---

2. 노사관계의 주요 이론

1) 노사관계의 시스템 이론 (필 : 7회/실 : 2회 기출)

① 미국 하버드 대학의 던롭 교수가 주장하며, 노사관계를 사회과학의 한 분야로 정립

② 노사관계 3주체 : 노동자 및 그 단체, 사용자 및 그 단체, 정부와 그 조직으로 정립

- 공식적 조직뿐만 아니라 비공식조직도 노사관계의 주체로 인정

③ 노사관계의 3 요건 또는 환경 【암기】 **기-시-각**

- **기**술적 특성 : 생산현장의 근로자 질과 양, 생산과정 및 방법 등이 노사관계에 영향을 미침
- **시**장 또는 예산제약 : 시장의 비용, 이윤과 예산상의 제약이 노사관계에 영향을 줌
- **각** 주체의 세력관계 : 사회 내 주체들의 세력관계가 노사관계에 영향을 미침

2) 이원적 노사관계론(노사관계의 이원론)
  ① 의의 : 노사관계를 개별적인 관계와 집단적인 관계라는 이중성을 가지고 있다고 봄
    • 생산측면에서는 협력적관계로 배분적인 면에서는 대립적관계
    • 경제적관계이며, 사회적관계의 이중성
    • 종업원으로서는 종속관계이자 조합원으로서는 대등한 관계
  ② 이원적노사관계론 (필 : 4회 기출)
    • 제 1차 관계(경영 대 종업원 관계) : 노사 간에 협력적, 친화 우호의 관계로 봄
    • 제 2차 관계(경영 대 노동조합 관계) : 노사 상호 간에 갈등 대립의 관계로 봄

실기 기출문제

노사관계의 3주체와 3요건을 쓰고 설명하시오. (03-3회, 19-1회)

3. 경영참가

1) 경영참가의 방식
  ① 자본참가 : 종업원 지주제 또는 우리사주 제도를 말함 (필 : 2회 기출)
    • 종업원의 애사심 고취를 통한 기업생산력 및 경쟁력 제고
    • 종업원의 기업 인수 지원을 통한 고용안정 도모
    • 노사분규 예방
    • 기업의 재무구조 건전화
    • 공격적 인수 · 합병에 대한 경영권 방어에 용이
  ② 이익참가 (필 : 4회 기출)
    • 의의 : 기업의 경영능률 향상을 위해 기업이윤의 일부를 종업원에게 분배하는 것
    • 종류 : 스캔론 플랜과 럭커 플랜이 있음(노사간 위원회제도, 공동체, 아이디어 창출 등)
      −스캔론 플랜 : 생산물의 판매가치(매출액)를 성과배분의 기준으로 삼는다.
      −럭커 플랜 : 생산 부가가치를 기준으로 배분한다.
  ③ 노사협의제 : 협력적 노사관계를 전제로 단체교섭 대상이 아닌 사항에 대해 노사 간에 협의 결정하는 제도

2) **경영참가의 형태** (필 : 2회 기출)
  ① 단체교섭에 의한 참가 : 노사 협상과정에서의 노조의 요구조건 반영에 따른 경영참가
  ② 노사협의회에 의한 참가 : 근로자의 복지증진 및 건전한 발전을 도모하기 위한 협의
  ③ 근로자 중역제, 감사역제에 의한 참가 : 노조 측의 간부를 중역회의 등에 참가시키는 것으로 가장 적극적인 경영참가 형태임 (필 : 2회 기출)

④ 노동자 자주관리 기업 : 노동자가 자주적으로 직접 기업을 경영하는 방식/산업민주화 정도가 가장 높은 형태 (필 : 4회 기출)

⑤ 생산자 협동조합 : 종업원의 의사결정참여가 가장 적극적인 기업형태 (필 : 2회 기출)

3) 각국의 경영참가

① 독일 : 노사 간 공동결정이라는 광범위한 합의관행이 존재 (필 : 2회 기출)

② 미국 : 단체교섭을 통한 노사문제 해결

③ 영국 : 숍 스튜어드와 공장위원회 제도

④ 일본 : 마이크로코포라티즘 제도(기업 내 노사 협의기구를 중시) (필 : 2회 기출)

제 2절 # 노동조합

1. 노동조합에 관한 이론

1) 시드니, 베아트리스 부부의 연구 (필 : 1회 기출)

① 노동조합이란 근로조건을 유지하고 개선할 목적으로 조직한 항구적 · 영속적 단체

② 수단 : 노동시장의 조절, 표준근로조건의 설정, 근로조건의 유지와 공제제도 등

2) 노동조합의 이중역할 이론, 이중목소리, 두 얼굴(프리드만과 메도프) (필 : 4회 기출)

① 노동조합은 이중적 측면, 즉 독점과 집단적 목소리를 가지고 있다고 주장

② 독점적 측면 : 조합원의 이익만을 주장하고 옹호하여 완전경쟁을 교란하고 시장 질서를 파괴

③ 집단적 측면 : 조합원의 의사를 대변하고 협력 및 화합으로 생산성을 증대

3) 노동조합의 기능(전통적 기능) (필 : 2회 기출)

① 경제적 기능 : 근로조건의 유지개선 및 노동자의 복지와 경제적 권익을 향상

② 정치적 기능 : 노동관계법 제정, 정책결정 및 집행에 영향, 특정 정당 및 후보자 지지 등

③ 공제적 기능 : 공제기금에 의한 공제사업 등 상호부조 활동을 통해 조합원의 안정대책을 강구

4) 노동조합의 유형

① 직업(종)별 노동조합 (필 : 8회 기출)
- 노동운동사상 최초의 노동조합 형태
- 동일직업, 동일직종에 종사하는 근로자로 설립된 조합형태
- 산업혁명 초기 숙련노동자가 노동시장을 독점하기 위해 조직

- 배타적인 조직으로 저임금의 미숙련 근로자나 여성, 연소 근로자는 가입배제
- 조합원 간의 상호부조 등 공제활동에 주력
- 지나치게 배타적이고 독점적이며, 사용자와의 관계성이 희박한 것이 단점

② 산업별 노동조합(전 세계적으로 일반적인 형태) (필 : 6회 기출)
- 동종의 산업에 종사하는 근로자들이 직종과 기업을 초월해 횡적으로 결성
- 오늘날 전 세계적으로 채택되고 있는 조직형태
- 장점 : 미숙련 노동자 포함, 조합원수 대규모 및 재정이 튼튼하여 교섭력이 강함
- 단점 : 기업별 특수성을 고려하기 곤란

③ 기업별 노동조합 (필 : 7회 기출)
- 우리나라의 일반적이고 가장 대표적인 노조조직으로 지배력과 조직역량이 높지 않음
- 한 기업 내의 모든 종사자들이 직종에 불구하고 조직된 노동조합
- 개별기업의 구체적 사항 반영/노조가 어용화 되기 쉽고 조직이기주의가 발생
- 기업단위 간의 시설규모나 지불능력의 차이로 인해 기업격차가 큰 곳에서 조직
- 기업별 근로조건 격차가 심화되고 중소기업에는 조직이 곤란
- 독립적, 합리적인 노조운영이 어려워 지나치게 협조적이거나 투쟁적일 가능성
- 노사 간의 관계가 긴밀하고 연대감이 있어 노사분규의 가능성이 적음
- 노사 상호간의 사정을 잘 알고 있어 단체협약 체결이 상대적으로 용이
- 단점 : 노조의 어용화 가능성, 기업을 초월한 조합원의 협조가 미약, 직종간의 대립 갈등 유발

④ 일반노동조합
- 실업자 노조 등 전국의 노동자들을 규합하여 조직
- 영국의 운수노동조합은 영국 최대의 노동조합으로 성장
- 교섭의 상대방이 없어 근로조건 유지개선을 위한 협상이 곤란

2. 노동조합의 임금효과 (필 : 7회/실 : 1회 기출) 암기 파-위-대

1) 파급효과(이전효과)
① 노조 조직부문의 임금 인상은 고용감소라는 파급효과를 유발하여 조직부문 인력이 비조직 부문으로 이동하게 됨
② 이로 인해 비조직부문에 인력이 과다 유입되어 비조직부문의 임금 하락
③ 노조 조직부문과 비조직부문 간의 임금격차가 커지는 효과 발생

2) 위협효과
① 노조 비조직부문의 기업주가 노동조합이 결성될 것에 위협을 느껴 자발적으로 임금을 인상
② 비조직부문의 임금이 인상됨으로써 노조조직 부문과의 임금격차가 축소되는 효과

3) 대기실업 효과
 ① 노조 조직분야의 임금인상과 근로조건 향상은 비조직부문 노동자의 사직과 대기 실업을
   유발함
 ② 신규 진입 희망자들도 대기실업 상태로 노조조직분야의 취업을 희망
 ③ 이로 인해 비조직부문의 근로자가 부족하게 되어 임금 인상을 야기함
 ④ 결국, 조직부문과 비조직 간의 임금격차가 축소되는 효과 발생

실기 기출문제

노동조합의 임금효과를 쓰고 설명하시오. (18-03회)

3. 노동조합의 운영(숍제도)

1) 기본적 숍제도 (필 : 16회/실 : 2회 기출) **암기** 오-유-클
 ① **오**픈 숍 (필 : 15회 기출)
   • 조합원 신분여부와 무관하게 종업원(채용)이 될 수 있음
   • 채용 전 또는 채용이후에도 노조의 가입, 탈퇴가 종업원의 자유의사에 따름
   • 노동조합의 조직력 강화가 가장 불리함
 ② **유**니온 숍 (필 : 10회 기출)
   • 비조합원을 채용할 수 있지만 일정한 기간 내에 노조에 가입해야 하는 제도
   • 노조에서 탈퇴하거나 제명되어 조합원 자격이 상실되면 종업원에서 해고
   • 단, 우리나라는 노동조합법에서 해고를 못하도록 규정
 ③ **클**로즈드 숍 (필 : 7회 기출)
   • 채용 전은 물론, 채용당시, 채용 이후에도 조합원 자격을 유지해야 하는 제도
   • 노조에서 탈퇴하거나 제명되어 조합원 자격이 상실되면 종업원에서 해고
   • 항만운송노동조합이 유일하며, 조직력 강화에 가장유리

2) 변형적 숍제도 (필 : 5회/실 : 1회 기출) **암기** 에-메-프/대-유-우
 ① **에**이전시 숍(**대**리기관 숍) : 조합원은 물론, 비노조원에게도 노동조합비를 징수하는 제도
 ② **메**인터넌스 숍(**유**지기간 숍) : 단체협약 유효기간 동안에는 반드시 조합원 신분을 유지해
   야 하는 제도
 ③ **프**리퍼렌셜 숍(**우**선숍) : 조합원, 비조합원 모두 채용이 가능하나 조합원에게 채용 우선순
   위 부여

노동조합의 숍제도 종류 4가지를 쓰고 설명하시오. (13-2회, 17-3회)

4. 노동조합의 성장

1) 노동조합의 조직률의 변동 (필 : 2회 기출)
  ① 노동자의 불만과 분노의 양이 클수록 노조가입의 예상 순이익이 증가
  ② 노조의 정치활동으로 임금이 높아져 예상순이익이 증가하면 노조조직률이 증가
  ③ 여성고용의 비중이 증가하면 노조가입률은 하락할 것
  ④ 산업구조가 서비스업으로 변화하면, 노조가입 하락

2) 노동조합 조직률을 하락시키는 요인 (필 : 3회 기출)
  ① 비정규직, 여성근로자, 외국인 근로자의 비율 증가
  ② 제조업, 광공업 등에서 도소매업, 기타 서비스업으로 산업구조변화
  ③ 근로자의 기호와 가치관의 변화(개인중심주의로 변화)
  ④ 국제경쟁의 격화에 따른 기업의 경영여건 악화 등

3) 노동조합의 교섭력 증대전략과 노동수요 탄력성
  ① 노조의 교섭력이 증대한다는 것은 고용감소를 어렵게 하여 노동수요를 비탄력적으로 만듦
  ② 노동수요 탄력성이 0에 가까워지고, 노동수요곡선 역시 수직에 가까워지는 전략 시도
  ③ 즉, 노조는 교섭력 증대전략을 통하여 노동수요를 비탄력적으로 만들고, 협상의 우위를 점하고자 할 것임

노동조합의 교섭력 증대전략과 관련하여 노동수요의 탄력성을 설명하시오. (10-2회)

1. 단체교섭

1) 개요
　　① 의의 : 노동조합과 사용자 간의 임금, 근로조건 등을 결정하기 위해 협상하는 것
　　② 목적 : 상호 협상을 통하여 단체협약을 체결하는 것(법적 구속력이 발생)
　　③ 교섭대상 사항 : 임금, 근로조건, 기타 협상대상으로 합의한 사항
　　④ 교섭제외 대상 : 경영권, 인사권 등에 관한 사항
　　※ 노사협의회 협의 대상사항 : 임금, 근로조건유지 개선, 노조관련 사항을 제외한 일반사항

2) 노사 교섭력의 원천 (필 : 6회 기출)
　　① 노동조합 교섭력의 원천
　　　• 노동쟁의를 할 수 있는 권리
　　　• 정치력을 발휘할 수 있은 힘
　　　• 노동공급의 제한
　　　• 불매운동 등
　　② 사용자 교섭력의 원천
　　　• 직장폐쇄를 할 수 있는 권리
　　　• 비조합원 또는 관리직의 대체투입 능력
　　　• 기업의 재정능력

2. 단체교섭의 유형

1) 기업별 교섭
　　① 기업을 단위(한 기업내의 노사)로 하여 노사 간에 교섭하는 것(단일사용자 교섭)
　　② 기업의 경영실적과 특수성 반영에 용이하나, 동종 또는 유사산업 간 임금격차 발생
　　③ 노사 모두 교섭권 보유

2) 통일교섭 (필 : 1회 기출)
　　① 산업별, 직업별 상부노동조합과 산업별,. 직업별 사용자단체 간의 교섭(복수사용자 교섭)
　　② 산업별 임금과 근로조건의 통일성을 이룰 수 있으나, 기업 간 격차가 심한 경우 실현곤란
　　③ 노사 모두 교섭권 위임

3) 집단교섭
　　① 다수의 노조 및 사용자가 연합전선을 형성하여 집단적으로 교섭을 하는 것(연합교섭)
　　② 유사 기업 간 임금인상률이나 근로조건을 균형 있게 유지 가능
　　③ 노사 모두 교섭권 보유

4) 대각선교섭 (필 : 7회 기출)
① 상부조합과 개별기업 간 또는 상부 사용자단체와 개별 노동조합과 교섭하는 것
② 개별 기업노조나 사용자의 역량이 미흡할 경우 사용하는 교섭방법
③ 교섭권 위임 또는 보유 가능

5) 공동교섭
① 기업노조와 상부노조가 공동으로 개별기업 사용자와 교섭하는 것(연명교섭)
② 교섭력이 약한 기업을 상대로 합의 후, 그 결과를 활용 시도
③ 교섭권 보유 및 위임
※ 패턴교섭 : 대표기업 모델케이스로 협상 후 그 결과를 다른 기업에 적용

3. 노동쟁의

1) 개요
① 의의 : 단체교섭의 결렬로 노동조합이 근로제공을 거부하거나 정상적인 경영활동을 방해하는 행동
② 조건
- 노동조합만이 할 수 있음(일반인들이 하는 집단행동은 시위 또는 집회임)
- 단체교섭이 선행되어야 하고 그 교섭이 결렬되어야 함

2) 쟁의행위의 유형 (필 : 2회 기출)
① 파업 : 노동조합이 근로제공을 전면 거부하는 것
- 노무제공의 일시적 중단이며, 다수의 집단행위
- 노동자에 의해 일어나는 것이며 계산된 행동
- 전략적 파업 : 조합원의 단결력을 높이고 의사결정능력을 향상시키며, 미래의 단체교섭력을 증진목적
② 태업 : 노동능률을 저하시키는 행위. 적극적 태업(기계설비 파괴)과 소극적 태업(게으름)으로 분류
③ 준법투쟁 : 다수의 근로자들이 법령에 규정된 권리를 동시에 행사하여 태업과 같은 효과가 발생
- 유형 : 연장근무 거부, 일제휴직, 동시이행의 항변권, 집단사표, 안전투쟁
④ 생산관리 : 사용자의 지휘명령을 거부하고 조합의 지휘하여 생산활동을 하는 것
⑤ 불매운동(보이콧) : 거래관계 중단, 거절, 거절을 호소하는 등의 압력행위
⑥ 시위 또는 피케팅 : 쟁의행위의 정당성을 외부에 알려 유리한 여론을 조성하려는 것
⑦ 직장점거 : 노동자들이 사업장에 체류하면서 방해 행위에 대응하는 것

3) **직장폐쇄** (필 : 3회 기출)

    ① 사용자의 쟁의행위(근로자의 쟁의행위에 대응하는 사용자의 대항행위)

    ② 노조가 쟁의행위를 개시한 이후에만 가능

    ③ 직장폐쇄는 헌법상 보장되는 쟁의행위가 아니라, 법률에 의해 보장되는 행위 임

4. 노동쟁의 조정방법 (필 : 2회 기출)

1) **조정**

    ① 노동위원회가 당사자의 의견을 듣고 자주적으로 해결을 촉진.

    ② 구속력이 없으며 당사자가 수용하면 단체협약과 같은 효력 발생

2) **중재**

    ① 노사 쌍방의 합의 또는 당사자 일방이 단체협약에 의해 신청

    ② 노동위원회의 중재위원회가 결정

    ③ 구속력이 있으며 당사자는 따라야 함

3) **긴급조정**

    ① 공익사업 또는 규모가 크고 국민경제나 국민의 일상생활을 위태롭게 할 위험 존재

    ② 고용노동부 장관이 중앙노동위 위원장의 의견을 들어 결정

    ③ 구속력이 있으며 긴급조정이 공포되면 30일 동안 쟁의행위를 중단해야 함

제4절 파업의 경제적 손실과 파업이론

1) **파업의 경제적 손실** (필 : 2회 기출)

    ① 사적비용

      • 의의 : 파업에 따른 무노동 무임금의 노동자 손실과 생산중단에 따른 기업이윤 손실액의 합

      • 근로자 손실 : 파업에 따른 근로자의 노동소득 순 상실분은 무노동 무임금에 따른 표면상실액보다 적은 편(파업기간에 노조로부터 파업수당을 받거나 시간제 일 등을 통해 수입 창출, 소득세 등도 절감)

      • 기업 손실 : 파업에 따른 기업의 실제 이윤감소분은 직접적인 생산중단에 따른 이윤감소분보다 적은 편(재고품 판매, 임금미지급, 원재료 절감, 세금 및 보험료 절약 등)

    ② 사회적 비용

      • 파업으로 인해 타 부문에서의 생산 및 소비 감소로 인해 발생한 손실

      • 사회적 비용도 표면적인 손실분보다 실제 발생한 순 손실액은 적다고 봄

2) 파업으로 인한 손실액의 크기 (필 : 5회 기출)

① 파업으로 인한 손실액이 가장 큰 분야는 제조업보다 서비스업임

② 파업기간이 길어지는 경우 경제적 손실 역시 증가

3) 신고전학파가 주장하는 노동조합의 사회적 비용 (필 : 3회 기출)

① 개념 : 독점적인 노동조합이 자신의 권익주장을 통해 사회적비용을 유발시키는 것

② 종류

- 배분적 비효율 : 비노조와의 임금격차 및 고용저하를 유발하는 비효율
- 기술적 비효율 : 노조가 인사운영에 개입 또는 새로운 기술도입 반대 등 경직적 인사제도 초래
- 생산적 비효율 : 파업 등 단체행동 및 생산중단에 따른 생산성 감소 야기

제5절 ▶ 파업 및 단체교섭 이론

1) 파업의 충족조건 (필 : 1회 기출)

① 기업의 이윤율과 시장점유율의 유지 가능성 여부(독과점 기업의 경우 유리)

② 파업이 회사에 손실을 주는 정도(재고현황, 대체근로 가능성 여부)

③ 기업의 재정확보도 여부(파업으로 인해 파산 가능성 여부)

④ 무노동 무임금을 버텨 나갈 수 있는 기금확보 여부

2) 아쉰펠터 존슨의 이론 (필 : 1회 기출)

① 파업의 목적이 노조 조합원과 조합지도자들 간에 서로 다르다는 것

② 일반 조합원 : 근로조건 유지개선과 임금 인상, 복리후생 향상을 위해 파업

③ 조합지도자 : 전략적 파업을 시도

- 노동조합의 생존과 성장 목적
- 사적인 정치적 야심 실현 및 지도력 증대
- 자신들의 위기를 모면 및 비난을 다른 곳으로 유인하기 위해

3) 총비용 이론

① 파업이 발생했다고 가정할 경우 부담해야 할 총비용에 중점

② 재고축적 여부, 점유율 유지여부, 파업기간 중에 보조를 받을 수 있을지 여부 등 고려

4) 매브리 이론 (필 : 3회 기출)

① 노사 양측의 최종적인 실제 수락조건과 형식적 조건과의 조화여부에 따라 파업발생

② 노동조합의 수락조건이 사용자의 수락조건보다 높을 때 파업이 발생

5) 카터-챔벌린 이론 (필 : 3회 기출)
① 단체교섭의 타결과 파업은 노사 간의 교섭력의 크기에 따른다는 개념
② 노조의 요구 거부할 경우 사용자 비용＞노조요구 수용할 경우 사용자 비용＝노조의 교섭력 증대
③ 사용자 요구 거부할 경우 노조비용＞사용자 요구 수용 시 노조비용＝사용자 교섭력 증대
④ 상호 간의 교섭력이 1에 가까울 때 타협의 가능성이 증대(상호 교섭력 배려가 필요)

6) 힉스의 단체교섭 이론 (필 : 4회 기출)
① 의의 : 노동조합의 요구임금과 사용자의 제시임금은 파업기간의 함수임
② 파업 : 노사양측의 정보의 비대칭성으로 인해 파업이 발생한다고 주장
  • 노조의 임금인상 요구율과 사용자의 임금인상 제시율(양보율)간의 비대칭성으로 파업이 발생
③ 노조의 요구임금과 저항곡선
  • 파업기간이 길어질수록 무노동, 무임금에 따른 노동자 손실이 커져 노조의 요구임금수준 점점 하락
  • 이를 노동조합의 저항곡선이라 하며 우하향의 형태
④ 사용자의 제의임금과 양보곡선
  • 파업기간이 길어질수록 생산중단에 따른 기업의 손실 증가로 사용자의 제의임금 수준 점점 상승
  • 이를 사용자의 양보곡선이라고 하며 우상향의 형태

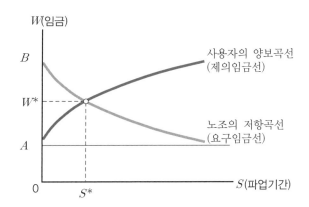

⑤ 그래프 해설 (필 : 12회/실 : 1회 기출)
  • 예상 파업기간 : 저항곡선과 양보곡선이 만나는 지점(S)에서 합의가 되어 파업이 종료
  • 노조는 사용자가 W수준보다 더 낮은 임금을 제시할 경우 수락하지 않을 것이며,
  • W수준보다 낮은 위치에서 협상이 타결될 경우 조합원은 불만을 제기할 것이나, 사용자는 선호
  • 사용자는 노조가 W수준보다 더 높은 임금을 요구할 경우 수용하지 않을 것이며,
  • W수준보다 더 높은 위치에서 타결될 경우 노조는 좋아하겠지만 사용자는 싫어한다.

⑥ 장단점
- 장점 : 최종 타결상태의 임금수준을 예측하는 데 유용
- 단점 : 파업이전의 교섭상태에 대한 설명이 곤란하며, 파업이 개시된 이후에 대해서만 설명, 사전에 노사 간 정확한 임금인상 정보를 알 수 있다면 파업은 무의미하다는 것

실기 기출문제

힉스의 단체교섭 이론을 그래프로 그리고 간략히 설명하시오. (12-01회)

자료 노동시장 추가 보완자료

1. 우리나라 인력수요 예측방법 : 회귀분석법

- 우리나라 인력수요는 각종 통계자료를 활용하여 회귀분석 방법으로 추출함
- 회귀분석이란 둘 또는 그 이상의 변수 사이의 관계를 분석하는 추측통계의 한 분야

2. 노동(근로)계약에서 완전계약이 이루어지지 않는 이유

- 노동의 거래계약은 일반상품 계약과 달리 거래내용이 구체적이고 정확하게 명시되지 못함
  - 이유 : 정보의 비대칭성, 제한된 합리성, 역선택, 도덕적 해이

3. 디플레이터와 내생변수

- 디플레이터 : 가격수정 요소(가격수정인자)를 디플레이터라고 한다.
- 내생변수와 외생변수 : 원인과 결과의 관계로 봄(외생변수 : 원인/내생변수 : 결과)
  - 내부에서 발생하는 변수와 외부에서 발생하는 변수라고도 함
- 기업의 내생변수 : 기업이 스스로 통제관리가 가능한 상품가격, 인건비
- 기업의 외생변수 : 기업 스스로 통제가 불가능한 물가상승률, 금리 등

4. 근로장려세제(EITC)

- 저소득층의 근로의욕을 향상시키고자 세제혜택 등을 통해 현금으로 지원해주는 제도
- "일하는 복지제도"로 놀면 혜택이 없고, 일하면 혜택이 부여됨
- 원천징수 된 세금을 연말정산처럼 현금으로 환급해주는 제도
- 세금을 전혀 내지 않는 사람이라도 혜택을 받을 수 있음(별도로 지원)

5. 사중손실

시장이 완전하게 기능하지 못함으로써 발생하는 국가 · 사회적인 경제손실

- 각종규제, 최저임금제 등은 수요 · 공급 원칙에 따른 균형시장 기능을 저해한다고 봄.
- 이는 가계, 기업, 정부 중 어느 누구에게도 돌아가지 못하고 사장되어 버린 손실을 유발

6. 베커가 제시하는 차별형태 5가지

- 사용자, 동료 등이 특정그룹에 대한 선호나 편견을 가지고 있을 때, 발생하는 비효용
- 이때 발생하는 비효용에 의한 임금격차가 존재할 수 있다는 개념
  - 사용자(고용주)에 의한 차별 : 고용주의 편견이나, 선입견에 의한 차별
  - 소비자에 의한 차별 : 특정성격을 지닌 특정집단에게만 서비스가 제공되기를 원하는 차별
  - 근로자에 의한 차별 : 비주류 집단의 사람들과 일하기 싫어하는 차별
  - 통계에 의한 차별 : 사용자가 근로자에 대한 불확실한 정보로 인해 임금조건에서 차별하는 것
  - 인종에 의한 차별 : 인간의 피부색깔에 따라 차별하는 것

7. 인본적 경제(립케)

경쟁시장에서 사회적형평성을 보장하는 국가정책 및 제도가 있는 경제(사회보장)

기출문제 정답(안)

1 **직업상담의 목적 5가지를 기술하시오.** 3번(02 – 3, 08 – 1, 22 – 1)

목자의 선잠

1. 직업**목**표를 명백히 해 주는 과정
2. **자**신과 직업세계에 대한 이해를 촉진시키는 과정
3. 직업관련 **의**사결정 능력을 향상시켜 주는 과정
4. 직업**선**택과 직업생활에서의 능동적인 태도를 함양시켜주는 과정
5. **잠**정적으로 선택한 진로결정을 확고하게 해주는 과정

2 **기즈버스의 직업상담의 목표를 제시하고 간략히 설명하시오.** 예상문제

예처결

1. 예언과 발달 : 적성과 흥미를 탐색하여 개인의 특성을 예언해 주고 진로발달을 도와 줌
2. 처치와 자극 : 직업문제 등에 대한 처치를 포함하되, 이를 인식하고 해결해 나가도록 자극
3. 결함과 유능 : 결함보다는 유능성에 초점을 두고 이를 개발할 수 있도록 도와줘야 한다.

3 **평소 흡연을 하고 있는 갑씨, 면접시험에서 부정적 요인이 될까봐 금연을 하고자 하는데, 목표를 설정을 위한 3가지 원리를 제시하고 그에 따라 목표를 설정하시오.** 15 – 2회

목표설정의 원리(고려사항) : '구내실상단' 중 실천사례를 위한 3가지 기입한다.

1. 상담은 구체적이어야 한다.
2. 내담자가 원하고 바라는 것이어야 한다.
3. 실현가능해야 한다.
4. 상담자의 기술과 양립해야 한다.
5. 필요시 단계적으로 실천계획을 수립한다.

실천 사례 : 가정 → 목표설정 → 실천사례 순으로 기입

1. 가정 : 하루 한 갑씩 피우며, 면접이 5일 후로 정해졌다고 가정
2. 목표설정 : 매일 5개비씩 줄여서 금연 달성
3. 실천사례 : 20개비 – 15개비 – 10개비 – 5개비 – 0개비로 설정

3-1 직업상담의 목표를 설정할 때 고려해야 할 사항 4가지를 쓰시오.   2번(07-1, 20-3)

구내 실상단

1. 목표는 구체적이어야 한다.
2. 목표는 내담자가 원하고 바라는 것이어야 한다.
3. 목표는 실현 가능해야 한다.
4. 목표는 상담자의 기술과 양립해야 한다.
5. 필요시 단계적 실천계획을 수립한다.

4 직업상담사가 갖추어야 할 자질 5가지를 열거하시오.   4번(02-3, 06-1, 20-4, 22-2)

직업상담사의 자질 : 자존심정객

1. 자신에 대한 이해   2. 내담자에 대한 존중심
3. 심리학적 지식   4. 정보 분석능력
5. 객관적 통찰력(건설적인 냉철함, 지나치지 않는 동정심, 통일된 동일시, 공감능력 등)

5 직업상담의 5단계를 쓰시오. (쓰고 설명하시오)   3번(00-3, 09-1, 20-1)

직업상담의 5단계 : 관진목개평

1. 관계형성 : 상호존중에 기초한 개방적이고 신뢰가 있는 관계를 형성한다.
2. 진단 및 측정 : 심리검사를 통해 내담자의 가치 등을 진단하고 탐색한다.
3. 목표설정 : 상담의 목적이 문제해결이 아닌 자기발전 및 개발에 있음을 인식하게 한다.
4. 개입 : 목표달성에 도움이 될 수 있도록 개입한다.
5. 평가 : 그간의 상담이 얼마나 효과적으로 작용하였는지 평가한다.

6 집단상담의 장단점 5가지를 기술하시오. (변형문제 포함)

집단상담의 장점 5가지 : 시개타자성개   10번(01, 05, 09, 10-1, 4, 11, 13, 17, 19-1, 20-4)

1. 시간과비용이 절약되어 경제적이다.
2. 개인상담보다 쉽게 받아들이는 경향이 있다.
3. 타인과의 상호교류 능력이 증대된다.
4. 자신의 문제에 대한 통찰력이 향상된다.
5. 직업성숙도가 낮은 사람들에게 적합하다
6. 개인의 성장과 발달을 촉진시킨다.

집단상담의 단점 5가지 : 모충비압상(3번)

1. 모두에게 만족을 줄 수 없다.
2. 개인의 문제를 충분히 다루기 어렵다.
3. 비밀유지가 어렵다.
4. 집단의 압력이 작용된 경우 개성이 상실될 수 있다.
5. 상담구성이 복잡하고 어렵다.

7 집단상담 결정 시 크기(인원)와 고려할 점에 대해 기술하시오.　　2번(00−3, 02−3)

1. 집단의 크기 : 6~10명 정도가 적합하다.
2. 고려할 사항 : 성별, 직업성숙도, 구성원의 동질성여부 등

8 집단상담의 적정인원을 쓰고 집단의 크기가 너무 큰 경우와 적은 경우를 비교 설명하라.
　　06−3회

1. 적정인원 : 6~10명 정도가 적합하다.
2. 너무 큰 경우 : 시모일집
　• 시간적, 문제별 집단 구성이 어렵다.
　• 모두에게 만족을 주기 어렵다
　• 일부가 상담에서 제외될 수 있다.
　• 집단의 압력이 가해지면 구성원의 개성상실 우려
3. 너무 작은 경우 : 라조자
　• 조직성이 결여
　• 초기의 라포형성이 곤란
　• 자유로움이 박탈될 가능성 존재

9 부처(Bucher)의 집단상담 3단계 모델을 쓰고 설명하시오.
　　12번(04, 10, 12, 13, 14, 15, 17−1・2, 20−2, 21−1,2, 22−3)

부처의 집단상담 모델 3단계 : 탐전행.
1. 탐색단계 : 자흥측피불
　자기개방, 흥미와 적성의 측정, 측정결과에 대한 피드백, 불일치의 해결
2. 전환단계 : 자직연 일가조불
　자기지식을 직업세계와 연결하고, 일과 삶의 가치를 조사하고, 불일치를 해결
3. 행동단계 : 목행정의
　목표설정, 행동계획 수립, 정보의 탐색, 의사결정 등이 이루어진다.

9-1 부처는 집단직업 상담을 위한 3단계 모델을 제시하였다. 첫 단계인 탐색단계에서 이루어져야 하는 것 4가지를 쓰시오.　　12−2회

① 자기개방
② 흥미와 적성의 측정,
③ 측정결과에 대한 피드백
④ 불일치의 해결

9-2 부처의 집단직업상담 3단계 중 탐색, 행동단계의 내용 3가지씩 쓰시오. 15 – 3회

    1. 탐색단계
       ① 자기개방   ② 흥미와 적성의 측정
       ③ 측정결과에 대한 피드백   ④ 불일치의 해결
    2. 행동단계
       ① 목표설정   ② 행동계획 수립
       ③ 정보의 탐색   ④의사결정

10 Tolbert(톨버트)의 집단상담의 활동유형 5가지를 쓰시오. 5번(05, 10, 14, 15, 19 – 1)

톨버트의 5가지 활동유형 : 자상개직합
1. 자기탐색
2. 상호작용
3. 개인적 정보검토
4. 직업·교육적 정보검토
5. 합리적 의사결정

11 집단상담의 형태 3가지를 설명하시오. 2번(13 – 1, 19 – 2)

집단상담의 형태 : 지상치자
1. 지도집단 : 지도자에 의한 강의, 교수법 등이 활용된다.
2. 상담집단 : 주제나 문제보다는 사람에 초점을 두는 집단 상담
3. 치료집단 : 전문가의 치료활동이 이루어진다.
4. 자조집단 : 공통의 관심사를 가진 사람들이 자발적으로 문제해결을 시도하는 집단상담

12 인터넷을 이용한 사이버 상담의 필요성을 쓰시오. 2번(10 – 4, 22 – 3)

① 간편하고 저렴하며 활용이 용이하다.
② 익명성이 보장되어 불안, 죄의식, 망설임을 감소시킨다.
③ 직접면담이나 전화보다 친밀성을 느낀다.
④ 자발적인 신청이 대부분으로 참여 동기나 문제해결 정도가 높다.
⑤ 자신의 문제를 스스로 정리해볼 수 있는 기회를 갖도록 해준다.

13 전화상담의 장단점을 쓰시오. 03 – 1회

1. 장점 : 경제성, 익명성, 친밀성, 접근성, 용이성
2. 단점 : 단회성, 정보수집의 제한성, 침묵의 지루함, 익명의 무책임성

14 자살 의향을 가진 내담자를 상담하는 방법을 설명하시오.　　　02−1회

1. 위험평가는 직접적으로 한다.
2. 자살, 죽음이라는 단어를 직접적으로 사용한다.
3. 자살준비에 대해서 구체적, 직접적으로 질문한다.
4. 대화의 초점은 자살의 동기에 맞추어야 한다.
5. 자살성공을 의심하거나 신념을 부정하거나 비난하지 않도록 할 것

15 윌리암슨의 특성−요인 직업상담에서 변별진단(직업선택 문제유형 분류)의 4가지 범주를 쓰고 설명하시오.　　　8번(09, 10, 14, 15, 16−2, 20−4, 21−3, 22−2)

윌리암슨의 변별진단 : 무불흥현/무확흥어

1. 직업무선택 : 자신이 무엇을 원하는지 어느 직업을 선택해야 할지 알지 못하는 유형
2. 불확실한 직업선택 : 이미 선택한 직업에 대해 확신을 가지지 못하는 유형
3. 흥미와 적성의 불일치 : 흥미를 느끼는 직업에 적성이 없거나, 적성을 가지고 있는 직업에 흥미가 없는 유형
4. 현명하지 못한 선택 : 적성보다 너무 높거나 너무 낮은 목표를 가지고 있는 유형

16 정신역동적 직업상담을 체계화한 보딘이 제시한 직업문제의 심리학적 원인을 5가지 쓰고 설명하시오.　　　10번(06, 09, 10, 11, 13, 14−1·3, 15, 19−2, 21−1)

보딘의 직업문제 심리적 원인 : 의자선확정(보딘의 자선확정)

1. 의존성 : 자신의 문제를 스스로 해결하지 못하고 다른 사람에게 의존
2. 자아갈등 : 삶의 중요한 결정을 내려야 하는 상황에서의 갈등을 경험
3. 진로선택불안 : 자신의 선택이 타인의 기대에 벗어날 경우 선택에 따른 불안을 경험
4. 확신의 결여 : 선택을 하였으나 확신이 부족한 경우
5. 정보의 부족 : 진로선택 및 직업결정과 관련된 정보가 부족한 경우

17 크릿츠는 직업상담의 문제유형 분류에서 흥미와 적성을 3가지 변인들과 관련지어 분류하였다. 3가지 변인을 쓰고 설명하시오.　　　2번(12−2, 16−3)

크릿츠 직업선택 문제유형 분류 : 적(적부) 결(우다) 현(비강불)/적우비

1. 적응성
   −적응형 : 흥미와 적성이 일치하는 분야를 발견한 유형
   −부적응형 : 흥미와 적성이 일치하는 분야를 찾지 못한 유형
2. 결정성
   −우유부단형 : 흥미와 적성에 관계없이 결정을 내리지 못하는 유형
   −다재다능형 : 재능이 많아 결정을 내리지 못하는 유형
3. 현실성
   −비현실형 : 자신의 적성수준보다 지나치게 높은 적성을 요구하는 직업을 선택한 유형

－강압형 : 적성 때문에 직업을 선택했지만 흥미가 없는 유형
－불충족형 : 흥미와는 일치하지만 적성수준보다 낮은 적성의 직업을 선택한 유형

일관성있게 세부내역을 모두 기입하기 힘들 경우
예 적응성에는 적응형과 부적응형으로 구분한다. 결정성, 현실성 동일하게 서술
단, 상세설명 요구시에는 모두 서술해야 함

18 상담과정에서 전이가 발생했을 때 그 의미와 해결방안을 설명하시오. 2번(03－1, 07－1)

1. 의미 : 내담자가 과거에 중요한 사람에게 느꼈던 감정을 상담자에게 옮기는 것
2. 해결방안
  －전이를 이해하되, 객관성을 유지
  －내담자 스스로가 전이감정을 깨닫게 하여 자신을 통제할 수 있도록 한다.
  －훈습을 통해 전이 감정을 해소할 수 있도록 한다.

19 상담과정에서 역전이가 발생했을 때 그 의미와 해결방안을 설명하시오.

3번(06－3, 09－2, 22－1)

1. 의미 : 상담자가 과거에 중요한 사람에게 느꼈던 감정을 내담자에게 옮기는 것
2. 해결방안 (자교지)
  －자기분석 : 자기탐색을 통해 상담자 자신의 내적문제를 이해하고 인지
  －교육분석 : 교육 분석가로부터 분석을 받으면서 스스로 역전이에 대한 분석경험을
    축적
  －지도감독 : 감독자의 지도를 통해 역전이를 깨닫고 이를 극복

20 정신분석상담에서 필수개념인 불안의 3가지 유형을 쓰고 각각에 대해 설명하시오.

3번(12－2, 17－1, 21－2)

정신분석 불안 3유형 : 현신도
1. 현실적 불안 : 실제적인 위협을 지각함으로서 발생하는 불안
2. 신경증적 불안 : Ego가 Id를 통제하지 못하여 나타나는 불상사에 대한 불안
3. 도덕적 불안 : Id와 Superego간의 갈등에 의해 야기되는 불안으로 양심에 대한 두려움

21 정신분석 상담의 방어기제 5가지를 쓰고 설명하시오. 5번(04－1, 09－1, 19－2, 21－3, 22－1)

정신분석 방어기제 : 대퇴부 합동(주부합동반 격투전승 억대보퇴 중 5가지)
1. 대치 : 욕구나 충동 등을 다른 목표로 전환하는 것(꿩 대신 닭)
2. 퇴행 : 과거의 성공했던 단계로 되돌아감으로서 관심을 얻으려 함(아이의 대소변 퇴행)
3. 부인 : 괴로운 일 등을 무의식적으로 부정하는 것(가족의 죽음을 인정하지 않고 여행
   을 떠났다고 주장)

4. 합리화 : 자신의 행동이나 말에 핑계를 대어 합리화 하는 것(여우와 포도).
5. 동일시 : 자신이 동경하는 대상과 자신을 동일한 것으로 인식(연예인 모방)

22 개인주의 상담이론의 상담목표 5가지를 쓰시오. 3번(13-3, 16-1, 20-1)

개인주의 상담목표 : 잘사타 잘사

1. 잘못된 동기를 바꾸도록 돕는다.
2. 사회적 관심을 갖도록 돕는다.
3. 타인과 동질감을 갖도록 돕는다.
4. 잘못된 가치와 목표를 수정하도록 돕는다.
5. 사회에 기여하도록 돕는다.

23 개인주의 상담이론의 생활양식 4가지를 쓰고 설명하시오. 14-1회

개인 생활양식4 : 지기회사

구 분	활동수준	사회적 관심
1. 지배형	높다 (↑)	낮다 (↓)
2. 기생형	중간 (-)	낮다 (↓)
3. 회피형	낮다 (↓)	낮다 (↓)
4. 사회형	높다 (↑)	높다 (↑)

24 24. 개인주의 상담이론의 4단계 치료과정을 순서대로 쓰시오. 12-1회

개인주의 상담 4단계 치료과정 : 상개해재

상담관계형성 → 개인역동성의 탐색 → 해석을 통한 통찰 → 재교육

25 아들러의 개인주의 상담과 프로이드 정신분석상담을 비교 설명하시오. 09-1회

개인주의 상담	정신분석상담
총체적 · 통합적 인간관	환원론적 인간관
사회적 존재	결정론적 인간관
사회적 동기를 지닌 존재	성적동기를 지닌 존재

26 아들러(Adler)의 개인주의 상담이론에서 열등감 콤플렉스의 원인 3가지를 쓰시오. (예상문제)

아들러의 콤플렉스 : 양기과

1. 양육태만 : 부모의 양육태만에 따른 존재 가치관 부족에서 비롯되는 열등감
2. 기관열등감 : 외모나 신체의 불완전에서 비롯되는 열등감
3. 과잉보호 : 과잉보호로 인한 자신감부족, 능력의 결핍에서 비롯되는 열등감

27 실존주의 상담에서 궁극적 관심사(중요하게 생각하는 주제) 4가지를 쓰고 설명하시오.

5번(09, 10, 12, 17, 20-2)

실존궁관심ㄴ : 죽자고무

1. 죽음과 비존재 : 죽음의 불가피성, 시간의 유한성은 삶을 더욱 가치 있게 만든다.
2. 자유와 책임 : 스스로 선택한 삶에 대해 책임을 진다.
3. 고립, 소외 : 고립에 대해 인정하고, 타인과 성숙한 관계를 맺고자 노력한다.
4. 무의미성 : 인생에서 끊임없이 어떤 의미를 추구한다.

28 실존주의 상담에서 제시하는 인간본성에 대한 철학적 기본가정을 3가지 이상 쓰시오.

13-2회

실존철가 : 자정즉 자장/자정에 즉석 자장을 시키다

1. 자각하는 능력을 가지고 있다.
2. 정적인 존재가 아닌 항상 변화하는 존재이다.
3. 즉각적인 상황과 과거를 초월할 수 있는 능력을 가진 존재이다.
4. 자유로운 존재인 동시에 스스로 만들어 가는 존재이다.
5. 장래 무존재가 될 운명을 알고 있는 존재이다.

29 실존주의 상담에서 내담자의 자기인식능력 증진을 위한 상담자의 치료원리 4가지를 쓰시오.

14-2회

실존치원ㄴ : 죽삶자삶

1. 죽음의 실존적 상황에 직면하도록 격려한다.
2. 삶에 대한 자유와 책임을 자각하도록 촉진한다.
3. 자신의 인간관계 양식을 점검하도록 돕는다.
4. 삶의 의미를 발견하도록 돕는다.

30 실존주의 상담에서 3가지 양식세계를 쓰고 설명하시오.

19-1회

실존양식세계ㄴ : 영주공고

1. 영적세계 : 믿음이나 신념세계로 영적 가치와 관계를 의미
2. 주변세계 : 인간이 접하며 살아가는 환경 등을 의미
3. 공존세계 : 사회적 존재로서의 대인관계를 의미
4. 고유세계 : 자신의 세계이며, 개인이 자신에게 가지는 관계를 의미

31 로저스의 인간중심(내담자중심) 상담의 철학적 가정을 5가지 쓰시오. 2번(10-4, 13-3)

인간철가 : 적가주 선결/저가주 선결

1. 적극적인 성장력을 지닌 존재이다.
2. 선하고 이성적이며, 믿을 수 있는 존재이다.
3. 주관적 생활에 초점을 두어야 한다.
4. 가치를 지닌 존재이다.
5. 결정과 선택의 권리가 있다.

32 로저스의 인간중심(내담자중심) 상담에서 완전히 기능하는 사람의 특성 5가지 쓰시오.

2번(08-3, 15-3)

로저스의 완전히 기능하는 사람 : 창경실 경자

1. 창조적인 삶을 살아간다.
2. 경험에 개방적이다.
3. 실존적인 삶을 살아간다.
4. 경험적인 자유를 지니고 있다.
5. 자신이라는 유기체에 대해 신뢰한다.

33 로저스의 인간중심(내담자중심) 상담에서 상담자가 갖추어야 할 기본태도에 대해 설명하시오.

9번(06, 07, 08-2·3, 09-2·3, 15, 16, 20-1)

인간중심 상담자 기본태도 : 일공무

1. 일치성과 진솔성 : 진실하고 개방적이어야 한다.
2. 공감적 이해 : 내담자의 내면세계를 마치 자신의 것처럼 이해하는 것
3. 무조건적 수용 : 내담자를 있는 그대로 조건 없이 수용하는 자세

34 로저스의 인간중심(내담자중심) 상담에서 직업정보 활용의 원리는 검사해석의 원리와 같다. 이를 패터슨은 어떻게 설명하고 있는지 3가지 이상 쓰시오.

2번(08-1, 13-3)

패터슨의 직업정보 제공(활용) 원리 : 필태출영

1. 내담자가 필요한 경우만 제공하고 자진해서 제공하지 말 것
2. 태도와 감정을 자유롭게 표현할 수 있도록 할 것
3. 출처를 알려주고 직접 찾아보도록 할 것
4. 영향을 주거나 조작하기 위해 사용하지 말 것

35 게슈탈트 상담에서 인간이 심리적 성숙을 얻기 위해 벗어나야 한다고 가정한 신경증의 층 3가지 이상을 쓰고 설명하시오.

13-3회

게슈탈트상담 신경증의 층 : 허연교내외

1. 허위층 : 피상적으로 만나는 단계
2. 연기층 : 부모나 주위환경의 기대에 따라 역할 수행
3. 교착층 : 역할연기를 인식하고 허탈감, 무력감을 경험
4. 내파층 : 자신의 욕구와 감정을 알아차리지만 표출하지 못하고 안으로 억제
5. 외적 파열층 : 욕구와 감정을 억압하지 않고 외부로 표출하는 상태

36 게슈탈트 상담의 주요 목표 6가지를 쓰시오. 3번(12 - 2, 17 - 2, 22 - 2)

게슈탈트상담 목표3 : 각 실체 변통책/각 실체의 변통책을 찾아라
1. 각성 : 지금여기의 자기 자신을 잘 알 수 있도록 돕는다.
2. 실존적인 삶 : 자신의 욕구를 실천하는 실존적 삶을 촉진
3. 체험의 확장 : 경험을 명료화하고 자각을 증진시켜 지금 여기의 삶을 살 수 있도록 돕는 것
4. 변화와 성장 : 자신에 대한 각성을 통해 변화와 성장 도모
5. 통합 : 감정, 지각, 사고, 신체가 모두가 하나의 전체로서 통합된 기능을 발휘
6. 책임 : 내담자를 성숙시켜 책임감을 가지도록 돕는 것

37 게슈탈트 상담기법 6가지(4가지, 3가지) 이상을 쓰고 설명하시오. 7번(10, 11, 12, 13, 15, 19 - 3)

게슈탈트 상담기법 : 욕신환언빈과
1. 욕구와 감정의 자각 : 지금 – 여기에서 느껴지는 욕구와 감정을 자각시킨다.
2. 신체자각 : 지금 – 여기에서 느껴지는 신체적 상태를 자각시킨다.
3. 환경자각 : 자신과 환경과의 분리를 통해 환경을 자각시킨다.
4. 언어자각 : 우리가 아닌 자신의 욕구에 대한 책임을 자각시킨다.
5. 빈 의자 기법 : 맞은편 빈 의자에 상대방이 앉아 있다 상상하고 대화하는 방법
6. 과장하기 : 언어 등을 과장하게 표현하여 자각하게 한다.

38 교류분석적 상담에서 주장하는 자아의 3가지 형태를 쓰고 각각에 대해 간략히 설명하시오. 3번(03 - 3, 09 - 3, 20 - 2)

교류분석적 자아 : 부성어
1. 부모자아 : 부모로부터 받은 영향을 그대로 재현
   • 비판적 부모자아 : 가르치고 통제 역할
   • 양육적 부모자아 : 배려하고 격려 역할
2. 성인자아 : 합리적 · 객관적으로 판단하며 다른 자아 상태를 중재
3. 어린이 자아 : 어린아이 감정을 그대로 표현
   • 자유로운 어린이 자아 : 천진난만하고 다른 사람을 의식하지 않는다.
   • 순응하는 어린이 자아 : 말 잘 듣는 착한 어린이
   • 어린이 교수자아 : 가르치려 하고 탐구적이다.

39 교류분석적 상담에서 상담자가 내담자를 이해하기 위해 사용하는 분석유형을 3가지 이상 쓰시오. 13 - 3회

교류분석유형 : 교각 구라
① 의사교류분석　　　　② 구조분석
③ 라켓분석(게임분석)　④ 각본분석

40 교류분석적 상담에서 생활각본을 구성하는 주요 요소인 기본적인 생활자세 4가지를 쓰고 설명하시오. 2번(11-2, 19-1)

1. I'm OK, You're OK : 신뢰와 개방, 타인을 있는 그대로 수용
2. I'm OK, You're not OK : 자신의 우월성 강조, 타인의 열등성 비난
3. I'm not OK, You're OK : 자신을 무력한 사람, 희생당한 사람으로 봄
4. I'm not OK, You're not OK : 인생의 희망 포기 및 가능성 부인

41 의사 교류분석 상담의 제한점 3가지를 쓰시오. 3번(11-3, 14-1, 22-1)

의사교류분석 제한점 : 지추과
1. 지적능력이 낮은 사람에게 부적절
2. 추상적이어서 실제 적용에 어려움이 많다.
3. 과학적 증거로 입증되지 않음.

42 행동주의 상담의 기본가정 3가지 쓰시오. 2번(09-1, 12-1)

행동기가 : 환상내 인강(환상안에서 인강을 듣는다)
1. 환경변화는 행동변화에 도움이 될 수 있다.
2. 상담의 효율성은 내담자의 행동변화에 의해 평가된다.
3. 상담방법은 내담자에 따라 다른 방식으로 고안될 수 있다.
4. 인간행동은 학습된 것이므로 수정이 가능하다.
5. 강화나 모방 등의 학습원리는 상담기술의 발전을 위해 이용될 수 있다.

43 행동주의 상담의 외적인 행동변화와 내적인 행동변화를 촉진하는 기법 5가지를 각각 쓰고 설명하시오. 4번(09-3, 10-1, 21-2, 22-1)

〈내적인 행동변화를 촉진하는 기법〉: 체근스 인재(체근사스 인정에서 선택 작성)
1. 체계적 둔감화 : 어떤 상황에 불안과 공포를 느끼는 사람에게 불안자극을 점진적으로 노출시켜 감소하거나 제거시키는 방법
2. 근육이완 훈련 : 근육이완 훈련을 통해 몸의 긴장을 푼다.
3. 스트레스 접종 : 신체적·정신적 긴장을 약화시켜 자신의 문제를 다룰 수 있도록 준비
4. 인지적 모델링 : 시범을 보여 학습하도록 하는 기법
5. 인지적 재구조화 : 부정적 사고 대신 긍정적 사고를 가지도록 하는 기법

〈외적인 행동변화를 촉진하는 기법〉: 모토바 역주행 혐조자(오토바이 역주행 혐의자에서 선택 작성)
1. 모델링 : 관찰 및 모방에 의한 학습을 통해 문제행동을 수정
2. 토큰경제 : 바람직한 행동목록을 작성한 후 그 행위마다 보상하는 것
3. 바이오피드백 : 생리적인 변수를 부분적으로 조절하여 증상을 완화
4. 역할연기 : 부적응 행동을 반복적으로 시연시킴으로써 적응 행동으로 변화
5. 주장훈련 : 대인관계에 있어서의 불안과 공포를 해소하기 위한 효과적인 기법

44 행동주의 상담의 학습촉진기법(적응행동 증진)과 불안감소기법(부적응행동 감소)을 각각 3가지 쓰고 설명하시오. 7번(11, 12, 14, 15-1·2, 16-1·3)

행동주의 상담 〈학습촉진기법(적응행동 증진)〉: 변강사 모토대행
1. 변별학습 : 바람직한 행동에 강화를 하고 바람직하지 못한 행동에는 벌을 주는 것
2. 모델링 : 타인 행동에 대한 관찰 및 모방에 의한 학습을 통해 행동 수정
3. 토큰경제 : 바람직한 행동 목록을 작성한 후 그 행위마다 보상하는 것

행동주의 상담 〈불안감소기법(부적응행동 감소)〉: 자금반 홍노주 체험
1. 홍수법 : 가장 높은 수준의 불안자극에 일시적으로 노출시켜서 치료
2. 노출치료법 : 불안자극에 노출시켜 불안·공포 반응을 감소 제거시킨다.
3. 주장훈련 : 대인관계에 있어서의 불안과 공포를 해소하기 위한 효과적인 기법

45 행동주의 상담의 노출치료법 3가지 쓰고 설명하시오. 2번(11-3, 18-2)

노출치료법 : 실상점(실심점)
1. 실제적 노출법 : 실제적으로 불안자극에 노출시켜 불안을 제거
2. 심상적 노출법 : 심상적으로 불안자극을 상상하게 하여 치료하거나 제거
3. 점진적 노출법 : 점진적으로 불안자극에 노출시켜 치료

46 행동주의 상담의 체계적 둔감화의 의미를 쓰고 그 단계를 설명하시오.
10번(00, 04, 05, 08-1·3, 10, 13, 15, 17-3, 21-1)

근불둔
1. 의미 : 어떤 상황에 불안과 공포를 느끼는 사람에게 불안자극을 점진적으로 노출시켜 감소하거나 제거시키는 방법
2. 적용단계 : 근육이완 훈련 → 불안 위계목록 작성 → 목록에 따른 둔감화

47 행동주의 상담의 주장훈련의 정의를 쓰고 그 절차를 기술하시오. 17-1회

1. 정의 : 대인관계에 있어서의 불안과 공포를 해소하기 위한 효과적인 기법
2. 절차 : 설목과대요행
   • 의미에 대해 설명한다.
   • 목표를 설정한다.
   • 과제를 부여한다.
   • 대화를 주고받는 연습을 한다.
   • 요청 및 거절하는 연습을 한다.
   • 행동시연을 해 보도록 한다.

48 REBT이론의 기본가정, 기본개념, 상담의 목표에 대해 설명하시오. 　　2번(12, 20 − 4)

1. 기본가정 : 인간은 합리적인 사고를 할 수 있는 동시에 비합리적 사고를 할 수 있다.
2. 기본개념
　　− 내담자의 비합리적 신념에 대해 ABCDEF 모형을 적용해 합리적인 사고와 감정의
　　　변화를 모색
　　− 비합리적 또는 비논리적 사고체계를 지닌 사람에게 가장 효율적인 상담기법
3. 목표 : 비합리적 신념을 합리적 신념으로 대체(전환) 하는 것

49 REBT 상담의 기본원리 6가지(5가지)를 기술하시오. 　　3번(04 − 1, 08 − 2, 15 − 2)

REBT 기본원리 : 과다인신역정(R)
1. 과거의 영향보다는 현재에 초점을 둔다.
2. 유전과 환경을 포함한 다양한 요인들이 비합리적 사고를 일으키는 원인이다.
3. 인지는 인간 정서 결정의 가장 중요한 요소이다.
4. 인간의 신념은 변화한다고 믿는다.
5. 역기능적 사고는 정서장애의 중요한 결정요인이다.
6. 정서적 문제를 해결하기 위해서는 사고를 분석하는데서 시작(REBT이론은 사고의 분
　　석으로 시작한다)

50 REBT 상담에서 비합리적 신념의 뿌리를 이루고 있는 3가지 당위성의 예를 들어 설명하
시오. 　　5번(09, 10, 11, 13, 19 − 3)

REBT 3가지 당위성 : 자타세
1. 자신에 대한 당위성 : 나는 반드시 일을 완벽하게 해야만 한다.
2. 타인에 대한 당위성 : 타인은 반드시 나를 공정하게 대우해야만 한다.
3. 세상에 대한 당위성 : 세상은 내가 원하는 방향으로 돌아가야만 한다.

51 REBT 상담에서 기본개념을 ABCDEF 상담모형을 이용하여 설명하시오.
　　11번(03, 04, 07, 08, 16, 18, 20 − 2 · 3, 21 − 2 · 3, 22 − 2)

기본개념은 ABCDEF모형으로 설명할 수 있으며, A는 내담자의 행동에 영향을 미치는
선행사건, B는 해당사건에 대한 비합리적 신념체계, C는 부적응적인 정서적.행동적 결
과, D는 현실적, 실용적, 논리적인 논박, E는 논박으로 인해 비합리적인 신념이 합리적
인 신념으로 대체, F는 합리적인 수용적 태도에서 비롯된 새로운 감정을 의미

52 REBT 상담에서 사용하는 상담기법 3가지를 쓰고 설명하시오. 　　12 − 3

REBT 상담기법 : 인정행
1. 인지적 기법 : 비합리적 신념에 대한 논박과 인지적 과제 부여하기 등 사용
2. 정서적 기법 : 합리적 · 정서적 심상법, 유머사용하기 등 사용
3. 행동적 기법 : 강화와 처벌, 기술훈련, 역설적 과제 등 사용

53 [사례문제]
① 실직 후 충격으로 우울증을 겪고 있는 내담자 ② 실수하면 절대 안된다는 완벽주의자가 업무상 실수를 한 후, 불안과 좌절에 빠져 있는 내담자 ③ 기대를 받는 모범생이 원하는 회사에 대한 취업실패 우려로 심한 고통을 겪고 있는 내담자를 상담하고자 한다. 다음의 물음에 답하시오.   7번(00−1·3, 06, 08, 15−1, 21−1, 22−1)

1. 이 내담자를 진단하고 어떤 상담기법을 적용해야 하는지 제시하시오.
   − 내담자 진단 : 실패(실수, 실직)하면 실패자이고, 인생이 파멸이라는 비합리적 신념으로 정서, 신체적 고통을 겪고 있음.
   − 적용 상담기법 : REBT 상담기법 적용하여 상담

2. 상담단계(모형)에 따른 가상적인 상담내용을 쓰시오
   − A(선행사건) : 내담자의 실수, 실직, 입사실패
   − B(비합리적 신념) : 실수(실직, 취업실패)하면 패배자이고 인생 실패자라는 부정적 신념
   − C(결과) : 좌절, 우울증, 소화불량, 대인기피, 분노, 자살시도
   − D(논박) : 논리적, 현실성, 실용적인 측면에서 철저한 논박
   − E(효과) : 비합리적 신념이 합리적 신념으로 전환
   − F(새로운 감정) : 합리적 신념에 의한 감정으로 새로운 노력 시도

3. 내담자에게 예상되는 문제에 대하여 6가지 이상 쓰시오.
   ① 우울   ② 불안
   ③ 초조   ④ 자살시도
   ⑤ 소화불량   ⑥ 대인기피
   ⑦ 무기력   ⑧ 죄책감 등

54 [사례문제]
실직하고 나서 나는 무능하다는 부정적인 자동적 사고가 떠올라 우울감에 빠진 내담자에게 벡의 인지행동적 상담을 적용한다고 가정할 때, 이 내담자의 부정적인 자동적 사고를 적고, 부정적 사고에 대해 반박하며, 긍정적인 대안적 사고를 찾게 하기 위한 방법에 대해 설명하시오.   4번(01, 06, 19−2, 20−2)

1. 부정적 자동적 사고 : 가장이라면 직장을 다녀야 하고, 실직 시 인생의 실패자라는 사고
2. 부정적 사고에 대한 반박 : 실직은 인생의 실패자라는 근거, 가정 경제는 반드시 가장이 책임져야만 한다는 사고, 실직이 무능하다고 생각하는 사고 등에 대해 반박
3. 긍정적 대안적 사고 방법 : 실직을 극복하고 성공한 사례 찾기, 과제부여 및 토론, 자신을 격려하기, 장점 찾기 등

55 벡의 인지치료에서 인지적 오류의 유형 4가지를 쓰고 설명하시오.

6번(10, 11 - 2 · 3, 14, 20 - 1, 22 - 2)

벡의 인지적 오류의 유형 : 이임선의 사과

1. 이분법적 사고 : 모든 것을 흑백논리로만 파악(모 아니면 도)
2. 임의적 추론 : 증거가 없거나 결론에 위배됨에도 단정 지어 결론을 내리는 것
3. 선택적 추상 : 중요 내용은 무시한 채 사소한 것을 전체로 해석하는 오류
4. 의미확대 또는 의미축소 : 사건의 의미를 지나치게 확대하거나 축소하는 것
5. 사적인 것으로 받아들이기 : 관련이 없는 외부 사건을 자신과 관련시키는 것
6. 과잉일반화 : 한 가지 고립된 사건을 근거로 일반적 결론을 도출

56 윌리암슨의 특성 – 요인 직업상담의 인간본성에 대한 기본가정을 5가지 쓰시오.

4번(08, 10, 13, 17 - 2)

특성 – 요인 인간본성 기가 : 본선생이 실세

1. 선의 본질은 자아의 실현이다.
2. 인간은 선과 악의 잠재력을 모두 지니고 있다.
3. 선한 생활을 결정하는 것은 자기 자신이다.
4. 인간은 선을 실현하는 과정에서 타인의 도움을 필요로 한다.
5. 인간은 자신만의 독특한 세계관을 가진다.

57 윌리암슨의 특성 – 요인 직업상담에서 검사의 해석단계에서 이용할 수 있는 상담기법 3가지를 쓰고 설명하시오.

5번(03, 08, 10, 15, 17 - 1)

특성 – 요인 해석단계에서 사용할 수 있는 상담기법 : 설설직

1. 설명 : 검사자료 및 비검사 자료들을 해석해 주는 것
2. 설득 : 합리적이고 논리적인 방법으로 검사자료를 제시
3. 직접충고 : 상담자가 자신의 견해를 솔직하게 표명하는 것

58 파슨스의 상담자가 해야 할 일 3가지를 서술하시오.

2번(04 - 1, 11 - 3)

파슨스의 직업상담 3요인설(상담자 할 일) : 자직합

1. 자신에 대한 이해 : 심리검사 등을 통해 자신에 대해 이해
2. 직업세계에 대한 이해 : 직업세계에 대한 체계적인 분석
3. 자신과 직업세계의 합리적 연결 : 과학적, 합리적인 의사결정을 통해 최선의 선택

59 파슨스의 특성 – 요인 이론에서 특성은 (   )이고, 요인은 (   )이다.

03 - 1회

1. 특성 : 심리검사에 의해 측정 가능한 개인의 특징
2. 요인 : 성공적인 직업수행을 위해 요구되는 직업의 특징

60 직업상담 6단계 분석-(ㄱ)-(ㄴ)-(ㄷ)-상담 및 치료-추후지도에서 각각을 쓰고 설명하시오. 19-2회

분종진예상추
1. ㄱ-종합 : 내담자의 성격, 태도 등에 대한 이해를 얻기 위해 정보를 수집, 종합
2. ㄴ-진단 : 문제의 원인을 탐색하며, 해결할 수 있는 방법들을 검토
3. ㄷ-예측 : 대안적 조치와 중점사항을 예측

61 내담자중심 직업 상담과 특성-요인 직업상담의 차이점을 2가지 이상 설명하시오. 3번(01, 10, 14-2)

내담자 중심 직업상담	특성-요인 직업상담
비지시적 상담	지시적 상담
내담자가 상담을 주도	상담자가 상담을 주도
심리검사 불필요	심리검사 필수

62 정신역동적 직업상담 모형을 구체화시킨 보딘의 직업상담 과정을 쓰고 각각에 대해 설명하시오. 6번(09, 12, 13, 15, 17-3, 20-3)

보딘의 직업상담 과정 : 탐중변
1. 탐색과 계약설정 : 탐색 및 상담전략에 대한 합의 도출
2. 중대한 결정 : 중대한 결정을 통해 목표를 유지할 것인지 확대할 것인지 고민
3. 변화를 위한 노력 : 지속적인 변화를 모색

63 청소년들이 자신의 진로나 직업을 선택할 때 의사결정을 미루는 2가지 유형을 쓰고 설명하시오. 2번(03-3, 14-2)

1. 우유부단 : 정보의 결핍에 기인하여 정보를 제공하면 의사결정 능력이 개선됨
2. 무결단성 : 상담이 끝난 후에도 불안으로 결정을 내리지 못하는 유형

64 수퍼의 직업상담 진단 3가지 평가유형을 쓰고 설명하시오.

수퍼의 직업상담 평가유형 : 문개예 4번(10-1, 13-1, 20-4, 21-3)

1. 문제의 평가 : 겪고 있는 어려움과 상담에 대한 평가
2. 개인의 평가 : 사회적, 심리적, 신체적 상태 등을 고려하여 개인 분석
3. 예언 평가 : 문제의 평가와 개인의 평가를 토대로 성공하고 만족할 수 있는 직업에 대한 예언

65 수퍼의 성장기 하위항목 3가지를 쓰고 설명하시오. 19−2회

수퍼의 성장기 : 환흥능 ⇒ 심리학의 수퍼의 발달이론에서 찾아 볼 것
1. 환상기 : 욕구가 지배적이며, 환상적인 역할 수행
2. 흥미기 : 진로의 목표와 내용을 결정하는 데 있어서 흥미를 중시
3. 능력기 : 능력을 중시하고 직업의요구조건 또한 고려

66 수퍼의 발달적 직업상담 6단계를 쓰고 설명하시오. 6번(08, 11−1·2, 13, 15, 17−3)

수퍼의 발달적 직업상담 6단계 : 문(비) 심(지) 자(비) 현(지) 태(비) 의(비)
1. 문제탐색 및 자아개념 묘사(문탐자묘) : 비지시적 방법으로 문제탐색 및 자아개념 묘사
2. 심층적 탐색 : 지시적 방법으로 심층적 탐색을 한다.
3. 자아수용 및 자아통찰(자수자통) : 비지시적 방법으로 자아수용을 통해 사고와 감정을 명료화
4. 현실검증 : 지시적 방법으로 심리검사, 직업정보 등 자료 탐색
5. 태도와 감정의 탐색과 처리(태감탐처) : 비지시적 방법으로 태도와 감정을 탐색하고 처리
6. 의사결정 : 비지시적 고찰을 통해 자신의 직업 결정

67 발달적 직업상담에서 직업상담사가 사용할 수 있는 기법으로 진로 자서전과 의사결정 일기(진로일기)를 설명하시오. 2번(09−3, 19−3)

1. 진로 자서전 : 과거에 어떻게 의사결정을 하였는지를 알아보는 것
2. 의사결정 일기 : 매일 어떻게 결정을 하였는가 하는 현재의 상황을 알아보는 것

68 크라이티스의 포괄적 직업상담의 상담과정 3단계를 단계별로 설명하시오. 6번(05, 08, 11, 14, 19−1, 22−3)

크라이티스 직업상담 과정 : 진명문
1. 진단 : 검사자료와 상담을 통한 자료가 수집되는 단계
2. 명료화 : 의사결정 과정을 방해하는 태도와 행동을 확인하며 대안을 모색
3. 문제해결 : 문제해결을 위해 어떤 행동을 실제로 취해야 하는가를 결정

69 상담자가 갖추어야 할 기본 기술인 적극적 경청, 공감, 반영, 명료화, 직면을 설명하시오. 4번(01, 04, 05, 07−1)

1. 적극적 경청 : 비언어적이고 정서적 측면까지 이해하며 듣는 것
2. 공감 : 내담자의 경험을 마치 자신의 경험인 것처럼 이해하는 것
3. 반영 : 참신한 말로 부연해 주는 것
4. 명료화 : 모호하고 애매한 말을 명료하고 분명하게 해주는 것
5. 직면 : 말과 행동에 모순이 있을 경우 지적해 주는 것

70 저항의 의미와 유형을 설명하시오. 05-1회

1. 의미 : 상담을 방해하고 협조하지 않으려는 내담자의 무의식적 행동
2. 유형 : 약속 불이행, 과제 불이행, 침묵, 의사소통 방해

71 상담에서 대화의 중단 또는 내담자의 침묵은 자주 일어나는 일이다. 내담자의 침묵의 발생 원인을 3가지 이상 쓰시오. 2번(09-3, 12-1)

침묵의 발생원인 : 혼저탐사
1. 혼돈으로 인한 침묵
2. 저항으로 인한 침묵
3. 탐색으로 인한 침묵
4. 사고중단으로 인한 침묵

72 내담자 초기 면담시 상담자가 유의해야 할 사항을 4가지 이상 기술하시오. 3번(07-1, 07-3, 20-3)

초기면담시 상담자 유의사항 : 사내비목 필수
1. 사례자료 검토하기
2. 내담자와 만나기
3. 비밀유지에 대해 설명하기
4. 목표 명확히 하기
5. 필수 질문들 확인하기

73 상담에서 상담자와 내담자의 대화를 가로막을 수 있는 상담자의 반응 3가지를 쓰시오. 14-3회

상담자 너가 지나친/상담자 너가 지나쳐~!
1. 상담자 경험 진술
2. 너무 이른 조언
3. 가르치기
4. 지나친 질문

74 상담의 구조화에서 이루어져야 할 내용을 설명하시오. 3번(02-3, 05-3, 07-3)

목성역 시장 횟수비
1. 목표를 정한다
2. 성격을 정한다
3. 역할과 책임을 정한다.
4. 시간과 장소를 정한다.
5. 횟수와 상담비용을 정한다.

75 초기 면담 시 내담자에게 영향을 줄 수 있는 언어적 행동과 비언어적 행동을 각각 3가지 쓰시오. 2회(15-1, 21-1)

1. 언어적 행동 : ① 유머사용, ② 이해 가능한 언어, ③ 적절한 호칭 사용
2. 비언어적 행동 : ① 미소, ② 눈 맞춤, ③ 끄덕임 등

상담 과정에 도움이 되지 않는 행동
1. 언어적 행동 : ① 충고하기, ② 타이르기, ③ 비난하기, ④ 달래기
2. 비언어적 행동 : ① 조소하기, ② 하품하기, ③ 입을 꽉 물기 ④ 손가락질하기

76 개방형 질문과 폐쇄형 질문을 설명하고 장단점을 쓰시오. 03-1회

1. 개방형 질문 : 언제, 무엇을 어떻게로 질문
   - 장점 : 심도 있는 답변을 얻을 수 있다.
   - 단점 : 한정된 정보의 양
2. 폐쇄형 질문 : 예/아니오로 대답할 수 있는 질문
   - 장점 : 짧은 시간에 많은 양의 정보 수집
   - 단점 : 심도 있는 정보를 얻을 수 없다.

77 내담자의 이해를 증진시키는 탐색적 질문을 하는 과정에서 상담자가 유의해야 할 사항 3가지를 쓰시오. 15-1회

1. 폐쇄형 질문보다는 개방형 질문을 한다.
2. 내담자의 감정을 이끌어 낼 수 있는 질문을 한다.
3. 문제를 명료화하도록 돕는 질문을 사용한다.

78 생애진로사정의 구조 4가지를 쓰고 설명하시오. 생애진로사정 구조 중 진로사정에서 알아보는 3가지를 쓰시오. 5번(09-1, 19-2·3, 20-1, 21-3)

생애진로사정의 구조나 : 진전강요/생애진로사정 중 진로사정 : 직교여
1. 생애진로사정의 구조
   ① 진로사정 : 내담자의 직업경험, 교육·훈련 경험, 여가활동에 대해 사정
   ② 전형적인 하루 : 의존적인지 독립적인지, 자발적인지 체계적인지 여부
   ③ 강점과 장애 : 강점과 장애 각각 3가지에 대해 질문하여 자원 탐색
   ④ 요약 : 요약해 보도록 하여 자기인식 증진
2. 진로사정에서 알아보는 3가지
   ① 직업경험
   ② 교육경험
   ③ 여가활동

79 생애진로사정의 의미를 쓰고 이를 통해 얻을 수 있는 정보 3가지를 쓰시오.

생애진로사정을 통해 알 수 있는 정보 : 직기가   7번(10, 11, 14, 17, 19-3, 20-2, 21-3)

1. 생애진로사정의 의미 : 초기면담에서 내담자의 상담정보를 얻을 수 있는 구조화된 면담기법으로 질적인 평가방법
2. 진로사정을 통해 얻을 수 있는 정보
   ① 직업경험과 교육수준을 나타내는 객관적 사실
   ② 기술과 능력에 대한 자기평가 및 상담자 평가
   ③ 가치관 및 자기인식에 대한 정보

80 직업가계도의 의미와 활용에 대해 설명하시오.   2번(03-3, 07-3)

1. 의미 : 직업과 관련된 내담자의 가계력을 알아보는 기법
2. 활용 : ① 직업선택과 관련된 자기지각의 근거를 밝히는 데 도움
   　　　② 초기상담과정에서 내담자의 정보 수집을 위해 사용

81 상호역할관계 사정의 주요기법 3가지를 쓰시오.   15-3회

역할사정 주요기법 : 동생질

1. 동그라미로 역할관계 그리기
2. 생애-계획연습으로 전환하기
3. 질문을 통해 사정하기

82 상호역할관계 사정의 용도를 3가지 이상 쓰시오.   14-3회

역할사정 용도 : 자불갈대

1. 자기인식 증진
3. 갈등의 근거 확인
2. 불만족의 원인 확인
4. 직업대안의 규명

83 가치사정의 용도를 3가지 이상 쓰시오.   11-2회

가치사정 용도 : 자불갈대

1. 자기인식 증진
3. 갈등의 근거 확인
2. 불만족의 원인 확인
4. 직업대안의 규명

84 가치사정 방법 6가지 쓰시오.   4번(10, 11, 12, 19-3)

가치사정 방법 : 백과자존절체

1. 백일몽 말하기
3. 자유시간과 금전의 사용
5. 절정경험 조사하기
2. 과거의 선택 회상하기
4. 존경하는 사람 기술하기
6. 체크목록 가치에 순위 매기기

85 흥미사정 목적 5가지를 쓰시오.　　　　　　　　　　　　3번(12 − 2, 15 − 2, 18 − 2)

흥미사정 목적 : 자불대 + 여탐(여자교대탐색)
1. 자기인식 증진
2. 불만족의 원인 확인
3. 직업대안 규명
4. 여가선호와 직업선호 구분하기
5. 직업탐색 조장하기

86 흥미사정 기법을 3가지 이상 쓰고 설명하시오.　　　　　　3번(09 − 2, 10 − 2, 14 − 1)

흥미사정 기법 : 경흥선 카표로 중 흥선표 ('수퍼'가 아닌 경우 일반적 흥미사정 기법 기술)
1. 흥미평가 기법 : 알파벳에 맞추어서 흥밋거리를 기입하는 방법
2. 직업선호도 검사 실시 : 홀랜드의 성격검사를 표준화하여 검사 실시
3. 표현된 흥미와 조작된 흥미 : 질문과 관찰을 통해 흥미를 파악

87 내담자 흥미를 사정하고자 할 때 사용하는 흥미검사의 종류 3가지를 쓰시오.
(⇒ 심리학의 흥미검사에서 수록되어 있음)　　　　　　　　3번(12, 20 − 3, 20 − 4)

1. 홀랜드의 직업선호도 검사(VPI)
2. 고용노동부 직업선호도 검사
3. 스트롱의 흥미검사
4. 쿠더의 흥미검사

88 수퍼의 흥미사정 기법 3가지를 쓰고 설명하시오.　　　　　　　　　13 − 3회

수퍼의 흥미사정 기법 : 표조조
1. 표현된 흥미 : 질문을 통해 흥미를 파악
2. 조작된 흥미 : 관찰을 통해 흥미를 파악
3. 조사된 흥미 : 심리검사를 통해 흥미를 파악

89 성격사정의 목표 3가지 쓰시오.　　　　　　　　　　　　　　　　14 − 2회

성격사정의 목표 : 자불대
1. 자기인식 증대
2. 불만족의 근원 확인
3. 직업대안 규명

90 인지적 명확성 부족을 나타내는 내담자 유형 6가지를 쓰시오.   3번(07-3, 16-1, 21-2)

인지적 명확성 부족 내담자 유형 : 단복가구 자원

1. 단순 오정보 : 정보제공
2. 복잡한 오정보 : 논리적 분석
3. 가정된 불가능 : 논리적 분석, 격려
4. 구체성의 결여 : 구체화 시키기
5. 자기인식의 부족 : 은유나 비유쓰기
6. 원인과 결과 착오 : 논리적 분석

---

91 아래의 사례를 읽고 문항에 답하시오.   00-1회

> 상담자 : 직업상담사 공부를 많이 한 걸로 되어 있네요
>
> 내담자 : 저는 직업상담사가 될 수 없어요. 다른 사람들은 열심히 하는 것 같은데 저는 자신이 없어요. 직업상담사가 적성에 맞지만 보수가 적고, 계약직이에요. 일도 고되고, 그래서 다른 직업을 찾으려고 해요. 저는 월급이 많고 진취적이고 후한 보수와 안정적인 직업을 갖고 싶어요.
>
> 상담자 : 그러면, 직업상담사가 되지 않으려는 이유는 무엇이죠?

1. 인지적 명확성의 부족 유형 중 무엇에 속하는가?
   가정된 불가능
2. 내담자의 무엇을 사정해야 하는가, 그 이유는?
   (안될 것이라고 가정하는 근거가 무엇인가를 기술)
   안될 것이라는 가정의 근거가 무엇인지, 시험에 대한 불안과 두려움을 해소시켜 공부에 대한 자신감을 갖도록 사정
3. 마지막으로 상담자가 사용할 수 있는 개입방법은?
   논리적 분석 및 격려

---

92 내담자와 관련된 정보를 수집하고 내담자의 행동을 이해하고 해석하는데 기본이 되는 상담기법을 6가지만 쓰시오.   8번(07-1·3, 10, 11, 12, 13, 20-1, 21-2)

내담자 행동에 대한 이해기법 : 변전반의 저분 왜근가 중 변전반의 왜가

1. 변명에 초점 맞추기
2. 전이된 오류 정정하기
3. 반성의 장 마련하기
4. 의미 있는 질문 사용하기
5. 왜곡된 사고 확인하기
6. 가정 사용하기

93 내담자 정보 및 행동에 대한 이해기법 중 가정사용하기, 왜곡된 사고 확인하기, 변명에 초점 맞추기에 대해 간략히 설명하시오.   2번(07-3, 13-1)

내담자 행동에 대한 이해기법 : 변전반의 저분 왜근가
1. 가정 사용하기 : 이미 존재했다고 가정하여 질문하는 것
2. 왜곡된 사고 확인하기 : 정보의 한부분만 본다.
3. 변명에 초점 맞추기 : 책임을 회피하기, 축소, 정당화 등

94 전이된 오류의 유형 3가지를 쓰고 설명하시오.   14-2회

전이된 오류 : 정한논
1. 정보의 오류(이불동참제) : 이야기 삭제, 불확실한 인물 인용, 불분명한 동사 사용, 참고자료 누락, 제한된 어투의 사용
2. 한계의 오류(불어예)
   • 불가능을 가정하는 것
   • 어쩔 수 없음을 가정하는 것
   • 예외를 인정하지 않는 것
3. 논리적 오류(잘마제)
   • 잘못된 인간관계 오류
   • 마음의 해석
   • 제한된 일반화

95 저항적이고 동기화 되지 않은 내담자들을 동기화하기 위한 효과적인 전략 3가지 쓰고 설명하시오.   13-1회

저항적이고 동기화 되지 않은 내담자 동기화 효과 : 내 변은 대
1. 내담자와 친숙해지기
2. 변형된 오류 수정하기
3. 은유 사용하기
4. 대결하기

96 진로시간 전망 검사지의 사용용도를 5가지 쓰시오.   2번(15-2, 19-3)

시간전망 검사지 사용 목적(용도) : 방실희 결계
1. 미래의 방향 설정
2. 미래가 실제인 것처럼 느끼도록 하기 위해
3. 미래에 대한 희망을 심어주기 위해
4. 현재 행동을 미래 결과와 연계시키기 위해
5. 미래 계획에 대한 긍정적 태도를 강화

97 코틀의 원형검사에서 원의 의미, 원의 크기, 원의 배치에 대해 설명하시오.　　15-3회

  1. 원의 의미 : 과거, 현재, 미래를 의미함
  2. 원의 크기 : 시간차원에 대한 친밀감
  3. 원의 배치 : 시간차원의 연관

98 코틀의 원형검사에서 시간전망 개입의 3가지 측면을 쓰고 설명하시오.
　　　　　　　　　　　　　　　　　　　　　　4번(11-1, 14-1, 17-2, 21-3)

  시간전망 개입의 3가지 측면 : **방변통**
  1. 방향성 : 미래에 대한 낙관적인 입장을 구성
  2. 변별성 : 미래 계획에 대한 긍정적 태도 강화
  3. 통합성 : 현재 행동과 미래 결과를 연결시키고, 미래에 대한 인식 증진

99 직업정보 수집과정 4단계를 쓰시오.　　09-2회

  직업정보 수집과정 : **분대목직**
  ※ 수집과정과 관리과정 구분(직업정보의 관리과정 : **수 - 분 - 가 - 체 - 제 - 축 - 평**)
  1. 직업분류 제시하기　　　　　　2. 대안 만들기
  3. 목록 줄이기　　　　　　　　　4. 직업정보 수집하기

99-1 보딘의 정신역동적 상담기법　　예상문제

  보딘의 정신역동적 상담기법 : **명비소**
  1. 명료화 : 모호하고 애매한 말을 명료하고 분명하게 해주는 것
  2. 비교 : 유사성이나 차이점을 분명하게 부각시켜 대비 함
  3. 소망 - 방어체계 : 내적 동기 상태와 진로결정 과정 사이의 관계

100 직업대안 선택의 단계에서 내담자가 달성해야 할 과제 4가지를 쓰시오.　　13-2회

  직업대안 선택시 내담자의 과제 4 : **준비 - 평가 - 선택 - 조건**
  1. 한 가지 선택을 하도록 준비하기
  2. 직업들을 평가하기
  3. 직업들 가운데서 한 가지를 선택하기
  4. 선택조건에 이르기

101 겔라트의 의사결정 8단계 중 2~7단계를 쓰시오.　　3번(19-1·3, 22-2)

  겔라트 의사결정 8단계 : **목 정 열 결 실 가 의 평**
  목적의식 → 정보수집 → 대안열거 → 대안의 결과 예측 → 대안의 실현 가능성 예측
  → 가치평가 → 의사결정 → 평가 및 재투입

102 긍정적으로 자기를 인식하고 자신감을 강화하기 위해 힐리의 8가지 원칙 중 5가지만 쓰시오. 2번(04 – 1, 14 – 1)

힐리의 8가지 원칙 : 노역적 삶 타관에서 기다
1. **노**력의 결과를 긍정적으로 강화할 때
2. **역**량이 있다고 기대되는 것을 개발할 때
3. **적**당한 모델을 가지고 프로그램을 계획할 때
4. **삶**이 의미 있게 관찰되고 숙고될 때
5. **타**인을 가르치기 위해 정보를 얻고 조직화할 때
6. **관**찰한 피드백을 얻고 통합할 때
7. **기**록과 성취가 검토될 때
8. **다**양한 범위의 행위를 경험할 때

103 리프탁이 제시한 비자발적 실직을 경험한 내담자들에게서 나타나는 5가지 비합리적 신념을 쓰시오. 2번(12 – 3, 15 – 3)

리프탁 비합리적 신념 : 완탐기상면
1. **완**벽한 직업계획을 세워야 한다는 신념
2. 직업 **탐**색과정에만 전념
3. 탐색 **기**술을 배울 필요가 없다는 신념
4. **상**담자가 직업을 알아서 찾아줄 것이라는 신념
5. **면**접 후 채용 되지 않으면 모든 것이 끝이라는 신념

104 실업과 관련된 야호다의 박탈이론에 의한 고용의 잠재적 효과를 5가지 쓰시오. 4번(01, 05, 12, 17 – 2)

야호다(Jahoda)의 박탈이론 고용의 잠재적 효과 : 시사공사의
1. 시간의 구조화
2. 사회적인 접촉
3. 공동의 목표
4. 사회적 정체감과 지위
5. 의미 있는 활동

105 구조조정으로 인해 실직을 당한 내담자에게 발생할 수 있는 심리적 특성과 직업지도방법을 2가지씩 쓰고 설명하시오. 20 – 2회

1. 심리적 특성
   ① 실직은 인생의 실패자이고 파멸이라는 비합리적 신념으로 고통과 좌절을 겪고 있음
   ② 실직은 곧 무능함을 뜻한다 라는 부정적, 자동적인 사고로 우울감에 빠지는 것
2. 직업지도 방법
   ① 인지 · 정서 · 행동적 상담 기법으로 실직자의 비합리적 신념을 합리적 신념으로 전환
   ② 인지치료 기법을 적용, 부정적 · 자동적 사고를 긍정적 대안적 사고로 전환시킴

1 홀랜드의 인성이론에서 제안된 6가지 성격유형(직업적 유형)을 쓰고 설명하시오.
13번(04, 07, 08, 09, 14, 16, 18, 19, 20-1·3·4, 21-2, 22-1)

홀랜드의 6가지 성격유형 : 현탐예사진관
1. 현실형(R) : 기계적이고 육체적인 활동 선호하나 사회적 기술이 부족
   예 기술자, 농부, 엔지니어, 트럭운전기사 등
2. 탐구형(I) : 지적, 논리적, 분석적인 특성이 있으나 리더십 기술이 부족
   예 과학자, 의사, 연구원 등
3. 예술형(A) : 자유분방하고 독창적이며 감정표현이 풍부하나 규칙, 규범을 싫어한다.
   예 예술가, 디자이너, 연예인 등
4. 사회형(S) : 사람과 어울리고 남을 돕는 것을 선호하나 현실적 기질이 부족
   예 사회복지사, 간호사, 교사 등
5. 진취형(E) : 사람들을 관리·조작하고 설득력이 있으나 과학적 능력은 부족
   예 정치가, 변호사, 영업직 등
6. 관습형(C) : 체계적이고 규범을 중시하는 반면 예술적 기질이 부족
   예 비서, 은행원, 공무원 등

2 홀랜드 이론의 개인과 개인 간의 관계, 개인과 환경과의 관계, 환경과 환경 간의 관계를 설명하는 개념을 3가지 이상 쓰고 각각에 대해 설명하시오. (= '홀랜드 육각형 모델과 관련된 해석차원 중 일관성, 변별성, 정체성에 대해 설명하시오'/홀랜드흥미유형의 주요 5개념)
4번(10-2, 13-3, 16-2, 21-3)

홀랜드 육각형 모델과 해석차원 5 : 일차정일계(일관성, 차별성(변별성), 정체성, 일치성, 계측성)
1. 개인과 개인간의 관계(일관성) : 어떤 쌍들은 다른 유형의 쌍들보다 공통점이 더 많다.
2. 개인과 환경과의 관계(변별성) : 특정 유형의 점수가 높을 경우 변별성이 높지만, 이들의 점수가 비슷한 경우 변별성이 낮다.
3. 환경과 환경과의 관계(정체성) : 정체성은 개인의 정체성과 환경의 정체성으로 구분된다.
   － 개인의 정체성 : 개인의 목표, 흥미, 재능에 대한 명확하고 견고한 청사진을 말함
     (목흥재 명견청)
   － 환경의 정체성 : 조직과 작업환경의 투명성, 안정성, 일과 보상의 통합을 말함
     (조작투안 일보통)

3 홀랜드 이론의 육각형 모형의 비판점을 쓰시오. 10−4회

홀랜드 육각형 모형 단점 : 발성편
1. 발달과정에 대한 설명이 결여됨
2. 성차별적인 요소가 포함
3. 성격만이 편파적으로 강조되고 개인적 요인이 무시됨

4 [사례문제]
홀랜드 검사를 실시한 내담자 인성유형의 결과가 SAE일 때 이를 해석하시오. 17−3회

1. SAE형은 사회적, 예술적, 진취적 분야에 흥미가 발달되었다고 할 수 있다.
2. 내담자는 사람들과 잘 어울리거나 돕는 것을 선호하며, 자유분방하고 심미적인 활동 및 사람을 조작하고 관리하는 것을 좋아하는 특성을 보임
3. 특히, 이 사람은 S(사회적) 분야에 흥미가 가장 발달하여 사회복지사, 교사 등의 직업이 적합

4-1 홀랜드의 검사 도구를 3가지 이상 쓰시오. (17−3회)

홀랜드 검사도구 : 상경선 탐방
1. 직업**선**호도검사(VPI)
2. 자기**방**향탐색검사(SDS)
3. 직업**탐**색검사(VEIK)
4. 자기직업**상**황검사(MVS)
5. **경**력의사결정검사(CDM)

5 직업적응이론의 성격유형 요소 4가지를 쓰고 설명하시오.
5번(10−3, 15−2, 16−2, 20−2, 21−2)

직업적응이론의 성격적 측면 4 : 민역리지
1. 민첩성 : 과제를 얼마나 빨리 완성하는가의 측면. 정확성보다 속도를 중시
2. 역량 : 근로자의 평균 활동수준
3. 리듬 : 활동에 대한 다양성
4. 지구력 : 개인이 환경과 상호 작용하는 다양한 활동수준의 기간

6 직업적응이론의 직업적응방식적 측면 4가지를 쓰고 설명하시오. 19−1회

직업적응이론의 적응방식적 측면 : 끈적반응
1. 끈기 : 두 환경이 맞지 않아도 얼마나 오랫동안 견뎌낼 수 있는지를 의미
2. 적극성 : 두 환경간의 차이를 조화롭게 만들어 가려는 노력의 정도
3. 반응성 : 직업성격의 변화로 인하여 개인이 반응하는 정도
4. 융통성 : 작업환경과 개인 환경 간의 부조화를 참아내는 정도

7 직업적응이론에서 적응을 잘하기 위한 6가지 가치를 서술하시오. 2회(13-1, 22-3)

직업적응이론의 6가지 가치차원(직업 가치) : 성이자편안지
① 성취 　　　　　② 이타심 　　　　　③ 자율성
④ 편안함 　　　　　⑤ 안정성 　　　　　⑥ 지위

8 직업적응이론에 기초하여 개발한 직업적응과 관련된 검사 도구를 3가지 쓰시오.
3번(10-3, 16-1, 19-2)

직업적응이론 검사도구 4가지 : MIQ, JDQ, MSQ, MSS
1. MIQ(미네소타 중요성 질문지)
2. JDQ(직무 기술 질문지)=MJDQ(미네소타 직무 기술 질문지)
3. MSQ(미네소타 만족 질문지) 4. MSS(미네소타 만족성 척도)

9 로의 욕구이론은 성격이론과 직업분류라는 두 가지 이질적인 영역을 통합하는데 이론적 관심이 있었다. 로의 욕구이론에 영향을 미친 성격이론과 직업분류체계를 쓰시오. 11-2회

1. 로의 욕구이론에 영향을 미친 성격이론
　매슬로우의 욕구위계이론
2. 직업분류체계
　흥미에 기초한 8개의 직업군과 곤란도, 책임도에 따라 6가지 수준으로 분류된다.

10 로의 2차원 직업분류체계에서 6가지 수직차원을 쓰시오. 2번(14-3, 19-1)

로의 직업분류체계 6가지 수준 : 고 - 중 - 준 - 숙 - 반 - 비
고급전문 - 중급전문 - 준전문 - 숙련 - 반숙련 - 비숙련

11 긴즈버그의 진로발달단계 중 현실기의 하위단계 3가지를 쓰고 설명하시오.

긴즈버그 진로발달 3단계 : 환 잠(흥능가전) 현(탐구특)/환장혀~! 3번(10-2, 12-3, 14-1)
1. 탐색단계 : 다양한 가능성을 탐색하며, 기회와 경험을 가지기 위해 노력
2. 구체화단계 : 내·외적 요인을 고려하여 특정 직업 분야에 몰두
3. 특수화단계 : 보다 세밀한 계획을 세우며, 고도로 전문화된 의사결정을 한다.

12 수퍼의 경력개발(발달단계) 5단계를 설명하시오. 4번(03-3, 09-2, 17-1, 20-4)

진로발달(경력개발) 5단계 : 성(환흥능), 탐(잠전시), 확(시안), 유, 쇠/성탐확유쇠
1. 성장기(욕환지흥능중시) : 욕구와 환상이 지배적이나 흥미와 능력을 중요시
　• 환상기 : 욕구가 지배적이며 환상적인 역할 수행
　• 흥미기 : 진로를 결정하는데 있어서 흥미를 중시
　• 능력기 : 능력을 보다 중요시 하고 직업에서 요구하는 조건 고려하는 단계

2. 탐색기(**학여자검직탐**) : 학교생활, 여가생활 등을 통해 자아검증, 직업탐색을 시도
   • 잠정기 : 잠정적 진로선택
   • 전환기 : 교육 및 훈련을 받으며 자아개념 확립
   • 시행기 : 직업을 선택하여 종사하기 시작
3. 확립기(**적직발생잡**) : 적합한 직업분야를 발견하고 생활의 터전을 잡으려고 노력하는 시기
   • 시행기 : 선택한 직업세계가 자신과 불일치할 경우 취업 · 퇴사를 반복
   • 안정기 : 만족, 소속감을 가짐
4. 유지기(**자위확안삶**) : 자신의 위치가 확고해지고 안정적인 삶을 살아가는 시기
5. 쇠퇴기 : 정신적, 육체적으로 기능이 쇠퇴하여 직업에서 은퇴하는 시기

12-1 수퍼의 성장기 하위항목 3가지를 쓰고 설명하시오.   19-2회

수퍼의 진로발달 5단계 중 1단계인 성장기의 하위항목 : 환 흥 능
1. 환상기 : 욕구가 지배적이며 환상적인 역할 수행
2. 흥미기 : 진로를 결정하는데 있어서 흥미를 중시
3. 능력기 : 능력을 보다 중요시 하고 직업에서 요구하는 조건 고려하는 단계

---

13 고트프레드슨의 직업과 관련된 개인발달의 4단계를 쓰고 설명하시오.

4번(11-2 · 3, 15-3, 16-3)

고트프레드슨의 발달단계 : 힘성사내
1. 힘과 크기의 지향성 (사구어의)
   사고과정이 구체화되며, 어른이 된다는 것의 의미를 알게 된다.
2. 성역할 지향성 (자성영)
   자아개념이 성의 발달에 영향을 받게 된다.
3. 사회적가치 지향성 (사개발상자)
   사회질서에 대한 개념이 발달하면서 상황 속의 자아를 인식
4. 내적 고유한 자아 지향성 (자사맥직포발)
   자아성찰과 사회계층의 맥락에서 직업적 포부가 더욱 발달

---

14 고트프레드슨의 제한과 절충의 의미에 대해 설명하시오.   14-3회

1. 제한 : 자아개념과 일치하지 않은 직업들을 배제하는 것
2. 절충(타협) : 자아개념과 일치하지만 극복할 수 없는 문제를 가진 직업을 포기하는 것

15 진로선택 이론 중 사회학습이론에서 크롬볼츠가 제시한 진로선택에 영향을 주는 요인 (진로 결정 요인) 4가지를 쓰시오. 4번(10-2·3, 12-3, 14-1)

크롬볼츠의 진로 결정 요인 : 유환학과

1. 유전적 요인과 특별한 능력
2. 환경적 사건과 조건
3. 학습경험
4. 과제접근 기술

16 반두라의 사회인지진로이론에서 진로발달의 개인적 결정요인 3가지를 쓰고 설명하시오. 17-2회

반두라의 진로발달의 결정요인 : 자결개

1. 자기효능감 : 과업을 해낼 수 있다고 믿는 자신의 능력에 대한 신념
2. 결과기대 : 특정과업을 완성했을 때 자신 및 주변에서 인정해 주는 평가
3. 개인적 목표 : 특정결과를 성취하기 위한 개인의 의도를 말함.

17 사회인지진로이론에서 직업선택의 영역모델 3가지를 쓰고 설명하시오. 2번(13-2, 17-1)

사회인지진로이론 3가지 영역모델 : 흥선수

1. 흥미모형 : 자기효능감과 결과기대가 흥미발달에 직접적인 영향을 미친다.
2. 선택모형 : 자기효능감과 결과기대에 앞서 학습경험이 개인적 환경요인에 영향을 받는다.
3. 수행모형 : 개인의 수행수준과 수행의 지속성 설명을 위해 개인의 능력, 자기효능감, 결과기대 등을 주요 요인으로 제시

18 매슬로우의 이론에서 자기실현을 한 사람의 특성을 자기관점과 행동 특성적 측면으로 설명하시오. 03-1회

1. 자기관점 : ① 남의 시선에 연연하지 않음, ② 남을 가르치려 하지 않음
2. 행동특성 : ① 현실 중심적, ② 창의적임

19 심리검사의 사용목적 3가지를 쓰고 간단히 설명하시오. 3번(03-3, 07-1, 20-1)

심리검사의 사용목적 : 분자예 (목 - 분자예)

1. 분류 및 진단 : 흥미, 적성 등의 자료 수집과 문제해결을 위한 효과적 도구로 활용
2. 자기이해의 증진 : 과학적이고 객관적인 결과를 제시하여 내담자 자신에 대한 이해 증진
3. 예측 : 검사를 통해 내담자의 장래 행동이나 성취 등을 예측

심리검사의 용도 : 기미개조 (용 - 기미개조)

① 기술적 진단 ② 미래 행동의 예측
③ 개성 및 적성의 발견 ④ 조사 및 연구

20 심리검사의 실시방식에 따른 분류 3가지를 쓰시오. 17-1회

심리검사의 실시방식에 따른 분류 : 시수도
1. 실시 시간에 따른 분류 : 속도검사와 역량검사
2. 검사 인원수에 따른 분류 : 개인검사와 집단검사
3. 검사 도구에 따른 분류 : 지필검사와 동작(수행)검사

21 역량검사의 개념을 예를 들어 설명하시오. 12-2회

수학 경시대회 등이 해당되며, 시간제한이 없고 어려운 문제로 구성되며, 문제 해결능력을 측정한다.

22 속도검사와 역량 검사를 비교설명하시오. 2번(15-1, 20-1)

속도검사	역량검사
시간제한이 있다	시간제한이 없다
비교적 쉬운 문제로 구성	어려운 문제로 구성
숙련도 측정	문제 해결력 측정
일반적 심리검사	수학경시 대회 등

23 규준참조검사와 준거참조검사의 의미를 각각 예를 들어 설명하시오.

6번(05, 10, 11, 19, 21-1,3)

1. 규준참조 검사 : 개인의 점수를 집단의 점수와 비교해서 상대적 위치를 파악하는 것으로 상대평가이며, 대부분의 심리검사가 해당된다.
2. 준거참조 검사 : 개인의 점수를 특정의 기준 점수와 비교 평가하는 검사로 절대평가이다. 대부분의 국가자격시험이 해당된다.

24 규준참조검사와 준거참조검사의 차이점에 대해 설명하시오. 16-1회

규준참조 검사	준거참조 검사
의미 : 개인의 점수를 집단의 점수와 비교해서 상대적 위치를 파악	의미 : 개인의 점수를 특정의 기준 점수와 비교 평가하는 검사
상대평가	절대평가
대부분의 심리검사	대부분의 국가자격시험

25 극대수행(인지적) 검사와 습관적(정서적) 수행검사에 대해 설명하고, 각각의 대표적인 유형 3가지를 쓰시오.   7번(01, 06, 09, 10, 12, 13, 20 – 4)

극대수행(인지적)검사(능력, 성능 검사) : 인 – 지적성
습관적(정서적) 수행검사(성격, 성향 검사) : 정 – 성흥태
1. 극대수행검사 : 문항에 정답이 있고 응답 시간제한이 있으며, 최고의 능력발휘를 요구한다.
   • 종류 : ① 지능검사(K – WAIS), ② 적성검사(GATB), ③ 성취검사(학업성취도검사)
2. 습관적 수행검사 : 문항에 정답이 없고, 시간제한도 없으며, 최대한의 정직한 대답을 요구한다.
   • 종류 : ① 성격검사(MBTI), ② 흥미검사(VPI), ③ 태도검사(직무만족도검사)

26 성능검사와 성향검사에 대해 설명하고 검사명을 각각 3가지씩 쓰시오.
   3번(09 – 2, 12 – 1, 20 – 3)

극대수행검사(인지적,능력,성능 검사) : 지적성／습관적 수행검사(정서적, 성격, 성향 검사) : 성흥태
1. 성능검사 : 문항에 정답이 있으며, 응답 시간제한이 있고, 최고의 능력발휘를 요구한다.
   • 종류 : ① 지능검사(K – WAIS), ② 적성검사(GATB), ③ 성취검사(학업성취도검사)
2. 성향검사 : 문항에 정답이 없으며, 응답 제한시간이 없고, 최대한 정직한 답변을 요구한다.
   • 종류 : ① 성격검사(MBTI), ② 흥미검사(VPI), ③ 태도검사(직무만족도검사)

27 심리검사는 선다형이나 예, 아니오 등 객관적 형태의 자기보고형 검사(설문지 형태의 검사)가 가장 많이 사용된다. 이런 형태의 검사가 가지는 장점과 단점 각각 3가지 쓰시오.
   9번(00, 01, 02, 06, 09, 14, 19 – 2 · 3, 22 – 3)

자기보고식(객관식) 장점 : 신상검객／단점 : 문무사
1. 장점 : ① 신뢰도와 타당도가 비교적 높음
         ② 상황변인의 영향을 덜 받음
         ③ 검사 실시, 채점, 해석이 간편
         ④ 객관성 확보, 시간과 비용 절감
2. 단점 : ① 문항에 대한 응답의 범위가 제한됨
         ② 무의식적 요인을 다루는데 한계가 있음.
         ③ 사회적 바람직성, 반응경향성, 묵종경향성의(사반묵) 영향을 받음

28 투사적 검사의 장단점을 각각 3가지씩 쓰시오.   7번(08, 10, 13, 14, 16, 17, 20 – 3)

투사적 검사(주관식) 장점 : 방독무풍／단점 : 신검객시
1. 장점 : ① 방어의 어려움   ② 반응의 독특함
         ③ 무의식적 요인이 반영됨   ④ 반응의 풍부함

2. 단점
   ① 신뢰도와 타당도가 비교적 낮음
   ② 검사의 채점, 해석에 있어 전문성 요구됨
   ③ 객관성 결여됨
   ④ 시간과 비용이 많이 소요됨

29 투사적 검사의 장점을 자기보고식 검사와 비교하여 설명하시오.   2회(11-3회, 21-3)

투사적 검사(방독무풍)	자기보고식 검사(신상검객)
방어의 어려움	검사 실시, 채점, 해석이 간편
반응의 독특함	신뢰도와 타당도가 비교적 높다
무의식적 요인이 반영됨	객관성 확보, 시간과 비용 절감
반응의 풍부함	상황변인의 영향을 덜 받음

30 직업상담시 내담자의 이해를 위한 질적 측정도구 3가지를 쓰고 설명하시오.
                                                    3번(13-2, 17-3, 22-2)

질적평가 : 생애진로사정, 제노그램, 직업카드 분류
1. 생애진로사정 : 초기면담 시 내담자의 기초정보를 얻을 수 있는 구조화된 면담기법
2. 제노그램 : 직업과 관련된 내담자의 가계력을 알아보는 기법
3. 직업카드 분류 : 직업흥미를 탐색하는 방법으로 선호군, 미결정 중성군, 혐오군으로 분류

31 실증연구의 타당도 계수와 실제연구에서의 타당도 계수가 다른데 실증연구에서의 타당
도(외적타당도) 계수가 낮은 이유를 설명하시오.   2번(11-3, 17-2)

실증연구 외적타당도 < 실제연구 외적타당도 : 표범 준거신타
1. 표집오차 : 표본이 모집단을 대표하지 못할 경우
2. 범위제한 : 전체 범위를 포괄하지 않고, 일부만 포함한 경우
3. 준거측정치의 신뢰도 : 준거측정치의 신뢰도가 낮은 경우
4. 준거측정치의 타당도 : 준거 왜곡이 있는 경우

32 실증연구의 타당도 계수와 실제연구에서의 타당도 계수가 다른데 실제연구에서의 타당
도(내적타당도) 계수가 낮은 이유를 설명하시오.   3번(00-1, 06-3, 17-2)

실증연구 내적타당도 > 실제연구 내적타당도
1. 독립변수의 조작 및 가외변수의 통제가 어렵다.
2. 가외변수의 차단이나 조절 관리가 곤란하다.
3. 실제연구 과정 전체를 엄격히 통제하기 곤란하다.

33 척도의 4가지 유형을 쓰고 각각에 대해 설명하시오. 5번(03, 06, 12, 16, 20-2)

4가지 척도 : 명서등비
1. 명명척도 : 숫자의 차이가 속성이 다르다는 것만을 나타내는 척도
2. 서열척도 : 숫자의 차이가 속성차이에 순위에 대한 정보도 포함하는 척도
3. 등간척도 : 숫자의 차이가 속성차이, 순위차이에 동일간격의 등간정보 포함
4. 등비척도 : 차이정보, 서열정보, 등간정보 뿐만 아니라 비율에 관한 정보도 포함

34 집단 심리검사 점수의 중심 경향치로서 대표 값의 종류 3가지를 쓰고 설명하시오.
15-1회

대푯값 : 최중평
1. 최빈값 : 빈도 분포에서 가장 다수의 점수
2. 중앙값 : 순서대로 배열했을 때 중앙에 위치한 값
3. 평균값 : 전체를 사례 수로 나눈 값

35 집단의 심리검사 점수가 분산되어 있는 정도를 판단하기 위하여 사용되는 기준을 2가지 이상 쓰고 그 의미를 설명하시오. 3번(08-3, 11-2, 14-2)

검사점수의 분산 정도를 파악하기 위한 기준 : 범분표
1. 범위 : 최고점수와 최저점수까지의 퍼져있는 거리
2. 분산 : 변수 값들이 평균에서 흩어진 정도를 추정하는 것
3. 표준편차 : 평균값에서 점수들이 평균적으로 이탈된 정도

36 측정의 표준오차를 예를 들어 설명하시오. 2번(05-3, 10-4)

• 어떤 검사에서 학생들의 점수가 40이고 측정의 표준오차가 3이라면, 검사를 반복 실시할 때
• 학생들의 점수 중 95% 신뢰구간에서 진점수가 34~46점 사이에 있다고 말할 수 있다.
• 즉, 100번을 측정할 때 95번은 34~46점의 점수가 나오고 5번은 그 외의 점수가 나올 수 있다는 의미

37 측정의 신뢰성을 높이기 위해서는 측정오차를 최대한 줄여야 한다. 측정오차를 줄이기 위한 구체적인 방법 3가지를 기술하시오. 4번(01, 10, 13, 19)

측정오차를 줄이는 방법 : 문신 실타/문신 싫다
1. 실시와 채점과정을 표준화한다.
2. 문항의 수를 늘린다.
3. 신뢰도에 나쁜 영향을 미치는 문항들을 제거한다.
4. 타당도가 검증된 도구를 사용하여야 한다.

38 표준화를 위해 수집한 자료가 정규분포에서 벗어나는 것을 해결하기 위한 방법 3가지를 쓰고 각각에 대해 설명하시오.　　　　　　　　　　　　　　　　　2번(13 - 1, 19 - 3)

정규분포를 벗어난 자료 해결방법 : 완절면
1. 완곡화 : 정규분포의 모양을 갖추도록 점수를 가감하는 방법
2. 절미법 : 점수가 한쪽으로 치우친 경우, 그 꼬리를 잘라 주는 방법
3. 면적환산법 : 표준점수를 찾아내는 방법

39 규준제작 시 사용되는 확률표집방법 3가지를 쓰고 각 방법에 대해 설명하시오.　　　　　　　　　　　　　　　　　　5번(10 - 1, 11 - 3, 15 - 2, 20 - 2, 22 - 3)

확률표집 방법 : 계단층집
1. 계통표집(체계적 표집) : 매 K번째 요소를 추출하는 방법
2. 단순무선표집 : 표본이 모집단에 속할 확률이 동일하도록 표집
3. 층화표집 : 모집단이 이질적인 하위집단으로 구성되어 있는 경우(각 분야별로 표집)
4. 집락표집 : 집단자체를 표집하는 방법(한 학급 전체)

40 규준제작 시 사용되는 표집방법 중 층화표집과 체계적 표집에 대해 각각 사례를 들어 설명하시오.　　　　　　　　　　　　　　　　　　　　　　　　　　15 - 3회

1. 층화표집 : (모집단이 이질적인 하위집단으로 구성되어 있는 경우)
　　다양한 종파가 포함된 모집단에서 각 종파별로 나누어 필요한 만큼 무선표집
2. 체계적 표집(계통표집) : (매 K번째 요소를 추출하는 방법)
　　1,000명에서 100명을 추출할 때 처음 3번을 뽑았다면 13, 23, 33 등의 번호로 표본을 선정

41 발달규준 3가지를 쓰고 설명하시오.　　　　　　　　　　　　　　　　　12 - 2회

발달규준 : 연학서추
1. 연령규준 : 연령과 비교해서 몇 살에 해당되는지를 해석
2. 학년규준 : 학년별 평균이나 중앙치를 이용하여 해석
3. 서열규준 : 행동을 관찰하여 어느 수준에 위치하는지 해석
4. 추적규준 : 개인의 신체, 정신발달의 독특한 양상을 고려하여 개인의 발달양상을 연령에 따라 예측

42 집단 내 규준의 종류 3가지를 쓰고 설명하시오.　　　　　　　　　　　　　　12번(07, 08, 09, 10, 12 - 2 · 3, 14, 15, 17, 19, 20 - 1, 21 - 2)

집단 내 규준 : 백표표
1. 백분위 점수 : 집단내에서 개인의 상대적 위치를 나타내는 점수
　　예 백분위 95는 내담자의 점수보다 낮은 사람들이 95%가 된다는 것

2. 표준점수 : 개인의 점수가 평균으로부터 떨어져 있는 거리
　　예 Z점수＝(원점수−평균)/표준편차, T점수＝Z점수×10＋50
3. 표준등급 : 원점수를 1~9까지의 구간으로 구분하여 한자리 숫자체계로 전환
　　예 고교내신등급

---

43 직무능력검사 A형은 갑에게, B형은 을에게 시행한 결과 갑은 115점, 을은 124점을 얻었으나 검사 유형이 다르기 때문에 두 사람의 점수를 직접 비교가 불가능하다. 갑과 을 중 누가 더 높은 직무능력을 갖추었는지 각각 표준점수인 Z점수를 산출하고 이를 비교하시오. (각각의 Z점수는 소수점 둘째자리까지 산출하며, 계산과정을 기재하시오.)　07−3회

> • A직무 능력검사 : 평균−100, 표준편차−7
> • B직무 능력검사 : 평균−100, 표준편차−15

Z점수 ＝ (원점수−평균)/표준편차, T점수 ＝ Z점수×10＋50
1. Z점수＝(원점수−평균)/표준편차
2. A : (115−100)/7＝2.14, B : (124−100)/15＝1.60
3. A의 Z점수는 2.14이고 B의 Z점수는 1.60이므로 A가 더 높은 직무능력을 갖추었다.

43-1 어떤 심리검사 결과가 아래와 같을 때 C의 표준점수 Z를 구하시오. (소주점 둘째자리에서 반올림 할 것. 단, 평균은 10, 표준편차는 5.77임)　20−2회

구분	A	B	C	D	E	F
점수	3	6	7	10	14	20

Z점수 ＝ (원점수−평균)/표준편차, T점수 ＝ Z점수×10＋50
1. Z점수＝(원점수−평균)/표준편차
2. (7−10)/5.77＝0.52

---

44 개념준거와 실제준거를 설명하시오.　09−3회
1. 개념준거 : 지능 등 직접 측정이 불가능한 이론적 개념을 말함.
2. 실제준거 : 개념준거를 측정이 가능하도록 전환한 것

---

45 심리검사 도구를 검사 장면에 따른 준거 축소상황검사, 모의 장면검사, 경쟁 장면검사를 설명하시오.　19−1회
1. 축소상황검사 : 과제나 직무를 매우 축소시켜 제시하고, 그 결과를 관찰하고 평가하는 검사
2. 모의 장면검사 : 실제 장면을 인위적으로 만들어 놓고 그 성과를 평가하는 검사(시뮬레이션 검사)
3. 경쟁 장면검사 : 실제 문제 또는 작업을 제시하고 경쟁적으로 수행하도록 하는 검사

46 검사 – 재검사 신뢰도의 의미와 단점을 기술하시오. 2번(06 – 3, 09 – 2)

검사 – 재검사 신뢰도의 단점 : 역시기연성
1. 의미 : 동일한 검사를 동일한 사람에게 일정한 간격을 두고 두 번 실시한 점수의 상관 계수를 추정
2. 단점
   ① 성숙효과 : 두 검사의 시간간격이 너무 클 경우 측정대상의 속성이 변할 수 있다.
   ② 기억효과(이월효과) : 두 검사의 시간간격이 너무 짧을 경우 기억해서 응답하는 것
   ③ 연습효과(반응민감성 효과) : 두 검사 사이의 학습이 후속검사에 영향을 주는 것
   ④ 역사요인 효과 : 두 검사 사이에 발생한 관련사건의 영향을 받는 것
   ⑤ 시간과 비용의 과다 : 시간과 비용이 과다 소요

47 검사 – 재검사 신뢰도의 단점 4가지를 쓰고 간략히 설명하시오. 3번(09 – 1, 13 – 3, 14 – 3)

검사 – 재검사 신뢰도의 단점 : 역시 기연성
1. 성숙효과 : 두 검사의 시간간격이 너무 클 경우 측정대상의 속성이 변할 수 있다.
2. 기억효과 : 두 검사의 시간간격이 짧을 경우 기억해서 응답하는 것
3. 연습효과 : 두 검사 사이의 학습이 후속검사에 영향을 주는 것
4. 역사요인 효과 : 두 검사 사이에 발생한 관련사건의 영향을 받는 것

48 검사 – 재검사를 통해 신뢰도를 추정할 경우 충족되어야 할 조건 3가지를 쓰시오. 15 – 3회

검사 – 재검사의 신뢰도 추정 충족조건(고려사항) : 내앞 학습
1. 내용 자체는 일정 시간이 경과하여도 변하지 않아야 한다.
2. 앞서 받은 검사 경험이 후속 검사 점수에 영향을 미치지 않아야 한다.
3. 두 검사 사이의 학습활동이 검사 결과에 영향을 미치지 않아야 한다.

49 검사 – 재검사의 신뢰도에 영향을 미치는 요인 4가지만 쓰시오. 3번(09 – 3, 12 – 2, 20 – 3)

검사 – 재검사의 신뢰도에 영향을 미치는 요인 (단점) : 역환 기연성
1. 성숙효과 : 두 검사의 시간 간격이 너무 클 경우 측정대상의 속성이 변할 수 있다.
2. 기억효과 : 두 검사의 시간 간격이 짧을 경우 기억해서 응답하는 것
3. 연습효과 : 두 검사 사이의 학습이 후속검사에 영향을 주는 것
4. 역사요인 효과 : 두 검사 사이에 발생한 관련사건의 영향을 받는 것

50 동일한 검사를 두 번 실시했을 때 검사결과가 다르게 나타날 수 있는 요인을 5가지 설명하시오. 18 – 2회

검사 – 재검사 단점 : 역환 기연성
1. 성숙효과 : 두 검사의 시간 간격이 너무 클 경우 측정대상의 속성이 변할 수 있다
2. 기억효과 : 두 검사의 시간 간격이 짧을 경우 기억해서 응답하는 것

3. 연습효과 : 두 검사 사이의 학습이 후속검사에 영향을 주는 것

4. 역사효과 : 두 검사 사이에 발생한 관련사건의 영향을 받는 것

51 동형검사 신뢰도의 의미와 단점을 쓰시오.   2번(06 – 3, 09 – 1)

1. 의미 : 새로 개발한 검사와 거의 동일한 검사를 하나 더 개발해서 두 검사 간의 상관계
   수를 추정
2. 단점 : ① 실제로 완벽한 동형검사 제작이 어렵다.
          ② 연습효과에 취약
          ③ 시간과 비용이 과다 소요

52 동일한 명치의 A적성검사와 B적성검사를 두 번 반복 실시했는데 검사 점수가 차이를 보
여 정확한 적성판단이 어렵게 되었다. 이와 같이 동일한 유형의 유사한 검사 하에서 결과
가 다르게 나타날 수 있는 가능한 원인 5가지를 쓰시오. 4번(00 – 3, 07 – 3, 10 – 4, 21 – 2)

동형검사의 결과가 다르게 나타난 경우 : 기절환 속문
1. 기간의 차이   2. 절차의 차이
3. 환경상의 차이   4. 응답자 속성의 차이
5. 문항 반응 수의 차이

53 반분신뢰도 추정을 위해 가장 많이 사용하는 3가지 방법을 쓰고 설명하시오.
                                              3번(12 – 3, 17 – 1, 19 – 3)

반분신뢰도 추정방법 : 전기짝
1. 전후반분법 : 검사를 전반부와 후반부로 반분한 후 신뢰도 계수를 추정
2. 기우반분법 : 검사를 홀수와 짝수 문항으로 나누어 신뢰도 계수를 추정
3. 짝진임의배치법 : 검사 문항의 난이도와 총점 간의 상관계수를 토대로 추정

53-1 신뢰도 추정하는 방법 3가지를 쓰고 각각에 대해 설명하시오. (직업심리검사의 신뢰도를
추정하는 방법 중, 검사 – 재검사 신뢰도, 동형검사 신뢰도, 내적합치도 계수 3가지를 설
명하시오.)   5번(06 – 3, 09 – 2, 10 – 1, 13 – 1, 20 – 2)

신뢰도 검사의 종류(추정방법) : 검동반/문채
1. 검사 – 재검사 신뢰도 : 동일한 검사를 동일한 사람에게 일정 시간간격을 두고 두 번
   실시 한 점수의 상관계수를 추정
2. 동형검사 신뢰도 : 새로 개발한 검사와 거의 동일한 검사를 하나 더 개발해서 두 검사
   간의 상관계수를 추정
3. 반분신뢰도 : 전체 문항을 반으로 나눈 다음 상관계수를 추정
4. 문항내적합치도 : 가능한 모든 반분신뢰도를 구한 다음, 그 평균값을 가지고 신뢰도
   추정
5. 채점자 신뢰도 : 채점자들이 수검자 점수를 두 번 이상 채점하여 그 상관계수를 확인

54 심리검사의 신뢰도에 영향을 주는 요인 5가지를 쓰고 설명하시오.

7번(07, 10 – 1 · 2, 14, 17 – 1 · 2, 21 – 1,2)

신뢰도에 영향을 주는 요인(신영요) : 개 문신검 반환
1. 개인차 : 개인차가 클수록 신뢰도 계수는 커진다.
2. 문항의 수 : 문항의 수가 많을 경우 신뢰도는 커지지만, 정비례하여 커지지는 않는다.
3. 신뢰도 추정방법 : 신뢰도의 추정 방법에 따라 신뢰도 계수는 달라진다.
4. 검사의 유형 : 속도검사의 경우 전후반분법으로 신뢰도를 추정하면 상관계수는 낮아진다.
5. 문항 반응 수 : 적정수준을 초과한 경우 신뢰도는 향상되지 않는다.
6. 검사 환경 : 검사시간, 장소 등에 따라 신뢰도는 달라질 수 있다.

55 심리검사의 신뢰도 종류와 신뢰도의 영향을 주는 요인을 3가지씩 쓰시오.

4번(07 – 3, 10 – 1 · 2, 14 – 3)

신뢰도의 종류 : 검동반문채/신뢰도에 영향을 주는 요인 : 개 문신검 반환
1. 종류 : ① 검사–재검사신뢰도, ② 동형검사 신뢰도, ③ 반분신뢰도
2. 영향을 주는 요인 : ① 개인차, ② 문항 수, ③ 신뢰도 추정방법

56 검사점수의 변량에 영향을 미치는 요인 중 개인의 일시적이고 일반적인 특성을 5가지 쓰시오.

15 – 3회

신뢰도 검사 개인적 요인 : 피동건 검정
① 피검자의 피로, ② 피검자의 동기, ③ 피검자의 건강, ④ 검사요령, ⑤ 정서적 긴장

57 지필검사나 평정이 요구되는 관찰 혹은 면접 시 채점자, 평정자로 인해 발생하는 오차의 유형 3가지를 쓰고 설명하시오.

2번(14 – 1, 20 – 3)

채점자로 인한 오차 : 중후관논
1. 중앙집중화 오류 : 대부분 중간점수를 주는 것
2. 후광효과 : 인상이 채점이나 평정에 영향을 주는 것
3. 관용의 오류 : 전반적으로 후한 점수를 주는 것
4. 논리적 오류 : 특정 점수를 알고 있을 경우 다른 특성의 평정에 영향을 주는 것

58 타당도의 4종류를 쓰시오.

3번(05 – 1, 20 – 1, 22 – 1)

타당도의 종류 : 내준구안
1. 내용타당도 : 측정하고자 하는 내용 영역을 얼마나 잘 반영하는지를 의미
2. 준거타당도 : 특정 준거와 어느 정도 연관성이 있는지를 측정
3. 구성타당도 : 이론적 구성개념이나 특성을 제대로 측정하고 있는지를 나타내는 것
4. 안면타당도 : 측정한다고 하는 것을 측정하는 것처럼 보이는가의 문제를 수검자의 입장에서 판단

59 다음 ( ) 안에 알맞은 타당도의 종류를 쓰시오. 07-1회

- (**내용타당도**)는 검사의 각 문항을 주의 깊게 검토하여 그 문항이 검사에서 측정하고자 하는 것을 재는지 여부를 결정하는 것이다. 이것은 그 분야의 자격을 갖춘 사람들에 의해 판단된다.
- (**준거타당도**)의 유형으로는 공인타당도와 예언타당도가 있다.
- (**구성타당도**)는 조작적으로 정의되지 않은 인간의 심리적 특성이나 성질을 심리적 구인으로 분석하여 조작적 정의를 부여한 후, 검사점수가 이러한 심리적 구인으로 구성되어 있는가를 검정하는 방법이다.

60 준거타당도인 동시타당도와 예언타당도의 의미를 쓰고 차이점을 설명하시오.

2번(08-1, 13-2)

1. 동시타당도 : 현재 상태에 초점을 두며, 검사와 준거를 동시에 측정해서 두 점수의 상관계수를 추정
2. 예언타당도 : 미래에 초점을 두며, 검사와 미래의 행동 간의 상관계수를 추정
3. 동시타당도와 예언타당도의 차이점 : 동시타당도는 현재 상태에 초점을 두며, 예언타당도는 미래에 초점을 둔다.

61 동시타당도와 예언타당도를 예를 들어 설명하시오. 12-1회

1. 동시타당도 : 재직자에게 응시자용 문제를 실시하여 재직자 근무성적과 시험성적의 두 상관계수로 관련성을 추정
2. 예언타당도 : 입사시험 성적과 입사 후의 업무수행능력과의 상관계수를 비교

62 준거타당도가 직업상담에서 중요한 이유를 설명하시오. 2번(06-3, 11-3)

준거타당도의 중요성 : 의효직성/① 인의설 ② 인효제 ③ 직효정 ④ 성직예
1. (**인의설**) 인사관리에 대한 의사결정의 설득력 제공
2. (**인효제**) 인사관리의 효율성을 제고
3. (**직효정**) 직업선택을 위한 효과적인 정보제공
4. (**성직예**) 성공가능성이나 장래의 직무수행 성과를 예측한다.

63 준거타당도의 의미와 종류 2가지를 쓰고 설명하시오. 9번(00, 02, 06, 08, 10, 11, 12, 13, 14)

1. 의미 : 검사가 특정 준거와 어느 정도 연관성이 있는지를 측정한다.
2. 종류
   ① 동시타당도 : 현재 상태에 초점에 두며, 준거와 검사를 동시에 측정하여 두 점수의 상관계수 추정
   ② 예언타당도 : 미래에 초점에 두며, 검사와 미래 행동간의 상관계수를 추정

64 준거타당도의 의미를 쓰고 준거타당도가 낮은 검사를 사용하는 것이 왜 문제가 되는지를 설명하시오.   2번(09 – 1, 13 – 1)

1. 의미 : 검사가 특정 준거와 어느 정도 연관성이 있는지를 측정한다.
2. 문제가 되는 이유
   ① (인의공저) 인사관리에 대한 의사결정의 공정성을 저해
   ② (인정효저) 인사관리의 정확성과 효율성 저해

65 다음 물음에 답하시오.   17 – 2회

1. 준거타당도의 종류 2가지를 쓰고 설명하시오
   ① 예언타당도 : 미래에 초점을 두며, 검사와 미래 행동간의 상관계수를 추정
   ② 동시타당도 : 현재상태에 초점을 두며, 검사와 준거를 동시에 측정하여 두 점수의 상관계수 추정
2. 직업상담이나 산업장면에서 준거타당도가 낮은 검사를 사용해서는 안되는 이유 2가지 설명하시오
   ① (인의공저) 인사관리에 대한 의사결정의 공정성을 저해
   ② (인정효저) 인사관리의 정확성과 효율성을 저해
3. 실증연구의 타당도 계수가 실제 연구의 타당도 계수보다 낮은 이유 3가지를 설명하시오.
   ① 범위제한 : 전체 범위를 포괄하지 않고 일부만 포함한 경우
   ② 표집오차 : 표본이 모집단을 대표하지 못할 경우
   ③ 준거측정치의 신뢰도 : 준거측정치의 신뢰도가 낮은 경우
   ④ 준거측정치의 타당도 : 준거 왜곡(준거결핍 및 준거오염)이 있는 경우

66 준거타당도 계수에 영향을 주는 요인 3가지를 쓰고 설명하시오.
                                                      4번(11 – 1, 12 – 3, 22 – 2 · 3)

준거타당도 계수에 영향을 주는 요인 : 표범준거신타(= 실증연구 외적타당도계수<실제연구 외적타당도계수)
1. 표집오차 : 표본이 모집단을 대표하지 못한 경우
2. 범위제한 : 전체 범위를 포괄하지 않고 일부만 포함한 경우
3. 준거측정치의 신뢰도 : 준거측정치의 신뢰도가 낮은 경우
4. 준거측정치의 타당도 : 준거 왜곡(준거결핍 및 준거오염)이 있는 경우

67 구성타당도의 정의와 분석방법을 설명하시오.   03 – 1회

1. 정의 : 이론적 구성개념이나 특성을 제대로 측정하고 있는지 나타내는 것
2. 분석방법
   ① 수렴타당도 : 관련 있는 변인들 간의 상관관계를 분석하는 방법, 상관계수가 높을수록 타당도가 높다.

② 변별타당도 : 관련 없는 변인들 간의 상관관계를 분석하는 방법, 상관계수가 낮을
수록 타당도가 높다.
③ 요인분석 : 상관이 높은 문항들을 묶어 주는 방법

68 구성타당도의 종류와 분석방법에 대해 설명하시오.
12번(01, 03, 06, 08, 09, 10 − 1 · 4, 15 − 1 · 2, 19 − 3, 20 − 3, 20 − 4)

구성타당도 : 수변요
1. 수렴타당도 : 관련 있는 변인(지능 − 학습성적)들 간의 상관관계를 분석하여 상관계수
가 높을수록 수렴타당도가 높다.
2. 변별타당도 : 관련 없는 변인(지능 − 외모)들 간의 상관관계를 분석하여 상관계수가 낮
을수록 변별타당도가 높다.
3. 요인분석 : 상관이 높은 문항(수학 또는 과학)들을 묶어 주는 방법

69 수렴타당도와 변별타당도의 의미를 쓰고, 중다특성법 행렬표로 확인하는 절차에 대해
설명하시오.
2번(10 − 3, 12 − 3)
1. 수렴타당도 : 관련 있는 변인(지능 − 학습성적)들 간의 상관관계를 분석하여 상관계수
가 높을수록 수렴타당도가 높다.
2. 변별타당도 : 관련 없는 변인(지능 − 외모)들 간의 상관관계를 분석하여 상관계수가 낮
을수록 변별타당도가 높다.
3. 중다특성법 행렬표 절차(동이 − 이동 − 이이)
−1단계(동이) : 동일한 속성을 이질적인 방법으로 측정하여 상관계수 분석
−2단계(이동) : 이질적인 속성을 동일한 방법으로 측정하여 상관계수 분석
−3단계(이이) : 이질적인 속성을 이질적인 방법을 측정하여 상관계수 분석

70 문항의 난이도, 문항의 변별도, 오답의 능률도의 의미를 설명하시오.
14 − 2회
1. 문항의 난이도 : 문항의 쉽고 어려운 정도
2. 문항의 변별도 : 능력이 높고 낮음을 구별할 수 있는 정도
3. 오답의 능률도 : 오답지를 정답으로 선택할 수 있는 가능성

71 문항의 난이도와 변별력을 특정점수의 의미로 예를 들어 설명하시오.
17 − 2회
어떤 검사에서 70%가 정확히 맞힌 문항은 30%가 정확히 맞힌 문항에 비해 난이도가 높
다. 문항의 난이도는 50% 정도가 가장 적정하며, 난이도가 극단적으로 높거나(100%),
또는 극단적으로 낮은(0%) 경우 그 검사는 변별력이 없다

72 심리검사에서 흔히 사용되는 전통적 척도화 방식 3가지를 쓰고 설명하시오. 12-2회

전통적 척도화 방식 : 응자반
1. 응답자 중심 방식 : 문항은 척도화하지 않고 응답자만을 척도화 하는 방식
2. 자극 중심 방식 : 응답자들을 척도화하기 이전에 문항들을 먼저 척도화 하는 방식
3. 반응 중심 방식 : 응답자와 문항을 동시에 척도화 하는 방식

73 심리검사 선정 시 고려(유의)해야 할 사항 5가지를 쓰시오.

심리검사 선정 시 고려사항(심선고) : 사실내규목표   6번(00, 07-1·3, 10, 13, 20-1·2)
1. 검사의 사용여부   2. 실용성 여부
3. 내담자 포함시키기   4. 규준의 적합성 여부
5. 목적의 부합여부   6. 표준화된 검사 여부

74 심리검사 사용과 관련하여 윤리적 고려사항 6가지를 쓰시오. 6번(02, 04, 05, 08, 10, 19)

심리검사 실시 시 윤리적 문제(심검윤) : 타 과제 권유시 쉬운언어로
1. 타당도와 신뢰도가 확보된 검사를 사용할 것
2. 과학적 절차를 준수할 것
3. 검사에 대한 제한점을 설명할 것
4. 내담자 권리를 존중할 것
5. 유자격자가 실시할 것
6. 시대에 뒤떨어질 수 있음을 인정할 것
7. 쉬운 언어로 설명할 것

75 심리검사 예비문항 제작 시 고려사항 3가지를 쓰시오. 3번(04-3, 07-3, 10-1)

심리검사 예비문항 제작 시 고려사항(심예고) : 구난참적
1. 문항의 구조화 : 모호하지 않고 구체적이어야 한다.
2. 문항의 난이도 : 수검자의 수준에 맞는 난이도
3. 문항의 참신성 : 새로운 경험을 줄 수 있을 것
4. 문항의 적절성 : 편파적이지 않고, 도덕적 문제가 없을 것

76 심리검사 결과 해석 시 유의사항 4가지를 기술하시오. 3번(04-1, 06-1, 08-1)

심리검사 해석 시 유의사항(심해유) : 이중 대규반 낙진/심결해유는 이중대기반으로 낙점했다.
1. 이해하기 쉬운 언어를 사용
2. 중립적인 판단을 하여야 한다.
3. 검사의 대상과 용도를 명확하게 할 것
4. 규준에 따라 해석하고 관련 자료를 함께 고려하여 결론을 내릴 것
5. 내담자의 반응을 고려

6. 점수를 가지고 대상자를 낙인찍지 말 것
7. 진 점수 범위를 고려

77 부정적인 심리검사 결과가 나온 내담자에게 결과를 통보하는 방법을 설명하시오.

3번(02 – 1, 17 – 2, 20 – 1)

부정적인 심리검사 결과가 나온 내담자에게 결과 통보방법(부심결통보) : 기상도특정
1. 기계적으로 전달하지 않고 설명과 함께 전달
2. 상담의 한 부분으로 간주하고 상담자 – 내담자 관계 속으로 끌어들인다.
3. 도출된 결론을 오해하지 않도록 주의
4. 특정 문제에 대한 설명이나 해결책으로 활용
5. 정서적 반응, 교육수준 등까지 고려

78 브래들리와 틴슬리가 제시한 심리검사 결과 검토의 2단계를 쓰고 설명하시오.   12 – 1회

브래들리 심리검사 검토단계 : 이통
－1단계(이해단계) : 검사점수의 의미를 충분히 이해한다.
－2단계(통합단계) : 이전에 수집된 내담자에 대한 정보들과 통합, 검토한다.

78-1 브래들리와 틴슬리가 제시한 심리검사 결과 해석의 4단계를 쓰고 설명하시오.

브래들리 심리검사 검토단계 : 해내정추   2번(07 – 3, 20 – 4)
－해석 준비하기 : 검사자체의 의도와 함께 결과가 나타내는 의미를 충분히 이해
－내담자 준비시키기 : 내담자가 검사결과 및 해석을 받아들일 수 있도록 준비시킴
－정보전달하기 : 검사결과 및 관련된 정보들을 포함하여 통합적으로 전달
－추후활동 : 결과에 대해 논의하며 내담자가 어떻게 이해했는지 확인

79 심리검사 결과에 영향을 미치는 검사자 변인과 수검자 변인 중 강화효과, 기대효과, 코칭효과에 대해서 설명하시오.   2번(11 – 1, 19 – 1)

심리검사 결과에 영향을 미치는 효과(심영미) : 강기코
1. 강화효과 : 어떤 보상이 검사 결과에 영향을 미칠 수 있다.
2. 기대효과 : 검사와 관련하여 기대를 표명했을 때 검사 결과에 영향을 줌.
3. 코칭효과 : 설명, 조언 등이 결과에 영향을 줌

80 스피어만의 지능에 관한 2요인설 이론에서 2가지 요인을 쓰고 각각에 대해 설명하시오.

스피어만 지능의 2요인설 : 일반특수   2번(16 – 3회, 22 – 1)
1. 일반 요인 : 모든 개인이 공통으로 가지고 있는 능력(기억력, 암기력 등)
2. 특수 요인 : 특정한 상황이나 분야에서 발휘되는 요인(언어능력, 수리능력 등)

81 웩슬러 지능검사에서 동작성 척도를 포함시킴으로써 얻게 되는 장점을 3가지 기술하시오.

웩슬러 동작성 척도 포함 장점
1. 언어적 등의 요인들로 편향 가능성을 극복할 수 있도록 함
2. 문제해결 능력을 직접 관찰할 수 있도록 함
3. 정서장애의 영향을 파악할 수 있도록 함

82 지능검사로 알 수 있는 정보 3가지와 적성검사와의 차이점을 설명하시오.

2번(00-1, 05-1)

지능검사(IQ)로 알 수 있는 정보 : 인지임기
1. 지능검사로 알 수 있는 정보
    ① 인지적 특성
    ② 지적능력 수준
    ③ 임상적 진단 가능
    ④ 기질적 뇌손상 유무
2. 차이점
    ① 지능검사 : 학습능력 등을 측정하는 것으로 언어, 수리능력 등을 종합하는 검사
    ② 적성검사 : 특정 활동이나 작업수행에 필요한 능력을 측정

83 A씨의 지능검사 결과 지능지수 102, 언어성 지능 88, 동작성 지능 121이었다. 구체적인 검사지능지수가 아래와 같을 때 검사 결과에 대해 해석하시오.

09-1회

기본 지식	숫자 외우기	어휘 문제	산수 문제	이해 문제	공통성 문제	빠진곳 찾기	차례 맞추기	토막 짜기	모양 맞추기	바꿔 쓰기
98	7	7	10	8	9	10	11	16	16	8

1. 피검자 A 씨의 지능지수는 102로 평균이며, 언어성 지능(88/평균 이하)에 비해 동작성 지능(121/우수)이 높은 것을 알 수 있다.
2. 토막짜기와 모양맞추기 점수가 다른 항목에 비해 매우 높은데 이는 지각능력 등이 우수하며, 숫자외우기와 어휘 항목에 점수가 낮은 것으로 보아 단기기억과 주의력 등이 비교적 낮은 수준임을 알 수 있다.

84 GATB 검사 시 측정되는 적성항목 5가지를 쓰고 설명하시오.

4번(01-3, 02-3, 15-1, 22-1)

GATB 적성항목 9 : 지언수사공형운손손 중 지언수손손
1. 지능 : 일반적인 학습능력 등을 말함
2. 언어능력 : 언어의 뜻을 이해하고 사용하는 능력
3. 수리능력 : 빠르고 정확하게 계산하는 능력
4. 손가락 재치 : 손가락을 정교하고 신속하게 움직이는 능력
5. 손의 재치 : 손을 정교하게 조절하는 능력

85 노동부의 성격검사는 성격 5요인설인 모델에 근거하고 있다. 5요인을 열거하고 각 요인을 간단히 설명하시오. 4번(01-3, 06-1, 19-1, 21-2)

성격 5요인(Big-5) : 외호성정경

1. 외향성 : 타인과의 상호작용을 원하고 관심을 끌고자 하는 정도를 측정
2. 호감성 : 타인과 편안하고 조화로운 관계를 유지하는 정도를 측정
3. 성실성 : 사회적 규칙, 규범들을 지키려는 정도를 측정
4. 정서적 불안정성 : 세상을 위협적이지 않다고 생각하는 정도를 측정
5. 경험에 대한 개방성 : 새로운 경험에 대한 관심과 수용 정도를 측정

86 MBTI 검사에서 나타나는 4가지 양극차원의 선호부분에 대해 쓰시오. 2번(09-2, 13-1)

MBTI 4가지 양극차원 : 에(내외) 인(감직) 판(사감) 생(판인)

1. 에너지방향 : 외향형 – 내향형
2. 인식기능 : 감각형 – 직관형
3. 판단기능 : 사고형 – 감정형
4. 생활양식 : 판단형 – 인식형

87 MMPI 타당성 척도 4가지에 대해 설명하시오. 4번(02, 09, 10, 17)

MMPI(미네소타 다면적 인성검사) 타당성 척도 : ?LFK(무부비교)

1. ?(무응답척도) : 응답하지 않은 문항과 Yes/No에 모두 체크한 문항들의 합
2. L(부인 척도) : 부정직의 속성을 측정(Lie)
3. F(비전형 척도) : 비전형적인 특성을 측정(infrequency)
4. K(교정 척도) : 정서장애가 있음에도 정상적인 프로파일을 보이는 사람을 식별 (Correction)

88 스트롱 직업흥미 검사의 척도(종류)를 3가지 쓰고 각각에 대해 간략히 설명하시오. 5번(09-3, 11-1, 14-2, 20-3, 21-1)

스트롱 직업흥미 검사 척도 : 일기개

1. 일반적인 분류(GOT) : 홀랜드의 육각형 모형을 기초로 6가지 흥미에 대한 포괄적 전망을 측정
2. 기본흥미 척도 : GOT를 세분화 한 것으로 25개 주제와 활동에 대해 개인의 흥미 추정
3. 개인특성 척도 : 일상생활과 일의 세계에서 개인이 선호하고 편안하게 느끼는 것을 측정

89 진로성숙도 검사에서 능력척도 5가지를 쓰고 간략히 설명하시오. 2번(09-3, 15-2)

진로성숙도검사(CMI) 능력척도 : 자직목계문

1. 자기평가 : 자신을 지각하고 이해하는 능력
2. 직업정보 : 직업세계에 대한 지식과 이해능력을 말함
3. 목표설정 : 두 가지를 토대로 직업목표를 설정 하는 능력
4. 계획수립 : 목표를 달성하기 위한 계획을 수립하는 능력
5. 문제해결 : 다양한 문제들을 해결하는 능력

90 진로성숙도 검사에서 태도척도 5가지를 쓰고 간략히 설명하시오.   3번(09-3, 13-3, 17-3)

진로성숙도검사(CMI) 태도척도 : 결참타독성
1. 결정성 : 선호하는 진로 방향에 대한 확신의 정도
2. 참여도 : 능동적 참여 정도
3. 타협성 : 현실을 타협하는 정도
4. 독립성 : 선택을 독립적으로 할 수 있는 정도
5. 성향 : 결정에 필요한 사전 이해와 준비의 정도

91 진로성숙도 검사에 대해 예를 들어 설명하시오.   2번(02-3, 05-3)

1. 크릿츠가 개발한 검사로서 진로 선택 및 탐색에 있어 내담자의 태도 및 능력이 얼마나
   발달되어 있는지를 측정
2. 대상은 초6~고3 학생으로 태도척도와 능력척도로 구성되어 있다.

92 진로개발을 평가하는데 사용될 수 있는 검사 혹은 척도를 3가지 쓰시오.

2번(11-1, 17-2)

CMI(진로성숙도검사)   CDI(진로발달검사)
CBI(진로신념검사)   ACDM(진로결정척도)

93 직무분석의 목적(용도) 5가지를 쓰시오.   3번(13-2, 14-3, 20-3)

직무분석의 목적(용도) : 모교배정직
① 모집 및 선발
② 교육 및 훈련
③ 배치 및 경력개발
④ 정원관리, 안전관리 등
⑤ 직무평가 및 직무수행 평가

94 직무분석은 일반적으로 6단계를 거치게 된다. 그 중 두 번째 단계인 직무분석 설계단계
에서 해야 할 일을 3가지 이상 쓰시오.   16-1회

직무분석의 6단계 중 2단계 : 직무분석 설계단계(출수분설)
－자료의 출처와 인원수를 결정
－자료수집 방법을 결정
－자료 분석 방법을 결정
－설문지법 사용 시 설문지를 직접 만들 것인지 구입해서 쓸 것인지 결정

95 직무기술서에 포함되는 정보 5가지를 쓰시오. 2번(09-2, 19-2)

① 직무개요   ② 직무내용
③ 작업조건   ④ 직무요건
⑤ 작업환경

96 직무분석 방법 중 최초분석법이 적합한 경우와 최초분석법의 종류 5가지를 쓰고 간략히 설명하시오. 5번(01-3, 17-3, 19-1, 21-1, 22-3)

1. 적합한 경우 : 자료가 드물고 경험과 지식을 갖춘 사람이 거의 없을 때 사용
2. 종류 (설관녹체중)/최초분석법의 종류 : 체면설관녹중작
    ① 설문지법 : 질문지를 배부하여 직무를 분석하는 방법
    ② 관찰법 : 사업장의 작업활동을 관찰하여 분석
    ③ 녹화법 : 단순반복적이며, 소음 분진등 열악한 작업환경에 대한 직무분석이 가능
    ④ 체험법 : 관찰자가 직접 직무를 체험하여 분석
    ⑤ 중요사건 기록법 : 중요한 역할을 한 사건이나 사례를 중심으로 직무분석

97 직무분석을 위한 면접 시, 면접진행을 위한 지침 및 유의사항 5가지를 쓰시오. 04-3회

1. 개방형 질문 사용하기
2. 유도질문 하지 않기
3. 쉬운 언어를 사용하기
4. 안정되고 일관된 속도로 진행할 것
5. 면접의 목적을 미리 알려주고 편안한 분위기 조성

98 직무분석 방법 중에서 결정적 사건법의 단점 3가지를 쓰시오. 5번(03-1, 13-1, 15-1, 19-1, 22-2)

결정적 사건법의 단점 : 주일왜
1. 직무분석가의 주관이 개입될 수 있다.
2. 일상적인 일들이 배제될 수 있다.
3. 왜곡하여 기술할 가능성이 있다.

99 직무분석 설문지 선택 시 평가준거를 5가지 쓰고 간략히 설명하시오. 14-2회

설문지 선택 시 평가준거(고려사항) : 신타실표만
1. 신뢰성 : 일관성을 지녀야 한다.
2. 타당성 : 타당하고 정확해야 한다.
3. 실용성 : 경제적이고 실용적이어야 한다.
4. 표준성 : 표준화되어 있어야 한다.
5. 만능성 : 다양한 목적으로 활용될 수 있어야 한다.

100 직무분석의 구조적 면접법과 비구조적 면접법의 의의와 장단점을 쓰시오.

2번(11 – 3, 15 – 1)

1. 의의
   - 구조적 면접법 : 질문할 내용을 미리 정해 놓고 그 순서에 따라 진행
   - 비구조적 면접법 : 설정된 질문으로 시작하지만, 응답자의 반응에 따라 융통적인 질문 가능
2. 장단점
   - 구조적 면접법 : 짧은 시간에 많은 정보를 얻을 수 있는 반면, 심층적인 정보 얻기 곤란
   - 비구조적 면접법 : 심층적인 정보를 얻을 수 있는 반면, 다양한 요소의 많은 정보를 얻기 곤란

101 직무분석의 방법을 3가지 쓰고 설명하시오.

(20 – 4)

1. **최초분석법** : 자료가 드물고, 경험과 지식을 갖춘 사람이 거의 없을 때 현장을 방문하여 분석
2. **비교확인법** : 지금까지의 자료를 참고로 현재의 직무 상태를 비교. 확인하는 방법
3. **그룹토의법** : 데이컴 법과 브레인 스토밍 법이 있다.

102 Hall이 제시한 경력개발 4단계를 순서대로 설명하시오.

13 – 1회

1. 탐색기(자정경결) : 자아개념을 정립하고 경력지향을 결정하는 단계
2. 확립기(적발생잡) : 적합한 직업분야를 발견하고 생활의 터전을 잡으려고 노력하는 시기
3. 유지기 : 지위가 높아지고 안정적인 삶을 살아가는 시기
4. 쇠퇴기 : 정신적, 육체적으로 기능이 쇠퇴하여 직업에서 은퇴하는 시기

103 경력개발 프로그램을 초기, 중기, 말기 경력단계별로 설명하고 경력개발 프로그램의 예를 각 2개씩 제시하시오.

10 – 3회

1. 초기 : 새로운 조직에 입문하여 적응하는 단계
   - 프로그램 : 오리엔테이션, 인턴십
2. 중기 : 경력목표의 재평가와 자신의 능력을 향상시키는데 중점
   - 프로그램 : 직무순환제도, 교육프로그램
3. 말기 : 퇴직자의 니즈를 파악하고 그에 맞는 시스템을 제공하는 단계
   - 프로그램 : 은퇴 전 프로그램, 전직지원 프로그램

104 직무관련 스트레스 요인을 3가지 쓰고 설명하시오.   15-3회

직무스트레스 요인 : 과과갈모

1. 과제특성 : 복잡하고 어려운 과제는 스트레스 유발
2. 역할과다 : 직무의 양적, 질적 과부하
3. 역할 갈등 : 담당자와 전달자 간의 기대가 상충되는 경우
4. 역할 모호성 : 지시내용 및 책임의 한계가 모호할 때 유발

105 직무스트레스의 조절변인(개인적 요인) 3가지를 쓰고 설명하시오.   3번(13-1, 17-3, 18-2)

직무스트레스 조절변인 : A통사

1. A/B 성격유형 : A형은 급하고 결과 지향적이며, B형은 수동적이고 과정중심으로서 A형 성격이 B형 성격보다 스트레스에 취약하다.
2. 통제위치 : 내적 통제자와 외적 통제자로 구분하며, 내적 통제자는 자신의 탓으로 생각하며, 외적 통제자는 외적요인에 의해 결정된다고 생각하며 스트레스에 취약하다.
3. 사회적지지 : 내적 혹은 외적요인을 말하며, 사회적 지지를 받으면 직무스트레스가 감소된다.

106 직무 스트레스로 인해 발생하는 행동적 결과를 5가지 쓰시오.   2번(16-3회, 21-2)

① 결근율 증가   ② 이직률 증가
③ 지각, 조퇴 빈발   ④ 직무 불만족 야기
⑤ 사기 저하

107 직무 평가방법 4가지를 쓰고 설명하시오.   21-3회

① 서열법 : 직무의 상대적 가치를 기준으로 직무의 중요도에 따라 순위를 정하는 방법
② 사전에 만들어 놓은 등급에 각 직무를 맞추어 넣는 방법
③ 직무의 요소들을 뽑아서 그 중요도에 따라 점수를 산정하여 직무를 평가
④ 핵심이 되는 직무를 선정하여 직무를 평가하는 법

1 브레이필드가 제시한 직업정보의 기능 3가지를 쓰고 간략히 설명하시오.

브레이필드 직업정보 : 정재동/플레이 플레이~정재동   7번(06, 08, 11, 15, 17, 19, 22)

1. 정보제공 기능 : 적절한 직업선택이 이루어지도록 직업에 대한 지식을 증가시켜 줌
2. 재조정 기능 : 자신의 직업선택이 적절했는지 여부를 점검
3. 동기화 기능 : 의사결정에 자발적이고 적극적으로 참여하도록 유도

2 직업정보의 기업, 국가, 노동시장에 대한 부문별 기능을 쓰시오. 3번(00-3, 04-1, 06-1)

직업정보의 기능 : 노기국

1. 노동시장 측면 : 구인구직의 정보제공 및 청소년의 진로선택 시 참고자료로 활용되며, 노동시장 활성화
2. 기업 측면 : 효율적인 인사관리와 과학적 안전관리 수행
3. 국가적 측면 : 직업훈련의 기준과 고용정책 수립의 입안 자료로 활용

3 고용정보를 거시정보와 미시정보로 나누고(2가지로 대별하고) 그 예를 각각 2가지씩 쓰시오.   3번(09-2, 17-2, 20-2)

1. 거시정보 : 정보의 기한이 길고 범위가 포괄적이다.
   예) 노동시장 동향, 고용동향, 고용전망 등
2. 미시정보 : 정보의 기한이 짧고 한시적이며 범위가 좁다.
   예) 구인구직정보, 훈련정보, 임금정보 등

4 공공직업정보의 특징 5가지만 쓰시오.   4번(07-3, 08-3, 10-3, 22-1)

공공직업정보의 특징 : 공보비 전무 객지/공보비는 전부 객지에서 사용한다

1. 정부, 공공기관 등 비영리 기관에서 **공**익적 목적으로 생산 제공
2. **보**편적이고 기초적인 정보제공
3. 관련 직업 간 정보 **비**교가 용이
4. 특정분야에 국한되지 않고 **전**체 직업 대상 정보제공
5. **무**료로 제공
6. 정보 체계 직접적, **객**관적 기준과 평가 가능
7. 특정시기에 국한되지 않고 **지**속적으로 조사 · 분석

5 민간직업정보의 특징 5가지만 쓰시오. 예상문제

민간직업정보 : 단임 특정한 비유/담임의 특정한 비유는 잘못됐다
1. **단**시간에 조사하여 집중적으로 제공
2. **임**의적 기준 또는 시사적 관심이나 흥미를 유도하도록 직업을 분류
3. **특**정 목적에 맞게 해당분야 및 직종을 제한적으로 선택
4. **정**보 자체의 효과가 크나 부가적 파급효과는 미흡
5. 필요한 시기에 활용할 수 있도록 **한**시적으로 생산 운영
6. 다른 직업정보와 **비**교가 곤란하고 활용성이 낮음
7. **유**료로 제공

6 아래 표에서 빈칸을 채우시오. 07 - 4

구분	민간직업정보	공공직업정보
정보제공 지속성	불연속적(한시적)	지속적
직업분류 기준	(① 임의적)	(② 객관적)
직업의 범위	(③ 제한적)	(④ 포괄적)
다른 직업정보와 관련성	미흡 (낮음)	상호관련성 (높음)
정보제공 비용	유료	무료

7 직업사전의 직업기술의 구성요소 5가지를 작성하시오. 03 - 1회

직업사전의 구성요소 : 코본직수부
① 직업코드 ② 본직업명 ③ 직무개요 ④ 수행직무 ⑤ 부가 직업정보

8 한국직업사전의 부가직업정보를 6가지만 쓰시오. 3번(07 - 3, 09 - 1, 13 - 2)

직업사전의 부가직업정보 : 정숙 강사환장
① 정규교육 ② 숙련기간 ③ 작업강도 ④ 유사명칭 ⑤ 작업환경 ⑥ 작업장소
⑦ 육체활동 ⑧ 관련직업 ⑨ 한국표준직업분류 ⑩ 한국표준산업분류
⑪ 직무기능 ⑫ 자격면허 ⑬ 조사년도

9 한국직업사전의 부가직업정보의 특수학교 교사에 대한 설명이다. 아래 내용을 설명하시오.
18 - 2회

• 숙련기간 : 1~2년	• 작업강도 : 보통작업

1. 숙련기간은 정규교육과정을 이수한 후 해당 직무를 평균적 수준으로 수행하기 위하여 필요한 교육, 훈련기간을 말하며, 향상훈련은 포함하지 않는다. 위의 경우는 숙련기간 분류의 9단계 중 6단계에 해당된다.

2. 작업강도는 해당 직무를 수행하는데 필요한 육체적 힘의 강도를 나타내는 것으로 정신적, 심리적 강도는 고려하지 않으며 5단계로 구분한다. 보통의 작업은 20kg의 물건을 들어올리고, 10kg 정도의 물건을 들어 올리거나 운반하는 작업을 말한다.

10 직업사전의 부가직업정보 중 위험내재의 위험의 종류 5가지를 쓰시오. 09 – 3회

위험내재 : 전화기폭방/대기환경미흡 : 연기가 분냄새(연무, 환기, 가스, 분진, 냄새)
① 전기적 위험 ② 화상의 위험 ③ 기계적 위험 ④ 폭발의 위험 ⑤ 방사선 위험

11 직업사전의 힘의 강도 5단계를 쓰시오. 2번(07 – 1, 20 – 1)

1. 아주 가벼운 작업 : 최고 4kg의 물건을 들어 올리고 소도구, 장부 등을 들어 올리거나 운반
2. 가벼운 작업 : 최고 8kg의 물건을 들어 올리고, 4kg 정도의 물건을 들어 올리거나 운반
3. 보통 작업 : 최고 20kg의 물건을 들어 올리고, 10kg 정도의 물건을 들어 올리거나 운반
4. 힘든 작업 : 최고 40kg의 물건을 들어 올리고, 20kg 정도의 물건을 들어 올리거나 운반
5. 아주 힘든 작업 : 40kg 이상의 물건을 들어 올리고, 20kg 이상의 물건을 들어 올리거나 운반

12 작업강도를 결정하는 기준 4가지 쓰고 설명하시오. 12 – 3회

1. 들어올림 : 물체를 주어진 높이에서 다른 높이로 올리고 내리는 작업
2. 운반 : 물체를 한 장소에서 다른 장소로 옮기는 작업
3. 밈 : 물체에 힘을 가하여 힘을 가한 쪽으로 움직이게 하는 작업
4. 당김 : 물체에 힘을 가하여 힘을 가한 반대쪽으로 움직이게 하는 작업

13 부가직업정보 중 직무기능의 자료, 사람, 사물에 대해 설명하시오. 2번(08 – 3회, 21 – 3)

1. 자료 : 만질 수 없으며, 숫자, 단어, 기호 등을 포함
2. 사람 : 인간과 인간처럼 취급되는 동물을 다루는 것을 포함
3. 사물 : 무생물로서 물질, 재료 등을 다루는 것을 포함

13-1 직무기능의 자료, 사람, 사물 중 사람에 해당하는 내용 6가지 쓰시오. (22-2회)

종–조–분–수–계–기–비
① 종합 ② 조정 ③ 분석 ④ 수집 ⑤ 계산 ⑥ 기록 ⑦ 비교

13-2 직무기능의 사물과 관련된 특성 5가지를 쓰시오. (22-3회)

설–정–제–조–수–유–투–단
① 설치 ② 정밀작업 ③ 제어조작 ④ 조작운전 ⑤ 수동조작
⑥ 유지 ⑦ 투입인출 ⑧ 단순작업

14 부가직업정보 중 정규교육, 숙련기간, 직무기능의 의미를 기술하시오. 2번(08-2, 20-3)

1. 정규교육 : 해당 직무를 수행하는데 필요한 정규교육 수준을 의미/종사자의 평균학력은 아님
2. 숙련기간 : 정규과정을 이수한 후 해당 직무를 평균적으로 수행하기 위하여 필요한 교육, 훈련기간 등을 말하며, 향상훈련은 포함되지 않는다.
3. 직무기능 : 직무를 수행하는 과정에서 자료, 사람, 사물과 맺는 관련된 특성

14-1 한국직업사전에서의 육체활동 4가지를 쓰시오. 20-4회

육체활동 : 균웅언손시청

1. 균형감각	2. 웅크림	3. 언어력
4. 손사용	5. 시각	6. 청각

15 직업으로 규명되기 위한 요건 4가지를 쓰고 간략히 설명하시오. 5번(06, 11, 13, 14, 17)

직업의 조건 : 경계사윤

1. 경제성 : 근로의 대가에 따른 수입이 있을 것
2. 계속성 : 일시적인 것이 아닌 지속성을 가질 것
3. 사회성 : 사회적으로 의미 있고 가치가 있을 것
4. 윤리성 : 비윤리적이거나 반사회적이지 않을 것

16 일의 계속성에 해당하는 경우를 4가지 쓰시오. 2번(13-1, 17-2)

일의 계속성 요건 : 주계명현

1. 주기적으로 행할 것 2. 계절적으로 행해질 것
3. 명확한 주기는 없으나 계속적으로 행해질 것
4. 현재 하고 있는 일을 계속 행할 의지와 가능성이 있을 것

17 한국표준직업분류에서 직업으로 보지 않는 6가지를 쓰시오.

11번(07, 08, 09, 10-1·2·4, 14, 15, 19-3, 20-1, 22-2)

직업으로 보지 않는 활동 : 이불사교+사수(속박된 상태에서의 경제활동)

1. 이자, 임대료 등 자산 수입이 있는 경우
2. 도박, 사기 등 불법적인 활동
3. 사회보장 등에 의한 수입이 있는 경우
4. 전업주부(자기 집의 가사활동에 전념하는 주부)
5. 사회복지시설 내 수용자의 경제활동
6. 교도소 내 수형자의 경제활동(or 수형자의 활동과 같이 법률에 의한 강제노동을 하는 경우)

18 한국표준직업분류에서 속박된 상태의 제반활동으로 경제성이나 계속성에 상관없이 직업으로 보지 않는 활동을 2가지만 쓰시오. 3번(08-3, 09-2, 14-3)

속박된 상태에서의 경제활동 : 사교

1. 사회복지시설 내 수용자의 경제활동
2. 교도소 내 수형자의 경제활동(or 수형자의 활동과 같이 법률에 의한 강제노동의 경우)

19 한국표준직업분류에서 직능수준을 정규교육 과정에 따라 정의하시오.

3번(03-3, 06-3, 14-1)

1. 제1직능수준(ISCED 제1수준) : 단순, 반복적이며 육체적인 힘을 요하는 직업
   6년 정도 초등교육과정수준
2. 제2직능수준(ISCED 제2,3수준) : 완벽하게 읽고 쓸 수 있는 능력과 상당한 정도의 의사소통 능력, 중등교육과정수준
3. 제3직능수준(ISCED 제5수준) : 전문적인 지식을 보유하고, 수리계산이나 의사소통 능력이 상당히 높아야 한다. 중등교육과정을 마치고 1~3년 정도의 추가 교육과정
4. 제4직능수준(ISCED 제6수준) : 매우 높은 수준의 이해력과 의사소통능력 필요
   학사, 석사 및 그와 동등한 학위가 수여되는 교육과정

20 국제표준직업분류(ISCO)에서 정의한 제2직능수준을 국제표준교육분류(ISCED)를 포함하여 설명하시오. 05-3회

제2직능수준(ISCED 2수준) : 완벽하게 읽고 쓸 수 있는 능력과 상당한 정도의 의사소통 능력을 필요로 함, 중등교육과정수준의 정규교육 및 훈련

21 표준직업분류의 대분류 항목과 직능수준의 관계로서 표 안의 빈칸을 채우시오. 14-1회

대분류	직능수준
관리자	제3직능 혹은 제4직능 수준 필요
전문가 및 관련종사자	제3직능 혹은 제4직능 수준 필요
서비스 종사자	제2직능 수준 필요
기능원 및 관련기능 종사자	제2직능 수준 필요

22 한국표준직업분류의 직업분류의 일반원칙 2가지를 쓰고 설명하시오. 2번(15-1, 17-1회)

직업분류 일반원칙 - 포배(일 - 포배)

1. 포괄성의 원칙 : 우리나라에 존재하는 모든 직무는 어떤 수준에서든지 분류에 포괄되어 한다.
2. 배타성의 원칙 : 동일하거나 유사한 직무는 같은 단위직업으로 분류되어야 한다.

23 한국표준직업분류의 포괄적 업무에 대한 직업분류 원칙을 적용하는 순서대로 쓰고 그 예를 들어 설명하시오. 9번(01, 05, 07, 09−2·3, 20−2, 20−3, 20−4, 22−3)

포괄적인업무 직업분류 : 주최생(포 − 주최생)

1. 주된 업무 우선원칙 : 직무내용을 비교, 평가하여 상관성이 가장 많은 직무에 분류
2. 최상 직능수준 우선원칙 : 가장 높은 수준의 직무능력을 필요로 하는 일에 분류
3. 생산업무 우선원칙 : 생산과 공급이 같이 이루어질 경우 생산관련 업무를 우선 분류

   포괄적인 업무 분류 의미 : 한 사람이 두 가지 이상의 직무를 수행하는 경우 직업을 분류하는 원칙

24 포괄적인 업무에 대한 직업분류 원칙 중, 주된 업무 우선의 원칙의 의미를 설명하고 사례를 제시하시오. 12−3회

포괄적인업무 직업분류 : 주최생(포 − 주최생)

1. 의미 : 직무내용을 비교, 평가하여 상관성이 가장 많은 직무에 분류
2. 사례 : 강의와 진료를 겸하는 의과대학 교수의 경우, 직무 내용을 파악하여 관련항목이 많은 분야로 분류

25 다수직업 종사자란 무엇인지 그 의미를 설명하고 직업을 분류하는 일반적인 원칙을 순서대로 쓰시오. 10번(00, 05, 08, 10, 11−1·3, 12, 19−2, 21−3, 22−1.3),

다수직업 종사자 분류 : 취수조(다 − 취수조)

1. 의미 : 한 사람이 상관성이 없는 2가지 이상의 직업에 종사하는 경우 직업분류 원칙
2. 분류원칙 : ① 취업시간 우선 ② 수입 우선 ③ 조사 시 최근 직업 적용

26 한국표준직업분류의 순서배열의 원칙을 3가지 쓰고 설명하시오. 11−2회

순서배열의 원칙 : 한특고(순 − 한특고)

1. 한국표준산업분류 : 한국표준산업분류의 순서대로 배열
2. 특수−일반분류 : 특수를 먼저 배열하고 일반을 나중에 배열
3. 고용자 수와 직능수준, 직능유형 고려

27 한국표준산업분류의 산업, 산업 활동, 산업 활동의 범위를 쓰시오. 6번(07, 10, 13, 20−1, 21−1, 22−2)

1. 산업 : 유사한 성질을 갖는 산업 활동에 종사하는 생산단위의 집합
2. 산업 활동 : 각 생산단위가 원재료 등을 투입하여 재화 등을 생산, 제공하는 활동
3. 산업 활동의 범위 : 영리·비영리적 활동이 모두 포함되나 가정 내의 가사활동은 제외

27-1 한국표준산업분류의 정의를 서술하시오. (20-2회, 22-2회)

생산단위가 수행하는 산업활동을 일정한 기준과 원칙에 따라 체계적으로 유형화한 것

28 한국표준산업분류의 분류기준 3가지를 쓰시오. 7번(07, 08, 09, 11, 12, 17, 19-1)

한국표준산업분류의 분류기준 : 산투생

① 산출물의 특성 ② 투입물의 특성 ③ 생산 활동의 일반적인 결합형태

29 다음 표에 들어갈 통계단위를 쓰시오. 2번(09-3, 10-4)

통계단위 : 기-활-지-사

구분	하나 이상의 장소	단일 장소
하나 이상의 산업 활동	㉮ 기업 집단	㉯ 지역 단위
	기업체 단위	
단일 산업 활동	㉰ 활동유형 단위	㉱ 사업체 단위

30 산업활동단위와 관련하여 보조단위가 아닌 별개의 독립된 활동으로 보아야 하는 4가지 유형을 쓰시오. 11-3회

별개의 독립활동으로 보는 경우 : 고-모보-모구-연전

1. 고정자산을 구성하는 재화의 생산
2. 모 생산단위가 사용하는 재화, 서비스를 보조적으로 생산하더라도 그 대부분을 다른 시장에 판매하는 경우
3. 모 생산단위 생산품의 구성 부품이 되는 재화 생산
4. 연구 및 개발활동은 본질적인 성질에 따라 전문, 과학 및 기술 서비스업으로 분류

31 한국표준산업분류에서 통계단위의 산업을 결정하는 방법을 3가지 쓰시오.

통계단위의 산업결정 방법 : 주 계 휴 단 5번(08-3, 12-1, 16-2, 20-3, 21-3)

1. 생산단위의 산업활동은 주된 산업활동의 종류에 따라 결정
2. 계절에 따라 산업을 달리하는 경우, 조사대상 기간 중 산출액이 많았던 활동으로 분류
3. 휴업 또는 자산을 청산 중인 사업체의 경우, 이전의 산업활동으로 결정
4. 단일사업체의 보조단위는 일개 부서로 포함하며, 여러 사업체 관리의 중앙 보조 단위 는 별도의 사업체로 처리

※ 생산단위의 활동형태 2번(21-2, 22-3)
  • 주된 산업활동 : 생산된 재화 및 서비스 중에서 부가가치(액)가 가장 큰 활동
  • 부차적 산업활동 : 주된 산업활동 이외의 재화 생산 및 서비스 제공 활동
  • 보조 활동 : 회계, 창고, 운송, 구매, 판매 촉진, 수리 서비스 등이 포함

32 한국표준산업분류의 사례별 산업결정방법과 산업분류의 적용원칙을 쓰시오.

3번(08 - 3, 20 - 4, 21 - 3)

1. 산업결정방법
   ① 생산단위의 산업활동은 주된 산업활동의 종류에 따라 결정
   ② 계절에 따라 산업을 달리하는 경우, 조사대상 기간 중 산출액이 많았던 활동으로 분류
   ③ 휴업 또는 자산을 청산 중인 사업체의 경우, 이전의 산업활동으로 결정
2. 산업분류 적용원칙
   ① 생산단위는 산출물뿐만 아니라 투입물과 생산공정 등을 함께 고려하여 그들의 활동을 가장 정확하게 설명된 항목에 분류
   ② 복합적인 활동단위는 최상급 분류단계(대분류)를 정확히 결정하고, 순차적으로 중, 소, 세 분류 단계 항목을 결정
   ③ 산업활동이 결합되어 있는 경우에는 그 활동단위의 주된 활동에 따라서 분류

33 다음 보기의 빈칸에 들어갈 내용을 순서대로 쓰시오.   16 - 1회

생산단위는 산출물뿐만 아니라 (투입물)와/과 (생산공정) 등을 함께 고려하여 그들의 활동을 가장 정확하게 설명된 항목에 분류해야 한다.

34 직업능력개발 훈련 중 목적에 따른 분류 3가지를 쓰고 설명하시오.   14 - 1회

직업훈련 목적에 따른 분류 : 양성, 향상, 전직
1. 양성훈련 : 기초적인 지식 · 기술 등을 습득시키는 훈련
2. 향상훈련 : 양성훈련을 받은 근로자에 대하여 더 높은 직무수행능력을 습득시키는 훈련
3. 전직훈련 : 직업전환 등에 필요한 직무수행능력을 습득시키기 위한 훈련

35 직업능력개발 훈련 중 방법에 따른 분류 4가지를 쓰고 설명하시오.   예상문제

직업훈련 방법에 따른 분류 : 집체, 현장, 원격, 혼합
1. 집체훈련 : 훈련전용시설 등에서 실시하는 훈련
2. 현장훈련 : 산업체의 생산시설 또는 근무 장소에서 실시하는 훈련임
3. 원격훈련 : 정보 · 통신매체 등을 이용하여 실시하는 훈련
4. 혼합훈련 : 집체, 현장, 원격훈련 중 2가지 이상을 병행하여 실시하는 훈련

1. **취업자**(OR 조건)
   ① 조사대상 주간에 1시간 이상 일한 자
   ② 주당 18시간 이상 일한 무급가족종사자
   ③ 일시 휴직자

2. **실업자** (AND 조건)
   ① 주사대상 주간 동안 수입이 있는 일이 없었고, ② 구직활동을 하였으며,
   ③ 일자리가 주어지면 즉시 일할 수 있는 자(or 일할 의사와 능력이 있어야 함)

3. **관련 계산식**
   ① **실업률**(%)=실업자 수/경제활동인구×100
   ② **경제활동참가율**(%)=경제활동 인구/만 15세 이상 인구×100
   ③ **고용률**(%)=취업자 수/만 15세 이상 인구×100
   ④ **충족률**(%)=취업자 수/구인 수(구인인원)×100
   ⑤ **구인배율**(수)=신규구인 수(구인인원)/신규구직자 수 (**주의 : ×100 없음**)
   ⑥ **취업률**(%)=취업건수/신규구직자 수×100
   ⑦ **입직률**=당월 입직(신규채용＋전입 등)한 근로자 수/전월 말 근로자 수×100
      • 의미 : 전월 말 기준 근로자 수 대비 당월 입직(신규채용＋전입 등)한 근로자 수의 비율
   ⑧ **임금근로자 수**=상용, 임시, 일용근로자
   ⑨ **비임금 근로자 수**=자영업자, 무급가족종사자

---

36 아래의 주어진 예시를 보고 다음을 계산하시오. 단, 소수점 둘째 자리에서 반올림하고, 계산 과정을 제시하시오.

15번(00, 08, 09, 10-1 · 2 · 3, 11, 14, 15-1 · 2 · 3, 17, 19-3, 20-4, 22-1)

> • 만 15세 이상 인구수 : 35,986천명
> • 비경제활동인구 수 : 14,716천명
> • 취업자 수 : 20,149천명(자영업자 : 5,646천명, 무급가족종사자 : 1,684천명, 상용근로자 : 6,113천명, 임시근로자 : 4,481천명, 일용근로자 : 2,225천명)

1. **실업자 수와 실업률은?**
2. **경제활동 참가율은?**
3. **고용률은?**
4. **임금 근로자 수와 비임금 근로자 수는?**

1. 실업자 수와 실업률은?
   • 경제활동 인구＝35,986－14,716＝21,270
   • 실업자 수＝21,270－20,149＝1,121   답 1,121천명
   • 실업률＝1,121/21,270×100＝5.27   답 5.3%

2. 경제활동 참가율은?
   - $21,270/35,986 \times 100 = 59.10$ 🖹 59.1%

3. 고용률은?
   - $20,149/35,986 \times 100 = 55.99$ 🖹 56%

4. 임금 근로자 수와 비임금 근로자 수는?
   - 임금근로자 : $6,113+4,481+2,225 = 12,819$ 🖹 12,819천명
   - 비임금근로자 : $5,646+1,684 = 7,330$ 🖹 7,330천명

---

37 다음의 경제활동참가율, 실업률, 고용률을 구하시오. (단, 소수점 둘째자리에서 반올림하고 계산과정을 제시하시오.)   13-2회

> - 전체인구 : 500   • 15세 이상 인구 : 400
> - 취업자 수 : 200   • 실업자 수 : 20
> - 정규직 직업을 구하려고 하는 단시간 근로자 : 10

1. 경제활동참가율
   - 경제활동인구 : $200+20 = 220$
   - 경제활동참가율 : $220/400 \times 100 = 55$ 🖹 55%
2. 실업률 : $20/220 \times 100 = 9.09$ 🖹 9.1%
   (정규직 직업을 구하려고 하는 단시간 근로자는 취업자 수에 이미 포함된 것으로 보아야 함)
3. 고용률 : $200/400 \times 100 = 50$ 🖹 50%

---

38 만 15세 이상 인구가 100만 명이고 경제활동참가율이 70%, 실업률이 10%라고 할 때, 실업자 수를 계산하시오.   2번(11-1, 19-1)

- 경제활동 인구 : 100만명 × 70% = 70만명
- 실업자 수 : 70만명 × 10% = 7만명   🖹 7만명

---

39 다음 표를 보고 답하시오. 단, 소수점 둘(셋)째자리에서 반올림하고, 계산과정을 제시하시오.   2번(00-1, 14-1)

구분	신규 구인	신규 구직	알선 건수	취업 건수
A기간	103,062	426,746	513,973	36,710
B기간	299,990	938,855	1,148,534	119,020

1. A기간과 B기간의 구인배율은?
2. A기간과 B기간의 취업률은?

1. 구인배율 : • A기간 구인배율 : $103,062/426,746 = 0.2$
                 • B기간 구인배율 : $299,990/938,855 = 0.3$

2. 취업률 : • A기간 취업률 : 36,710/426,746×100＝8.6%
　　　　　 • B기간 취업률 : 119,092/938,855×100＝12.7%

40 어떤 회사의 9월말 사원수는 1,000명이었다. 신규채용 인원수는 20명, 전입 인원수는 80명일 때, 10월 입직률을 계산하고 입직률의 의미를 쓰시오.　　　2번(14-1, 15-1)

1. 의미 : 전월 말 기준 근로자수 대비 당월 입직한 근로자 수의 비율
2. 입직률 : (20＋80)/1,000×100＝10%

41 아래의 주어진 표를 보고 다음을 계산하시오.　　　4번(11-2, 17-1, 19-2, 22-2)

구분	15~19세	20~24세	25~29세	30~50세
생산가능인구	3,284	2,650	3,846	22,983
경제활동인구	203	1,305	2,797	17,356
취업자	178	1,181	2,598	16,859
실업자	25	124	199	497
비경제활동인구	3,082	1,346	1,049	5,627

1) 30~50세 고용률을 계산하시오. (단, 소수점 둘째자리에서 반올림 할 것)
　• 16,859/22,983×100＝73.4%

2) 30-50세 고용률을 29세 이하의 고용률과 비교하여 분석하시오.
　• 29세 이하 고용률 : (178＋1,181＋2,598)/(3,284＋2,650＋3,846)×100＝40.5%
　• 비교 : 29세 이하 고용률은 40.5%에 비해 30~50세의 고용률은 73.4%로서 중장년 층의 경제활동참가가 활발함을 보여준다. 반면, 29세 이하 청년 취업난이 매우 심 각하므로 정부의 적극적인 청년실업 해소 방안이 모색되어야 한다고 생각된다.

42 한 나라의 고용률은 50%이고 실업률은 10%이다. 실업자 수가 50만 명이라고 할 때, 경제활동인구수와 비경제활동 인구수를 계산하시오.　　　16-1회

1. 경제활동인구 : 500만 명
　• 실업률＝실업자 수/경제활동인구×100이므로
　　경제활동인구＝50만 명/10%＝500만 명
2. 비경제활동 인구 : 400만 명
　• 취업자 수＝500만 명-50만 명＝450만 명
　• 고용률＝취업자 수/생산가능 인구×100 이므로
　　생산가능 인구＝450/50%×100＝900만 명
　• 비경제활동인구＝생산가능인구-경제활동인구
　　　　　　　　＝900만 명-500만 명＝400만 명

43 고용률이 50%이고 비경제활동 인구가 400명인 가상경제에서 실업자 수가 50명이라고 가정할 때, 실업률을 구하시오. (단, 계산 과정 제시하시오.) 16-2회

고용률=취업자 수/생산가능 인구×100이며, 취업자 수=x

$$고용률 = \frac{취업자 수}{경제활동인구(취업자 + 실업자) + 비경제활동인구} \times 100$$

$$50\% = \frac{x}{x+50+400} \times 100 \Rightarrow \frac{50}{100} = \frac{x}{x+450} \Rightarrow \frac{1}{2} = \frac{x}{x+450}$$

$$\Rightarrow 2x = x+450 \Rightarrow x = 450,\ 즉\ 취업자\ 수가\ 450만\ 명이다.$$

따라서, 경제활동 인구는 취업자+실업자로 50+450=500만 명이다.

실업률=(실업자/경제활동인구)×100=50/500×100=10%   📋 10%

1. **기업의 이윤 극대화 조건(완전경쟁시장) : 한계생산물의 가치($VMPL$)=임금(W)**
   ① $VMPL = W \rightarrow$ 최적정의 인력투입
   ② $VMPL > W \rightarrow$ 인력투입 증가해야 함
   ③ $VMPL < W \rightarrow$ 인력투입 감소해야 함
   ※ 단, 독과점 시장의 이윤극대화 조건은 한계생산물가치(($VMPL$)가 아닌 **한계수입생산물**($MRPL$)로 나타내며, **한계수입생산물**($MRPL$)=**한계생산물**(MPL)×**한계수입**(MR)이 된다.

2. **한계생산물의 가치($VMPL$)**=한계생산물에 상품 단위당 가격을 곱한 것
   • $VMPL = MPL \times P$

3. **한계생산물(MPL)**=노동투입을 1단위 증가함으로써 얻게 되는 총생산량의 증가분
   •총생산량의 증가분/노동투입량의 증가분

4. **평균생산량**=총 생산량을 노동투입량으로 나눈 것 : 총생산량/노동투입량

5. **총생산량**=노동단위당 생산량×노동투입량

6. **한계비용(MC)**=생산량을 1단위 더 생산하는데 소요되는 생산비의 증가분

7. **한계수입(MR)**=한 개의 상품을 더 팔 때 얻게 되는 총 수입의 증가분

8. **노동수요의 탄력성(E)** $= \dfrac{\text{노동수요량의 변화율(\%)}}{\text{임금의 변화율(\%)}}$

   $= \dfrac{\Delta L_d (\text{노동수요량의 변화량})}{\Delta W (\text{임금의 변화량})} \times \dfrac{W(\text{시간당 임금})}{L(\text{노동 수요})}$

   * 노동수요량의 변화율(%) $= \dfrac{\text{변화된 인원} - \text{원래 인원}}{\text{원래 인원}} \times 100$

   * 임금의 변화율(%) $= \dfrac{\text{변화된 임금} - \text{원래의 임금}}{\text{원래의 임금}} \times 100$

9. **노동공급의 탄력성** $= \dfrac{\text{노동공급량의 변화율(\%)}}{\text{임금의 변화율(\%)}}$

   * 노동공급량의 변화율(%) $= \dfrac{\text{변화된 인원} - \text{원래 인원}}{\text{원래 인원}} \times 100$

   * 임금의 변화율(%) $= \dfrac{\text{변화된 임금} - \text{원래의 임금}}{\text{원래의 임금}} \times 100$

10. **부가가치 노동생산성**=부가가치(생산량×생산물단가)/노동투입량(근로자 수)

11. 부가가치 생산성 변화에 따른 적정 임금 상승률

$$= \left(\frac{\text{당해 근로자 1인당 부가가치 노동생산성}}{\text{전년도 근로자 1인당 부가가치 노동생산성}} - 1 \right) \times 100$$

1 노동수요에 영향을 미치는 요인 5가지를 쓰고 간략히 설명하시오. 09-1회

노동수요 결정요인 : 노상다노생

1. 노동의 가격(임금) : 임금이 상승하면 노동수요가 감소하고 임금이 하락하면 노동수요가 증가한다.
2. 상품에 대한 소비자의 수요 : 시장에서 상품이 소비되는 수요 정도에 따라 노동수요에 영향을 준다.
3. 다른 생산요소의 가격 : 생산요소로서 노동과 자본만이 있고 상호 대체제인 경우 대체 가능성이 클수록 노동수요에 영향을 준다.
4. 노동생산성의 변화 : 노동생산성의 향상은 노동수요 감소, 생산성의 하락은 노동수요 증가
5. 생산기술방식 변화 : 생산기술의 진보는 노동수요 감소

2 완전경쟁시장에서 어떤 기업의 단기 생산함수가 다음과 같을 때, 이 기업의 이윤극대화를 위한 최적고용량을 도출하고, 그 근거를 설명하시오. (단, 생산물 단가는 100원, 단위 당 임금은 150원). 5번(10, 13, 15, 18-2, 22-1)

노동투입단위	0	1	2	3	4	5	6
총 생산량	0	2	4	7	8.5	9	9

1. 이윤극대화를 위한 최적고용량 : 노동 4단위
2. 근거 – 이윤극대화의 조건 : 한계생산물의 가치＝임금
   - 한계생산물의 가치(VMPL) : 한계생산물×생산물 단가
   - 노동 4단위일 때 한계생산물 가치가 150으로 임금과 동일하여 이윤극대화 됨

[참고]

노동투입단위	0	1	2	3	4	5	6
총 생산량	0	2	4	7	8.5	9	9
한계생산물(MPL)	0	2	2	3	1.5	0.5	0
VMPL	0	200	200	300	**150**	50	0

3 다음 물음에 답하시오(계산식도 함께 작성하시오). 어떤 제과점의 종업원 수와 하루 케이크 생산량은 다음과 같다. (단, 케이크 한 개 가격은 10,000원) 3번(13-3, 16-2, 19-3)

종업원 수	0	1	2	3	4
케이크생산량	0	10	18	23	27

1) 종업원 수가 2명인 경우 노동의 한계생산은?　　　　　　　　　　🔖 8개
   - 한계생산=총생산량의 증가분/노동투입량의 증가분 → $(18-10)/(2-1)=8$
2) 종업원 수가 3명인 경우 노동의 한계수입생산은?　　　　　　🔖 50,000원
   - 한계수입생산=한계생산물×한계수입=$5×10,000=50,000$
3) 종업원 임금이 80,000원일 때, 이윤극대화가 이루어지는 제과점 종업원 수와 케이크 생산량은?
   - 이윤극대화의 조건 : 한계수입생산물의 가치=임금
   - 한계생산물×10,000=80,000이어야 하므로

　　　　　🔖 한계생산물은 8개로 종업원 수는 2명, 케이크생산량은 18개이다.

[참고]

종업원 수	0	1	2	3	4
케이크생산량	0	10	18	23	27
한계생산물	0	10	8	5	4

4 노동수요의 탄력성 및 노동공급의 탄력성 산출 공식을 쓰시오. 3번(07-1, 14-1, 19-3)

1. $노동수요탄력성 = \dfrac{노동수요량의\ 변화율(\%)}{임금의\ 변화율(\%)}$

2. $노동공급탄력성 = \dfrac{노동공급량의\ 변화율(\%)}{임금의\ 변화율(\%)}$

5 노동수요의 탄력성에 영향을 주는 요인(힉스-마샬의 법칙)을 쓰시오.

9번(05, 06, 07, 09, 13, 16, 19-2·3, 21-3)

힉스-마샬의 법칙 : 생총다다

1. 생산물에 대한 수요가 탄력적일수록 노동수요는 더 탄력적이다.
2. 총 생산비 중 노동비용의 비중이 클수록 더 탄력적이 된다.
3. 다른 생산요소와의 대체 가능성이 클수록 더 탄력적이 된다.
4. 다른 생산요소의 공급탄력성이 클수록 더 탄력적이 된다

6 시간당 임금이 500원일 때 1,000명을 고용하던 기업에서 시간당 임금이 400원으로 감소하였을 때 1,100명을 고용할 경우, 이 기업의 노동수요 탄력성 계산 (단, 소수점 발생 시 반올림하여 소수 첫째자리로 표현)   3번(07 – 3, 12 – 2, 17 – 1)

$$노동수요의\ 탄력성 = \frac{노동수요량의\ 변화율(\%)}{임금의\ 변화율(\%)}$$

• 노동수요량의 변화율 $= \frac{1,100 - 1,000}{1,000} \times 100 = 10\%$

• 임금의 변화율 $= \frac{500 - 400}{500} \times 100 = -20\%$, 수요의 탄력성은 절대값 개념이므로 20%

• 노동수요의 탄력성은 $\frac{10(\%)}{20(\%)} = 0.5$, 따라서 노동수요의 탄력성은 0.5이다.

7 노동수요 $L_d = 5,000 - 2W$이다(단, L은 근로자 수, W는 시간당 임금이다). 1시간당 임금이 2,000원일 때 노동수요의 임금탄력성의 절댓값과 근로자의 수입이 얼마인지 계산하시오.   3번(14 – 2, 20 – 1, 22 – 1)

1. 노동수요의 탄력성

  • 노동수요 탄력성 공식 $= \frac{노동수요량의\ 변화율(\%)}{임금의\ 변화율(\%)}$

  • 임금의 변화율
    – 노동 1시간인 경우 : 2,000원(시간당 임금)
    – 노동 2시간인 경우 : 4,000원이 됨. 이를 토대로 임금의 변화율을 계산하면
    – 임금의 변화율 $= \frac{4000 - 2000}{2000} \times 100 = 100(\%) = 1$

  • 노동수요량의 변화율
    – 노동이 1시간인 경우 : 노동수요$(L_d) = 5,000 - 2 \times 2,000 = 1,000$
    – 노동이 2시간인 경우 : 노동수요$(L_d) = 5,000 - 2 \times 4,000 = -3,000$
    – 노동수요량의 변화율 $= \frac{-3,000 - 1,000}{1,000} \times 100 = -400(\%) = -4$

  • $\frac{노동수요량의\ 변화율(\%)}{임금의\ 변화율(\%)}$에 대입, 노동수요탄력성 $= \frac{-4}{1} = -4$,
    따라서 노동수요탄력성 $= 4$

2. 근로자의 수입 = 노동공급량 × 시간당 임금 = 1,000 × 2,000원 = 2,000,000원(완전경쟁시장에서의 노동수요량 = 노동공급량이 된다. 따라서 노동공급량은 1,000이 된다)

아래 내용을 참조하여 물음에 답하시오.   16-3회
(1) 노동공급이 7단위일 때 한계노동비용을 구하시오.
(2) 이윤극대화가 이루어지는 노동공급과 임금을 구하시오.

노동공급	임금	한계수입생산
5	6	62
6	8	50
7	10	38
8	12	26
9	14	14
10	16	2

① 노동공급이 7일 때 한계노동비용
    총노동비용의 증가분/노동투입량의 증가분 → $10-8/7-6=2$ **답** 2
② 이윤극대화가 이루어지는 노동공급과 임금 → 한계비용(MC) = 한계수입(MR)
    노동투입량을 1단위 증가할 때마다 한계비용은 모두 2이다. 따라서 이윤극대화 지점
    은 한계비용(2)과 한계수입(2)이 일치하는 지점으로 노동공급이 10이고 임금이 16일
    때 이다.

8 아래의 표를 보고 물음에 답하시오.   2번(17-2, 20-2)

구분	시간당 임금				
	5,000	6,000	7,000	8,000	9,000
A기업 노조	22	21	20	19	18
B기업 노조	24	22	20	18	16

1) 시간당 임금이 7천 원에서 8천 원으로 인상될 때 각 기업의 임금탄력성을 구하시오.
계산과정도 제시하시오.

    • 노동수요의 탄력성 $= \dfrac{노동수요량의\ 변화율(\%)}{임금의\ 변화율(\%)}$

    • A기업의 임금탄력성

      ① 노동수요량의 변화율 $= \dfrac{19-20}{20} \times 100 = -5\%$

      ② 임금의 변화율 $= \dfrac{8,000-7,000}{7,000} \times 100 = 14.3\%$

      ③ $\dfrac{노동수요량의\ 변화율(\%)}{임금의\ 변화율(\%)} = \left| \dfrac{-5\%}{14.3\%} \right| = 0.35$

    • B기업의 임금탄력성

      ① 노동수요량의 변화율 $= \dfrac{18-20}{20} \times 100 = -10\%$

② 임금의 변화율 $= \dfrac{8,000 - 7,000}{7,000} \times 100 = 14.3\%$

③ $\dfrac{\text{노동수요량의 변화율}(\%)}{\text{임금의 변화율}(\%)} = \left| \dfrac{-10\%}{14.3\%} \right| = 0.7$

2) 임금인상을 시도하려고 할 때, 그 실행 가능성이 높은 기업을 쓰고 그 이유에 대해 설명하시오.

   ① 임금인상 시도 시 실현가능성이 높은 기업은 A기업이다.

   ② 이유 : 노동조합이 임금인상을 시도할 때 탄력성이 낮은 기업일수록 유리하므로 A기업(0.35)은 B기업(0.75)보다 비탄력적이므로 A기업이 B기업보다 임금인상 실현 가능성이 높다.

[참고]

탄력성(E)의 값 : $E > 1$: 탄력적, $E < 1$: 비탄력적, $E = 0$: 완전비탄력적

탄력성이 'O'에 가까울수록 임금인상 투쟁 시 효과적(임금인상 Or 고용량 감소 효과가 가장 적다)이다.

9 **노동공급의 결정요인 5가지를 쓰고 간략히 설명하시오.**   4번(08 - 1, 10 - 1, 11 - 1 · 2)

노동공급 결정요인 : 노인 경질임

1. 노동시간 : 노동시간이 많아질수록 노동공급 증가
2. 인구수 : 생산가능인구가 클수록 노동공급 증가
3. 경제활동 참가율 : 참가율이 높을수록 노동공급 증가
4. 노동력의 질 : 능력과 기술이 향상될수록 노동공급 증가
5. 임금지불방식 : 성과급제 도입 등은 노동공급을 증가

10 **기혼여성의 경제활동 참가율을 낮게(높게)하는 요인 6가지를 쓰고 간략히 설명하시오.**
  8번(03, 05, 07, 10, 11, 12, 14 - 2, 21 - 1)

기혼여성 경제활동에 영향을 주는 요인 : 가시고자 법배

1. 법적 · 제도적 장치 : 부족 시 경제활동참여 감소/충족 시 경제활동참여 증가
2. 시장임금 : 시장임금 하락 시 경제활동참여 감소/상승 시 경제활동참여 증가
3. 가계생산기술 : 가계생산기술이 열악하면 경제활동참여 감소/향상 시 경제활동참여 증가
4. 고용시장의 실태 : 고용시장이 경직된 경우 경제활동참여 감소/유연한 경우 경제활동참여 증가
5. 배우자의 소득 : 배우자 소득 증가 시 경제활동참여 감소/감소 시 경제활동참여 증가
6. 자녀수 : 자녀의 수가 많을수록 경제활동참여 감소/적을수록 경제활동참여 증가

11 남편의 임금상승 시 기혼여성 경제활동참가율의 변화를 그림으로 나타내시오. 02-3회

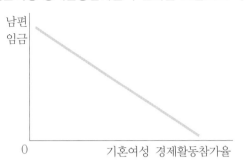

12 여가와 소득의 선택모형에서 대체효과와 소득효과의 의미를 쓰고 여가가 열등재일 때 소득증가에 따른 노동공급의 변화를 설명하시오. 4번(09, 10, 12, 19-1)

1. 대체효과 : 임금상승 시, 기회비용의 증가로 여가대신 노동을 선택하여 노동공급이 증가 하는 현상
2. 소득효과 : 임금상승 시, 소득이 일정수준에 도달하면, 노동대신에 여가를 선택함으로써 노동공급이 감소
3. 여가가 열등재일 경우 : 소득효과가 발생하여도 노동공급이 감소하지 않고 계속적으로 증가하여 노동공급곡선이 우상향함

13 탤런트 A양은 재벌의 외아들과 결혼을 하게 된다. 결혼이 A양의 경제활동 참가에 어떤 영향을 미치는지 여가와 소득의 모형을 이용하여 설명하시오. 10-1회

1. 영향 : A양은 소득효과가 발생한 것으로 보아 경제활동을 감소 또는 중단할 것임
2. 이유 : 재벌과의 결혼은 비노동소득이 증가한 것으로 볼 수 있고, 비노동소득의 증가는 소득효과를 발생시켜 노동대신 여가를 선택함으로써 노동공급이 감소할 것임

14 회사원인 모 씨는 100억의 복권에 당첨되었다. 이 경우 노동공급과 여가선호의 변화를 대체효과와 소득효과를 사용하여 여가가 정상재인 경우와 여가가 열등재인 경우를 비교하여 설명하시오. 17-1회

1. 100억의 복권당첨은 비노동소득의 증가로 소득효과가 발생한다.
2. 여가가 정상재일 경우 : 소득효과로 인해 노동대신에 여가를 선택하여 노동공급의 감소
3. 여가가 열등재일 경우 : 소득효과가 발생하여도 노동공급이 감소하지 않고 계속적으로 증가하여 노동공급곡선이 우상향함

15 여가가 열등재일 경우~노동공급곡선은 우상향한다는 말이 참인지 거짓인지 쓰고 그 이유를 설명하시오. 10-4회

1. 판정 : 참
2. 이유 : 여가가 열등재이면 임금이 상승하여도 노동공급곡선은 계속 우상향하기 때문임.

16 임금상승률에 따라 노동공급곡선은 우상향한다는 말이 참인지 거짓인지, 불확실한지 판정하고 여가와 소득의 선택모형에 의거해서 그 이유를 설명하시오. 4번(09-2, 10-4, 12-4, 20-2)

1. 판정 : 불확실
2. 이유 : 임금 상승 시 여가가 열등재인 경우에는 노동공급곡선이 계속해서 우상향하나 여가가 정상재일 경우에는 노동공급곡선이 후방에서 굴절된다. 따라서 본 사례에서는 여가가 정상재인지 열등재인지 알 수 없으므로 불확실하다.

17 정부가 출산장려를 위해 근로시간 당 1,000원의 육아비용 보조금을 지원하기로 했다. 이 육아보조비 지원이 부모의 노동공급에 미치는 효과를 다음의 2가지로 구분하여 설명하시오. 2번(13-1, 16-1)

1. 부모가 육아비용 보조금의 지원 시점 이전에 경제활동에 참여하고 있지 않은 경우
   📄 기회비용이 증가하게 되는 대체효과가 발생하여 노동공급이 증가할 것임.

2. 부모가 육아비용 보조금의 지원 시점 이전부터 경제활동에 참가하고 있는 경우
   📄 일종의 소득효과가 발생한 것으로 볼 수 있어 노동공급이 감소할 것임

18 이중노동시장에서 1차 노동시장의 직무나 근로자의 특징을 쓰시오. 19-1회

① 1차 노동시장의 직무 : 근로조건이 우수, 임금, 복리후생 양호 등 내부 노동시장과 연계
② 1차 노동시장 근로자의 특징 : 승진기회와 교육 · 훈련의 기회가 많음, 숙련의 특수성

19 내부노동시장의 형성요인을 3가지 쓰고 설명하시오. 4번(08, 09, 10, 15-2)

내부노동시장의 형성요인 : 현숙관장
1. 현장훈련 : 문서화되지 않고 현장에서 전임자가 후임자에게 생산과정을 통해 직접 전수
2. 숙련의 특수성 : 기록이나 문서로 전수가 불가능하며, 내부노동력에 의해 축적되는 것
3. 관습 : 노동관계를 규율하는 통상의 관례
4. 장기근속과 기업규모

20 이중노동시장에서 1차 노동시장의 직무나 근로자의 특징을 쓰시오. (19-1회)

1. 직무의 특징 : 임금, 복리, 승진, 근로조건 등이 우수하며 내부노동시장과 연계됨
2. 근로자의 특징 : 숙련의 특수성, 충성심 등으로 생산성이 높고 장기근속이 많음

21 내부노동시장의 형성요인과 장점을 3가지씩 쓰시오.　　　5번(08, 09, 10, 16-2, 22-3)

내부노동시장 형성요인 : 현숙관장/내부노동시장의 장점 : 우승이고생

1. 내부노동시장 형성요인
　　① 현장훈련　　　　　　　② 숙련의 특수성
　　③ 관습　　　　　　　　　④ 장기근속과 기업규모
2. 장점
　　① 우수한 인력확보 및 유지에 용이
　　② 승진 또는 배치전환을 통한 동기유발 효과
　　③ 이윤창출
　　④ 고임금 및 장기고용 유지를 위한 지불능력 보유
　　⑤ 생산성 향상

22 노동시장의 이론 중 내부노동시장, 이중노동시장, 인적자본 이론의 의미를 간략히 설명하시오.　　　3번(09-1, 11-1, 20-2)

1. 내부노동시장 : 노동시장의 기능이 기업 내로 옮겨진 현상
2. 이중노동시장 : 임금이나 근로조건이 우수한 1차 노동시장과 근로조건 등이 열악한 2차 노동시장으로 분류
3. 인적자본 이론 : 인간에게 투자한 결과가 축적되어 생산성과 소득이 높아진다는 이론

23 부가급여의 의미와 예를 설명하고 사용자와 근로자가 부가급여를 선호하는 이유를 각각 4가지 쓰시오.　　　7번(04, 10, 11, 14, 15-3, 18-1, 20-3)

사용자의 부가급여 선호이유 : 조정장노사/근로자의 부가급여 선호이유 : 보복조퇴

1. 의미 : 경상화폐임금 이외의 현물보상, 연기된 보상으로 각종보험료, 퇴직금(산전·후 유급휴가, 학자금, 의료비 지원) 등이 있다.
2. 사용자가 부가급여를 선호하는 이유
　　① 조세부담 경감
　　② 정부의 임금인상 규제 회피수단
　　③ 장기근속 유도
　　④ 노조와의 임금인상 갈등 해소
　　⑤ 사회보험료 부담 감소
3. 근로자가 부가급여를 선호하는 이유
　　① 보험료 부담 감소
　　② 복리후생 조건 개선
　　③ 조세부담 감소
　　④ 퇴직금 또는 연금의 세율이 낮다(or 퇴직금 또는 연금 노령기 수령은 세율이 낮다).

24 임금의 하방경직성에 대해 설명하고 그 이유 5가지를 쓰시오.

7번(04, 09, 10, 11, 12, 17, 18-2)

임금의 하방경직성 이유 : 노화역선택 최장

1. 의의 : 한 번 오른 임금은 경제여건이 변하더라도 떨어지지 않고 그 수준을 유지하려는 경향
2. 이유
   ① 노동조합의 저항(노조의 저항)
   ② 노동자들의 화폐환상
   ③ 역선택 발생 가능성
   ④ 최저임금제 실시
   ⑤ 장기 근로계약

25 임금격차를 발생하게 하는 경쟁적 요인 5가지를 쓰고 간략히 설명하시오.

3번(09-2, 17-3, 18-2)

임금격차 발생 경쟁적 요인 : 근보단 인효

1. 근로자의 생산성 격차 : 노동자의 생산성 격차가 임금격차를 야기한다.
2. 보상적 임금격차 : 직업에 존재하는 불리한 속성을 금전으로 보상해 줌으로써 발생하는 격차
3. 시장의 단기적 불균형 : 단기적으로 공급과 수요의 불균형으로 발생하는 임금격차
4. 인적자본량 : 기업에 특수한 제품, 장비 등의 특유성으로 발생
5. 효율성 임금정책 : 고임금을 지급함으로써 발생하는 임금격차

26 보상적 임금격차가 발생하는 의미와 원인 5가지를 쓰고 간략히 설명하시오.

6번(02, 05, 10, 11, 13, 16-1)

보상적 임금격차 원인 : 고작성교책

1. 의미 : 직업에 존재하는 불리한 속성을 금전으로 보상해 줌으로써 발생하는 임금격차
2. 원인
   ① 고용의 안정성 여부 : 고용이 불안정할수록 더 높은 임금을 보상함으로써 임금격차 발생
   ② 작업의 쾌적함 정도 : 작업환경이 위험하고 열악하면 보상을 더 해주기에 격차 발생
   ③ 교육훈련비용 : 교육 및 훈련비용이 많이 소요되면 상응한 보상을 해 줌으로써 격차 발생
   ④ 책임의 정도 : 책임의 정도가 클수록 상응한 보상을 해 줌으로써 격차 발생
   ⑤ 성공, 실패 가능성 : 성공확률보다 실패확률이 높은 직업일수록 보상을 더 해줌으로써 격차 발생

27 동일한 근로시간에 대해 탄광근로자는 월 200만 원을 받고 봉제공은 월 100만 원을 받는다고 할 때, 보상적 임금 격차의 개념과 보상적 임금격차가 발생하는 요인을 적용하여 이를 설명하시오. 14-3회

1. 개념 : 직업에 존재하는 불리한 속성을 금전으로 보상해 줌으로써 발생하는 임금격차
2. 임금격차 발생이유
   ① 작업환경의 차이 : 탄광은 위험하고 분진이 심하며, 힘든 작업임에 비해, 봉제공장은 보다 쾌적하고 위험도나 작업강도가 덜하기 때문.
   ② 고용안정성의 차이 : 탄광산업은 사양산업으로 고용이 불안한 반면, 봉제공장은 고용의 안정성이 보다 높다고 할 수 있다.

28 산업별 임금격차가 발생하는 요인 3가지를 쓰시오. 3번(13-1, 19-3, 22-3)

산업별 임금격차 발생요인 : 생조독
① 노동생산성의 차이
② 노동조합 조직율의 차이
③ 독과점력의 차이

29 고임금 경제가 존재할 경우와 존재하지 않을 경우에 있어 임금상승이 고용에 미치는 효과가 어떻게 다른지 또는 그 이유는 무엇인지 설명하시오. 2번(11-2, 15-2)

1. 임금상승이 고용에 미치는 효과
   ① 고임금 경제가 존재할 경우 : 고용의 증감 폭이 작다(비탄력적).
   ② 고임금 경제가 존재하지 않을 경우 : 고용의 증감 폭이 크다(탄력적).
2. 이유
   고임금 경제는 숙련 또는 우수인력 확보를 위해 임금이 상승하여도 해고할 가능성이 낮은 반면, 저임금의 노동집약적 기업은 임금상승 시 인건비 절감을 위해 인력을 쉽게 감축한다.

30 사용자가 사직률이 낮은 근로자를 선호하는 이유와 사직률이 낮은 근로자가 사회적으로 바람직하지 못한 이유를 설명하시오. 09-1회

1. 기업이 사직률이 낮은 근로자를 선호하는 이유
   ① 신규 채용비용과 훈련비용이 절감
   ② 인적자본 축적에 용이
   ③ 숙련도 향상으로 생산성이 증대
2. 사회적으로 바람직하지 못한 이유
   ① 신규 취업이 곤란
   ② 노동시장의 경직화
   ③ 인력의 효율적 운영 곤란

31 인적자본 이론의 의미와 투자대상 5가지를 쓰고 간략히 설명하시오. 2번(12-2, 19-2)

인적 자본 투자 대상(범위) : 정현정이 건강
1. 의미 : 인간에게 투자한 결과가 축적되어 생산성과 소득이 높아진다는 이론
2. 투자 대상
   ① 정규교육 : 가장 일반적인 형태의 투자대상
   ② 현장훈련 : 작업 등을 통해 획득되는 기술훈련
   ③ 정보 : 새로운 지식과 경험의 습득
   ④ 이주 : 자신의 가치를 증가시키기 위한 이동
   ⑤ 건강 : 노동력의 질을 향상시키고 결근 등을 예방

32 선별가설의 의미와 정부의 교육투자 방향은 어떻게 나아가야 할지에 대해 쓰시오.

10-4회

1. 의미 : 인간에게 투자하면 소득은 높아지지만 생산성향상은 검증되지 않는다는 이론
2. 교육투자 방향 : 학 - 장 - 공 - 교
   ① 학력보다는 실력을 중시하는 사회적 분위기 조성
   ② 장학금 확대 등
   ③ 공교육 확대 등
   ④ 교육적 불평등 해소하기 위한 노력

33 교육의 사적수익률이 사회적 수익률 보다 낮을 때, 정부의 개입방법을 쓰시오.

2번(04-3, 10-3)

정부의 개입방법 : 의 - 정 - 보 - 세
1. 교육투자에 대한 세제혜택   2. 교육투자에 대한 보조금 및 지원확대
3. 의무교육 및 공교육 확대   4. 직업정보 제공 확대

34 남녀 간의 임금격차가 발생하는 이유를 성차별이론이 아닌 노동공급측면의 인적자본투자이론으로 설명하시오.   2번(03-3, 06-3)

여성은 남성에 비해 교육, 훈련을 받을 기회에 있어 불리한 입장이었으며, 그로 인해 학력, 경력 등의 차이는 노동생산성의 차이로 연계되어 임금격차를 유발함. 따라서 여성은 남성보다 인적자본량이 적어서 임금격차가 발생한다.

35 일반적으로 선진국의 임금수준은 후진국보다 높다. 이러한 현상을 초래하는 이유를 3가지 쓰시오.   12-2회

선진국의 임금수준이 후진국보다 높은 이유 : 인조생물
① 인적자본 투자 차이   ② 노동조합의 조직률 차이
③ 노동생산성의 차이   ④ 물가차이

36 최저임금제의 긍정적 효과 7가지를 설명하시오. 7번(04, 07, 11, 15, 18−2, 21−2, 22−1)

최저임금제 긍정적 효과 : 공유 노소경 산고
① 공정경쟁 확보   ② 유효수요 증대   ③ 노동능률 향상
④ 소득분배 개선   ⑤ 경영체질 개선   ⑥ 산업평화의 촉진
⑦ 고임금의 경제

37 최저임금제의 부정적 효과 5가지를 쓰시오. 12−2회

최저임금제 부정적 효과 : 고비 노역소
① 고용량 감소   ② 비용 부담 증가
③ 노조미조직 근로자 등의 실직   ④ 역진적 소득분배
⑤ 소득분배 구조의 왜곡

38 생산성 임금제에 의하면, 명목임금의 상승률을 결정할 때 부가가치 노동생산성 상승률과 일치 시키는 것이 적합하다고 한다. 어떤 기업의 2010년 근로자수가 40명, 생산량이 100개, 생산물 단가는 10원, 자본비용이 150원이었으나, 2011년에는 근로자 수가 50명, 생산량은 120개, 생산물의 단가는 12원, 자본비용은 200원으로 올랐다. 생산성 임금제에 근거할 때 이 기업의 2011년도 적정임금 상승률을 계산하시오. (단, 소수점 발생 시 반올림하여 소수 첫째 자리로 표현하시오.) 3번(09−1, 12−1, 14−3)

* 부가가치 노동생산성 = 부가가치(생산량 × 단가)/근로자(노동투입량)

$$부가가치\ 생산성\ 변화율 = \left(\frac{당해\ 근로자\ 1인당\ 부가가치\ 노동\ 생산성}{전년도\ 근로자\ 1인당\ 부가가치\ 노동\ 생산성} - 1 \right) \times 100$$

1. 부가가치 노동생산성
   ① 2010년 : $(100 \times 10)/40 = 25$원
   ② 2011년 : $(120 \times 12)/50 = 28.8$원
2. 부가가치 생상성 변화율

$$\left(\frac{28.8}{25} - 1 \right) \times 100 = 15.2\%$$

∴ 적정임금상승률 = 15.2%

39 다음과 같은 조건에서 적정임금상승률을 계산하시오. (계산식도 함께 작성) 02−3회

1인당 GNP	디플레이션	취업자 증가율	실업률
8%	2%	4%	4.5%

임금상승률 = 국민총생산증가율(경제성장률) − 디플레이션(인플레이션 경우⊕) − 취업자증가율
[식] 8% − 2% − 4% = 2%   🗒 적정임금 상승률 = 2%

40 필립스 곡선이 오른쪽으로 이동하는 요인 3가지를 쓰시오. 12-3회

1. 예상 물가 상승률이 높아지는 경우
2. 불경기나 장기침체로 실업률이 증가하는 경우
3. 스태그플레이션이 발생하는 경우

41 불경기 시 부가노동자와 실망노동자 수의 증가가 실업률에 미치는 효과를 비교 설명하시오. 14-3회

1. 실망노동자 : 경기침체 시 노동자가 구직활동을 포기하여 비경제활동인구로 되는 것
2. 부가노동자 : 경기침체 시 소득이 감소하면 소득보전을 위해 가구원이 구직활동을 시작하는 것
3. 부가노동자의 효과보다 실망노동자 효과가 더 크게 작용하여 전체적인 실업률을 낮추게 한다.

42 실업자에 대한 정의를 쓰고 마찰적 실업과 구조적 실업의 공통점 및 차이점을 설명하시오. 2번(13-1, 17-1)

1. 실업자의 정의 : 조사대상 주간에 수입이 있는 일이 없었고, 구직활동을 하였으며, 일자리가 주어지면 즉시 일할 수 있는 자
2. 공통점
   ① 비 수요부족 실업
   ② 실업과 공석이 공존
   ③ 해고에 대한 사전 예고를 통해 실업을 감소시킬 수 있다
3. 차이점
   ① 마찰적 실업은 직업정보 부족, 구조적 실업은 산업구조나 기술의 변화
   ② 마찰적 실업은 자발적 실업, 구조적 실업은 비자발적 실업
   ③ 마찰적 실업은 단기적 실업, 구조적 실업은 만성적 실업

43 실업의 유형 중 경기적 실업, 마찰적 실업, 구조적 실업에 대해 각각 설명하시오. 4번(01, 07, 09, 15-2)

1. 경기적 실업 : 경기침체 시 유효수요의 부족으로 발생하는 실업
2. 마찰적 실업 : 직업정보 부족으로 일시적으로 발생하는 실업
3. 구조적 실업 : 산업구조 변화 등으로 인해 발생하는 실업

44 실업 유형 중 마찰적 실업과 구조적 실업의 발생 원인과 대책을 쓰시오.   13-3회

1. 마찰적 실업
    ① 발생원인 : 직업정보 부족으로 일시적으로 발생하는 실업
    ② 대책
        • 직업정보의 효율적 제공   • 직업 안정기관의 기능 강화
        • 구인·구직 전산망 확충   • 퇴직예고제 시행
2. 구조적 실업
    ① 원인 : 산업구조 변화 등으로 인해 발생하는 실업
    ② 대책
        • 교육훈련 및 직업전환 훈련 프로그램 강화   • 이주비 지원
        • 산업구조 변화에 따른 인력수급예측 정확   • 일자리 정보 제공의 활성화

45 비 수요부족실업의 대표적 유형 3가지를 쓰고 각각 설명하시오. 3번(12-2, 17-2, 21-2)

1. 마찰적 실업 : 직업정보의 부족으로 일시적으로 발생하는 실업
2. 구조적 실업 : 산업구조의 변화 등으로 인해 발생하는 실업
3. 계절적 실업 : 계절적 편차에 따라, 발생하는 일시적 실업

46 경기적 실업, 마찰적 실업, 구조적 실업, 계절적 실업의 구체적 내용과 대책을 설명하시오.
   01-3회

1. 마찰적 실업
    ① 의의 : 직업정보의 부족으로 인해 발생하는 일시적 실업
    ② 대책 : 직업정보의 효율성 제고, 퇴직예고제 시행 등
2. 구조적 실업
    ① 의의 : 산업구조 변화 등으로 인해 발생하는 실업
    ② 대책 : 교육훈련 및 직업전환 프로그램 강화, 이주비 지원 등
3. 경기적 실업
    ① 의의 : 경기침체 시 유효수요 부족으로 발생하는 실업
    ② 대책 : 공공근로 사업 등의 고용창출 사업, 교대근무 등 근무제도 변경
4. 계절적 실업
    ① 의의 : 계절적 편차에 따라 발생하는 실업
    ② 대책 : 대체 구인처 확보, 휴경지 경작 등 유휴 노동력을 활용

47 실업과 관련된 야호다의 박탈이론에 따르면, 일반적으로 고용상태에 있게 되면 실직상태에 있는 것보다 여러 가지 잠재적 효과가 있다고 한다. 고용으로 인한 잠재효과를 3가지 이상 쓰고 설명하시오. 　　　　　　　　　　　　　　　　　12-2회

야호다의 박탈이론 : 시사공사의
1. 시간구조화 이론 : 일상의 시간을 구조화 하도록 해준다.
2. 사회적 접촉 : 가족이외의 다른 사람들과 접촉을 가능하게 한다.
3. 공동목표에 참여 : 개인적인 목표 이상의 공동의 것을 추구하게 한다.
4. 사회적 정체감과 지위 : 정체감과 지위를 확인시켜 준다.
5. 의미 있는 활동 : 유의미한 정규적 활동을 가능하게 해준다.

48 우리나라의 통계상 실업률이 체감실업률보다 낮게 나타나는데 그 이유 2가지를 쓰시오. 　　　　　　　　　　　　　　　　11-2회

1. 비경제활동인구가 많음에도 실업률 통계에서 제외되기 때문
2. 취업을 포기한 실망노동자가 많음에도 실업률 통계에서 제외되기 때문

49 경제적 조합주의의 특징 3가지를 쓰시오. 　　　　　　　　　2번(13-3, 17-2)

경제적 조합주의 : 비근정
1. 비적대적 관계로 봄
2. 근로조건 개선 및 유지가 목표
3. 노조운동의 정치로부터 독립을 강조

50 노사관계의 3주체와 3요건을 쓰고 설명하시오. 　　　　　2번(03-3, 19-1)

노사관계 3주체 : 노사정/노사관계 3요건(환경) : 기시각
1. 3주체 : ① 노동자 및 그 단체, ② 사용자 및 그 단체, ③ 정부와 그 조직
2. 3요건
　　① 기술적 특성 : 근로자의 질과 양, 생산과정 및 방법 등이 노사관계에 영향을 미침
　　② 시장 제약 : 시장의 비용, 이윤 등이 노사관계에 영향을 미침
　　③ 각 주체의 세력관계 : 사회 내 주체들의 세력관계가 노사관계에 영향을 미침

51 노동조합의 임금효과를 쓰고 설명하시오.   18-3회

노동조합의 임금효과 : 대파 위협

1. 대기실업효과 : 비조직부문의 근로자가 조직부문에 취업하기 위해 실업상태로 대기함
   에 따라 비조직부문의 근로자 공급이 부족하게 되어 임금 인상을 촉진하게 된다. 조직
   부문과 비조직부문간의 임금격차가 축소
2. 파급효과 : 조직부분에서 임금이 인상되면 해고가 증가하여 비조직부문으로 이동함으
   로써 비조직부문의 인력과다 유입으로 임금이 하락. 조직부문과 비조직부문간의 임금
   격차가 확대
3. 위협효과 : 사용자가 노동조합이 결성될 것에 위협을 느껴 스스로 임금을 인상시키는
   것으로 조직부문과 비조직부문간의 임금격차가 축소되는 효과 발생

52 노동조합의 숍제도 종류 4가지를 쓰고 설명하시오.   2번(13-2, 17-3)

1. 오픈 숍 : 노조의 가입, 탈퇴가 자유롭다.
2. 유니온 숍 : 채용 후 일정기간 내에 노조에 가입해야 하는 제도
3. 클로즈드 숍 : 채용 전후 모두 조합원 자격을 유지해야 하는 제도
4. 에이전시 숍 : 비조합원에게도 조합비를 징수하는 제도

53 노동조합의 교섭력 증대전략과 관련, 노동수요의 탄력성을 설명하시오.   10-2회

노조는 교섭력 증대전략을 통하여 노동수요를 비탄력적으로 만들고자 한다.
(=노동수요를 비탄력적으로 만든다는 것은 노조가 임금인상 요구를 관철시키기 위해 쟁
의를 시도하여도 사용자는 해고가 곤란하게 된다. 따라서 노조의 교섭력 증대전략은 노
동수요를 비탄력적으로 만들어 고용감소를 어렵게 함)

54 힉스의 단체교섭 이론을 그래프로 그리고 간략히 설명하시오.   12-1회

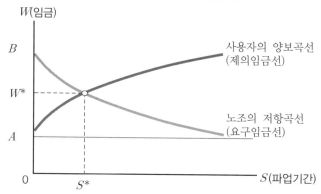

1. 사용자의 양보곡선과 노조의 저항곡선은 파업기간의 함수이다.
2. 파업기간이 길어질수록 사용자의 제의임금은 점차 상승하게 되어 양보곡선은 우상향
   한다.
3. 파업기간이 길어질수록 노조의 요구임금은 점차 하락하게 되어 저항곡선은 우하향한다.

개정판 **직업**
상담사
2급

개정판 1쇄 발행 2023. 4. 5.

지은이 김홍렬
펴낸이 김병호
펴낸곳 주식회사 바른북스

등록 2019년 4월 3일 제2019-000040호
주소 서울시 성동구 연무장5길 9-16, 301호 (성수동2가, 블루스톤타워)
대표전화 070-7857-9719 | **경영지원** 02-3409-9719 | **팩스** 070-7610-9820

•바른북스는 여러분의 다양한 아이디어와 원고 투고를 설레는 마음으로 기다리고 있습니다.

이메일 barunbooks21@naver.com | **원고투고** barunbooks21@naver.com
홈페이지 www.barunbooks.com | **공식 블로그** blog.naver.com/barunbooks7
공식 포스트 post.naver.com/barunbooks7 | **페이스북** facebook.com/barunbooks7

ⓒ 김홍렬, 2023
ISBN 979-11-92942-60-5 13320